otra isla

Escribir otra isla

La República Dominicana en su literatura

Fernanda Bustamante
Eva Guerrero
Néstor E. Rodríguez (eds.)

Almenara

www.almenarapress.com
info@almenarapress.com

Leiden, The Netherlands

ISBN 978-94-92260-51-2

Imagen de cubierta: Jorge Pineda, *Leonardo* (2019), de la serie *Niños malos*. Técnica mixta sobre lienzo, 160 x 170 cm.

Este libro ha sido publicado en el marco de la Cátedra Pedro Henríquez Ureña de Estudios Literarios Dominicanos del Departamento de Literatura Española e Hispanoamericana de la Universidad de Salamanca y su publicación ha contado con el apoyo de la Embajada de la República Dominicana en España.

A modo de preludio

José Rafael Lantigua

Escribir la isla que habitamos es como ver aproximarse hacia nosotros un tren en marcha que casi arriba al abismo justo donde nos encontramos detenidos a la espera de que nos arrolle. La imagen es arbitraria y tal vez desproporcionada. Pero, en gran medida, es justamente eso: somos ciudadanos de un pedazo de mar, tempestuoso, olas que vibran al sol del desafío, sol que alumbra tardes y mañanas, viento que sacude los instintos. La isla, que me niego a creer que es solo media isla, que es isla entera para los dos espacios habitados que la forman, tierra y mar ungidos de cercanía, escribe a diario sus propios desgarros, abre sus umbrales de sal y espuma, festeja su devocionario histórico y camina sobre sus sueños y pesadillas con altivez y casi sin inmutarse. Espera al tren. Siempre espera al tren en marcha que se dirige hacia el abismo en cuyo borde nos encuentra de frente, aunque logre frenar y cambiar de rumbo, para volver a repetir cada vez, una y otra vez, la acometida fallida de su transcurrir desafiante.

Cada cual busca escribir la isla que prefiere. La que mejor marca sus desvelos, su norte y sur, sus falencias, sus atajos. La isla es la que cada uno se plantea o se imagina. Y por eso, a lo mejor, son tan llanas y generosas sus osadías, tan fieras e indomables sus propuestas vitales, tan variables y estridentes sus premuras. La isla es historia y es realidad y es fantasía. Y es, sobre todo, letra que se escribe sobre sus carencias y encima –o debajo– de sus lealtades. Cada uno es isla y su isla. Más de un poeta lo ha querido decir de algún modo, desde sus destellos de imaginación y certeza.

La isla histórica y la isla literaria corren igual suerte y ambulan por los mismos desvaríos. Siempre el tren parece que se aproxima para llevárselas de encuentro, pero nunca sucede. Nunca termina de suceder. La isla puede parecer impenetrable y difusa, desde su historia; ambivalente y descuidada desde su letra. La verdad de una es la mentira de la otra. O viceversa. Una y divisible, la isla canta sus encantos desde sus diatribas, desde su sordidez, desde su roñería, desde sus aprensiones. Su letra se destina pues a revelar sus laberintos, y desde la cuesta empinada de sus escrúpulos, se erige con su sordidez, con la metamorfosis de su plasma. Es su andadura y es su devenir. La isla, esa parte de ella desde donde nos contamos, y desde donde relatamos nuestras cuitas, nuestros desapegos y nuestros deslumbramientos, crea su vitalidad y su deseo. Es su enigma y es su gracia. El sensualismo de su paisaje, el vivero de sus conquistas, la divisa ensoñadora de su gente. Y dentro de todo, tantas veces más allá de todo, junto a todo, la literatura echa raíces, arroja luces hacia el abismo, manosea la soberanía de su palabra. Unos por allí, otros por acá. Es su signo y es su sinalefa. Una música sincopada de sus silencios, de sus ostracismos y de sus huellas. Todo reunido.

Cuando junto a Néstor E. Rodríguez y Eva Guerrero –guerreros con armadura de cíclopes, ojo grande que atisba desencuentros– logramos establecer en la Universidad de Salamanca, a inicios de 2012, la Cátedra Pedro Henríquez Ureña de Estudios Literarios Dominicanos, nos asaltó el temor de que el proyecto no se ejecutara como se había pensado. Durante los años siguientes, para mi sorpresa y regocijo, se sentó cátedra desde el podio por donde sembraron raíces encendidas Unamuno y Fray Luis de León. La idea sigue viva. Y activa. Con este volumen se inicia ahora su proyecto editorial. Y un repaso a su contenido nos oferta la expresión y los alcances de la vida literaria dominicana, desde ángulos novedosos, no tanto porque nacen sino porque renacen.

Se trata de una forma de escribir la isla desde otras visiones y paradigmas, de exponer las venturas de un nuevo ejercicio crítico: las letras dominicanas reescritas y releídas bajo un canon diferente. En lo personal, no rehúyo ni lastimo la llamada crítica establecida. Pero el aporte que realiza este volumen marca pautas para una relectura de la literatura dominicana en el inicio del tercer decenio de la presente centuria. En un tiempo pandémico, las letras dominicanas se reinventan. Es tiempo de reinventarse, de intentar nuevas formas, de crear nuevos atributos para la supervivencia. De conocer y aceptar la nueva realidad que se nos plantea en todos los campos, incluyendo el de las letras. De abrir nuevos senderos para que esa literatura –una literatura creada sobre los andamios de una edificación que se bambolea entre la virtud y el olvido, como si acaso un movimiento telúrico, de los que por estas tierras acontecen, las mantuviese siempre oscilando sobre el aire y sobre los tejidos del polvo y del viento– sirva al propósito de una nueva lectura amigable.

Voces nuevas que será necesario conocer, voces conocidas que será urgente reconocer. Unas y otras escriben la isla, otra isla, la misma que conocemos y amamos, solo que desde nuevas perspectivas. Era hora. Y es tiempo, el justo, para que suceda. El temario nos parecerá conocido. Lo es. Bosch, Camila, Cestero, Marcio, Abigaíl Mejía, Pedro Mir, Aída, Juan Sánchez Lamouth, Norberto James, José Mármol, Ángela Hernández, Josefina Báez, y, desde luego, los que representan el hoy y el horizonte: Rita Indiana y Rey Andújar. Las firmas anuncian repercusiones, vientos de huracán, temblores de gesta. Gestación de nuevos rumbos. En la carrera de relevos que cualquier literatura marca, los corredores de fondo que avistan la meta, prestos a alcanzarla. Y también, pienso, a batir récords. Hay un muro que se levanta para cubrir el abismo. Y nuevos rieles para que la literatura dominicana oriente su camino sin contraerse y sin llevarse a nadie de encuentro. *Escribir otra isla* es escribir la isla sin sonrojos, sin atropellamientos, sin omisiones, sin heridas. Una isla escrita desde el rescate, desde la tradición reintegrada, desde la relectura y desde la exploración.

El tren está en marcha.

Santo Domingo, mayo de 2021

Introducción

Fernanda Bustamante Escalona |
Eva Guerrero | Néstor E. Rodríguez

Mary Louise Pratt afirma que «los cánones operan recreando su propia verdad» (2000: 75)[1]. Con esto se refiere a los diversos mecanismos ideológicos que inciden en el establecimiento de todo canon literario y las tentativas de su perpetuación. El de la literatura dominicana no está exento de estos azares. Producto de una crítica literaria en su mayoría académicamente anacrónica y teóricamente desfasada, ha adolecido de un marcado paternalismo y androcentrismo, rasgos que a todas luces no han contribuido a visibilizar la heterogeneidad y complejidad de las letras dominicanas. *Escribir otra isla* se presenta con el afán de oxigenar la crítica literaria dominicana contemporánea con análisis novedosos de un archivo inexplicablemente ignorado. De la mano de este rescate de voces que, ya sea por cuestiones de raza, género o condición diaspórica, han sido silenciadas en el campo cultural, el volumen incluye relecturas de obras fundacionales de finales del siglo XIX y la considerable producción del XX junto con el examen de proyectos del nuevo milenio, contemplando textos narrativos, ensayísticos y poéticos. Sin ninguna intención de presentar una panorámica con afán totalizador, nuestro empeño ha sido contribuir a la expansión de las coordenadas con que se estudia el acervo literario dominicano y, sobre todo, dar cuenta de los diversos lugares desde donde se ejercita su crítica en la actualidad, así como de la variedad de enfoques teóricos y metodológicos que ampara.

Hace veinte años era una rareza encontrar en revistas especializadas y compilaciones académicas en torno a la producción cultural del Caribe alguna contribución dedicada a la literatura dominicana. Desde entonces

[1] Mary Louise Pratt (2000): «"No me interrumpas": las mujeres y el ensayo latinoamericano». En *Debate Feminista* 21: 70-88.

la atención académica ha crecido significativamente por cuenta de diversos factores, entre ellos, la presencia del libro dominicano en casas editoras de España, Puerto Rico, Alemania, Estados Unidos, Italia y Argentina; la consolidación de los estudios dominicanos como disciplina académica en los Estados Unidos, con la fundación del Centro de Estudios Dominicanos (1992) de la City University of New York, y la labor de difusión realizada en Europa a través del establecimiento de la Cátedra Pedro Henríquez Ureña de Estudios Literarios Dominicanos en la Universidad de Salamanca (2012) y la Cátedra de Estudios Dominicanos Marcio Veloz Maggiolo (2019) en la Universidad de Milán, así como en América Latina con la Cátedra Libre de Estudios Filológicos Latinoamericanos Pedro Henríquez Ureña (2020) en la Universidad de Buenos Aires, entre otros. Estas iniciativas se han desarrollado a la par del trabajo de especialistas ubicados a ambos lados del Atlántico, que realizan una labor sostenida de indagación en torno a las letras dominicanas en el circuito académico profesional. La nómina de autores y autoras que integran *Escribir otra isla* es signo de ello.

Hemos organizado el volumen en base a dos secciones. «Entre siglos y primera mitad del siglo XX» incluye ensayos centrados en obras propias del período en el que se instaura una tradición literaria en la República Dominicana y su acelerado desarrollo en la primera mitad del siglo XX, atendiendo tanto a nombres rescatados del silencio como a figuras medulares de la historia de la literatura dominicana moderna. Olga Nedvyga, en «La farmacia y la emancipación de género en la literatura dominicana de entre siglos», explora, a partir de la obra de Amelia Francasci, el porqué del modelo farmacéutico en el pensamiento crítico y la escritura de mujeres dominicanas. En «Representaciones del intelectual y la ciudad en *La sangre* (1914), de Tulio M. Cestero», Ramón A. Victoriano Martínez analiza la representación de la clase intelectual y de la ciudad de Santo Domingo en la novela de Cestero sobre la base de que esta funciona como texto etnográfico. Por su parte, Eva Guerrero, en «Abigaíl Mejía: narrar entre República Dominicana y España. Hojas de un diario viajero», rescata a una autora emblemática del pensamiento y el movimiento feminista para indagar en el vínculo con sus «dos patrias», España y República Dominicana, teniendo como base su libro *Notas de un diario viajero* (1919). Asimismo, en «Historia de una escritura: *La Mañosa* (1936), de Juan Bosch», Guillermo Piña-Contreras presenta un minucioso análisis de la primera novela de Bosch atendiendo a los diversos manuscritos anteriores a su publicación. Continuando con estas investigaciones de archivo, en «Vigencia de la "materia reunida" de Camila Henríquez Ureña. Algunas reflexiones desde el espacio académico estadounidense a su legado intelectual y feminista», Sharina Maillo-Pozo examina la trayectoria personal, el desempeño académico, la labor feminista y la creación poética de Camila Henríquez Ureña, en una recuperación de la «menor» de la familia Henríquez Ureña que atiende el alcance transfronterizo de su legado intelectual.

Por otro lado, Eva Valcárcel analiza en «Un destino apasionado. Ideario de *La Poesía Sorprendida*» los orígenes y el devenir de la revista *La Poesía Sorprendida,* surgida en los años cuarenta como un instrumento de resistencia estética y política frente a los excesos del régimen de Trujillo. En «*Trementina, Clerén y Bongó* (1943), de Julio González Herrera», Danilo Manera presenta una lectura de la novela de González centrada en la recepción crítica que recibió, además de examinar el proceder del autor durante la dictadura. Por su parte, María del Rocío Oviedo y Pérez de Tudela, en «Del mito a la ironía: catarsis y tragedia en los cuentos de Juan Bosch», estudia una vasta selección de relatos de Bosch, a quien ubica como precursor del Realismo Mágico, sobre todo en «Dos pesos de agua», con atención a la vertiente singular del mito y otros elementos como la hiperbolización y la estructura trágica de su narrativa, entre otros. Por último, cierra esta primera parte la contribución de Catherine Sawyer, «"Contracanto a Walt Whitman" (1952) de Pedro Mir y la descolonización de lo humano», donde explora cómo Mir pone en tela de juicio la subjetividad occidental que da lugar al individualismo de Whitman para denunciar la violencia imperialista y racista que la subyace.

Los ensayos de «Segunda mitad del siglo XX y nuevo milenio» comprenden un arco temporal que atraviesa el horizonte de la postguerra civil, el afianzamiento del orden neoliberal en los tempranos años ochenta y la indagación en la literatura del período de la tardomodernidad, incluyendo importantes modulaciones provenientes de la producción extrainsular más contemporánea. En «"Ficciones oscuras": control autoral y violencia sexual en *Escalera para Electra* (1970), de Aída Cartagena Portalatín», Sandra Alvarado Bordas arroja luz sobre la centralidad de Cartagena Portalatín en la figuración de las voces femeninas en la República Dominicana. Desde la relación entre los espacios y las subjetividades marginadas por su condición racial, Alain B. Atouba Edjeba en «Heterotopía y representación de subjetividades afrodescendientes en la poesía de Juan Sánchez Lamouth» ahonda en la investigación iniciada en su tesis doctoral con miras a rescatar una figura fundamental de la historia de la poesía dominicana moderna. Por su parte, en «La poética de lo siniestro y lo maravilloso en la novelística de Marcio Veloz Maggiolo», Fari Rosario se ocupa de la narrativa de uno de los escritores que mayor atención ha recibido por parte de la crítica, centrándose en el hibridismo literario y la conjugación de los elementos míticos y simbólicos en su novelística.

En «Opacidad y errancia en la poesía de Norberto James Rawlings», Néstor E. Rodríguez identifica claves para la teorización de un sujeto en pugna con el proyecto de la modernidad en el marco de la postguerra civil y la consolidación del orden neoliberal en la República Dominicana. Asimismo, Violeta Lorenzo Feliciano, en «Burladores burlados: astucia y sororidad en dos cuentos de Ángela Hernández», elabora una lectura de los relatos «El suegro» y «El mejor», incluidos en *Alótropos* (1989), en la que resalta su conexión con formas de pensar estrategias de resistencia en contextos autoritarios, tanto en términos políticos como de género. Por su parte, en «Mar y pensamiento en la obra de José Mármol», Jochy Herrera presenta una panorámica de la obra del poeta, ubicándolo en relación con otras figuras de la época, al tiempo que analiza el tropo del mar en su poesía.

El último bloque de esta sección lo componen tres capítulos centrados en obras publicadas en el nuevo milenio por escritoras y escritores de la diáspora. En «"Aquí en el Ni e' se reescribe la novela": celebración de la comunidad y la escritura diaspórica en voces de mujeres con conciencia mestiza en *Levente no. Yolayorkdominicanyork* (2010), de Josefina Báez», Fernanda Bustamante Escalona ofrece una aproximación al texto de Báez enfocándose en los diferentes mecanismos estilísticos, temáticos y formales que emplea la autora –la sororidad (Lagarde), la lengua salvaje (Anzaldúa) y la escritura postautónoma (Ludmer)– para materializar una conciencia/escritura mestiza-diaspórica que legitima la voz de los ausentes. Le sigue «Escribir la antillanía bella, trágica, terrible: *El hombre triángulo* (2005) y las performances literarias de Rey Andújar», donde Catherine Pélage analiza la poética de Andújar, marcada por interacciones constantes entre narrativa y performance, en base a lo que entiende como una performance literaria que hace posible la escritura de una República Dominicana de nuevos contornos insulares. Finalmente, completa el volumen «El rastro de su fragancia como una firma asfixiante en el aire. Una exploración de los sentidos en "Los trajes 1975" (2017), de Rita Indiana», de Rita De Maeseneer y Marie Schoups, quienes recurren al marco de los Estudios Sensoriales para analizar la antropología de los sentidos en este texto de la producción reciente de Rita Indiana, con atención a la representación del sujeto en el plano de lo sexual y lo ontológico.

El abordaje de este amplio registro de autorías y obras da cuenta del empuje de la crítica de la literatura dominicana en la actualidad. Confiamos en que este volumen constituya una contribución valiosa a su creciente desarrollo como campo disciplinar.

Escribir otra isla se inscribe en el marco de la Cátedra Pedro Henríquez Ureña de Estudios Literarios Dominicanos, fundada en 2012 mediante el convenio entre el Ministerio de Cultura de la República Dominicana y la Universidad de Salamanca. Vinculada al Departamento de Literatura Española e Hispanoamericana, su principal objetivo es promover el conocimiento de las letras dominicanas en España, así como estimular la investigación en este campo mediante actividades académicas y de difusión, seminarios impartidos por especialistas y publicaciones. Este volumen constituye su primer proyecto editorial, realizado con el apoyo financiero mantenido a lo largo de los dos últimos años por la Embajada de la República Dominicana en España, y en concreto a través de la figura del Dr. Olivo Rodríguez Huertas. Del mismo modo, queremos mostrar nuestra gratitud a D. José Rafael Lantigua, que en aquella fría mañana de enero de 2012 realizó la firma de dicha Cátedra, y por prologar el libro.

Por último, vaya nuestra gratitud a la editorial Almenara por acoger nuestro proyecto, al artista plástico dominicano Jorge Pineda por cedernos su obra *Leonardo* para la cubierta del libro, y a cada uno de los autores y las autoras que conforman el volumen por sus osadas propuestas de lectura, pensadas desde un terreno epistemológico muy distante de los paradigmas de análisis que han potenciado el carácter cerrado y patriarcal del canon literario en el contexto de la República Dominicana. Es justamente a partir de esa distancia crítica que pueden identificarse los contornos de otra isla en su literatura.

Entre siglos e inicios del siglo XX

La farmacia y la emancipación de género en la literatura dominicana de entre siglos

Olga Nedvyga
Université de Montréal

Entre 1901 y 1902 el profesor, periodista y escritor Federico Henríquez y Carvajal, tío de Pedro Henríquez Ureña, viaja a México en función de delegado de la República Dominicana para la Segunda Conferencia Internacional Americana. Va «aislado en [su] selecto camarín del vapor Esperanza», acompañado por una novela recién publicada de Amelia Francasci, la segunda en su trayectoria creativa (Henríquez y Carvajal 1929: 44). La dedicatoria «para el viaje» que le hizo la autora invita al movimiento de manera inequívoca. Sin embargo, al arribar a la costa mexicana y voltear la última página, el crítico se vuelve atrás tanto literalmente como en sentido figurado:

> Recuerdo que, cerrando el libro, una ola de nostalgia envolvió mi espíritu y, de espaldas al arbolado puerto de la ciudad, cuna del heroico Gutiérrez Zaragoza [*sic*], tendí la ansiosa mirada hacia el horizonte azul del golfo, como si, al conjuro del amor y del deseo, hubiese de surgir en lontananza la ciudad antigua, la del Ozama, cuna de América, que yo acababa de ver, con los ojos del alma, en las páginas sugestivas de *Francisca Martinoff*. (Henríquez y Carvajal 1929: 46)

Figuradamente, le niega al texto cualquier potencial transportador, al no estar confinado con certeza al pasado nostálgico y los distantes espejismos. Esta reseña suya, halagadora a medias, no deja de reflejar el estado ansioso del mismo Henríquez y Carvajal, que viene de un país sumido en guerras civiles desde hace más de medio siglo. El Estado dominicano, cuyos intereses representaría ante Theodore Roosevelt en la conferencia, todavía procura asegurarse el control sobre el territorio, ante todo sobre la línea noroeste y la zona central, mientras varias intervenciones imperialistas, disfrazadas de progreso, amenazaban la soberanía nacional.

Asimismo, la reseña de Henríquez y Carvajal delata su desengaño, en contraste con la severidad del criterio del que se había servido para criticar la primera novela francasciana. Todo indica que el crítico «rebajó el listón». Aunque *Madre culpable* fue menos lograda en varios aspectos, en 1894 Henríquez y Carvajal animaba a su autora a estar a la altura del pensamiento positivista y a la par de la escritora peruana Margarita Práxedes Muñoz, una universitaria que aplicaba principios sociológicos en el diseño de su obra, en diálogo con Mercedes Cabello y Clorinda Matto de Turner. ¿Qué ha pasado en este intervalo de menos de una década? ¿Se ha dado cuenta de su injusticia para con Francasci, que, aunque bastante próspera, fue relegada a la esfera doméstica y a la economía sumergida?

En el presente ensayo quisiera indagar sobre este desencuentro entre la escritura en femenino, impregnada de fármacos, y su crítica desentendida. Como demostraré, Francasci ideó un diseño poético complejo, en diálogo con la filosofía moral y el decadentismo estético. Aun así, se la lee como sinónimo de lo puramente decorativo, insignificante; como si la noción de lo «espiritual» en Francasci y sus contemporáneas careciera de resonancias intelectuales y designara sin remanente el gineceo. Por el contrario, me propongo explorar el porqué del modelo farmacéutico en el pensamiento crítico de las mujeres en la República Dominicana.

Automedicación

> vive como en un mundo suprasensible, en una atmósfera de románticos anhelos, imprecisos, sin otro contacto con las exigencias de las realidades del medio social, que el absolutamente necesario en las relaciones de la familia y con… su médico.
>
> Henríquez y Carvajal

Francisca Amelia Marchena (1850-1941), quien escribió bajo el pseudónimo de Amelia Francasci, nació el mismo año que la célebre poeta y educadora normalista Salomé Ureña (1850-1897). Francasci no publicó su primera novela *Madre culpable* hasta 1893, cuando salió en forma de folletín en el periódico *El Eco de la Opinión*. Además de *Madre culpable*, que se reeditó en 1901, es autora de la novela *Francisca Martinoff* (1901), la colección de cuentos *Cierzo en primavera* (1902), las memorias *Monseñor de Meriño íntimo* (1926) y las primeras entregas de la novela inacabada *Impenetrable* (1928), entre otros escritos. Francasci difiere de Ureña por recurrir a la reflexión metapoética. La poeta encarna a la mujer enferma, tísica, que intuyó la desolación interior pero mantuvo su lealtad a los ideales y los círculos liberales. No sabemos si Francasci padecía las múltiples enfermedades de las que dotó a su *alter ego*. De todos modos, aprovechó ese malestar indefinible para tomar conciencia, mediante la escritura, de varios controles patriarcales para luego burlarlos.

Francasci apostó por la *farmacopoeia*; a saber, se inspiró en «estilos farmacéuticos de pensar y hacer» (Quirke 2010: 99; todas las traducciones son mías), e incluso estructuró su propia *poiesis* en torno a la farmacia como institución y profesión en vías de modernización en aquel entonces. Para interpretar, a contrapelo del juicio de Henríquez y Carvajal en el epígrafe, el complejo entramado de correlaciones que se armó entre la singular poética de Francasci y su comunidad, hace falta un análisis minucioso de esa coyuntura de entre siglos, cuando en la República Dominicana se produjo el impulso modernizador. Cabe recordar que el infame lema de «Civilización o muerte» del puertorriqueño Eugenio María de Hostos había sido estrenado en 1901 en un artículo de *El Liberal*, donde, refiriéndose a Santo Domingo y Haití, desplazaba el dualismo hacia el interior. A finales del siglo XIX esa falsa dicotomía de civilización/barbarie polarizó el cuerpo político. A muchas prácticas cotidianas arraigadas en tiempos de la colonia, entre ellas los tratamientos caseros y en comunidad del enfermo, se las asoció con grupos sociales desaventajados, históricamente con los negros y mestizos de la polis, a los cuales, en consecuencia, se pretendió educar (Hostos) o expulsar a extramuros. Aunque en ese contexto sí hubo leyes discriminatorias y racistas, el discurso especulativo de las élites blancas y progresivamente mestizas se hizo cargo de la mayor parte de ese destierro simbólico (y del todo real). De manera contigua, la nueva farmacia lanzó la «purificación» simbólica que pretendió desprestigiar muchas profesiones tradicionales de la salud como los oficios de comadronas y curanderos/as, lo que a la larga significó un acceso restringido para las mujeres.

No cabe duda de que le correspondía a Francasci, propietaria junto con su esposo del pequeño comercio en la capital, repudiar la medicina vernácula. Aun así, su lealtad hacia las nuevas ciencias de la salud se vio mermada desde varios frentes: el ser mujer en una sociedad dominada por hombres, el temor a que no se la tomara en serio debido al implícito diagnóstico de histeria o depresión y el porvenir de una familia judía de renombre en un país en su mayoría católico[1]. Por ello, aunque en su escritura no florecen plantas medicinales, está impregnada de una fascinación por lo decadente, lo moralmente ruin, en paulatino pero despiadado proceso de descomposición. Al analizar *Madre culpable*, Catharina Vallejo afirma que Francasci se posicionó «muy firmemente en el extremo del sector tradicionalista de su sociedad, al promover pautas de rígida conciencia moral, propias de un catolicismo ultra conservador» (1999: 275). Mi argumento matizará y complicará su apresurada conclusión.

Francasci se enfrentó a consorcios médicos, achacada con una «incomprensible» ansiedad creciente. Casada por conveniencia, era empresaria y dirigió el negocio Nueva Feria entre bastidores mientras su enfermizo esposo Rafael de Leyba disfrutaba de la propiedad pública y legal. Del lado paterno, Francasci descendía de una familia sefardí, los Marchena, que había participado en la colonización de América desde la primera expedición de Colón. Al comenzar su trayectoria como escritora en 1893, el dictador Ulises Heureaux, preocupado por su poder político en disputa, ejecutó al fundador del Banco Nacional de Santo Domingo y al primo de Francasci, Eugenio Generoso de Marchena[2]. La sofocante atmósfera provincial en

[1] April Mayes (2008) indaga sobre la cooptación política entre las mujeres de élite blancas y los regímenes autoritarios. Por ejemplo, en 1942, la Acción Feminista Dominicana se convirtió en la Sección Femenina del Partido Dominicano de Trujillo, mientras que Evangelina Rodríguez Perozo, la primera mujer médica en República Dominicana, quien además era de color, se negó a colaborar, por lo cual fue «borrada de la memoria feminista oficial» (2008: 350). El estudio de Mayes indica la necesidad de acercarse al feminismo dominicano desde la interseccionalidad, sobre todo desde el cruce de género y raza o, en nuestro caso, etnicidad.

[2] Su antepasado lejano fray Antonio de Marchena promovió los viajes transatlánticos de Colón ante la reina Isabel. Mientras tanto, la familia de su hermano, expulsada de España, terminó estableciéndose en Curazao. El padre de Francasci, Rafael de Abraham de Marchena, emigró a Santo Domingo en 1835, pero como

la capital dominicana la deprimió. La economía dominicana evidenciaba agotamiento por doquier; el gobierno vigilaba las iniciativas empresariales de modo exhaustivo. El comercio se llevaba a fuerza de lealtades personales y «servicios» prestados al gobierno, así como a base de privilegios de género, menoscabando el espíritu emprendedor en el que se había criado Francasci. Lo que me interesa de este entorno histórico conservador es que Francasci abogó por la automedicación e intentó recuperar la farmacia para las mujeres, mientras que los científicos de tinte liberal hicieron campañas a favor de la higiene pública y de una mayor regulación de las drogas.

Delatando múltiples privilegios de clase, Francasci invirtió recursos monetarios significativos en su cuerpo: su familia pagó numerosas visitas médicas, se automedicó de manera excesiva, siguió regímenes alimentarios, por algún tiempo se trasladó a vivir a la playa y cambió de vivienda de vuelta a Santo Domingo para cumplir con los requisitos de salubridad del aire. Lo que Pamela Thurschwell (2000) destacó en otro contexto sobre la histeria femenina se puede extrapolar a la condición de Francasci. Thurschwell argumenta que «la histeria fue un arma de doble filo para la paciente del siglo XIX; por un lado, la enfermedad prometía libertad y atención al mismo tiempo, lo que por lo general no podría solicitar de forma diferente. Por otro lado, aumentó su dependencia, la convirtió en una esclava de los médicos y las curas, y la hizo sospechosa de enferma fingida» (2000: 18). Francasci, además, tenía otros reparos con respecto a la atención médica y el género. Según su propia autoficción, de niña sacrificó su vocación de escritora para servir de enfermera doméstica de su abuelo moribundo. Aunque ella vivió hasta los noventa y un años, y debió de haber gozado de una salud bastante fuerte, en su fuero interno se oponía a hacerse cargo de su esposo enfermo del corazón e insistía en que ella estaba igual de doliente (2008: 260-261). Se dio cuenta de que el cuerpo enfermo le presentaba una oportunidad única de inversión financiera y conllevaba una reevaluación de la mujer en la sociedad y en el

---

estaba involucrado en la política tuvo que salir del país dos veces; primero rumbo a Puerto Rico, donde nació la futura escritora, y luego a Curazao, donde quizá esta haya asistido a la escuela. Para más información sobre la historia familiar de Francasci, véase Goldish 2009: 121-138; sobre el rol de Eugenio Generoso de Marchena en la obtención del préstamo Westendorp, véase Hoetink 1971: 152-153.

hogar de clase alta. Francasci explotó este excedente monetario y estético de la enfermedad en el registro ficticio. No obstante, fue en el registro autobiográfico donde encontró su nicho más rentable: estados de ánimo variables, crisis «morales», depresión y pensamientos suicidas.

La autora dominicana nunca podría haber invalidado su tácito diagnóstico de histérica a no ser por haber cuestionado la medicación contradictoria y, por ende, ineficaz. Es a este nivel –más que al de un dictamen médico basado en el sistema de conocimiento especializado– que Francasci pudo intervenir: resistió controles excesivos de la nueva medicina científica sobre el cuerpo de las mujeres y experimentó con tratamientos alternativos. Al comienzo del libro que considero su anamnesis autobiográfica, *Monseñor de Meriño íntimo* (1926), el lector encuentra a la narradora al «borde de la tumba» (2008: 213). Se percata de que varias crisis habían marcado su vida: «Atravesaba yo una de esas crisis morales que tantas veces, en el curso de mi vida, me han llevado casi al borde de la tumba; de tal modo me abaten, de tal modo consumen mis fuerzas, a tal extremo quebrantan todas mis vitales energías» (2008: 213). Escribe que le atrae el abismo de la negra melancolía y la locura mientras «[v]eleidades de suicidio» cruzan por su mente. A pesar de que este último se consideraba tema tabú por la Iglesia, la narradora trata de obviar toda la gravedad del asunto mientras describe su condición. Como si nada, encuadra el fantasma del suicidio dentro de sus «caprichos inconstantes», al tiempo que concibe «varios proyectos de súbita y voluntaria desaparición…» (2008: 213). De este modo, su lenguaje traiciona la sensibilidad finisecular que roza lo sublime en tanto flirtea con lo prohibido. En este punto, su familia, cuya custodia incesante imitaba la vigilancia social, consultó a varios médicos, pero estos no se pusieron de acuerdo sobre el tratamiento.

Los médicos no seguían protocolos de tratamiento estandarizados en aquel momento; sus recetas a menudo se contradecían, lo que aumentaba la desorientación del paciente. Francasci se refirió a su enfermedad como anemia, melancolía, «cansancio de la vida», tristeza y locura. El hecho de que la anemia figure entre los diagnósticos indica que la patología de Gabriel Andral estaba reemplazando las teorías de François-Joseph-Victor Broussais sobre la locura. Francisco Moscoso Puello, autor de la ambiciosa historia de la medicina dominicana (publicada póstumamente en 1977), consideró a Andral uno de los autores médicos más influyentes en la República

Dominicana en la segunda mitad del siglo XIX (vol. 5: 29). En resumen, Broussais creía que la inflamación o irritación general se originaba en el tracto gastrointestinal y luego se transportaba en la sangre por todo el cuerpo, incluido el cerebro. Consideró todas las enfermedades «esténicas», es decir, de etiología febril, producidas por la sobreestimulación o el exceso de actividad. Según su lógica, la locura era un derivado de tal irritación general del cuerpo. Los protocolos de tratamiento de Broussais consistieron en la regulación nutricional, sangría por sanguijuelas y sedantes. Por el contrario, Andral se centró en las lesiones locales e, interesado como estaba en la química de la sangre, distinguió entre «hipernemia» y anemia. Roger Teyssou explica la diferencia entre ambos médicos:

> Broussais observaba por el objetivo grueso del catalejo y no veía más que inflamación en todas partes. El otro [Andral], por el ocular, un acercamiento más pragmático, que le permitió decir que, aun si el proceso febril se traducía en manifestaciones generales, no dejaba de ser cierto que debía corresponder a afecciones locales, asentadas en líquidos o sólidos, y suceder a una lesión de naturaleza y localización desconocidas. (2012: 13)

Andral vio el sistema nervioso como una unidad estructural semiindependiente, por lo que buscó lesiones orgánicas del cerebro y la columna vertebral. Su tratamiento para la anemia consistió en la regulación de la nutrición y los tónicos, y tuvo como objetivo fortalecer el organismo debilitado y deprimido. Aunque la terapia inspirada en Andral definió la medicación de Francasci, se siguieron utilizando sedantes: «reconstituyentes, calmantes y otras drogas» (Francasci 2008: 213). En otras palabras, se puede afirmar que los tónicos y sedantes se neutralizaron, anulándose su efecto terapéutico.

En la América de entre siglos, la noción de la mujer enferma correspondía, hasta cierto punto, al discurso de la nación enferma. A diferencia de este último, que establece una relación de tipo causa y efecto entre colonización y enfermedad, la botica (junto con la trasbotica) sumerge al lector en el ámbito de las ambigüedades, los significados alternativos y los desafíos epistemológicos frente a las «verdades» patrocinadas y vigiladas a nivel de instituciones. Enferma y drogada, Francasci alucinaba: «Después de una gran excitación mental que me dejara el cerebro excesivamente fatigado, y todo el cuerpo sin fuerzas, caí en un estado de sopor profundo. Y soñé que

[...]» (2008: 214). Sin embargo, su desvarío no la distrae de la «verdad» ni tampoco introduce el régimen de simulacro. Más bien, por medio de la visión onírica Francasci vislumbra «desnuda» su condición material (en el sentido de la «verdad desnuda»). Desde dentro de su cotidianidad, se ve rodeada de unas «tinieblas» místicas que oscurecen la imagen. De repente, aparece «una luz sobrenatural iluminando un abismo espantoso, en el cual, por manos invisibles, fui precipitada repentinamente, sin que yo me diera cuenta de ello» (2008: 214). Cuanto más se esfuerza Francasci por no hundirse en el abismo, más desciende hacia el fondo. Este abismo personal evoca a su vez terrenos pantanosos, es decir, es más ontológico que geológicamente verosímil, puesto que la narradora viaja desde su borde, «borde de la tumba», hacia el interior del abismo que sigue atravesando sin alcanzar el fondo. De nuevo, la iluminación narco-onírica de la narradora, en lugar de alejarla del conocimiento, hace todo lo contrario: «Miré a mi alrededor y comprendí que había soñado. Entonces reflexioné sobre mi sueño [...]» (2008: 214). Francasci da nuevo sentido a sus agotadoras consultas médicas y termina por inventar una terapia eficaz, a diferencia de los incompetentes, o al menos desconcertados, doctores.

En lugar de someterse a tratamientos físicos desagradables como lo fue, por ejemplo, la sangría, Francasci inquirió las causas sociales del desequilibrio psíquico y exigió terapia de conversación con personajes dominicanos prominentes, entre ellos Fernando Arturo de Meriño, Federico Henríquez y Carvajal, Emiliano Tejera y Manuel de Jesús Galván. La participación ocasional en la política, insistió Francasci, contribuiría a su bienestar psíquico. La vida de una mujer ilustrada fue una serie de malabarismos intelectuales vertiginosos. Mientras el desacuerdo clínico mitigaba el reclamo a la «verdad» exclusiva de la medicina moderna, la introducción de varios médicos consultores en «su» hogar «privado» le permitió a Francasci al mismo tiempo aliviar los controles domésticos ejercidos por su esposo y su reputado hermano masón. Se aprovechó de esta primera dispersión del poder masculino para invitar como su confesor al expresidente dominicano, ahora el arzobispo Meriño, y para, seguidamente, hacerse amiga del adversario político de este, el farmacéutico y médico «charlatán» Emiliano Tejera. De esta suerte, Francasci logró persuadir a su círculo íntimo de que el reconocimiento social era el método que requería la menor cantidad de recursos mientras brindaba el mayor número de beneficios.

«Oficiales de sanidad» entre los nuevos actores culturales y la conciencia charlatana

Sostengo que la farmacopoética de Francasci se inscribe (más allá del contexto insular, pero sin abandonarlo en ningún momento) entre las luchas feministas globales por recuperar el acceso a la farmacia. Para desarrollar este argumento, me apoyo en el estudio de Larry Duffy (2015) sobre las transformaciones institucionales de la química y la farmacia en el siglo XIX en Francia, y examino sus repercusiones en Haití y la República Dominicana. En Francia, los oficiales de sanidad jugaron un papel primordial en esta reforma por haber asumido la mayor parte del cuidado del enfermo; como consecuencia, los médicos tuvieron tiempo para dedicarse a la investigación científica. No obstante, para fines del presente ensayo, uso la noción de oficiales de sanidad más bien en sentido metafórico, como producto de una brecha que se abrió tras encarnizadas polémicas disciplinarias en los centros metropolitanos, así como sus repercusiones, aún más complicadas, en la poscolonia. La expresión –como yo la empleo– abarca, además, múltiples actores en el sistema sanitario que fatigaron el territorio sacrosanto de la Ciencia. Por ende, se refiere a profesiones tan heterogéneas como los químicos, boticarios, curanderos, brujos y «curas de almas»: todos ellos disputaban su rol en el cuidado del enfermo frente a la medicina y el saber disciplinario progresivamente reconocido y vigilado por el Estado nación. Sintiéndose intrusa entre los escritores hombres y experimentando «ansiedad de autoría» (Gilbert & Gubar 2000), Francasci se inspiró en la farmacia, institución que por aquel entonces se consideraba sospechosa de charlatanería.

La farmacia finisecular ocupaba una zona de tránsito entre los lugares accesibles y prohibidos para las mujeres. Por un lado, las conectaba con los últimos avances científicos y tecnológicos; por el otro, la institución en sí estaba controlada por hombres. Flaubert en *Madame Bovary* (1856) interpreta esta dinámica de género en la Francia posrevolucionaria. Duffy arguye que la farmacia sirvió como un ámbito en el que convergieron muchísimas preocupaciones epistemológicas y estéticas del siglo XIX. Se basa a su vez en la investigación de Jonathan Simon, quien examina tanto la redefinición institucional que experimentó la farmacia –una vez independizada la química como disciplina científica autónoma a finales del siglo XVIII– como el nuevo sistema de profesionales de la salud durante el Imperio y la Monarquía de Julio. Hasta finales del siglo XVIII, los químicos eran boticarios de formación y profesión, por lo que se relacionaban con los especieros y los barberos: «Los químicos científicos, más o menos indistinguibles de los boticarios, se preocupaban principalmente por la contribución farmacéutica de su ciencia a la curación de enfermos» (Duffy 2015: 38). La Revolución Francesa podría haber guillotinado al «padre de la química moderna», Antoine Lavoisier, por «adulterar» el tabaco, es decir, por actuar como un químico. Sin embargo, el Imperio Francés de Napoleón Bonaparte institucionalizó la química como una disciplina teórica (*chimie philosophique*). Las reformas institucionales, en particular las leyes del *19 ventôse* y *21 germinal* en 1803, aseguraron la diferenciación entre los médicos y farmacéuticos de élite, capacitados en los principales centros de salud, y los «vulgares» *officiers de santé*. La licencia de estos últimos estaba restringida al Departamento en cuyo hospital habían servido como aprendices (Simon 2005: 118-119). A nivel profesional, esa creciente centralización, junto con la separación de la química, significó el apremio para reinventar la farmacia, como lo personifica el farmacéutico-químico Homais en la novela de Flaubert.

La farmacia moderna amplió sus áreas de especialización al ensayar nuevas alianzas con la *chimie philosophique* e invadir otros «campos disciplinarios y subdisciplinarios» como la medicina, la higiene pública, la toxicología, la medicina forense y la agricultura (Duffy 2015: 15). A diferencia del poco ambicioso oficial de sanidad Charles Bovary, Homais expresa muchas ideas que lo acreditan como lector voraz de la literatura profesional (Duffy 2011: 72). En una conversación demuestra una aguda comprensión de los últimos desarrollos farmacéuticos. Aunque la ley del *19 ventôse* prohíbe el ejercicio de la medicina a practicantes sin licencia, Homais mantiene su consulta en la *arrière-boutique*. Utiliza terminología latina de modo excesivo, desea monopolizar la fabricación de mermeladas en la ciudad y envía artículos a la Academia sobre un parásito agrícola. Homais designa un almacén para sus herramientas y suministros, donde realiza negocios relacionados con la farmacia: «Il y passait seul de longues heures à étiqueter, à transvaser, à reficeler» (1856: 507). Sin embargo, representa su *capharnaüm* como «un véritable sanctuaire» (1856: 507), el refugio en que «se concentrant égoïstement, Homais se délectait dans l'exercice de ses prédilections» (1856: 508). Cuando encuentra a Emma en estado crítico, en lugar de insertar los dedos en su garganta –el método «vulgar» que la debió haber salvado, según el Dr. Larivière–, realiza un análisis toxicológico tedioso e inoportuno. Finalmente, como un verdadero científico decimonónico, Homais diserta con elegantes observaciones «filosóficas» sobre el cadáver inerte de Emma.

La reforma de la farmacia dominicana, a su vez, data de la época de la dominación haitiana (1822-1844). La historiografía conservadora describe este período en términos de una parálisis, cuando la actual República Dominicana, reorganizada en dos departamentos orientales, se encontró alejada del bullicio político, económico y cultural asociado con Port-au-Prince, Cap-Haïtien y Les Cayes. El gobierno haitiano procedió a cerrar la Universidad de Santo Tomás de Aquino y reclutó a los estudiantes para el servicio militar obligatorio, sin reparar en distinciones de clase y castas raciales (Moscoso Puello 1985, vol. 6: 22). Además, se abolió el derecho colonial español y se impusieron nuevas leyes, al tiempo que se promovían ideas republicanas. La legislación haitiana, por su parte, fue más o menos copiada de la Francia posrevolucionaria. Después de ganar su independencia de Haití, los dominicanos modificaron muchas leyes haitianas en lugar de derogarlas, entre ellas las que regulaban el funcionamiento de los hospitales, oficiales de sanidad, médicos y boticarios.

Guy Despeignes sostiene que la legislación haitiana intentó diversificar el mercado de los servicios de salud (2001: 58-61). La ley del 12 de mayo de 1826 (*loi sur la taxe des médecins et chirurgiens*) prohibía a los médicos y cirujanos vender medicamentos siempre que hubiera farmacéuticos autorizados en las proximidades (Linstant 1865, vol. 4: 477). La provisión de privilegiar el conocimiento y la mercancía del farmacéutico había sido precedida por dos movimientos institucionales importantes. Primero, debido a la falta de médicos y cirujanos formados en el extranjero, así como la falta de una escuela de medicina en Haití, la ley del 3 de marzo de 1808 (*la loi sur l'organisation du service de santé des hôpitaux militaires de la République*) creó *écoles de santé* en los principales hospitales militares. Esas escuelas de la salud graduaron tres clases de oficiales de sanidad, aunque en general la formación de todos fue bastante básica (Linstant 1851/86, vol. 1: 400-401, 410). El nivel educativo decayó en comparación con los eruditos de antaño, un hecho que generó algunas críticas (Moscoso Puello 1984, vol. 5: 20). En segundo lugar, las leyes que a la larga perjudicaron el estatus social de los médicos elevaron de manera indirecta el de los farmacéuticos. Antes había pocos farmacéuticos con licencia capacitados en el extranjero; la mayoría eran simples artesanos. Ahora bien, los farmacéuticos se investían con el mismo grado de un oficial de sanidad después de completar su capacitación en uno de los hospitales militares o por medio de otro farmacéutico certificado. Además, el mismo jurado acreditaba tanto a médicos como a farmacéuticos. Si bien en Francia existió el sistema de los dos niveles (graduados de prestigiosas escuelas de medicina *versus* oficiales de sanidad, obligados a ejercer en su localidad), en Haití los oficiales de sanidad prevalecieron entre los profesionales de la salud. Aunque me interesa el período posterior a 1844, los dominicanos heredaron el precario sistema de salud haitiano por el resto del siglo XIX.

Además de un desarrollo histórico comparable y, a través de Haití, relacionado, otro paralelismo crucial entre *Madame Bovary* y la farmacopoiesis de Francasci radica en su vivo interés por las drogas y en el estar en contra de la paulatina exclusión de las mujeres en la producción del conocimiento farmacéutico. En otras palabras, la yuxtaposición de estos dos tipos de escritura, aunque geográfica y estéticamente distantes, me permite examinar la relación entre las mujeres y la nueva farmacia excluyente. ¿En qué medida la narradora autobiográfica de *Monseñor de Meriño íntimo* participa en el sabotaje del orden disciplinario y económico de la farmacia?

En el momento histórico en que las ciencias redefinidas y reagrupadas intentaron imponer el régimen de la positividad y encasillar agentes intoxicantes sueltos, Emma y la narradora de Francasci se oponen a esa materialidad empobrecida, la «hastiada» cotidianidad. Como complemento a la interpretación de Duffy, arguyo que al final de *Madame Bovary* el público reconoció la farmacia de Homais no solo porque un grupo de profesionales reinventó la farmacia en cuanto ocupación científica. Su triunfo se debió de igual modo a que la farmacia ocultó la trasbotica detrás del escaparate. Incapaz de erradicar toda agencia alucinatoria, la sociedad decimonónica confió las drogas y la magia a la vigilancia de un experto. Según Emma, el laboratorio de Homais es el único lugar de interés en la aburrida ciudad de Yonville (1856: 148-149); sin embargo, las puertas siguen firmemente cerradas para ella. Desde tiempos inmemoriales, las mujeres practicaron medicina popular, pero debido a que un número cada vez mayor de medicamentos se consideraba peligroso, ahora las mujeres requerían intermediarios médicos y farmacéuticos para acceder a las drogas. Emma y la narradora de Francasci buscan el éxtasis sin importarles si proviene de la religión, las novelas, el glamour o los amoríos. Lo que las mata, en cambio, es la sofocante atmósfera provincial, la economía agotada en la que se minimiza el movimiento emprendedor.

Tanto Flaubert como Francasci transgredieron la farmacia positiva; la escritura de Francasci específicamente ejemplificó la implacable competencia entre la farmacia y el confesionario en cuanto al cuidado de enfermos. Se dio cuenta de que no bastaban los medicamentos recetados, ya que su enfermedad era de índole «moral». Por lo tanto, el remedio también tenía que ser «moral», en el sentido de psicoactivo (2008: 214). Francasci recurrió a la religión y eligió al arzobispo de Santo Domingo como su confesor. Aunque en teoría había sido criada en el catolicismo por su madre, tenía antecedentes sefardíes y, según rezuma su prosa, era poco probable que fuera devota en extremo. Buscó reconocimiento a través de su amistad con Meriño (2008: 216). En principio, Francasci esperaba que la confesión aliviara su crisis, pero al final no confesó nada. Si hubiera tenido algo que revelar, Meriño no lo supo: «Callé fatigada. Y, extenuada por mi esfuerzo nervioso, me dejé caer sobre las almohadas del respaldo del sillón. / Monseñor de Meriño habló entonces. Díjome cosas dulcísimas que fueron bálsamo para las heridas crueles de mi espíritu. / Hija mía: la he escuchado. Es usted muy noble. Es usted pura» (2008: 219). Meriño confía en que la curación se produzca por ser él un representante de Cristo (2008: 218), pero Francasci sospecha que se debería más bien a las propiedades psicoactivas de la religión, en particular al éxtasis que alivia al yo de sí misma. Las palabras alentadoras de Meriño actúan como bálsamo sobre el espíritu herido de Francasci. Aquí «bálsamo» es una metáfora importantísima para la imaginación decimonónica. Demuestra que la línea divisoria entre el cuerpo y el alma se volvía más tenue. El bálsamo se aplicaba como un ungüento; calmaba el cuerpo igual que el incienso, también aromático y resinoso, calmaba el alma. Si la farmacodinámica del bálsamo valía para tratar traumas espirituales, entonces «alma» se correlacionaba íntimamente con el cuerpo.

Aparentemente, fue Meriño quien sugirió que Francasci escribiera como ejercicio antidepresivo (2008: 224). Francasci podría no haber revelado nada «confesable», pero una vez concluyó, se sintió agotada, como si hubiera realizado una gran labor. Menciona que le costó «esfuerzo nervioso», pero el lector no está seguro de qué esfuerzo habla la narradora. ¿Podría haber intentado articular ese sentido de sí misma, dividida entre quehaceres domésticos, diligencias relacionadas con su negocio y la vocación de escribir? Sospecho que la propia Francasci insinuó a Meriño el tratamiento que ella necesitaba (la escritura). Cuando Meriño le informó de su breve viaje al Cibao, recibió la noticia con tanta angustia que el arzobispo le pidió que llevara un diario, asegura la narradora. Registraría todos sus pensamientos e impresiones, como si estuviera en comunicación telepática con Meriño por este medio:

> Temo que recaiga usted en sus tristezas, porque sé que no está usted curada de ellas [...] he buscado y creo haber encontrado un medio de distraerla. Escuche usted bien. Pues bueno: abra para mí solo, una especie de Diario que usted redactará con toda sinceridad de mujer, cada día me dirá usted en él sus impresiones, lo que le ocurra; hablará usted conmigo. (2008: 223)

Aunque Francasci lleva la narración, creo que es aquí donde orquesta el fraseo de Meriño más de lo normal; al fin y al cabo, anhelaba su licencia poética para poder escribir. Meriño le recetó el diario como medio femenino y como terapia de apoyo para evitar la recaída en «sus tristezas». Pretendió que el diario sirviera para desahogar a Francasci, reclusa en casa, y permitirle escribir ese yo marcado a fondo por el género. En cambio, Francasci escuchó (o imaginó haber oído) el Diario con mayúscula, un género literario.

Para restaurar su independencia espiritual, Francasci contrapuso a Meriño con Tejera, el farmacéutico. Después de 1845, la República Dominicana retiró el título de oficial de sanidad, pero el insuficiente nivel de formación –tanto especializada como general– se mantuvo por mucho tiempo. Los farmacéuticos, en cambio, disfrutaron de un aumento en prestigio cuando se los equiparó *de facto* con los médicos y luego cuando se convirtieron en proveedores privilegiados de medicamentos. Dada la inestabilidad política, cuando un empleo en el gobierno no garantizaba ingresos estables la farmacia se consolidó como una ocupación lucrativa sin ser tan exigente como la del médico. Por consiguiente, muchos representantes de la élite desempeñaron el oficio o lo anhelaban para sus hijos. La familia Tejera ilustra esta paulatina transformación institucional. Juan Nepomuceno Tejera Tejada, quien participó activamente en la reforma del sistema educativo durante la posindependencia y llegó a ocupar cargos de secretario de Estado y presidente de la Suprema Corte de Justicia, se hizo propietario de una botica en la calle El Conde. Sus dos hijos, Apolinar y Emiliano, se licenciaron en farmacia.

Al heredar Emiliano Tejera la lucrativa botica de su padre, se aseguró la suficiente estabilidad económica y prestigio social para desempeñarse como intelectual público y ministro de Hacienda. Tejera aparece en la narración al principio de la segunda parte cuando la autora admite que alteró «la verdad histórica» al haber afirmado que recobró su salud bajo la guía espiritual de Meriño. En realidad, continuó sufriendo de «una melancolía que [le] hacía encontrar el cielo nublado, el sol pálido, el ambiente poco agradable, la vida sin aliciente alguno» (2008: 225). Además de estar deprimida, Francasci tenía una afección bronquial no especificada «que amenazó castigar [sus] pulmones siempre delicados» (2008: 225). Hipocondríaca como era y temiendo tuberculosis, Francasci buscó ayuda, mostrando especial curiosidad por el nuevo saber médico impartido en el Hospital Militar e Instituto Profesional. Su hermano Eugenio practicaba la vieja manera de tratar enfermedades (2008: 225), por lo que se invitó a Emiliano Tejera en su lugar. Francasci se dirigía a Tejera exclusivamente como «médico» y esperaba que él curara sus desórdenes «morales» y físicos. Incluso si no la propia Francasci, su hermano debió de haber sabido que Tejera era farmacéutico y, por lo tanto, no estaba autorizado a medicar a sus clientes. Sin embargo, el mismo Eugenio de Marchena aconsejaba en cuestiones de salud, cuando menos a sus familiares, a pesar de no ostentar, hasta donde tengo entendido, ningún título médico.

En cierto sentido, Tejera era un charlatán como médico y como literato. No obstante, la precariedad de su condición profesional benefició a Francasci, ya que por fin se posicionó para enfrentarse a autoridades médicas y eclesiásticas. Al igual que Homais, Tejera tuvo que pretender enciclopedismo para justificar su falta de licencia y superar al médico prototípico: un licenciado en artes liberales y de la facultad de medicina. La realidad nacional era distinta: muchos médicos habían sido formados en su campo práctico, pero no necesariamente demostraban un alto nivel de erudición. Tejera parecía anticuado y extraño, «uno de esos hombres de ciencia que se daban en la América española del siglo XIX y que de verdad pertenecían al siglo XVIII», porque «amasó conocimientos de botánica y de farmacopea, de derecho y de historia, de lenguas clásicas y de literatura moderna» (Henríquez Ureña 1951: v). Francasci convirtió esa excentricidad (bien monetizada) en una ventaja para sí. La conciencia charlatana de Francasci se calmó un tanto cuando sorprendió al farmacéutico diciendo que creía en la transmigración de las almas (2008: 227); pero la mayor virtud de Tejera –a los ojos de Francasci– era su rivalidad con Meriño (2008: 226). Regresando a la severidad del juicio crítico masculino que Francasci afrontó en todo momento, Tejera también servía de contrapeso a Henríquez y Carvajal, profesor y periodista que procuraba laureles literarios.

En resumen, Amelia Francasci proyectó un espacio alternativo para la emancipación de género, un espacio de desacuerdo abierto por la intensa competencia profesional entre la religión, la medicina, la farmacia, la literatura y la crítica literaria. Desafió esa interiorizada necesidad de identificarse con los hombres para escribir y actuar. A fin de controlar mentes y cuerpos femeninos, el patriarcado dependía cada vez más del saber disciplinario. Los científicos presentaron la suma de sus conocimientos como abarcadora y absoluta. Sin embargo, si las materias se consideraban por separado, su parte del conocimiento resultaba fragmentaria. Los profesionales y el clero constantemente probaron los límites y la jurisdicción de ocupaciones rivales. Frecuentemente invadían el territorio del otro, lo que sugiere vulnerabilidad disciplinaria e institucional. Los choques de la medicina con la religión y de la farmacia con ambos, sobre la psique enferma, demostraron el frágil reclamo a la «verdad» por parte de cada institución. Las mujeres experimentaron una relativa sensación de libertad mediante la recopilación de consejos contradictorios de diferentes sistemas del saber, pues a partir de ahí podían elegir qué autoridad seguir o bien descartarlas por completo.

Bibliografía

Andral, Gabriel (1829): *Précis d'anatomie pathologique.* Paris: Gabon.

Broussais, François-Joseph-Victor ([1828]1986): *De l'irritation et de la folie: ouvrage dans lequel les rapports du physique et du moral sont établis sur les bases de la médecine physiologique.* Paris: Fayard.

Despeignes, Guy (2001): *Politique de santé, médicalisation de la société et émergence de la médecine clinique moderne en Haïti, 1804-1915.* Tesis doctoral, Université de Montréal.

DUFFY, Larry (2011): «*Madame Bovary* and the institutional transformation of pharmacy». En *Dix-neuf 15* (1): 70-82.

DUFFY, Larry (2015): *Flaubert, Zola, and the incorporation of disciplinary knowledge.* New York: Palgrave / Macmillan.

FLAUBERT, Gustave (1856): *Madame Bovary: Mœurs de province.* La Bibliothèque électronique du Québec, collection *À tous les vents*, vol. 715: version 2.01.

FRANCASCI, Amelia (2008): «Monseñor de Meriño íntimo». En Chez Checo, José & García, José Enrique & Veloz Maggiolo, Marcio (eds.): *Biografías y evocaciones.* Santo Domingo: Sociedad Dominicana de Bibliófilos, 213-316.

GILBERT, Sandra M. & GUBAR, Susan (2000): *The Madwoman in the attic. The woman writer and the nineteenth-century literary imagination.* New Haven: Yale University Press.

GOLDISH, Josette Capriles (2009): *Once Jews: stories of Caribbean sephardim.* Princeton: Markus Weiner.

HENRÍQUEZ Y CARVAJAL, Federico (1929): *Ética i estética.* Santo Domingo: J. R. Viuda García, Sucesores.

HENRÍQUEZ UREÑA, Pedro (1951): «Prólogo». En Tejera, Emiliano & Tejera, Emilio: *Palabras.* Ciudad Trujillo: Editora del Caribe, v-vi.

HOETINK, Harry (1971): *El pueblo dominicano: 1850-1900; Apuntes para su sociología histórica.* Santiago: Universidad Católica Madre y Maestra.

HOSTOS, Eugenio María de ([1901] 1939): «Civilización o muerte». En *Obras completas*, vol. 10. La Habana: Cultural S.A., 437.

LINSTANT, Pradine & ÉDOUARD, Emmanuel (1851-1888): *Recueil général des lois et actes du gouvernement d'Haïti: depuis la proclamation de son indépendence jusqu'à nos jours* (vols. 1-8). Paris: A. Durand.

MAYES, April. (2008): «Why Dominican feminism moved to the right: class, colour and women's activism in the Dominican Republic, 1880s-1940s». En *Gender & History* 20 (2): 349-371.

MOSCOSO PUELLO, Francisco (1983-1985). *Apuntes para la historia de la medicina de la isla de Santo Domingo.* San Pedro de Macorís: Universidad Central del Este.

QUIRKE, Viviane (2010): «Pharmaceutical styles of thinking and doing: French and British spheres of influence in the nineteenth and early-twentieth centuries». En *Pharmacy in history* 52 (3/4): 99.

SIMON, Jonathan (2005): *Chemistry, pharmacy and revolution in France, 1777-1809.* Aldershot: Ashgate.

TEYSSOU, Roger (2012): *Gabriel Andral, pionnier de l'hématologie: la médecine dans le sang.* Paris: L'Harmattan.

Thurschwell, Pamela (2000): *Sigmund Freud.* New York: Routledge.

Vallejo, Catharina (1999): *Las madres de la patria y las bellas mentiras: imágenes de la mujer en el discurso literario nacional de la República Dominicana, 1844-1899.* Miami: Universal.

Representaciones del intelectual y la ciudad en *La sangre* (1914), de Tulio M. Cestero

Ramón Antonio Victoriano Martínez
University of British Columbia

La sangre: una vida bajo la tiranía (1914) es reconocida como «la única novela modernista de la historia literaria dominicana» (Batista Lemaire 2010: 19) y es uno de los textos primordiales del canon literario de la nación. Fue altamente valorada por los contemporáneos de Tulio M. Cestero (1877-1955): Pedro y Max Henríquez Ureña, José Ramón López, Federico García Godoy y Vetilio Alfau Durán, entre otros, aunque su consagración no llegaría hasta bien entrado el siglo xx. En este ensayo mostraré cómo se (re)presentan tanto la clase intelectual como la ciudad de Santo Domingo a través de las acciones del personaje principal de la novela, Antonio Portocarrero. En un primer plano de lectura el texto de Cestero podría verse como el recuento de la vida política de Portocarrero y su entorno entre el final de la dictadura de Ulises Heureaux (1889-1899) y mediados de la primera década del siglo xx. En otro plano, el texto funciona, tal y como lo ha descrito Fernando Valerio-Holguín, en el prólogo de la edición de Editorial Manatí, como «una arqueología de la cultura dominicana» (2000: 5). Esta arqueología muestra una sociedad en transición. La novela funciona como una especie de texto etnográfico con detalles precisos de la ciudad de Santo Domingo, su tejido urbano, las festividades y costumbres de sus habitantes. Ambos planos se van a combinar en mi análisis al detenerme en las relaciones entre las dos ciudades: la ciudad real y la ciudad letrada.

El concepto de ciudad letrada se toma del libro homónimo de Ángel Rama publicado en 1984. Para Rama la ciudad letrada está compuesta de un grupo de individuos al cual «le competía el subsidiario absoluto que ordenaba el universo de los signos» (1984: 23). Las personas que poblaban esta ciudad eran los letrados, generalmente establecidos en el centro de la ciudad real: «Una pléyade de religiosos, administradores, educadores, profesionales, escritores y múltiples servidores intelectuales, todos esos que manejaban la pluma, estaban estrechamente asociados a las funciones del poder...» (1984: 25). Este concepto es fundamental para entender las acciones de Portocarrero y las consecuencias de estas en la ciudad real. En principio, los letrados constituían el centro de una burocracia cuya función era gobernar y administrar las colonias del Nuevo Mundo para la Corona española. Más adelante, a partir de las guerras de independencia del siglo XIX, esta clase estaría compuesta por criollos que crearían el orden simbólico que sostendría a las nuevas repúblicas.

La sangre comienza con Antonio Portocarrero en prisión debido a su oposición al régimen de Heureaux; a partir de ahí, y con una serie de escenas retrospectivas, el lector es conducido a la niñez de Portocarrero. Al final del capítulo II la visión que tenemos de la aldea y del paisaje campesino es una de inocencia y felicidad, las cuales perderá el protagonista al mudarse a la ciudad: «¡Cómo ha volado el tiempo y mudado las costumbres! Su riente pueblo de bucólica ya no será el mismo; pero con todo, con qué placer iría a limpiar su cuerpo de las inmundicias de la prisión [...]» (Cestero 2000: 19). El campo no se considera aquí el foco de la barbarie sino lugar de juegos[1]. Esta visión pastoril pronto cambiará cuando Portocarrero sea enviado a la ciudad a estudiar, completando así el paso de lo rural a lo urbano. Al principio, el niño se resiste: «Cuando Antonio, conducido por el tío Tomás, traspuso el umbral de "San Luis Gonzaga", al día siguiente de su llegada, sintió que algo se desgarraba en sus entrañas» (Cestero 2000: 21). La ciudad es un ambiente hostil donde tanto el tiempo como el espacio se ven restringidos. El joven Portocarrero se siente atrapado en los salones estrechos y por el estricto horario del internado católico. Pero una vez que se acostumbra a la ciudad y se adapta a sus costumbres el espacio urbano se convierte en espacio lúdico. Al igual que en el campo, los juegos tienen lugar a la

---

[1] En *Facundo: civilización y barbarie* (1845) Domingo F. Sarmiento intenta representar la dicotomía que a su juicio enfrenta la nación argentina y por extensión América Latina: civilización o barbarie. La civilización para Sarmiento se ve concretizada en las ciudades, donde reside el poder simbólico-cultural, mientras que la barbarie tiene su lugar en el campo.

intemperie: «Las aventuras de tales asuetos era tópicos para el mes: el baño en la playa de Güibia, disputábanse a nadar hasta peñita, hasta curazao o hasta santomas, que así se nombraban las tres peñas que casi cuadran el hondo y amplio balneario» (Cestero 2000: 31). Esta cita es parte de un largo pasaje en el cual se detallan los modos en los cuales el entramado urbano se convierte en un espacio idóneo para las actividades lúdicas y de diversión. Los adolescentes que conforman el grupo de Portocarrero se mueven a sus anchas en la ciudad: viajan a las afueras, caminan a lo largo del mar y el río Ozama, y visitan los mercados y mataderos, entre otras salidas.

Es en este ambiente en que Antonio Portocarrero se convierte en un letrado. Comienza su carrera en la ciudad letrada escribiendo cartas de amor por pago: «Así se inició en las letras, y la tarifa que regía su industria marcaba sus admiraciones en las de a tres por un real, se refería a César y a la conquista de las Galias; en las de a medio, a Napoleón» (Cestero 2000: 47). La entrada de Portocarrero a la ciudad letrada se da por la puerta sentimental, no por la burocrática. Más adelante se convertirá en profesor y periodista, dos de las profesiones que Rama señala como particulares de la ciudad letrada del siglo XIX. Su primer artículo, escrito contra la dictadura, atrae la ira del gobierno y por ello Portocarrero debe mantenerse confinado al recinto escolar en calidad de refugiado. Aquí, nos relata el narrador: «Leyó con furia, sin orden ni método, incitado por los títulos o la fama de los autores, mezclando los juristas con Sué y Víctor Hugo, los economistas y los poetas, deleitábanle los versos de Mármol contra Rosas, los doce Césares de Suetonio y los discursos de Castelar» (Cestero 2000: 51). Estas lecturas constituyen el canon del letrado dominicano de su tiempo: Francia, España, Argentina y la Roma clásica se convirtieron en las lecturas formativas de la generación de letrados que retrata la novela y también de la siguiente, la que dominaría la política dominicana hasta bien entrado el siglo XX[2].

El letrado que se opone al tirano nos remite al *Facundo*, pero, mientras la obra del argentino se inscribe dentro del ensayo cultural que explicaría la

[2] Joaquín Balaguer (1906-2001), seis veces presidente de la República Dominicana, sería el ejemplo paradigmático de este tipo de *letrado*. Autor de novelas, poemas y ensayos críticos, como orador se inscribía dentro de la oratoria española de principios del siglo XX y citaba a Cicerón, Víctor Hugo y Castelar en sus discursos políticos.

situación argentina y que serviría como plataforma política de Sarmiento, Cestero, a través de Portocarrero, analiza el período de la dictadura de Heureaux con mirada retrospectiva y no hace una oposición tan tajante entre civilización y barbarie o el origen de esta última. Sarmiento ve las pampas como un lugar bárbaro, del que solo pueden salir personas bárbaras hacia las ciudades: «Pero las provincias se vengaron mandándole en Rosas, mucho y demasiado de la barbarie que a ellas les sobraba» (Sarmiento 1977: 25). Cestero, en cambio, no ve el campo como bárbaro sino como bucólico, un lugar donde la vida era más simple: «[...] sus ojos y piernas habituados al campo sin vallados, padecen en el espacio estrecho de las aulas [...] ¡Y luego, tan uniformes y reglamentados los días!» (Cestero 2000: 29). Sin embargo, al avanzar la narración, y al igual que en *Facundo*, el campo va a ser el lugar del cual va a surgir el poder político para tomar la ciudad. Unas de las razones por las cuales Cestero no desdeña al campo es porque la vida cotidiana de Santo Domingo tenía muchos rasgos rurales tanto en el período en que transcurre la novela como en el momento de su publicación. Contrario al ensayo de Sarmiento en el cual el Otro (campesino, indígena) está «allá» en las pampas o es exterminado en las «indiadas», aquí el campesino reside en el corazón de la ciudad.

Otra diferencia importante con respecto a *Facundo* es la manera en que se presenta al hombre fuerte. Si Sarmiento nos presenta un Facundo Quiroga analfabeto y un Juan Manuel de Rosas que no se preocupa por las letras, en *La sangre* Ulises Heureaux es presentado como un negro educado, de finas maneras, que sabe leer y escribir en tres idiomas, pero que no tiene buena opinión de los letrados y que, al contrario de lo que haría Rafael L. Trujillo durante su dictadura (1930-1961), no se rodeaba de intelectuales y abogados. También existe otra diferencia: Heureaux usaba las letras como manera de relacionarse con el mundo, escribía cartas de amor, era famoso por usar papel perfumado para enviarlas a sus amantes, y órdenes de ejecución: «con la misma pluma con que ordena una ejecución, firma una dádiva para una iglesia o una carta de amor» (2000: 71). En la novela dominicana el bárbaro hace uso de las herramientas del letrado, aprovecha la multiplicidad de funciones de las letras. Pero el Heureaux que presenta la novela es un hombre que a pesar de tener dominio del discurso escrito no lee, una artimaña retórica para hacer su figura aún más desagradable para el público al cual va dirigida la novela[3]. Heureaux también era masón y, según uno de sus biógrafos, siempre tenía dos libros en su escritorio: «*El Príncipe* de Maquiavelo y *Amalia*, una novela histórica en la cual se retrataba la era de Rosas en Argentina» (Hoetink 1972: 161)[4].

Durante su dictadura, y a pesar de ser un hombre educado, Ulises Heureaux persiguió tenazmente a Eugenio María de Hostos (1839-1903) hasta provocar su salida del país. En *La sangre* Cestero deja traslucir la influencia hostosiana en el pensamiento de Portocarrero. Refiriéndose a la figura de Casimiro Nemesio de Moya (1849-1915), político y geógrafo dominicano, lo describe como «joven de atractivo talante, laborioso, inteligente, con algo de donjuanismo, congregó en torno suyo a los azules liberales, a la juventud recién nutrida por las doctrinas de Hostos, y a cuantos poseían aspiraciones y soñaban con el progreso» (Cestero 2000: 38). Para Hostos el dilema no era civilización o barbarie sino «civilización o muerte», propugnando un antillanismo que civilizaría las islas a través del positivismo, el racionalismo, la fe en el progreso y la adaptación de las ideas civilizadas a las costumbres peculiares de cada sociedad. En *Moral social* el pensador puertorriqueño afirmaba: «la Escuela tiene por objeto la preparación de conciencias. Así, por su objeto, como por el del niño que va a ser hombre, la Escuela ha de edificar en el espíritu del escolar, sobre cimientos de verdad y sobre bases de bien, la columna de toda sociedad, el individuo» (Cestero 2000: 225)[5]. Aunque Portocarrero es alumno del exclusivo colegio católico San Luis Gonzaga, sus ideas están muy cerca de las de los estudiantes de Hostos en la Escuela Normal, los llamados «normalistas»[6].

La sangre representa un intento de rescatar, a través de la memoria y la etnografía, una ciudad en su etapa de premodernización. La ciudad descrita es una en la que las tradiciones de la Iglesia católica tienen la mayor preponderancia, donde no hay electricidad y donde las personas todavía

---

[3] Harry Hoetink en su libro *El pueblo dominicano: 1850-1900: apuntes para su sociología histórica* (1972) hace un uso intensivo de estas cartas.

[4] La fuente utilizada por Hoetink es *Lilís y Alejandrito* (1956) de Vigil Díaz.

[5] Para un excelente análisis de las ideas de Hostos y su influencia en la República Dominicana véase González 1999.

[6] La influencia de Hostos sería el principal punto de debate en el sistema educativo dominicano hasta los años cincuenta del siglo XX.

cultivan sus propios alimentos y tienen gallinas en los patios para proveerse así de huevos y carne. Pero este tropo nostálgico es lo que le permite al autor negar el presente dominicano al momento de publicarse la novela[7] y al mismo tiempo recrear, con una mirada benevolente, un pasado ya en vías de extinción. Esto se hace patente cuando, al final de la obra, Portocarrero, ya enfermo, lamenta el cambio en las costumbres dominicanas hacia un modelo norteamericano de vida: «Sí, ya nuestro pueblo baila two steps, y pronto los muchachos jugarán a la pelota» (Cestero 2000: 193)[8].

Según Rama, «durante el período modernizado [se refiere a finales del siglo XIX] asistimos a una superproducción de libros que cuentan cómo era la ciudad antes de la mutación [...] encontramos en esos libros una invención ilusoria generada por el movimiento, la experiencia del extrañamiento [...]» (1984: 97-98). La novela de Cestero es un magnífico ejemplo de este tipo de libro, aun cuando fue escrito en las primeras décadas del siglo XX. Cestero describe prolijamente la ciudad de Santo Domingo, pero, ¿cuál es la imagen de esta ciudad? La ciudad descrita en *La sangre* es lo que hoy conocemos como la zona colonial y sus alrededores, los que, para la época de redacción de la novela estaban situados «extramuros»[9]. En la narración la ciudad es vista a través de un lente nostálgico y romántico, mediante el cual Cestero trata de retener algo que ya empieza a perderse.

Detengámonos por un momento a observar la ciudad real en la cual se desarrolla la acción de la novela. En 1893, de acuerdo con el Censo de Santo Domingo recogido en el libro de Hoetink, la misma contaba con 14 072 habitantes en una cuadrícula de 34 calles, con cuatro bibliotecas públicas y cuatro librerías[10]. Tal y como podemos apreciar a partir de estos datos, el

---

[7] Cabe destacar que la novela se escribió entre La Habana y París, donde fue publicada por primera vez.

[8] *La sangre* también es un texto que prefigura muchas de las características de la República Dominicana en el siglo XX, tal y como podemos ver en esta profecía sobre la importancia del béisbol en la vida nacional.

[9] Todavía hoy se usa el término de «Ciudad intramuros» para referirse a la zona colonial y a partes del barrio inmediatamente adyacente a esta, «Ciudad nueva», debido a la presencia de las murallas de la ciudad construida por los españoles en el siglo XVI.

[10] Hoetink apunta que la información está tomada del *Listín Diario* del 16 de febrero de 1893.

Santo Domingo acerca del cual escribe Cestero era una urbe sumamente pequeña y poco desarrollada. No obstante, el autor no deja de referirse a ella como «Primada de América», y al final de la novela pone en boca de su protagonista una elocuente evocación del pasado colonial y su papel como antesala de la conquista del continente:

> Por estas calles paseó Hernán Cortés, en yegua fina que compró por doscientos cincuenta castellanos [...] En esta tierra, el español exterminó al indio, cuya rebeldía trasvertió el estrecho con Hatuey [...] Aquí el negro dio a España un nuevo Cid en Suero, y a la república un prócer en Luperón [...] De la mezcla nos vienen el ímpetu y la resignación repentinos... (Cestero 2000: 194)

Si la ciudad real era, realmente, pequeña y pobre, la ciudad imaginada, construida por Cestero/Portocarrero como representante de la ciudad letrada, es uno de los mitos fundacionales de América Latina: la ciudad de los conquistadores españoles donde se mezclan armoniosamente las razas. El término «ficción fundacional» fue acuñado por Doris Sommer en su libro *Foundational Fictions: The National Romances of Latin America* (1991) para referirse a ciertas novelas del siglo XIX latinoamericano en las cuales se afianzaba una retórica del amor heterosexual para construir un relato mítico que da origen a la nación. Dentro de esas novelas, *Enriquillo* (1882), de Manuel de Jesús Galván, ocupa un puesto preponderante. Para Sommer, el proyecto de Galván es un proyecto de estabilización histórica a partir de la literatura:

> Galván's stabilizing solution, as I mentioned, was to coax his readers into forgetting all the unfavorable messiness of the Dominican past, to start again from scratch [...] Galván's condensation [...] it reduced disorganized and multiply-threatening black masses to strictly hierarchical leaders with whom deals could be struck, as it were, among gentlemen [...] (1991: 249-251)

Esta línea de pensamiento fue continuada y expandida profusamente en la producción cultural del siglo XX, especialmente durante su primera mitad. El aparato intelectual de la Era de Trujillo produjo un corpus que ensalzaba a Santo Domingo como centro de la cultura y las letras durante los años coloniales, en su intento por elevar el estatus de la producción dominicana en el circuito internacional. Una gran parte de este discurso lo constituía la glorificación del tejido arquitectónico de la zona colonial[11]. A pesar de la pobreza material de Santo Domingo, en el discurso de Cestero la ciudad era el estandarte de las letras y la cultura; en este espacio también se asentaban el poder político y el económico. Antonio Portocarrero es enviado a la ciudad para adquirir una educación que le permita ascender socialmente, tanto en la ciudad letrada como en la real, y «mejorarse» a través del aprendizaje en el manejo de las letras.

El pensador liberal más importante del siglo XIX, Pedro F. Bonó, en una serie de artículos publicados en 1884, escribió lo siguiente acerca de la educación pública de su tiempo:

> Por su forma y fondo, la instrucción pública hasta ahora no ha producido verdaderos trabajadores, solo pretendientes cada día más numerosos a los empleos públicos; jóvenes sin carrera, sin disciplina para todo trabajo largo y concienzudo, habilitados imperfectamente para las carreras científicas y únicamente buenos para entrar a una oficina y aumentar el presupuesto [...]. (Rodríguez Demorizi 1980: 291)

Esta educación que solo produce aspirantes a empleos públicos es criticada oblicuamente por Cestero a través de la figura del protagonista. Portocarrero solo sirve para escribir artículos contra el gobierno o una reseña favorable a una actriz con la cual tiene un amorío, pero es un fracaso al momento de la acción: al intentar participar en los levantamientos armados para derrocar al gobierno termina escondido en el campo esperando la señal para unirse a las fuerzas rebeldes. Mientras está allí la revolución se lleva a cabo y su entrada a la ciudad no tiene lugar bajo el manto de heroísmo, a diferencia de su amigo Miguel: «Las posaderas le torturan, putrefactas; no puede andar ni sentarse; imposible montar a caballo; y mientras Miguel entrará por la Puerta del Conde, a la diestra del General victorioso, él lo hará por el río, acostado en un lanchón, sobre sacos de azúcar, entre enjambres de moscas [...]» (Cestero 2000: 176). Producto de sus fracasos como hom-

[11] Es significativo que la primera novela de Cestero, considerada por parte de la crítica como la primera novela urbana dominicana, se titulara *Ciudad romántica* (1911). En 1936, Pedro Henríquez Ureña publicará en Buenos Aires *La cultura y las letras coloniales en Santo Domingo*, donde reivindicaba a Santo Domingo como el origen de la civilización europea en América.

bre de acción y, hasta cierto punto, de su fracaso también como hombre de letras, Portocarrero no puede obtener el puesto público que desea y su familia desciende calamitosamente a la pobreza.

Con relación a la politización de la ciudad letrada, y refiriéndose al modelo mexicano del Porfiriato, Rama subraya «el ansia de los letrados para incorporarse a la *ciudad letrada* que rodeaba al poder central [...] y el ansia de este para atraerlos a su servicio, obtener su cooperación y hasta subsidiarlos, prolongando una áulica tradición colonial que se había comenzado a disolver en muchos países» (Cestero 2000: 121; énfasis mío).

Esas ansias son precisamente las de Portocarrero, pero sus esfuerzos para entrar a los círculos de poder se ven socavados por su indecisión y falta de virilidad en el teatro de la guerra. No obstante, esto no disminuye la percepción que de sí mismo tiene Portocarrero. Cestero ilustra este punto de manera magnífica: luego de un tiroteo con un rival político y sintiendo su masculinidad asegurada, el protagonista piensa que «no importa el Departamento que se le destine, él está preparado» (2000: 129), y comienza a enumerar las diferentes medidas que tomaría en cada uno de los posibles puestos del gabinete. El letrado siempre se ve como capaz de manejar los asuntos de gobierno mejor que cualquiera. Rama, al comentar un pasaje de Pedro Henríquez Ureña, se refiere a esa actitud como «ese tenaz mito, diseñado, argumentado y difundido por los letrados, de que son ellos quienes mejor entienden de asuntos políticos y de los negocios públicos de las sociedades» (1984: 109). Portocarrero no acepta el puesto que se le ofrece, por creerlo por debajo de su estatura política, y a partir de ahí se debilita su posición: «Su oposición ha perdido autoridad, y el público se cansa al fin de las palabras altisonantes» (Cestero 2000: 133). Lo que se le pide al letrado es transitar de la ciudad letrada a la ciudad real, un paso que se ha llevado a cabo muchas veces en la historia dominicana y latinoamericana.

Miguel D. Mena, al analizar sucintamente la relación entre ciudad, poder y escritura en Santo Domingo, apunta sobre Portocarrero que «La movilidad del protagonista va de lo rural a lo urbano en un proceso de cualificación de su fuerza de trabajo intelectual. Como periodista tiene que cumplir una función política, pero deviene en político obstruido por las mismas redes del poder, y es encarcelado» (2000: 19). Aunque estoy de acuerdo con Mena en cuanto a la transición de lo rural a lo urbano como metáfora de la movilidad social, difiero en cuanto a su conclusión. Portocarrero es un letrado (periodista y profesor a regañadientes), pero su principal objetivo es la arena política y los privilegios económicos que esta puede proporcionar; el ansia de poder y riqueza es la fuerza que lo mueve. No se ve obstruido por las redes del poder, sino por su pusilanimidad. Es encarcelado varias veces por sus escritos, pero más bien como resultado de escoger siempre el lado perdedor en los enfrentamientos políticos. Cuando Portocarrero cavila acerca de los frutos de sus actividades intelectuales nunca piensa acerca de la gloria como escritor; la escritura es solo un arma en las luchas intestinas de la ciudad letrada o un vehículo para adquirir poder económico y estatus político. Escondido en las afueras de la ciudad real, esperando a que llegue la revolución, proyecta así su futuro político: «Sí, decididamente, Gobernador de Macorís. De ese modo, su prestigio irradiaríase a las otras provincias, se impondría a la capital misma, tan desamorada de sus propios hombres y tan fácil para los del Cibao. Y el porvenir [...] ¡Quién sabe!» (Cestero 2000: 172). El letrado aspira a un cargo político que le permitirá ejercer el poder debido a la fuerza económica de la provincia que quiere dirigir: Macorís, en la novela, es el puerto azucarero más importante y principal asiento capitalista en el país. El letrado en Portocarrero hasta cierto punto triunfa; sus escritos son leídos y algunos lo siguen, pero el político en él fracasa, y fracasa por no seguir el consejo de su amigo Miguel: «en este país los intelectuales no sirven más que para secretarios de los macheteros: hay que hacerse general» (2000: 160). Esta tradición de los intelectuales al servicio de los macheteros alcanzará su cenit en la dictadura de Trujillo. Tal y como apunta Andrés L. Mateo, Trujillo privilegió a los intelectuales y les permitió adquirir cierto «poder del saber», lo que «explica también que el trujillismo encontrara rápidamente en el ambiente intelectual de la época sus sostenedores teóricos en estos grupos necesitados de ascenso social» (1993: 79).

El estatus de Santo Domingo es uno de los temas esenciales de la novela. La ciudad capital es el lugar simbólico del poder, pero no es allí donde los individuos lo adquieren. Durante el período retratado en la novela el poder vendría de fuera de la capital; la ciudad era una plaza a ser tomada por las fuerzas que batallaban en la manigua. Durante el siglo XX los presidentes nacidos en Santiago (Joaquín Balaguer, Antonio Guzmán, Salvador Jorge Blanco) paradójicamente concentrarían sus esfuerzos de construcción y modernización en Santo Domingo y no en su ciudad natal[12]. El mito de la «Atenas del Nuevo Mundo» usado por los letrados dominicanos en un intento nostálgico por elevar el estatus de la ciudad de Santo Domingo de Guzmán era moneda corriente a finales del siglo XIX, y ello a pesar de la temprana decadencia del primer asentamiento europeo en las Américas, ya que los españoles abandonaron muy pronto la colonia insular atraídos por las fabulosas riquezas de México y Perú. Santo Domingo, donde se asentaban los símbolos arquitectónicos del poder, se veía frecuentemente rodeada por las fuerzas opositoras al gobierno de turno y atacada desde las colinas que la circundaban, colinas hoy absorbidas por el crecimiento urbano, con el fin de ocupar los edificios simbólicos: Palacio de la Gobernación, Torre del Homenaje, etcétera. La tendencia se repetiría en la última confrontación armada que tuvo lugar en la ciudad de Santo Domingo, en 1965[13].

Los capítulos finales de la novela presentan a Portocarrero como un *flâneur* en el sentido que le da Walter Benjamin. Para Benjamin, este caminante era un «estudioso del asfalto», para quien «la calle se convertía en su morada [...]» (Cestero 2000: 19). Si para el caminante parisino descrito por Benjamin el deambular se convertía en «remedio para el tipo de aburrimiento que surge fácilmente bajo el ojo vigilante de un régimen reaccionario ahíto» (Cestero 2000: 19), lo mismo podemos observar en un Antonio Portocarrero que, derrotado y amargado, camina por las afueras de la ciudad y observa cómo viven las clases sociales más bajas, esas a las que su estatus económico lo va acercando: «Por las puertas abiertas examina las habitaciones: lámpara mortecina ilumina escasos muebles desvencijados» (Cestero 2000: 185).

Deambular y observar se repiten como una cura, no solo contra el aburrimiento, sino lo que resulta más importante todavía, contra la sensación

---

[12] En el siglo XXI la tendencia se mantiene, como demuestra la multimillonaria inversión en dos líneas de metro en la capital del país.

[13] La llamada Guerra de Abril tendría lugar en el mismo espacio físico descrito por Cestero, cimentando así su reputación como el punto central de una cartografía de la defensa de la nacionalidad. Uno de los episodios más conocidos de esta contienda es el frustrado asalto al Palacio Nacional, que tuvo lugar el 19 de mayo de ese año; en la escaramuza fallecería el coronel Rafael Fernández Domínguez, uno de los líderes del movimiento constitucionalista.

de derrota política y social. Cestero, a través de su personaje-portavoz, Portocarrero, entra en lo que Michel de Certeau llama la «enunciación peatonal» (2000: 110). Con ello de Certeau establece, de manera explícita, una igualdad entre el «acto de habla» lingüístico y el deambular del peatón. Este último, con su andar, se sumerge en un «proceso de apropiación del sistema topográfico» (2000: 110); esto es precisamente lo que hace Portocarrero al vagar por las afueras de la ciudad y observar a las clases desposeídas. A través de este deambular, que implica «relaciones entre posiciones diferenciadas» (2000: 110), Portocarrero establece para el lector y para sí mismo las distancias y distinciones sociales, culturales y de clase entre él y esos pobres a los que observa:

> Antonio se da cuenta de que algo les separa; acaso le indispone la altivez ingénita de su figura, desprovista del aura de la popularidad, y en sus frases mañeras, equívocas nota la desconfianza, pues aun los más expansivos parecen decirle: si vienes a nuestros barrios pobres y nos hablas, si sonríes a nuestras hembras y acaricias las cabezas desgreñadas de nuestros hijos, es porque buscas escalera para subir. (Cestero 2000: 185)

En el espacio urbano hay también una dependencia entre las clases, que en mayor o menor medida se necesitan unas a otras. El deambular a pie por la periferia, a través del cual Portocarrero «escapa de las garras de sus propios recuerdos» (Cestero 2000: 186), acerca, sin embargo, al protagonista a las masas depauperadas. Pero al final Portocarrero escoge el camino del político, aunque ya esté derrotado y fuera de juego, y se embarca en un viaje en coche con su amigo Arturo Aybar para terminar en una azotea viendo el anochecer. De modo significativo la voz que oímos al final es la de Aybar[14]. Este político, viajero bien educado, recuerda su viaje a Atenas y, comparándola con Santo Domingo, se pregunta: «¿Por qué no?» (Cestero 2000: 197). Al visitar Grecia se hace evidente la gran diferencia entre las ciudades reales, aun cuando se mantenga el mito promovido por la ciudad letrada, que es lo que provoca la pregunta cargada de esperanza de Aybar. El cambio hacia

---

[14] Ciriaco Landolfi (1981: 274) apunta que Cestero ve a Aybar como su *alter ego*. Aybar era el segundo apellido del padre de Cestero. No obstante, las características de Portocarrero están más cercanas a la vida del autor, sobre todo sus incursiones en las luchas armadas del período.

Aybar es significativo, porque hasta este momento la única voz que el lector ha oído de manera consistente ha sido la de Portocarrero. Aquí podemos ver, de manera explícita, la acusación política que a lo largo del texto se les hace a los letrados. El autor hace que su protagonista admita la derrota del modelo político que el personaje propone; cuando Aybar le pregunta si cree que las revoluciones han terminado para siempre, Portocarrero responde: «Aún no, pero las matarán, ferrocarriles, carreteras, y la riqueza» (Cestero 2000: 194).

Al darle la última palabra a Aybar, Cestero toma partido en la lucha que ha retratado en la novela. En esa lucha entre la ciudad letrada y la real, entre el letrado y el político, la segunda parte de la ecuación es la triunfante. La ciudad de Santo Domingo, el lugar de prestigio y poder simbólico, se presenta en la novela como el premio a conseguir por los hombres de acción –los «hombres fuertes», los «generales de la manigua» y los dictadores–, no por aquellos cuya única habilidad es el manejo del orden simbólico del discurso. La ciudad letrada es totalmente conquistada por la fuerza de la ciudad real. El orden simbólico sucumbe al orden del poder físico, y los habitantes de la ciudad letrada se convierten en servidores de la poderosa clase «iletrada» que rige la ciudad real.

Cestero presenta una época ya desaparecida al momento de gestación y escritura de la novela. Para 1911 la corta estabilidad política que el país había disfrutado desde 1906 (más o menos el año en que podemos situar el término de la novela) colapsa con el magnicidio de Ramón Cáceres, uno de los asesinos de Heureaux el 26 de julio de 1899, el día en el que arranca la acción de la novela. Después del asesinato de Cáceres el país cae en el caos político y económico hasta la ocupación estadounidense de 1916-1924. *La sangre* es, en este sentido, una acusación poderosa contra los letrados y su incapacidad para cumplir las promesas hechas en sus artículos, libros y reportajes. El letrado Tulio M. Cestero, que también fue político y diplomático de cierto éxito, presenta un retrato descarnado y devastador de sus colegas; no será hasta los doce años de Joaquín Balaguer (1966-1978) que la República Dominicana tenga como presidente a alguien proveniente de la ciudad letrada, pero que no dudará en usar la fuerza para eliminar físicamente a los opositores, y que, debido a su llamada «política de varilla y cemento», reharía la ciudad real según sus designios.

Bibliografía

Batista Lemaire, Olivier (2010): «*La sangre* y *Baní o Engracia y Antoñita:* una dominicanidad novelesca en proceso de creación». En *Novela*. Santo Domingo: Banco Dominicano de Reservas y Sociedad Dominicana de Bibliófilos, 19-39.

Benjamin, Walter (1996): *Selected writings*. Cambridge: Belknap Press.

Certeau, Michel de (2000): «Andares de la ciudad». En *La invención de lo cotidiano I. Artes de hacer*. Ciudad de México:Universidad Iberoamericana, 103-122.

Cestero, Tulio Manuel (1975): *Ciudad romántica: escenas de Santo Domingo de Guzmán, La primada*. Santo Domingo: Editora de la Universidad Autónoma de Santo Domingo.

— (2000): *La sangre: una vida bajo la tiranía*. Santo Domingo: Manatí.

Díaz, Vigil (1956): *Lilís y Alejandrito*. Trujillo: Montalvo.

González, Raymundo (1999): «Hostos y la conciencia moderna en la República Dominicana». En *Política, identidad y pensamiento social en la República Dominicana (siglos XIX y XX)*. Madrid: Academia de Ciencias de la República Dominicana, 95-104.

Henríquez Ureña, Pedro (1936): *La cultura y las letras coloniales en Santo Domingo*. Buenos Aires: Imprenta de la Universidad de Buenos Aires.

Hoetink, Harry (1972): *El pueblo dominicano: 1850-1900; apuntes para su sociología histórica*. Santiago: Universidad Católica Madre y Maestra.

Hostos, Eugenio María de (1982): *Moral social; Sociología*. Caracas: Biblioteca Ayacucho.

Landolfi, Ciriaco (1981): *Evolución cultural dominicana, 1844-1899*. Santo Domingo: Universidad Autónoma de Santo Domingo.

Mateo, Andrés. L. (1993): *Mito y cultura en la Era de Trujillo*. Santo Domingo: Editora de Colores.

Mena, Miguel D. (2000): *Poética de Santo Domingo*. Berlín: El Jardín de las delicias.

Rama, Ángel (1984): *La ciudad letrada*. Hanover: Ediciones del Norte.

Sarmiento, Domingo Faustino (1977): *Facundo, o civilización y barbarie*. Caracas: Biblioteca Ayacucho.

Rodríguez Demorizi, Emilio & Bonó, Pedro F. (1980): *Papeles de Pedro F. Bonó*. Barcelona: Academia Dominicana de la Historia.

Sommer, Doris (1991): *Foundational fictions. The national romances of Latin America*. Berkeley: University of California Press.

Abigaíl Mejía: narrar entre República Dominicana y España

Hojas de un diario viajero (1919)

Eva Guerrero
Universidad de Salamanca

> ¡Once años! Casi he llegado a tener dos patrias, dos amores... Ahora al despedirme de la segunda no puedo decirle ¡adiós! sino ¡hasta la vuelta! ¡Voy en busca de la primera y más querida!
>
> Abigaíl Mejía

> La única coquetería que algunos hombres no perdonan es la de tener talento
>
> Abigaíl Mejía

En el ámbito de la cultura del Caribe la producción intelectual de muchas mujeres que desarrollaron su labor a finales del XIX y la primera mitad del siglo XX ha permanecido prácticamente desconocida, incluso dentro de sus mismas fronteras. No solo encontramos figuras que contribuyeron a la nación desde el ámbito del normalismo –las Escuelas Normales de Maestras, en las que desarrollaron una perdurable labor–, sino desde los ámbitos más variados. Recién ahora están comenzando a rescatarse las aportaciones de grandes mujeres como Petronila Angélica Gómez, Evangelina Rodríguez, Carmita Landestoy, Amelia Francacsi[1], Delia Weber,

[1] Véase en este mismo volumen el extraordinario trabajo sobre Amelia Francasci de la investigadora ucraniano-canadiense Olga Nedvyga, así como el necesario y productivo rescate que hace Sharina Maillo-Pozo en el caso de Camila Hen-

Ercilia Pepín[2], Minerva Bernardino, Livia Veloz, Camila Henríquez Ureña o Abigaíl Mejía, entre otras[3].

Esta situación ha ido cambiando a raíz de las publicaciones de investigaciones *in situ* en colaboración con la academia norteamericana, que vienen enfocándose en la recuperación de la extraordinaria tarea realizada por la mujer en las primeras décadas del XX. Empiezan a ser numerosos los estudios dedicados a rescatar su labor; entre ellos destaca la recopilación de Ginetta Candelario, April J. Mayes y Elizabeth S. Manley, *Cien años de feminismos dominicanos. 1865-1965*, una extraordinaria y amplia colección de documentos clave en la formación y evolución del pensamiento y el movimiento feminista en la República Dominicana[4].

En estas páginas me ocuparé de la figura de Abigaíl Mejía Solière (1895-1946), autora polifacética y fecunda de la primera mitad del siglo XX. Mejía Solière es sobre todo conocida por su lucha tenaz en favor de los derechos de la mujer a través de los debates del *Club Nosotras* (1927) y la *Acción Feminista Dominicana* (1927), que sirvieron como tribuna a la voz de la mujer hasta la consecución del sufragio femenino, junto a otros hitos de gran relevancia en la historia de los derechos de la mujer en la nación. Sin dejar de lado su innegable aportación en ese ámbito, aquí abordaremos otros aspectos menos conocidos de la autora, y en particular *Hojas de un diario viajero* (1919), donde relata su «viaje de retorno» a Santo Domingo. Aunque el Diario ya es suficientemente explícito sobre su labor, a lo largo del artículo aludiremos a la relación con España en referencia a esas «dos patrias» siempre vinculadas en su pensamiento y sus escritos.

Abigaíl Mejía nace en Santo Domingo en las postrimerías del siglo XIX. Su vida transcurre entre República Dominicana y España. Realiza sus estu-

---

ríquez Ureña. En torno a las figuras de Evangelina Rodrígez, Petronila Angélica Gómez y Carmita Landestoy resulta fundamental el acercamiento de Mercedes Fernández Asenjo (2015).

[2] Sobre Pepín veáse Ramos 2007.

[3] Para los textos fundamentales de algunas de ellas, véase Cocco de Filippis 2001.

[4] Archivo General de la Nación, Santo Domingo, 2016. Otros muchos textos podrían añadirse, pero no es el objeto de este ensayo. Hay que tomar en cuenta que en la mayoría de los casos resultan aún de difícil acceso en el ámbito europeo.

dios de primera enseñanza en el Instituto de Señoritas Salomé Ureña, donde era visible la impronta que Hostos había dejado en el país –la enseñanza que propugnaba Hostos y que influiría en los métodos de Salomé Ureña proponía una educación integral y práctica, donde la estética venía unida a la ética–. En 1908 Mejía parte para España junto a su madre y sus hermanos; ubicados primero en Vinaròs, Valencia, se asentará posteriormente en Barcelona, con breves viajes por Europa. En Barcelona fue alumna de María Montessori y obtuvo el título de Maestra Normal de Enseñanza; permanece en España hasta 1919, cuando regresa a su país natal para seguir escribiendo y actuando en amplios sectores hasta su temprana muerte en 1946[5]. Esa trayectoria vital hizo posible para Mejía un grado de formación de difícil acceso para la mujer en su época, además de ponerla en contacto con muchas personalidades de todos los ámbitos –entre ellas, autoras de la península como Clara Campoamor o Concha Espina, a quienes dedicará luego, junto a Gregorio Marañón y a su propia madre, el *Ideario feminista*.

Mejía fue una de las autoras más completas y mejor preparadas de la primera mitad del siglo. Si bien es conocida fundamentalmente por el mencionado *Ideario feminista* (publicado por entregas en las páginas dominicales del *Listín Diario* de República Dominicana, entre enero y julio de 1932, y posteriormente publicado en libro en 1939[6]), su escritura abarcó géneros diversos: la novela, el cuento, la poesía, la crónica periodística, la historiografía o el álbum. La cultura que evidencian sus escritos revela a una escritora muy formada, que abordó tanto cuestiones políticas –la primera Guerra Mundial, la intervención de Estados Unidos en República Dominicana, la situación de opresión de la mujer frente al varón– como

[5] Ha habido muchas confusiones sobre su vida, entre las que se encuentra el momento en que regresa a Santo Domingo. De ahí la cita que hemos puesto al inicio de este mismo artículo, pues es ella misma quien despeja la duda en *Hojas de un diario viajero*. Publicado por vez primera en *La Cuna de América*, nº 1, junio de 1920.

[6] La edición lleva cuatro DEDICATORIAS: «al Dr. GREGORIO MARAÑÓN, ilustre feminista español que estableció el principio de la ciencia justa y la verdad amable; a mi amiga, la gran CONCHA ESPINA, gloria de las letras españolas… [*sic*]; a CLARA CAMPOAMOR, luchadora republicana y feminista… [*sic*] a mi MADRE queridísima, una gran feminista, que crió, honestamente, seis hijos propios y seis agenos» [*sic*]. Todas las mayúsculas pertenecen al original.

estéticas –que desarrolla en *Hojas de un diario viajero* (1919), *Por tierras de España* (1922), *De un diario femenino* (1923), *De mi peregrinación a Roma y a Lourdes* (1925), *Desde Granada* (1925), entre otros títulos–. Además, escribió excelentes críticas sobre las letras españolas, la pedagogía, la historia literaria o la fotografía[7], entre otros muchos temas. Entre su producción se encuentran *Por entre frivolidades* (1922), compuesto por artículos y cuentos, publicados algunos de ellos en diferentes periódicos, la novela *Sueña Pilarín* (1925), y el libro *Historia de la literatura castellana* (1933), al que se refiere como «mis modestos apuntes». Es importante destacar que se trata de una amplia recopilación de la literatura en lengua castellana; de sus 474 páginas, 274 corresponden a la literatura española desde sus orígenes hasta el momento de su escritura; el resto, a partir de la página 275 y bajo la rúbrica de «Historia crítica de la literatura hispanoamericana», comienza con la época de la Conquista y termina con autores como José Eustasio Rivera o Salomón de la Selva. En el volumen encontramos atinadas observaciones sobre autores señeros de la literatura española, así como un compendio muy preciso de los principales autores de la literatura latinoamericana, que incluye una considerable presencia de autoras, aspecto relevante en una *Historia de la literatura* de ese momento[8]. Su *Historia de la literatura*

[7] Ylonka Nacidit-Perdomo, albacea del legado documental de la autora, señala que Mejía es «nuestra pionera en el arte fotográfico con *mirada de mujer* [...] no fue simplemente una fotógrafa aficionada sino una fotógrafa artista» (énfasis del original). Asevera que su fotografía «ha quedado registrada para la historia en las revistas *La Opinión* y *Fémina* en la segunda década del siglo XX, tal es el caso de la fotografía tomada a la escritora Amelia Francasci, publicada en el número 357 del 25 de diciembre de 1926 de *Blanco y Negro*, y en el número 100 de *Fémina* [...] una segunda foto [...] (Nacidit-Perdomo 2014: en línea).

[8] La edición que estoy consultando es la de Talleres Gráficos Olympia en Barcelona. Pensada como libro de consulta, que probablemente ella utilizó en sus clases, la información se maneja con una gran profundidad. El texto, según reza la segunda edición, fue reconocido como texto oficial por el Consejo Nacional de Educación y Estudio en varias Normales españolas y americanas. En el Informe de la Superintendencia de Enseñanza, situado al frente de esta edición, firmado por Alejandro Fuenmayor y por J. R. Aristy (datado el 4 de octubre de 1928 en Santo Domingo), se señala que «se trata de un texto digno de aplauso y apoyo por sus indudables y propios méritos, escrito por una profesora que no lo ha impro-

dominicana (1937), la primera que se publicó sobre las letras del país, llegó precedida de los más variados elogios; la tercera edición, de 1939, incluye palabras de autores tan significativos como Santiago Ramón y Cajal, que al tiempo que le agradece haber recibido el libro comenta que contiene artículos muy bien escritos; Dionisio Pérez, en una reseña extraída del diario *Las Provincias*, la felicita por «Dar(nos) una visión completa sobre la variada y múltiple de la literatura americana [...]»; Rufino Blanco Fombona, por su parte, señala que «Tanto en la parte española como en la parte americana me parece excelente».

Sus años españoles formaron la personalidad de Abigaíl Mejía; en el país ibero adquirió una sólida formación, primero en la educación y luego en el ámbito de la escritura. Allí comenzará a publicar artículos en periódicos como *El Hogar y la Moda*, en 1914[9], o *El cine*, en 1915; más adelante, tras su vuelta a Santo Domingo, algunos textos suyos de gran relevancia aparecerán en *La Vanguardia*, entre ellos dos relacionados con la patria y la ocupación norteamericana: «El caso de Santo Domingo» y «Más sobre el caso de Santo Domingo, un pueblecillo que no se resigna», ambos de 1921[10].

visado, sino que, al favor del acervo de su ilustración especial y su distinguido talento, lo ha ido formando lección por lección para llenar las necesidades de sus discípulos en la Escuela Normal de Santo Domingo, debe tenerse en cuenta la consideración patriótica de que se trata en este caso de una obra de autor nacional, y de la conveniencia muy importante que hay de estimular vivamente los esfuerzos de los maestros dominicanos, para que contribuyan lo más pronto y eficazmente posible a mejorar el estado de la formación nacional con la formación de textos apropiados» («Informe acerca de la obra *Historia de la literatura castellana* [...]», firmado por Alejandro Fuenmayor (Inspector Técnico) y J. R. Aristy (Inspector General Técnico), Santo Domingo, 4 de octubre de 1928; en Mejía 1937: s.p.).

9 Revista femenina de tirada nacional, fundada en 1907. Estaba destinada a un perfil de mujer tradicional, aunque abierta a nuevos cambios; su público seguía el modelo que había triunfado en Francia: mujeres instruidas, atraídas por la modernidad, pero que no dejaban de lado su dedicación al hogar y a la familia. Tras la Segunda República incorporó también un discurso que defendía los derechos de las mujeres. Véase *En la Prensa de Aquel Día*: <http://periodicosregalo.blogspot.com/2016/10/revista-el-hogar-y-la-moda-1909-1987.html>.

10 Ambos aparecen recogidos en *Por entre frivolidades* (1922).

Hojas de un diario viajero nos sitúa en el «viaje de retorno»; es la escritura del viaje desde el momento en que Abigaíl Mejía regresa a Santo Domingo, el 25 de mayo de 1919: «Hoy hemos de decir adiós a la Ciudad Condal, la hospitalaria y gentil Barcelona, refugio de los extranjeros, "albergue de la cortesía" según Cervantes [...] ¡Ciudad hasta donde los burgueses sienten el arte [...]»[11] (2020: 37-38). Escribir estas «impresiones» del viaje procede de una petición realizada por el director de *La Cuna de América*:

> El amable director de la Cuna de América me pidió, ha días, que no echara en olvido esta revista; y, sin prometerle nada con fijeza, según mi sana costumbre, tan solamente convine en tratar de hacerlo. Deseaba él por escrito mis impresiones de viaje por el Cibao: Hoy satisfago con creces su solicitud enviándole no solo esas sino otras muchas, anotadas en mis cuadernos desde que salí de España, deuda que tenía conmigo misma contraída, pues me había prometido hacer como frecuentemente hacen los escritores: hablar de *mi* persona, referir *mis* impresiones personales. ¡Qué novedad en mi vida literaria! Empiezo y copio: *Ad imo pectore.* (Silva 2000: 37; énfasis del original)

Ante esa petición de uno de los periódicos más importantes del momento en Hispanoamérica, la escritura y reflexión de sus experiencias de viaje la inserta en el ámbito de la «ciudad letrada». No se trata de un caso único: la experiencia del viaje, sobre todo a partir del siglo XIX, lleva a las mujeres a narrar experiencias muy dispares, como atestiguan los textos de Clorinda Matto de Turner, Flora Tristán o Mercedes Cabello de Carbonera, entre otras[12].

Las viajeras, en este caso Abigaíl Mejía, se convierten en un sujeto histórico de vital importancia. La suya es una mirada «otra», una forma de acercarse a lo que se observa desde ángulos completamente distintos a los

---

[11] *Hojas de un diario viajero* se publica por vez primera en *La Cuna de América, Revista de Ciencias y Letras* (1919). Posteriormente se incluyó en las *Obras escogidas* (1995), a cargo de Arístides Incháustegui y Blanca Delgado Malagón y con prólogo de Jorge Tena Reyes. Sigo aquí la edición de *La sonrisa del paisaje* (*viajes*) (2020), a cargo de Yamile Silva, quien señala que el original proviene de «una carpeta color ocre [...] organizada a modo de álbum. En una cuidadosa labor, Mejía cortó, pegó y organizó los textos de su autoría» (2020: 24).

[12] Para el ámbito español véase Daganzo-Cantens 2010.

que adoptaría un hombre. La narración del viaje a principios del siglo XX es casi siempre territorio masculino: hombres que van a Europa para acometer tareas diversas. Es el caso de Bolívar y Bello, que se dirigen a Londres para establecer alianzas en favor de la independencia de Venezuela; de Sarmiento, comisionado por el gobierno de Chile para observar los métodos educativos; de Darío en su ansiado viaje a París. El viaje, como casi todo en esta época, está destinado al hombre, y su relato adopta unos valores determinados. En el caso de la mujer era complicado moverse en ese espacio, pero Abigaíl Mejía no pretende exhibir nada y no lo hace; será consciente, eso sí, cuando el vapor llegue a Puerto Rico, de lo extraño que resultaba para la sociedad de la época el hecho de que una mujer viajara sola, transgrediendo las fronteras del espacio privado o de su rol de «hermana de», «esposa de» o «hija de».

En su relato del viaje de vuelta Mejía está situada en el espacio del saber, pero también es un recinto para el placer de narrar; no necesita ni es consciente –hasta el momento ya mencionado– de traspasar ningún límite. No narra un viaje de ida a Europa, sino el retorno a la patria que dejó a los trece años y la nostalgia por otra donde ha vivido once años y en la que se ha formado. Lo que encontramos son los escritos de una pedagoga y de una mujer de gran cultura. Al salir de España vemos pasión, un gran disfrute de lo que se cuenta y una gran capacidad para hacerlo. Su punto de vista artístico, cultural y humano sobre España acerca la percepción de alguien que, más allá de estarse formando, mostraba ya claramente una actitud estética que la reafirma como sujeto activo de la historia. Cuando retorna al país en 1919, con veinticuatro años, lo hace no solo con una amplia instrucción, sino también con una incipiente carrera literaria y de pensamiento. «La femme est l'Autre», señalaba Simone de Beauvoir (1976: 15); ese sujeto que, si bien se sitúa en algunos momentos en el «lugar de la cultura», lo hace desde un lugar «otro», y es desde ese lugar que tiene que recomponer la forma de insertarse en la realidad. En su conocido texto la autora francesa se refería a ganar ese espacio vetado a la mujer; si bien ese no es el objeto de estas *Hojas de un diario viajero*, sí lo será a la vuelta de Mejía a Santo Domingo, donde pndrá sus mejores energías para que la mujer logre un espacio en la sociedad dominicana. Abigaíl Mejía lo hace desde la amplia instrucción que le dio una sensibilidad especial para educar la mirada; esa mirada con la que vio y transmitió la realidad en sus viajes, pero también desde un conocimiento profundo de la misma, lo que le permite detenerse en detalles inusitados y hacerlo con una amplia variedad de matices, como vemos en otro de sus textos, *Notas de un diario femenino* (1923). Aquí encontramos un gusto exquisito por el arte y acotaciones excepcionales sobre las diferentes salas del Museo del Prado: reflexiones dignas del mejor especialista, pero con sensibilidad de mujer para fijarse en los detalles[13]. Su vena literaria no decae cuando vive situaciones en las que la realidad la lacera; es el caso de la pena de muerte o de la privación de libertad. Cuando el barco atraca en Cartagena (Murcia, España), anota:

> Informados de que lo más interesante de la población era el inmenso presidio, fuimos a parar a su puerta. En mi espíritu inquieto y estudioso, para el que todo tiene importancia y merece consideración, desde el misterioso cocuyo que brilla entre la yerba hasta el alma del niño que empieza a sonreír [...] ¡El presidio: Ese nombre despierta nuestra curiosidad insaciable [...] Y pensar que dentro de ese grandioso edificio hay, privados de amor y de libertad, ochocientos individuos, por cuya culpa otros tantos semejantes suyos y nuestros fueron desposeídos de esos bienes al mismo tiempo que el de otro mayor: el de la vida! (2020: 43-44)

Todo en definitiva resulta oportunidad para mostrar un punto de vista que no se reduce al de una visita, sino deviene reflexión personal sobre un tema ético o artístico. A lo largo de las discusiones sobre el presidio aparecen referencias literarias continuas –Dante[14], Galdós[15], Blasco Ibáñez– que revelan, como luego *Historia de la literatura castellana* (1937), su conocimiento de la literatura universal, que incluye también el interés hacia otras disciplinas: «Solo la frenología podrá descubrir en esos cráneos, cuyo exterior es beatífico, señales preciosas de su predisposición al crimen» (2020: 48).

En algunos casos, muy pocos, las referencias literarias le sirven también para establecer un apunte de crítica sobre la violencia contra la mujer. Así,

---

[13] Publicado en *El Día Gráfico*, periódico catalán que circuló entre 1913 y 1939. Desde 1933 hasta el final de su vida Mejía fue directora del Museo Nacional.

[14] Abundan las referencias a *La Divina Comedia* a propósito del sufrimiento, citando sus versos. De modo que, si bien no los conocía de memoria entonces para anotarlos en su libreta, sí los tenía en mente como parte de su universo intelectual.

[15] Más adelante comentaremos su texto sobre Benito Pérez Galdós en 1920, el año de su muerte.

cuando aparece su punto de vista sobre la pena de muerte, anota: «Recordad del admirable cuento de Blasco Ibáñez, "La condenada". Es una infeliz mujer a quien todos alborozados dan la noticia de que indultan a su "hombre" y ella entonces se echa a temblar y considera que si así resulta, la condenada es ella» (2020: 47).

Hay que tener siempre muy presente que Abigaíl Mejía es pedagoga, formada tanto en el método hostosiano como en el de María Montessori; en ambos casos, en una educación práctica, unida a la acción, a la ética y al ámbito de lo sensorial; de ahí que se encuentre con la máxima disposición para asir con la mirada y con la estilográfica todo lo que ve a su alrededor en este viaje de retorno. Además de narrar innumerables estampas artísticas (cosa que pocas veces vamos a encontrar en los hombres, quizás en algún caso en el Darío de la *España contemporánea*), comenta a nivel estético muchos otros aspectos –por ejemplo, las catedrales que visita, o rótulos en latín (que comprende bien) o en algún otro idioma. Los museos constituyen en general un infinito gozo para los sentidos; son de una gran calidad las páginas dedicadas al arte, a las catedrales, a los cuadros y a los matices entre los pintores, el apartado que mejor se ve representado en *Notas de un Diario Femenino*[16]. Un ejemplo de la destreza con la que abarca la realidad, en consonancia siempre con su espíritu ávido de deshacer estereotipos, algo que será una constante a lo largo de sus escritos:

> No hay que creer que la tierra de las coplas malagueñas y el vino excelente no produzca más que eso, y risas y chistes. La población contiene fábricas de pianos y armonios, esencias, productos químicos, guantes, harinas, carruajes, cerámica, azulejos y mil cosas más, serias, aunque andaluzas; la antigua Malacca es una ciudad muy industriosa. Posee además muchos y antiquísimos monumentos, y como todas las ciudades de España, innumerables iglesias, algunas de gran mérito artístico, destacándose entre todas, la catedral. Es del siglo XVI: una imponente mole de varias fachadas. (2020: 51)[17]

---

16 En Mejía 2020: 85-108.

17 Véase Silva 2020. Para este texto ha sido también de gran utilidad el conversatorio «A ambos lados del Atlántico: las crónicas periodísticas de Abigaíl Mejía», mantenido por Yamile Silva e Ylonka Nacidit-Perdomo en la 23ª Feria Internacional Virtual del Libro Santo Domingo, 2020.

Adonde quiera que va la reivindicación de España es constante; ante su paso por Gibraltar, anota: «ese pedazo de tierra española que los ingleses defienden [...] por fuerza propia –que no derecho– Gibraltar será otra vez español. Nuestras miradas lo escrutan, llena el alma de la santa ira que debe experimentar ante el fatídico peñón todo buen amigo de España, la grande y la despojada» (2020: 54).

El mismo relato sobre Cádiz resulta en evocación de autores como Eduardo de Amicis, que le trae a la mente la imagen blanca y hermosa de la ciudad que pinta el autor italiano en su libro *España* (1873)[18]. Recuerda así su paso por Cádiz en su viaje de ida a España:

> Era yo muy pequeña la primera vez que pasé por aquí, recuerdo solo la impresión de belleza que me causó, repetida ahora. Entonces no pudimos bajar, el mar estaba muy picado y mi madre se opuso a ello [...] según el italiano autor de *España,* en Cádiz todo es blanco, de blancura deslumbradora [...] Tal es el efecto, realmente, de lejos, más de cerca se nota que no es tan grande la blancura. (2020: 56)

En un ejercicio literario que nunca abandona, relata lo que tiene delante: «cruzan mujeres envueltas en mantones casualmente nada bonitos ni las unas ni los otros» (2020: 56). Y da una lección sobre los juicios rápidos que se hacen debidos al instante. Como una especie de *divertimento*, anota que si alguien hubiera visto solo esta escena el resultado sería: «Cádiz, ciudad vieja, por la que no transitan más que mujerucas envueltas en sucios y ripiosos mantones» (2020: 56)». Y deja dicho sobre el estereotipo, que también en otras ocasiones afectará a su tierra: «Muchos juicios hemos visto formar así, partiendo del caso de uno o dos individuos a la regla general» (2020: 56-57).

Estamos ante una mujer que ha viajado mucho y que manifiesta un amplio saber sobre el ser humano y sobre el mundo. Lo que le lleva a conexiones continuas en sus notas, a manera de hilo de Ariadna siempre se encuentra con la reflexión que le sucedió en un viaje anterior, y que en muchos casos está relacionado con la estética:

---

[18] Es significativa la mención al autor pues es fundamentalmente conocido por sus libros de viajes, entre ellos *Marruecos* (1876), *España* (1873) y *Holanda* (1874). Debemos la observación al respecto a Yamile Silva en *La sonrisa del paisaje* (56).

> Todas estas catedrales e iglesias dan una impresión de grandeza y majestad imponente [...]. Bajo las sombrías naves de Nuestra Señora de París, empequeñecida el alma de devoción, consideré una vez: «Dios mío ¿no mereció en realidad la humanidad pasar por algunos siglos de fanatismo con tal legarnos tan preciados monumentos?». (2020: 58)

Abigaíl Mejía encara el viaje no como una obligación, a pesar de esa petición que viene de la *Cuna de América*, sino como gozo estético, o a veces como modo de reflexión filosófica. A lo largo del viaje, y del proceso escritural –«al pie de mi garita y como San Juan siempre el lápiz o, mejor dicho, la estilográfica en mano, tomando impresiones» (2020: 67)– la escritura deviene una catarsis que se va a adaptar a los distintos momentos, tanto para mostrar la gran capacidad artística como la vena lírica que veremos en el «Arribo a la verde Galicia»: «Un paisaje de égloga, algo pastoril [...] la bella Galicia, a la manera de una sirena que, por lo cubierta de algas, resulta húmeda y fresca al surgir del mar» (2020: 59). Galicia es presentada a través de los recuerdos de Emilia Pardo Bazán, las reminiscencias de El Rey Alfonso X y sus *Cantigas* o los versos de Rosalía de Castro que transcribe. Canta los trajes de las mujeres gallegas, tanto las aristocráticas como las «campesinas de trenza rubia»; no obstante, vuelve a su espíritu el dolor humano, la presencia de los emigrantes que pasan a tierras de América y su forma de narrar adquiere un nuevo tono: «nos esperaba en el vapor una visión desoladora y tristísima: la de la miseria humana que emigra en busca de pan y trabajo» (2020: 62). Todo es motivo para una reflexión que además de la piedad involucra el patriotismo, pues Abigaíl Mejía considera también a España su tierra. De ahí que exclame: «En la península abundan los pesimistas que claman contra las emigraciones a América, por mal entendido patriotismo» (2020: 63). Por supuesto que se autoriza en el viaje, pero lo hace como ser humano que muestra placer en esa escritura/reescritura constante y en la cultura que revelan sus líneas.

De todos los campos en los que se movió Abigaíl Mejía, y fueron muchos, quizá sean la narración de viaje y la crónica periodística donde mejor se maneja, y también donde mejor podemos apreciar a una persona increíblemente formada, con una capacidad que hoy podría llamarse interdisciplinar, más allá de humanista.

El 13 de junio, como anota en su diario, «Toca a su término la travesía [...] Pasado mañana llegaremos a Puerto Rico». El momento le trae a la mente a Schopenhauer: «Cada separación nos ofrece un anticipo de la muerte; cada nuevo encuentro nos hace gozar de las dulzuras de la resurrección. Aun las personas más apáticas, cuando tornan a verse regocíjanse intensamente» (2020: 72). Al filósofo alemán le reprocha sus ideas sobre la mujer, de la que sostenía que era un «bípedo de cabellos largos e ideas cortas» (2020: 72). El fin de la travesía, Puerto Rico, hace que estreche más sus lazos con España, a la que recuerda intensamente:

> una infinita tristeza dominó mi alma... Pareció general mi pena, tal si en mí muriera toda mi vida en España [...]. Sin embargo, con las pequeñas distracciones de la travesía fue amortiguándose la honda tristeza con que me separaba de MI [*sic*] España para ir en busca de MI [*sic*] Santo Domingo, llena de añoranzas. ¡Nada en el mundo podrá hacerme perder, junto el amor patrio, ese cariño a España, que tiene casi una docena de años de vida! (2020: 73)

El arribo a Puerto Rico le trae también uno de los momentos, como mujer, más enojosos del viaje; encuentra denigrante que en la aduana aún se asombren por el hecho de que una mujer pueda viajar sin la compañía de un varón y que le hagan todo tipo de inquisiciones al respecto. No siente rabia, ni considera que esté yendo más allá de lo permitido para una mujer o transgrediendo una frontera; más bien siente asombro y lo relata con humor, ese tono sutil e irónico que ha señalado Yamile Silva: «La autoridad de la escritora se construye alrededor de estos varios saberes y, tal como hiciese Carmen de Burgos, Abigaíl Mejía usa también el pretexto de la escritura del viaje para criticar la situación de la mujer con un tono sutil e irónico» (2020: 19). Así refiere el episodio Mejía:

> Al llegar aquí, tendremos que exclamar, donosamente como el sublime Manco [Cervantes, *Los trabajos de Persiles y Segismunda*] a las puertas de la muerte: ¡adiós donaires; adiós risas!... ¡adiós!... [*sic*] porque han subido a bordo la seriedad y la adustez en la persona severísima del jefe de inmigración o lo que sea; un señor *yankee* muy tieso que nos muestra prácticamente el modo de tratar sin urbanidad a las señoras pasajeras [...] Nos hace levantar la mano solemnemente para jurarle que vamos a decirle la verdad, toda la verdad y nada más que la verdad...; [...] El que una señorita viaje sola es una cosa absurda para esa gente y de todo punto sospechosa. Lejos de mí la idea de indignación por el concepto que le merecí a aquel gentleman (¡) [*sic*]: al contrario: me retiré profundamente agradecida y completamente edificada consolándome con el recuerdo de otros viajes que sola he hecho sin encontrar más que respeto y sin

ninguna dificultad, como si empleados de aduanas, marineros y hasta criados españoles y franceses, se supieran de memoria las leyes de la cortesía con las damas. (2020: 76)

Ya en la República Dominicana Mejía siguió escribiendo en torno a España, y sobre la ocupación norteamericana de Santo Domingo. También dio su punto de vista sobre la Guerra europea en un artículo titulado «España, ¡sí! (Carta de una francesita patriota que me pidió la opinión de los españoles en la guerra europea)»[19]. El texto es también una buena muestra de su formación a una edad muy temprana (tiene diecinueve años), y le da pie para hablar, como es habitual en ella, de la cultura y del arte:

> hablando en serio, te diré que acabaré por coincidir enteramente contigo y llamar bárbaros a los soldados del Kaiser, porque con su sistemática guerra a las catedrales y monumentos de arte, me van siendo ya antipáticos. Ayer fue Lovaina y su Universidad; hoy Reims, la magnífica catedral gótica; mañana quizá será Nôtre Dame, el divino templo cantado por la pagana pluma de Hugo el inmortal. (Mejía 1922: 39)

De especial relevancia resulta el tributo que rinde a Galdós tras su muerte, en 1920. En apenas siete páginas muestra un agudo conocimiento de su obra, que en parte ha visto representada en los teatros por Margarita Xirgu. No es quien exhibe cultura sino quien sabe de lo que habla; basten algunos párrafos:

> la más gloriosa figura de la literatura castellana contemporánea, acontecimiento que no debiera pasar desapercibido en el mundo de los que profesamos el rito de todas las bellezas descritas en prosa o en verso [...] (1922: 43)
>
> No hace dos años tuvimos la honra de conocer y contemplar la venerable figura del maestro en el teatro Novedades, de Barcelona, en el estreno de «Marianela» [...] Fue pródigo de cuanto se puede serlo: talento, amor, dinero [...] fustigador de la rancia aristocracia, y de todos los fanatismos, que pintó

---

[19] En *Por entre frivolidades* (1922). Está incluido en un apartado titulado Hispanófilas, que contiene además de este los siguientes: «Pérez Galdós» (1920); «Cosas de España» (S/F), firmado en Santiago; y «La desconfianza española» (febrero de 1921, publicado en *La Vanguardia*).

> de preferencia la vida tal cual es en la clase media, cómo se vive y cómo se habla en ella; que fue el cantor de la literatura y el mejor historiador de su patria. (1922: 47)[20]

Ambos mundos, la República Dominicana y España, aparecen siempre conectados en su escritura, como lo están en su recuerdo la representación de Marianela o la foto del autor en su escritorio:

> ¡Y el recuerdo del creador de los *Episodios Nacionales*, perdurará fuerte y constante, como perdura en nosotros el de la Madre España, a cuya honra levantó aquél tan hermoso monumento! [...] No tenemos a la vista ninguna otra obra del maestro, si no, citaríamos mil periodos que nos han extasiado como brillantes muestras del gran escritor, cuyo culto seguirá guardando nuestra alma, del mismo modo que se conserva su retrato frente a nuestra mesa de escribir, en Barcelona. (1922: 49)

La España que refleja Mejía, «entre frivolidades», como reza el título de su libro, estaría llena de grandes verdades que deben quedar para la historia. Insiste varias veces en la imagen que de España llega a otros países, la de una España que no ha sido bien considerada –ni por la propia España–, y en que ella quiere brindar una imagen más certera[21].

Mejía en realidad se siente maravillada ante lo que contempla, y su escritura refleja ese asombro y un disfrute continuo. A su vuelta al país participó a consciencia en las luchas dialógicas necesarias para los derechos femeninos. Como tantas otras mujeres a principios del siglo xx, también en su caso la participación en la construcción de la nación y de la cultura se hace desde esferas y flancos que le impiden traspasar ciertos límites. No obstante, y a pesar de la existencia de dichos límites, el «lugar» donde Mejía se sitúa la llevó a tener propuestas específicas en el marco cultural, no solo

---

[20] El texto de Mejía, no hay que perderlo de vista, va a contracorriente de la imagen que se tenía de Galdós en la España del momento.

[21] No obstante, también la fustiga cuando pudiendo hacer más se duerme en sus glorias pasadas, tal es el caso del artículo «La desconfianza española»: «¡La informalidad y el descreimiento! He ahí los verdaderos males de España» (Mejía 1922: 79-80).

en lo que respecta a la mujer sino también en lo que se refiere a la pedagogía que marcan otros ámbitos.

Abigaíl Mejía tiene méritos más que suficientes para formar parte por derecho propio del canon de las letras dominicanas. Pocas mujeres y acaso hombres hubo con una preparación tan sólida como la suya en una época tan complicada para el desarrollo intelectual de la mujer. Los temas que aborda permiten situarla en un lugar puntero dentro de las cuatro primeras décadas del siglo XX. Fue un agente activo de la producción social y literaria de la República Dominicana, tanto en su pensamiento sobre aspectos político-sociales del momento como en lo relativo a los derechos de la mujer o sus ideas sobre la identidad nacional, y el estudio de su obra resulta imprescindible para pensar la realidad dominicana del siglo XX y su relación con España.

Bibliografía

Beauvoir, Simone de (1976): *Le deuxième sexe* I. Paris: Gallimard.

Candelario, Ginetta E. B. & Manley, Elizabeth S. & Mayes, April J. (2016): *Cien años de feminismos dominicanos. Una colección de documentos y escrituras clave en la formación y evolución del pensamiento y el movimiento feminista en la República Dominicana, 1865-1965*. Tomo I. *El fuego tras las ruinas* (1865-1931). Tomo II. *Las siempre fervientes devotas* (1931-1966). Santo Domingo: Archivo General de la Nación.

Cocco de Filippis, Daisy (2001): *Madres, maestras y militantes dominicanas. Ensayos selectos*. Santo Domingo: Búho.

Daganzo-Cantens, Esther (2010): *Carmen de Burgos: Educación, viajes y feminismo. La educación y el feminismo en los libros de viajes de Carmen de Burgos a Europa)*. Jaén: Publicaciones de la Universidad de Jaén.

Dávila, Dora (2005): *Miradas desencadenantes: Los estudios de género en la República Dominicana al inicio del tercer milenio*. Santo Domingo: Intec.

Durán, Carmen (2010): *Historia e ideología: mujeres dominicanas, 1880-1950*. Santo Domingo: Archivo General de la Nación.

Fernández Asenjo, Mercedes (2015): *De maestras normalistas a «damas trujillistas»* Tesis Doctoral.

Guardia, Sara Beatriz (ed.) (2012): *Viajeras entre dos mundos*. Dourados: Universidad Federal Da Grande.

Hugi, Quisqueya Lora (2008): «Las mujeres anónimas de inicios del siglo xix dominicano». En *Clío* 77 (176): 81-122.

Mejía, Abigaíl (1922): *Por entre frivolidades*. Barcelona: Litografía H. Miralles.

— (1933): *Historia de la literatura dominicana*. Ciudad Trujillo: Caribes.

— (1937): *Historia de la literatura castellana*. Barcelona: Araluce.

— (1995): *Obras escogidas* [compilación de Arístides Incháustegui y Blanca Delgado Malagón], Tomos I y II. Santo Domingo: Corripio.

— (2020): *La sonrisa del paisaje (Viajes)*. Edición, introducción, y notas de Yamile Silva. Santo Domingo: Editora Nacional.

Nacidit-Perdomo, Ylonka (2014): «Abigaíl Mejía y la fotografía». En *Pescando luces y sombras*: <https://pescandolucesysombras.blogspot.com/2014/07/abrigais-mejia-y-la-fotografia.html>.

Paulino Ramos, Alejandro (2007): *Vida y obra de Ercilia Pepín*. Santo Domingo: Archivo General de la Nación.

Silva, Yamile (2020): «Introducción». En Mejía, Abigaíl: *La sonrisa del paisaje (Viajes)*. Santo Domingo: Editora Nacional, 11-21.

Smith, Simone (2001): *Moving lives: twentieth-century women's travel writing*. Minneapolis: University of Minnesota Press.

Historia de una escritura: *La Mañosa* (1936), de Juan Bosch

Guillermo Piña-Contreras

Como toda obra de arte, *La Mañosa* tiene un origen. Hay que suponer que antes de su primera edición en 1936 naturalmente hayan existido algunas notas para la redacción de su primera versión definitiva.

No se tiene constancia de que Juan Bosch se expresara, a lo largo de su carrera literaria, a propósito de la existencia de otras versiones que no fueran la publicada, cuyo título completo es *La Mañosa, la novela de las revoluciones*. A pesar de su mutismo sobre el proceso de elaboración de la obra, se conservan, repartidas en cuatro textos dactilografiados, dos versiones de su primera novela. Tres de esos manuscritos fueron encontrados en un sobre en 1985, por azar, en la casa paterna de su amigo Mario Sánchez Guzmán en La Vega. En el sobre se leía lo siguiente: «Señor / Juan Bosh [*sic*] / Ciudad»; y a la derecha otra inscripción que hacía mención a su contenido: «Juan Bosch / La Mañosa / originales». Ahí había pues un fragmento de la primera versión, otro completo y dos fragmentos de la segunda versión, la que daría pie al cuarto manuscrito (completo), conservado por la escritora puertorriqueña Isabel Freire, a quien Bosch obsequia una copia dactilografiada el 22 de enero de 1939 en San Juan, y que ella, años después, dona a su vez al escritor y crítico dominicano Bruno Rosario Candelier.

La redacción de las versiones encontradas en casa de Sánchez Guzmán es de 1934 o principios de 1935, después de su matrimonio con Isabel García Aguiar, el 19 de junio de 1934: «Estuvimos viviendo al principio en la calle 16 de agosto», relata Bosch, «y después de cierto tiempo nos mudamos a la calle Doctor Báez número 13, ahí estuvimos viviendo y allí fue donde yo escribí *La Mañosa*. *La Mañosa* que la escribí a maquinilla ahí, en el comedor de esa casa» (Piña-Contreras 1986: s.p.).

Por entonces ya Bosch había publicado *Camino Real* (1933) e *Indios* (1935), y era asiduo visitante de La Cueva, la casa del poeta Rafael Américo Henríquez. Es a partir de las conversaciones que sostenía con sus amigos de La Cueva que surge la idea de escribir *La Mañosa*: «Sin dudas la elaboración de *La Mañosa*, la intención de escribir esa novela y el hecho de ponerme a escribirla tuvo su origen en La Cueva, porque yo quería darle a entender a los compañeros de La Cueva lo que había sido el país en los años en que yo era niño...» (Piña-Contreras 1986: s.p.).

El manuscrito obsequiado a Isabel Freire y José Ferrer había sido terminado en 1936. La versión definitiva de *La Mañosa*, antes de la Semana Santa de ese mismo año: «estando yo en Santiago de los Caballeros, trabajando en la publicación de *La Mañosa* que se estaba componiendo en la imprenta El Diario», cuenta Bosch a Rosario Candelier, «un día el tipógrafo me dijo: "Mañana no vamos a trabajar", y le digo: "¿Por qué?" "Porque es Jueves Santo"» (2000: 77). Según el colofón, la novela se terminó de imprimir el 23 de junio de 1936.

En los dos primeros manuscritos de la novela Bosch utiliza indistintamente el nombre de Melada y Mañosa para llamar a la mula. Parece que por descuido del escritor, al pasar a limpio el texto, se le queda el nombre de Melada, que ya había sido sustituido en el quinto episodio de la primera redacción. Aunque los textos encontrados en casa de Sánchez Guzmán no estaban titulados, era evidente que la obra llevaría por título el nombre de la mula: *La Mañosa*.

Lo de «la novela de las revoluciones» pudo haber surgido en la segunda versión, con el tercer manuscrito; «Mañosa», además, está estrechamente relacionado con ese tipo de híbrido, y las revoluciones eran una maña nacional, según explica el propio autor en la presentación de la tercera edición de la novela en 1966.

Como en toda obra en proceso de elaboración es frecuente observar en los manuscritos de *La Mañosa* correcciones de simples errores gramaticales, supresiones de palabras, de frases, de párrafos, de episodios, de personajes; también puede constatarse que, de una versión a otra, ciertos episodios se transforman en capítulos o incluso que la novela misma, luego del segundo manuscrito, cambia no solo de rumbo sino también de estructura. En la segunda versión la nueva estructura arrastra consigo cambios de nombres y de función de algunos personajes –e incluso de título, si tomamos en cuenta que la mula se llamó en un principio «Melada»–. Ese trabajo de orfebre es el puede seguirse en cada uno de los pasos que lo llevan a concebir dos versiones de *La Mañosa* antes de dar por terminada *la novela de las revoluciones*.

La primera versión podría ser una suerte de plan general; según sus propias palabras, no tuvo que «utilizar ningún método porque lo único que tenía que hacer era recordar» (Piña-Contreras 1982: 174). Si bien no hay dudas de que esto sea cierto, esa primera redacción se convierte en un plan que irá sufriendo las modificaciones que la creación literaria exige. Así, los cambios realizados en el texto inicial se reportarán en la segunda redacción de la novela. De igual manera, en el tercer manuscrito comienza a tomar forma lo que sería la versión definitiva, como es ya evidente en el cuarto manuscrito. En la lectura que hace de su primera redacción el cambio más importante de todos es que la mula se convierte en la «Mañosa», pues ahí está el título de la obra.

Todas las intervenciones del autor en el segundo manuscrito son de suma importancia. Unas son naturalmente más relevantes que otras, pero debemos detenernos en la que le da, por así decirlo, independencia a la obra: Bosch suprime toda alusión y explicación sobre los caudillos políticos de la época en que tiene lugar la acción de la novela, Juan Isidro Jimenes y Horacio Vásquez. Esta decisión tendrá repercusiones en la versión siguiente, pues del mismo modo que hace desaparecer la mención explícita de los jefes de los bandos que mantenían en zozobra la región y el país, también se verá obligado a atribuir nombres ficticios a los generales que actúan en la novela. Nazario Suardí y Tentico Luna serán finalmente Fello Macario y Monsito Peña. Los nombres ficticios en lugar de los reales dan a la novela una dimensión que va más allá de la idea original de proporcionar a sus amigos de La Cueva una idea del país en los años de su niñez.

Una nueva lectura del segundo manuscrito se traduce en una segunda versión, que es la que dará un giro total a la novela.

«Esto nos lo contó el viejo Dimas, cierta noche en que unas nubes bandoleras robaban estrellas» (Bosch 2004: 307). Con estas palabras se inicia el tercer manuscrito de *La Mañosa*, y señalan el rumbo definitivo que tomará la novela. El mero hecho de empezar con el relato del viejo Dimas sobre la muerte de una culebra imprime un nuevo trayecto a la narración, que será ahora muy diferente al de la primera versión. No se trata ya del robo de la mula como el acontecimiento que perturba la tranquilidad de la familia del narrador. La normalidad de la familia y de la acostumbrada tertulia de la prima noche es interrumpida, en esta versión, por el anuncio de un posible levantamiento armado. Contrariamente a la versión anterior, en esta la revolución está presente desde el primer capítulo.

Que el animal aparezca más tarde que la revolución es un hecho significativo en la novela, e indica un cambio fundamental con respecto a la versión precedente. La historia toma entonces un nuevo rumbo. Para este estadio de construcción la de novela nos podemos aventurar a decir que ya Bosch había agregado *la novela de las revoluciones*, un subtítulo que figura explícitamente en el cuarto manuscrito, el mismo que Bosch regalará tres años después, en 1939, a Isabel Freire y José Ferrer Canales en Puerto Rico.

Ni Dimas ni Mero ejercen las mismas funciones en esta segunda versión. Mero, que ya no se llama –ni por error– Mongo, tiene ahora un pasado, una actividad definida y un origen. Otro personaje que cambia de función, aunque por el momento conserva su nombre, es Ñamará.

Los fragmentos del tercer manuscrito confirman que la obra ha sufrido un cambio radical, en el que varios personajes e incluso la mula están llamados a completar funciones que en la versión anterior habían quedado inconclusas. En las pocas páginas que se salvaron de esta versión bisagra de *La Mañosa* se observan claramente esas definiciones de algunos personajes mencionados más arriba, además de cierta coherencia en sus nombres, aun cuando Ñamará no se llame aún Momón. Algo que resulta relevante es que, salvo la Mañosa, ninguno de los demás animales de la recua tiene nombre. Pero la historia no puede cambiar sin que sobre ella se opere un minucioso trabajo de escritura.

A la luz de esta versión no sorprende que el cuarto manuscrito (conservado completo) tenga ya, si no fuera por las diferencias que lo separan de la edición de 1936, aspecto de versión definitiva. Es en esta cuarta redacción que verificamos esos grandes cambios que ya se vislumbraban en el tercer manuscrito: la fusión de las dos partes del segundo manuscrito se convierte entonces en la primera parte de la versión definitiva. Este nuevo texto experimenta cambios importantes, que le dan sentido a la novela con respecto a la idea desarrollada en su etapa inicial. Si no fuera por tantos elementos comunes entre las diferentes versiones se hubiera podido llegar a pensar que Bosch había decidido contar otra historia.

Para llegar a la versión definitiva Bosch corrigió sin miramientos varias veces su obra, hasta encontrar el camino que le permitiera contar la guerra civil a través de una familia, los campesinos que trabajaban con ella, quienes la visitaban y una mula que, como todos, se convierte también en víctima de la revolución.

La presencia de cambios en *La Mañosa* se puede seguir desde el manuscrito más antiguo que se conserva del texto. El cambio de nombre de la mula es significativo: además de que concierne directamente al título, hace suponer una relación más estrecha entre el animal y las revoluciones. El adjetivo sustantivado «Melada», que no va más allá de la descripción del animal, pasa a ser otro también sustantivado, «Mañosa». Ser mañoso o mañosa es una de las características que se les atribuye a estos híbridos; el diccionario de la Real Academia de la Lengua Española, entre otras acepciones, define *mañoso* como el que tiene «maña», es decir, «vicio o mala costumbre». Denominar a la mula Mañosa tiene en la novela una significación capital, porque su nombre está estrechamente relacionado con las revoluciones, el eje central de la obra.

La relación de la Mañosa con la revolución es más estrecha a partir del tercer manuscrito, cuando el padre del narrador se la presta al general Nazario Suardí (Fello Macario, en la versión definitiva). En la primera versión el vínculo de la mula con la revolución está menos definido. No importa que haya servido de montura al jefe rebelde, ni que este acontecimiento haga de ella un instrumento de la revolución y, en última instancia, una víctima de la misma. El cambio se opera ya probablemente –se trata de un fragmento– en el tercer manuscrito, y de manera evidente en el cuarto, donde juega el papel que mantendrá hasta la edición de 1936: la mula, como todos los personajes de la novela, deviene víctima de la revolución. Comenta Bosch en las «Palabras del autor para la tercera edición»:

> *La Mañosa* fue un título simbólico. La mula de silla de papá se llamó La Melada. En la obra se llama La Mañosa porque nuestras llamadas revoluciones de aquellos tiempos eran una maña nacional, la versión tumultuosa y populachera y sangrienta de lo que después de 1930 serían los ya clásicos golpes de Estado latinoamericanos. (1966: 11)

De manera que cuando la Melada cambia de nombre y asume un rol más importante, la obra también queda condenada, como hemos dicho, a cambiar de plan y tomar otros derroteros.

Aun cuando Bosch defiende que su novela no es autobiográfica, reconoce en el mismo texto de 1966 que hay en ella

> muchos detalles autobiográficos: los nombres del padre, de la madre, de los dos niños y de José Veras son auténticos; José Veras fue como se dice en el libro; la casa existió en El Pino, y en esa casa fue curado José Veras de la herida de machete que le infirieron por fechorías antiguas de José; papá tuvo negocios de recua y su mula de silla fue robada por un cuatrero de los lados de Bonao. Con esos datos se agota lo que hay de autobiográfico en la novela. (1966: 10-11)

Hay también otro episodio, común a las dos primeras redacciones, que tiene referentes reales: la madre de Bosch tenía presentimientos. Por ejemplo, antes de que el desconocido proporcionara las pistas necesarias para la recuperación de la mula, Pepito le dice a Juan: «Mamá soñó anoche que un hombre le dijo donde taba la Melá» (Bosch 2004: 195). Su madre, al decir de Bosch, era una mujer que tenía habilidades verdaderamente excepcionales:

> Hay algo que no conté en la novela *La Mañosa* [*en la versión definitiva*, GPC]. A la Mañosa, la mula, se la robaron (como figura en la novela). Lo que no cuento, porque no me atrevía a contar esas cosas, es que un día salimos de la habitación mamá y yo de la mano (eso era en Río Verde de donde había desaparecido la Mañosa [*Melada, como se llamaba en realidad la mula*, GPC]). Esa casa tenía por lo menos el piso a medio metro de la tierra, y en esa entrada había un hombre que tenía un pie puesto en el quicio de la puerta y mamá, cuando lo vio, ella me tenía agarrado del brazo, se volvió y dijo: «Pepe, ven que en la puerta hay un hombre que viene a decirte dónde está la Mañosa». (Piña-Contreras 1986: s.p.)

En las dos primeras redacciones el narrador, al evocar el robo de la mula, hace alusión a Paquito: «Padre se veía ahora [...], sin la ayuda generosa de aquel animal que se crió en casa y que estrenó con su lomo lustroso y medio arqueado el primer anhelo de jinete de cada hijo, hasta el de aquel que se llamó Paquito, muerto cuando empezaba a sentir en su corazón las raíces de los primeros amores por las cosas y la tierra» (Bosch 2004: 194, 242). Con esa alusión al hijo muerto a destiempo tenemos una idea del dolor del padre cuando se roban la mula. Eso mismo dice Bosch de su padre a la muerte de dos de sus hijos: «La muerte de mis dos hermanos [Paquito y Ana] fue verdaderamente un acontecimiento muy duro para todos nosotros.

Mi padre encaneció tal vez en dos meses o tres meses, pero el caso es que él no tenía una cana. [...]. Mi madre no se consoló nunca de la muerte de esos hijos» (Piña-Contreras 1986: s.p.).

Ahora bien, el uso de referentes reales tan evidentes no hace de la obra una novela autobiográfica, como tampoco el hecho de que el narrador se llame Juan como el autor o que la voz narrativa sea la primera. El autor quería mostrarles simplemente a sus amigos de La Cueva lo que era el país durante los años de su infancia. Más bien esos datos autobiográficos solo tratan de asegurar lo que busca, como sostiene Friedrich Spielhagen, toda novela en primera persona: «Desde el comienzo hasta el final, la novela a la primera persona es una lucha por la autenticidad» (en Glowinski 1992: 240). Toda novela es ficción, por más referencia y efecto de lo real que pueda generar el texto. Al decir de Margaret MacDonald, «Los personajes desempeñan un papel, los seres humanos viven su vida. Un personaje, como cualquier otro elemento puramente funcional, se reduce a su papel en el relato» (1992: 220).

La primera versión de *La Mañosa* la constituyen los dos manuscritos iniciales, que se diferencian entre sí únicamente por correcciones formales de tipo gramatical o de estilo: el segundo manuscrito no es más que la puesta en limpio del primero. En ese estadio de la historia, la mula es al principio víctima de la avidez de un cuatrero y al final, de la revolución. Este no es evidentemente el plan que Bosch revela haber concebido, al reeditar la obra en 1966, para escribir la novela:

> En *La Mañosa*, según el plan que me hice, debía haber un «personaje», central, y sería la guerra civil; y todos los seres vivos que desfilaran por las páginas del libro, sin exceptuar la mula que le daría nombre, deberían ser, en un sentido o en otro, víctimas de ese personaje central. El mismo jefe del movimiento armado, Fello Nazario, sería otra víctima de la fuerza que había desatado, puesto que su imagen de combatiente leal a ciertos principios debería quedar destruida al final. (Bosch 1966: 9-10)

Que el personaje central fuera la revolución, que no hubiera caracteres que pudieran llamar la atención del lector y que se evitara ese maniqueísmo tan del gusto de ciertas novelas del siglo XIX es un buen objetivo, pero nada de eso aparece en el proyecto inicial; ni siquiera con el exhaustivo trabajo de corrección aplicado al segundo manuscrito logra Bosch desarrollar ese «plan» en que todos los personajes, sin exceptuar a la mula, fueran, en cierto sentido, víctimas de la revolución. Este plan comienza a lograrlo a partir del tercer manuscrito y de manera ya evidente, al estar completo, en el cuarto.

El tercer manuscrito tiene la importancia de ser, como dijimos, un texto bisagra. Es en esta tercera redacción que Bosch se decide a reestructurar su obra y completar lo que expresa, de manera explícita, en sus palabras a la tercera edición de 1966. La nueva versión nace de la lectura crítica del segundo manuscrito de *La Mañosa*, cuando el autor toma la decisión de atar sus cabos sueltos. La decisión de reestructurar la novela le permitirá, al mismo tiempo, llevar a cabo el plan que de manera implícita se había trazado: hacer de la guerra civil el «personaje» central. Para alcanzar su objetivo tenía que penetrar en ese mundo imaginario y buscarle una salida a muchas de las historias individuales de algunos personajes, inconclusas en la primera versión. Y tenía, también, que elaborar una relación más estrecha entre esas historias y la revolución. Para hacerlo posible no bastaba solo con transformar situaciones, sino que necesitaba darle otras funciones a ciertos personajes, incluida la mula.

La importancia del tercer manuscrito, más allá de que se conserven los inicios de cada una de las partes de la novela, estriba en que al iniciar esta nueva redacción la obra pasa por una suerte de terremoto para que se puedan atar los cabos sueltos en función del plan autoral.

Toda esta información es posible gracias a la lectura crítica del segundo manuscrito, tras la que Bosch se percata que su plan de hacer de la revolución el «personaje» central de la novela tenía un obstáculo: la cantidad de conflictos planteados en la obra que quedaban sin desenlace –un desenlace que hiciera de todos los personajes, sin excepción, víctimas de la guerra civil–. Una de las soluciones posibles, con la obra ya dividida en dos partes, hubiera sido hacer una tercera. Pero su decisión fue otra: reunir en una primera parte todo cuanto había escrito bajo el título de «Revolución», y agregar una segunda: «Los vencedores». En la primera se plantean los problemas, pero la revolución es derrotada; en la segunda los rebeldes triunfan, pero ese triunfo es el precio que tienen que pagar todos los personajes de la novela y que los hace, sin que se diga explícitamente, víctimas de esa victoria.

Todo cuanto había quedado pendiente para que la guerra civil fuera el «personaje» central del universo de *La Mañosa* había tenido un desenlace. Solo la vieja Carmita seguía pensando en sus hijos y Pepe sentenciaba: «A mi mula le pude quitar las mañas; pero a los hombres no se las quita nadie» (Bosch 1936: 66).

El manuscrito que Bosch regaló a Isabel Freire y a José Ferrer Canales en 1939 corresponde, como sabemos, al cuarto manuscrito. Pero ese manuscrito, a pesar de su aspecto de obra terminada, no es el texto que sirvió a la imprenta El Diario para la composición de *La Mañosa* en 1936.

La existencia de un quinto manuscrito, donde el autor debió dejar asentados todos los cambios y las correcciones a mano que sufriera el texto conservado por Bruno Rosario Candelier, se deduce de la simple comparación de la primera frase del texto dactilografiado –«Esto nos lo contó el viejo Dimas, cierta noche en que unas nubes pardas se entretenían en tragar estrellas»– con la de la novela publicada en junio de 1936. Nótese que si bien ya había mejorado el arranque con respecto a la versión anterior, aún permanecía muy arraigada en el joven escritor la tendencia a cargar de imágenes el relato. La primera edición de 1936, en cambio, arranca con una oración mucho más llana y centrada en la acción que la del cuarto manuscrito: «Esto nos lo contó el viejo Dimas, cierta noche agujereada de estrellas». El participio adjetivo «agujereada» reemplaza a «en que unas nubes pardas se entretenían en tragar [...]»; la sustitución permite centrar la atención del lector más en lo que contó Dimas que en la descripción de la noche. Esa diferencia inicial, que no es la única, hace evidente la existencia de un quinto manuscrito, al tiempo que permite constatar que la intervención del autor ha sido todavía más severa que en las revisiones de manuscritos anteriores. Las modificaciones que experimenta la novela son las propias de una obra aparentemente terminada.

No hay dudas de que el quinto manuscrito debió haberse perdido en la imprenta El Diario. Aunque mejora considerablemente la obra, el método utilizado por Bosch durante el proceso de escritura de su primera novela estuvo dominado por la espontaneidad; el plan surgía luego de una primera redacción, que iba completándose en la medida en que el autor procedía a pasar en limpio su texto. Sin embargo, apenas unos meses después de la publicación de la novela, observamos que el rigor había dado al traste con esa espontaneidad que se desprende de los manuscritos previos.

La explicación que hiciera Bosch en la tercera edición de *La Mañosa* (1966) nos muestra, a la luz de los cuatro manuscritos que constituyen las dos versiones anteriores, que su plan se comenzó a poner realmente en práctica a partir de la tercera redacción. Si bien no deja de tener validez, en lo que concierne a la primera versión, la afirmación del autor de que «En *La Mañosa* no tuve que utilizar ningún método porque lo único que tenía que hacer era recordar. Todos sus personajes los conocía en carne y hueso» (Piña-Contreras 1982: 74), no es menos cierto que en ese estadio de la escritura lo que realmente quería hacer no había sido logrado. El plan para la versión definitiva, como decíamos, comienza a ponerse en ejecución a partir del tercer manuscrito y se desarrolla completamente en el cuarto, que es donde la guerra civil alcanza la categoría de eje central de la narración. Con esta nueva versión logra, además, superar sus propósitos iniciales de contarle a sus amigos de Santo Domingo lo que era el país en los años de su niñez.

Si tomamos en cuenta las palabras de Bosch a propósito de la elaboración del cuento «La Mujer», en el sentido de que la idea le surgía de manera espontánea, sin plan, tendríamos más claro cómo se fue elaborando *La Mañosa*:

> Al principio no [hacía plan], porque me sacaba el cuento de adentro, de mis recuerdos. Es más, una vez me puse a escribir una carta a Mario Sánchez Guzmán, la feché y de ahí no pasé porque en el mismo papel lo que me puse fue a escribir un cuento y resultó «La Mujer». Pero después no. Ya después me empeñé en ir dominando la materia, hasta que creí que la había dominado cuando escribí *El río y su enemigo* [en 1940]. Tomaba mis notas para escribir un cuento, estudiaba un personaje, preparaba el argumento antes, y luego me sentaba a escribirlo. (Piña-Contreras 1982: 66)

Es probable que con la misma espontaneidad de «La Mujer» se fuera construyendo *La Mañosa*: el plan se fue imponiendo una vez terminada la segunda redacción. Esto es, en una primera etapa Bosch puso en escena sus vivencias de infancia, sin plan, hasta obtener un resultado a base del trabajo de orfebre que caracteriza a los grandes autores y de las nuevas ideas que la escritura desarrolla durante el riguroso camino de la creación. Dice Bosch a Rosario Candelier:

> *La Mañosa* es un libro demasiado hecho, demasiado elaborado, porque me esforzaba por escribir una novela y no conocía la técnica de la novela. No era el género propio mío. En las páginas de *La Mañosa* hay rellenos; en los cuentos no. En los cuentos yo trataba de ser lo más escueto, lo menos torrencial e impetuoso; trataba de decir las cosas con el menor número de palabras. (2000: 88)

Pero ya para 1938 esa espontaneidad del joven escritor comenzaba a desaparecer. En una carta a Mario Sánchez Guzmán desde Puerto Rico le detalla el plan de *El Pueblo*:

> No te vayas a suponer que esto es autoestimación: es que he estado escribiendo con absoluta conciencia, sabiendo qué iba a hacer, *mientras que antes escribía por una especie de intuición*. Esta vez he estudiado en todos sus detalles la técnica novelística, y me he propuesto hacer una novela que sea el resultado lógico del desarrollo de caracteres que determinan acontecimientos entrelazados entre sí por la unidad de tiempo y espacio. (2004: 60)

Cuando Bosch emprendió la revisión de la primera edición de la novela ya sus reflexiones le hicieron leerla con otros ojos. Esa lectura crítica lo lleva a hacer una exhaustiva revisión de *La Mañosa* para la edición cubana de 1940, que nos da una idea del trabajo del escritor. La crítica persistente de su propia obra luego le permite elaborar una suerte de teoría de la literatura en 1944, en La Habana, y perfeccionarla en 1958, en sus *Apuntes sobre el arte de escribir cuentos*. Su carrera literaria como escritor de ficción terminó en diciembre de 1960 con «La mancha indeleble» –escrita en Caracas, apenas unos meses antes de su regreso a República Dominicana el 20 de octubre de 1961–. El escritor de ficción había quedado atrás, y en lo adelante todo su tiempo estará consagrado a la actividad política y al ensayo sociológico e histórico. Su actividad literaria se limitó a terminar *El oro y la paz* en su nuevo exilio de Puerto Rico, en octubre de 1963, y a su regreso, en 1965, a la reedición de sus cuentos y de *La Mañosa,* en la que hizo correcciones y cambios que conciernen únicamente a la primera edición de 1936; lo mismo hará al reeditarla en 1974 y 1976. En ningún momento, sin embargo, dio muestras de recordar el enorme trabajo de revisión al que había sometido la primera edición dominicana para que la novela fuera publicada en La Habana por la casa editora La Verónica, del poeta español Manuel Altolaguirre, en enero de 1940.

Podría parecer exagerado decir que *La Mañosa*, publicada en 1936 y reeditada, según el colofón de la vigésimo octava edición, en agosto de 2003 por la Editora Alfa y Omega de Santo Domingo, sea una novela desconocida en República Dominicana. Pero en cierto sentido lo es: la edición cubana de 1940 no circuló en República Dominicana por razones políticas hasta la caída de la dictadura de Trujillo en 1961. Por descuido de la casa editora que la publicó en 1966, el subtítulo, «la novela de las revoluciones», se vio reemplazado por «Novela. Edición revisada». Ahora bien, esta indicación en portada aludía a algo más que una simple revisión de autor, porque se trataba, en efecto, de una nueva edición corregida de la obra. Lo extraño, sin embargo, es que Bosch, al permitir a la Librería Dominicana una reedición de *La Mañosa* en 1966, no haya recordado los importantes cambios que había hecho ya en 1940.

El olvido de Bosch resulta evidente cuando leemos las «Palabras del autor para la tercera edición», donde se ocupa más de explicar los motivos que lo llevaron a escribir *La Mañosa* que en justificar por qué no reeditaba la versión publicada en Cuba. Quizá los acontecimientos que vivía República Dominicana desde la caída de Trujillo y el papel político de primer orden que desde 1961 desempeñaba Bosch en Santo Domingo podían justificar este olvido. Pero al parecer Julio Postigo, el editor, ni siquiera tuvo en sus manos la publicación de La Verónica, aun cuando el subtítulo «edición revisada» induce a tomar la edición cubana como la versión definitiva:

> *La Mañosa* fue publicada originalmente por la Editorial El Diario, de Santiago de los Caballeros, como hemos dicho ya, en el mes de junio de 1936. De ella se hizo otra edición en La Habana, en el año 1941, en La Verónica, que dirigía el malogrado poeta español Manuel Altolaguirre. La presente, que entregamos al lector dominicano, es la tercera, y al mismo tiempo la segunda edición dominicana. (Bosch 1966: 8)

En la edición de 1974, y en las que se hicieron después, figuran variantes que coinciden con la edición cubana. Sin embargo, ese olvido de Bosch en 1966 y el descuido de Julio Postigo en su edición de la Colección Pensamiento Dominicano impidieron, hasta la edición de Industrias Banilejas en 2004, que se tuviera una edición cabal de *La Mañosa*, sin el subtítulo «la novela de las revoluciones».

Los cambios en la edición príncipe podrían explicarse por su teoría, aún implícita, que luego desarrollará en sus *Apuntes sobre el arte de escribir cuentos*, de 1958. Pero además de lo que plantearía luego en su conferencia de Caracas, Bosch suprime ahora, de entrada, el subtítulo «la novela de las revoluciones». La supresión, como todo acto de revisión en literatura, no es gratuita. Al dejar únicamente *La Mañosa* como título se evitaba una explicación al público cubano y de lengua española, pues hubiera tenido que explicar de qué revoluciones se trataba. La supresión se mantiene también en las ediciones posteriores a la de 1974.

En cuanto a la frase inicial de la edición cubana: «Así contaba el viejo Dimas cierta noche», cuando observamos la transformación experimentada en 1940 le acordamos crédito al consejo que daba Kipling a sus lectores que, según reporta Bosch, «refiere que para él era más importante lo que tachaba que lo que dejaba [...]» (Bosch 1985: 17); pero también a su propia conclusión sobre la acción en el relato:

> Es en la acción donde está la sustancia del cuento. [...] el cuentista debe usar solo las palabras indispensables para expresar acción. [...] Miles de frases son incapaces de decir tanto como una acción. En el cuento, la frase justa y necesaria es la que dé paso a la acción, en el estado de mayor pureza que pueda ser compatible con la tarea de expresarla a través de palabras y con la manera peculiar que tenga cada cuentista de usar su propio léxico. (Bosch 1985: 38)

En la edición de 1966 y las sucesivas, como en la de 1940, muchas de las variantes van a la par con su teoría sobre el cuento. Bosch tenía una opinión muy particular sobre *La Mañosa*, que consideraba excesivamente lírica, y fue eso lo que trató de evitar en la exhaustiva revisión para la edición cubana de 1940:

> Hay algo que no me gusta de *La Mañosa* –dice– y es que me salió demasiado lírica. Hay muchos momentos en que más que novela es prácticamente poesía, pero poesía mala, poesía pobre. [...]. A mí en realidad me sorprende el hecho de que *La Mañosa* haya conservado una vigencia tan larga. De los libros míos, tal vez es el que más se vende y su venta sigue siendo como si no hubiera pasado el tiempo. (Piña-Contreras 1986: s.p.)

Finalmente, hay que convenir en que la edición cubana de *La Mañosa* es la que presenta las variaciones más importantes con respecto a la edición dominicana de 1936. En esa época Bosch, como le dice a Trujillo en su carta de renuncia de la Dirección General de Estadísticas, apostaba por su destino literario:

> Mi destino es ser escritor, y en ese campo, nada podía ya darme el país; y no sería eso solo causa bastante a hacerme dejar el lugar de mis afectos, si no [*sic*] que, además de no poder seguir siendo escritor, tenía forzosamente que

ser político, y no estoy dispuesto a tolerar que la política desvíe mis propósitos o ahogue mis convicciones y principios. (Bosch 2000: 45)

La política ganó la partida, pero en el buen sentido.

«*La Mañosa*», escribe para la tercera edición, «fue un esfuerzo juvenil en ese camino de novedades; un camino que dejé abandonado cuando los infortunios dominicanos me forzaron a dedicar mi limitada capacidad de escritor a la lucha política» (Bosch 1966: 4). Esa actividad política fue probablemente la que le hizo olvidar sus aportes a la novela para la edición de La Habana, y corregir someramente las ediciones de 1966 en lo adelante.

Las variantes, correcciones gramaticales, agregados y supresiones de que fue objeto durante cuarenta años *La Mañosa*, y que figuran en la edición crítica que patrocinara Industrias Banilejas en 2004, representan en la obra literaria de Bosch una evolución que va a la par con su concepción de la lengua y con su teoría de la literatura, que privilegia la acción en el relato y defiende evitar los detalles superficiales, el lirismo inútil y las digresiones que afecten el ritmo de la narración. Estas páginas no son más que la historia de su escritura, una suerte de arqueología de ese mundo imaginario que recrea *La Mañosa, la novela de las revoluciones*, la primera ficción de largo aliento de Juan Bosch.

Bibliografía

Bosch, Juan (1936): *La Mañosa, la novela de las revoluciones*. Edición dactilografiada.

— (1966): *La Mañosa, la novela de las revoluciones*. Santo Domingo: Librería Dominicana.

— (1985): *Apuntes sobre el arte de escribir cuentos*. Santo Domingo: Alfa y Omega.

— (2000): «Carta de Juan Bosch a Trujillo renunciando a su cargo en la administración pública dominicana fechada del 27 de febrero de 1938». En Piña-Contreras, Guillermo (ed.): *Bosch, imagen, trayectoria y escritura*. Santo Domingo: Comisión Permanente de la Feria del Libro.

— (2004): *La Mañosa*. Estudio, cronología, notas y variantes de Guillermo Piña-Contreras. Santo Domingo: Industrias Banilejas.

Glowinski, Michal (1992): «Sur le roman à la première personne». En *Esthétique et poétique: textes réunis et présentés par Gérard Genette*. Paris: Editions du Seuil.

MacDonald, Margaret (1992): «Le langage de la fiction». En Genette, Gérard & Binkley, Timothy: *Esthétique et poétique*. Paris: Editions du Seuil.

Piña-Contreras, Guillermo (1982): «Entrevista con Juan Bosch». En *Doce en la literatura dominicana*. Santiago: Universidad Católica Madre y Maestra.

— (1986): *Entrevista filmada con Juan Bosch* [inédita]. Santo Domingo: archivo del autor.

Rosario Candelier, Bruno (2000): «Entrevista con Juan Bosch». En Piña-Contreras, Guillermo (ed.): *En primera persona, entrevistas con Juan Bosch*. Santo Domingo: Ferilibro.

Vigencia de la «Materia reunida» de Camila Henríquez Ureña

Algunas reflexiones desde el espacio académico estadounidense a su legado intelectual y feminista

Sharina Maillo-Pozo
University of Georgia

> Cuando yo haya dejado de existir en la vida
> ¿qué se creará con esta materia ahora reunida
> en mí? Y esta energía, este aliento divino,
> ¿en qué transformaciones renovará el destino?
> Ser y no ser yo misma. Continuar la existencia
> disgregada, disuelta, esparcida en esencia.
>
> Camila Henríquez Ureña.

Casi cinco décadas después de la muerte de Camila Henríquez Ureña y tras diversos intentos por reivindicar su figura y legado, todavía se escucha el eco de las interrogantes que ella misma recogía en su poema «Futuro»: «¿qué se creará con esta materia ahora reunida / en mí? / [...] ¿en qué transformaciones renovará el destino? / [...] Continuar la existencia disgregada, disuelta, esparcida en esencia» (2006, X: 265). Son estas preocupaciones las que me motivan a recobrar su impronta y a reflexionar, desde coordenadas temporales y geográficas diferentes a las suyas, sobre la vigencia de su «materia» y la huella que ha dejado en mujeres que, habitando los circuitos intelectuales y feministas de la actualidad, se enfrentan a cuestiones similares. Como sostiene Honor Sachs, recobrar el legado de las mujeres en la historia «brings the ordinary, the forgotten, the pedestrian, and the subtle realities of experience into sharper focus» (2008: 650). Este ensayo recorre su trayectoria personal, su desempeño académico, su labor feminista y su creación poética con el fin de crear una semblanza de Camila Henríquez Ureña que integre el alcance transfonterizo de su legado intelectual, la actualidad de su pensamiento feminista y las íntimas inquietudes que vuelca en su poesía.

Mi aproximación a estas múltiples dimensiones del invaluable legado de la autora es, parafraseando a Chandra Mohanty (1983: 3), un acto de resistencia que, desde mi formación y actividad intelectual y pedagógica en los circuitos académicos estadounidenses, me permite trazar nuevas rutas en el mapa histórico, cultural e intelectual de este espacio y sugerir otros comienzos donde tengamos acceso a voces feministas como la de Camila Henríquez Ureña. Este esfuerzo por visibilizar su vida y su obra no es un hecho aislado, sino que amplifica y extiende los intentos por recuperar a la «menor» de la familia Henríquez Ureña, tras su muerte en el año 1973[1].

Las virtudes anónimas de Camila Henríquez Ureña

En *La virtud del anonimato* (1992), Andrés L. Mateo destaca la fundamental contribución político-intelectual de la ilustre familia Henríquez Ureña en la formación y el desarrollo profesional de la hija «menor». A pesar de que su labor académica y pedagógica y su activismo social y feminista han recibido una mayor atención y reconocimiento dentro de circuitos intelectuales latinoamericanos y caribeños, Camila Henríquez Ureña se mantiene todavía en un relativo anonimato, ya sea por la consabida modestia que la caracterizaba o por el peso intelectual de los demás miembros de su linaje.

---

[1] Entre los primeros intentos de recuperación de la obra de Camila Henríquez Ureña figuran las siguientes recopilaciones de sus ensayos, publicadas póstumamente en Cuba: *Apreciaciones literarias* (1974), *Feminismo* (1975), *Estudios y conferencias* (1982) e *Invitación a la lectura: notas sobre apreciación literaria* (1985). *Obras y apuntes* (2013), una colaboración entre el Instituto de Literatura y Lingüística de Cuba y el Banco de Reservas de la República Dominicana, ha sido quizás el esfuerzo recopilatorio más exhaustivo sobre su vida y obra. Otros trabajos recientes son las antologías *Documents of dissidence. Selected writings by Dominican women* (2000), *Camila y Camila* (2003) e *Hija de Camila: selección bilingüe de ensayos feministas* (2007), y las compilaciones *Cien años de feminismos dominicanos* (2016) y *La mujer y la cultura* (2019).

Es desconcertante, además, que, pese a su impronta en varias instituciones de estudios superiores en los Estados Unidos, siga siendo una figura casi espectral en la historia cultural e intelectual estadounidense. Esto último podría atribuirse, tal vez, a la invisibilidad histórica de los dominicanos en el canon latino estadounidense –crítico y literario–, y en especial en lo relativo a la producción cultural e intelectual de principios del siglo XX escrita en español (Gutiérrez & Cocco de Filippis 2001: 10-11; Torres-Saillant 2014: 160). Yo añadiría que esa ausencia es también sintomática de la marginación de las mujeres dominicanas en los circuitos intelectuales estadounidenses[2].

Salomé Camila Henríquez Ureña nació el 9 de abril de 1894 en el seno de una de las familias más influyentes de la historia cultural, intelectual y política dominicana. Camila se nutrió de la extensa erudición y el rigor investigativo de sus hermanos, Pedro Henríquez Ureña y Max Henríquez Ureña. Además, la actividad política e intelectual de su padre, «El presidente errante» Francisco Henríquez y Carvajal, y de su tío, Federico Henríquez y Carvajal, propulsor de las ideas políticas de José Martí, tuvieron un gran ascendente sobre el pensamiento político de la pequeña de la casa[3]. Ahora bien, a la hora de destacar los orígenes ilustres de Camila Henríquez Ureña los créditos no debieran limitarse a los hombres de su familia, sino que deben incluir el rol incuestionable que tuvo en su formación su madre, la poeta Salomé Ureña de Henríquez, estandarte del progreso tanto en el área de las letras como en el de la educación dominicana. En el discurso «Palabras», pronunciado por Camila Henríquez Ureña en el centenario del nacimiento de su madre, ella misma menciona la influencia materna en su quehacer intelectual, pese a los pocos años que disfrutó de su presencia: «Salomé Ureña es un ambiente en el que yo me formé. Ella me ha rodeado, me ha circundado siempre como atmósfera vivificadora» (Rodríguez Demorizi 1960: 405).

La actividad profesional y los lazos afectivos de Camila Henríquez Ureña estuvieron ligados a Cuba, el país que la acogió en 1904 cuando tenía apenas diez años (Yáñez 1999: 30). Allí vivió durante su adolescencia entre Santiago y La Habana, y en esta última ciudad cursó toda su educación formal, que la condujo a obtener dos doctorados en la Universidad de La Habana:

---

2 Véase al respecto Cocco de Filippis 2000.

3 Véase Mateo 1992.

Filosofía y Letras (1917) y Pedagogía (1927). La larga trayectoria de Camila Henríquez Ureña se desarrolló en paralelo con eventos sociohistóricos de gran impacto en las sociedades dominicana, cubana y estadounidense. En ese sentido, y tomando prestado el concepto de la feminista chicana Gloria Anzaldúa (2012: 102), su vida podría leerse como una «encrucijada» en la que convergen procesos históricos, culturas y conciencias de tres naciones muchas veces en desencuentro.

La etapa inicial de sus vínculos con los circuitos académicos norteamericanos se remonta al período comprendido entre 1918 y 1924, años en los que, motivada por su hermano Pedro Henríquez Ureña, se instaló en la Universidad de Minnesota e impartió clases de español mientras tomaba cursos especializados hasta obtener una maestría en lenguas romances en 1920 (Yáñez 1999: 49). Este primer viaje y los subsiguientes desplazamientos a los Estados Unidos por parte de miembros de la familia Henríquez Ureña reflejan la complicada red de relaciones políticas entre los Estados Unidos y el Caribe desde principios del siglo XX. Baste recordar que la invasión estadounidense a la República Dominicana (1916-1924) interrumpió la presidencia de Francisco Henríquez y Carvajal y, como consecuencia, los planes de la familia de trasladarse a Hispaniola. Ante la imposibilidad del regreso, Camila se unió a su hermano, Pedro Henríquez Ureña, y juntos continuaron su actividad intelectual en Minnesota. Este momento marcó el inicio de nuevas posibilidades profesionales para ella, que se materializaron en 1942, cuando se integró a la facultad del Departamento de Estudios Hispánicos de Vassar College, para ese entonces una de las más prestigiosas instituciones universitarias para señoritas. Su llegada coincide con una etapa de continua reconfiguración del perfil demográfico, tanto en el estudiantado como en el profesorado, de las universidades norteamericanas. El incremento de la presencia de mujeres en los espacios académicos durante la década del cuarenta fue incluso más notable en las universidades dedicadas a la educación exclusiva de mujeres[4]. Vassar College, fundada en 1865, fue uno de los primeros centros de estudios superiores en ofrecer una formación equiparable a la de las universidades de hombres (Harwarth & Maline & DeBra 1997: 6).

---

[4] Véase Chamberlain 1988, en especial «Introduction» y «Women as Faculty Members and Scholars».

Es importante recalcar que tanto en este período como antes de radicarse en Estados Unidos su actividad política y cultural no se limitó al espacio académico; también dedicó gran parte de su tiempo a abogar por los derechos de la mujer en diversos congresos y asociaciones. De sus esfuerzos por la igualdad de derechos entre mujeres y hombres queda el testimonio de su membresía activa y constante colaboración con la Institución Hispano-Cubana de Cultura. De gran importancia fue también su gestión en la sociedad Lyceum Club Femenino de Cuba, donde se desempeñó como directora y autora de la revista *Lyceum* (1936-1939). Además, ejerció funciones administrativas en la Unión Nacional de Mujeres y en el Pen Club de Cuba. Camila Henríquez Ureña también participó en asociaciones y encuentros feministas de vocación hemisférica y global, como la PanAmerican Women's Association y el Congreso de la Federación Internacional de Mujeres Universitarias, celebrado en La Habana en 1941. En 1942 impartió una charla titulada «Women and Higher Education in Latin America» para la General Federation of Women's Clubs, en Fort Worth, Texas. Además, entre 1946 y 1947 se tomó un año sabático y se desempeñó como editora del Fondo de Cultura Económica de México.

Probablemente el mismo notorio linaje al que aludí antes haya sido el que prácticamente mantuvo a Camila Henríquez Ureña en el anonimato hasta hace unas décadas. No obstante, los esfuerzos de la comunidad intelectual de la Universidad de La Habana y del Instituto de Literatura y Lingüística de Cuba, y varios trabajos monográficos llevados a cabo por críticos dominicanos y cubanos, han resultado cruciales en el merecido rescate de su ingente labor. La publicación de las *Obras y apuntes* (2006) compendia la extensión del acervo creativo, investigativo y pedagógico de «una de las intelectuales [y maestras] de más peso en el Caribe hispano del siglo XX» (Cocco de Filippis 2003: 21). Esta recopilación constituye hoy el archivo más completo de su fructífera trayectoria, que hasta entonces había existido de modo fragmentado. En el volumen convergen la multiplicidad de espacios, estudios, actividades y desplazamientos de Camila Henríquez Ureña desde la República Dominicana hasta Cuba, Europa, Latinoamérica y –en cierta medida– los Estados Unidos.

Ante el limitado conocimiento que se tiene de Camila Henríquez Ureña en los circuitos académicos cabe preguntarse qué factores han determinado la casi invisibilidad de su figura, incluso tras la publicación de *Obras y apuntes*. Varios críticos han atribuido este fenómeno a su existencia casi fantasmal dentro de la estirpe intelectual a la que pertenecía. Zaida Capote y Sergio Guerra Vilaboy señalan como razón principal del rescate de sus obras el hecho de que «apenas emergen dentro del conjunto familiar de los Henríquez Ureña» (2006: xiv).

En busca de la igualdad de género

Puede resultar irónico que el legado feminista de una de las más arduas defensoras de los derechos de la mujer en el siglo xx no sea materia central en una universidad como Vassar College, en su día solo para mujeres, sobre todo si se atiende a la misión y visión de esta institución:

> Founded in 1861 to provide women an education equal to that once available only to men, Vassar is now open to all and strives to pursue diversity, inclusion, and equity as essential components of a rich intellectual and cultural environment in which all members, including those from underrepresented and marginalized groups, are valued and empowered to thrive. (<https://www.vassar.edu/about>)

Esta obliteración institucional es sintomática de la constante invisibilidad del legado de mujeres de color en los recintos académicos estadounidenses. Camila Henríquez Ureña obtuvo el puesto de profesora titular en Vassar College en un contexto todavía dominado por hombres blancos, donde pocas mujeres se desempeñaban como profesoras universitarias. Pese a algunos artículos que se publicaron sobre ella en periódicos locales, varios testimonios de colegas y estudiantes, comunicados de prensa universitarios y documentos oficiales, en realidad es escasa la documentación que se conserva acerca de los más de quince años de compromiso profesional de la intelectual dominicana con esta institución. Tal y como se puede apreciar en el precario archivo sobre ella en la biblioteca de la universidad, su actividad intelectual cumplió y en ocasiones excedió los estándares requeridos por esta institución[5]. Sin embargo, cada viaje que realicé entre 2016 y 2018 a Vassar College corroboró el silencio institucional al que ha sido relegada. Lo que

---

[5] En el *Archive & Special Collections* de la biblioteca de Vassar College se conserva una carpeta con una treintena de documentos misceláneos, piezas del

decía Daisy Cocco de Filippis sobre su visita a Vassar College en el otoño de 1999 resume bien mis impresiones sobre la ausencia material de su legado:

> En el curso de un día de conversaciones e intercambios sumamente interesantes con miembros del profesorado, me enteré de que los ensayos escritos por Camila Henríquez Ureña no se estudiaban en ninguno de los cursos que se ofrecían no solo en el programa de Estudios Latinoamericanos, sino que tampoco aparecían en los sílabos del programa de Estudios Hispánicos o Latinos en los Estados Unidos. Un recorrido por la magnífica biblioteca de Vassar rindió los mismos tristes resultados. (2007: 18-19)

El hecho de que dos décadas después ambas experiencias sean tan similares evidencia la necesidad imperiosa de que haya cambios en la manera en que se rememora, reconstruye, conserva y propaga la labor pedagógica, intelectual y administrativa de mujeres de color en las instituciones académicas estadounidenses.

Precisamente en un intento por subsanar este vacío y saldar una deuda pendiente con Camila Henríquez Ureña, resalto en estas páginas aquellas ideas suyas que todavía siguen vigentes. Los ensayos aquí citados y analizados deberían ser de obligada lectura en los programas de estudios de género, latino, étnicos, latinoamericanos y caribeños, e integrarse en el corpus de la tradición intelectual feminista de mujeres de color en los Estados Unidos. En ellos se registran las luchas universales de mujeres que, más allá de la etnia, raza o clase social, se han enfrentado a la desigualdad de género en el hemisferio americano y en el contexto global.

Daridy Muñoz Ramos comenta que una de las más gratas sorpresas que recibió cuando inició su investigación sobre Camila Henríquez Ureña fue «que ya en 1939 ella exponía la necesidad de otorgarle a la mujer todos sus derechos políticos, como el derecho al voto (ya que aun cuando los movimientos sufragistas comenzaron en la Segunda mitad del Siglo pasado, en esa fecha –1939– en muchos países no se otorgaba a la mujer el derecho a elegir y ser elegida» (1991: 209). En este sentido, cabe enmarcar el activismo social y feminista de Camila Henríquez Ureña dentro del contexto de las luchas sufragistas en Latinoamérica y el Caribe. En la laureada conferencia

---

rompecabezas que conforma la existencia de Camila Henríquez Ureña en esta universidad.

«Feminismo», pronunciada el 25 de julio de 1939 en la Institución Hispano-Cubana de Cultura, Camila Henríquez Ureña dirige su atención, al igual que sus coetáneas Ercilia Pepín, Abigail Mejía, Delia Weber y Mirta Aguirre, entre otras, a la participación activa de las mujeres en procesos políticos y jurídicos, la educación y la independencia económica[6]. En ese ensayo se desarrollan las nociones ya expuestas, en torno a las posibles transformaciones del lugar de la mujer en la sociedad, en «Palabras Inaugurales del Tercer Congreso Nacional Femenino», pronunciadas en La Habana el 18 de abril de 1939:

> La mujer, la mitad de esa humanidad problemática, está buscando su conciencia. Se asoma –¡en gravísimo momento de la historia del mundo!– a la profundidad aún confusa de lo que llamamos libertad; libertad económica, libertad política, libertad cultural, libertad sexual, libertad moral: causa y efecto a la vez de todas las demás formas, esencia íntima de la libertad. Este madurar de la conciencia femenina es un paso gigantesco que da la humanidad hacia su equilibrio interno y externo. (2006, II: 64)

En cuanto a la proyección política del movimiento feminista, en «Feminismo» se subraya la importancia de adquirir «la conciencia de que para modificar los Códigos era importante tener parte en el poder legislativo» (2006, II: 81). Su autora es consciente además de que para lograr este cambio, así como la emancipación económica y «el derecho y las posibilidades para obtener la educación integral» (2006, II: 82), era necesario considerar «no el hecho de que la mujer trabaje», sino «la transformación del trabajo femenino» (2006, II: 79). Esta y otras de las ideas promulgadas en ese ensayo y otros escritos en torno a la condición femenina y la igualdad de género apuntan hacia aproximaciones feministas que atienden a las intersecciones entre género y clase. Esto se evidencia en su constante insistencia en considerar las diferencias socioeconómicas en la teorización y lucha por los derechos de la mujer.

En «Feminismo» se enfatiza el acceso de la mujer a la educación y al trabajo, tomando en cuenta las atenuantes económicas que en ocasiones pueden impedir dicha inserción: «La mujer tiene derecho a educarse; pero

[6] Para más detalle sobre los trabajos de Pepín, Mejía, Weber y Aguirre, véase Vicioso 2013: 87-94.

las condiciones económicas lo permiten en algunas solamente. Tiene derecho a trabajar; pero la escasez de trabajo la obliga a prostituirse. Muchos de sus problemas se encuentran, así, ligados a los de la clase trabajadora y su solución vendría por el mismo camino» (2006, II: 83). Dicho esto, no sorprende que esta lucha política y social por los derechos de la mujer, que toma en cuenta matices socioeconómicos, se extrapole a la participación activa de las mujeres en la creación y el desarrollo cultural de las naciones. Lejos de alimentar una perspectiva elitista, su obra feminista es un valioso recordatorio para las actuales luchas por los derechos de la mujer, tal como se observa en su conferencia en el III Congreso Nacional Femenino en La Habana, en 1939, cuando señala que «el verdadero movimiento cultural femenino empieza cuando las excepciones dejan de parecerlo» (2006, II: 112)[7]. Durante su confinamiento en 1935 en la cárcel de Guanabacoa por haber formado parte junto a otros miembros del Lyceum de la comitiva de bienvenida a un grupo de escritores norteamericanos de izquierda, Camila Henríquez Ureña mostró, tal y como apunta Mirta Yáñez, «preocupación por elevar el nivel de convivencia de aquel disímil grupo de mujeres entre las que había obreras, estudiantes, profesionales y políticas de muy variadas culturas e ideologías» (2003: 81).

Para Camila Henríquez Ureña el trabajo crítico literario iba más allá del análisis textual de las obras que llegaban a sus manos, y era costumbre suya asociar lo que leía con el entorno en el que vivía. Este hábito es evidente en la relación que establece entre «Feminismo» y la comedia de Aristófanes *La asamblea de las mujeres*. Lee el texto del comediógrafo griego como material historiográfico en el que las mujeres deciden tomar las riendas del gobierno ante el fracaso de los hombres para manejar el Estado. De modo perspicaz, Camila establece conexiones entre los contextos representados en la comedia griega y su actualidad: «Porque el problema es tan viejo como la pareja humana. Se planteó desde el día en que esta se constituyó emergiendo de la horda primitiva; pero como en la vida del Universo los días que el hombre mide son fracciones infinitamente pequeñas del tiempo ilimitado, el problema se halla todavía palpitante, sin solución» (2006, II: 65).

---

[7] La conferencia apareció por primera vez en la *Revista Lyceum* 4 (13): 27-35 (La Habana, enero-marzo de 1939).

Ese afán «revisionista» de Camila Henríquez Ureña la llevó a crear un archivo alternativo donde se reivindican figuras femeninas muchas veces silenciadas por el sistema patriarcal dominante. Los ensayos dedicados a las mujeres de la época colonial y a intelectuales y escritoras contemporáneas responden a «una preocupación fija por reescribir la historia desde la perspectiva del rescate de una presencia femenina activa, influyente tanto en el destino histórico de los pueblos, como en la gestación de la cultura propia...» (Capote & Vilaboy 2006: xiv).

En torno a la crítica literaria, heredamos valiosas contribuciones que comprenden la encomiable trayectoria poética de su madre, Salomé Ureña de Henríquez; la impronta literaria y cultural de Gertrudis Gómez de Avellaneda y Gabriela Mistral; las lecturas minuciosas de la vida y obra de Delmira Agustini; las traducciones de los trabajos de Laura Mestre y la labor de otras escritoras influyentes, como Elena Quiroga, María Luisa Bombal o Clorinda Matto de Turner, entre otras[8]. La misión de estos textos es reescribir la historia, validando la presencia de voces femeninas tanto en el marco de la época colonial como en los siglos siguientes. A lo largo de las tres partes y los dos anexos que componen esta serie de conferencias, dictadas en la sede del Lyceum de La Habana en 1952, se problematiza el rol y la educación de la mujer tanto en España como en el Nuevo Mundo: «la mujer hispana en aquella época y hasta casi el presente era mantenida en la ignorancia, el fanatismo y el absoluto sometimiento al varón» (2006, II: 3). Su estudio de la escritura de mujeres deja entrever el posicionamiento feminista de la obra de Camila Henríquez Ureña, con clara conciencia de género y voluntad de visibilización de un corpus literario históricamente marginado en un campo todavía dominado por hombres.

---

[8] Dichos ensayos aparecen compendiados en el tomo II de *Obras y apuntes* con los siguientes títulos: «Homenaje a Salomé Ureña de Henríquez»; «Dos poetisas cubanas»; «Presentación de Gabriela Mistral»; «Delmira Agustini»; «Laura Mestre, una mujer excepcional»; «Homenaje a Mirta Aguirre»; «En torno a la poesía de Silvia Ocampo»; «Lucía, 1895»; «Notas sobre obras de autoras hispanoamericanas»; «La amortajada de María Luisa Bombal»; «Ave sin nido, de Clorinda Matto de Turner»; «La sangre (Elena Quiroga)». Por motivos de extensión no haré referencia al contenido de estos textos, si bien sus propios títulos dejan constancia de cómo Camila Henríquez Ureña se ocupó de visibilizar a las escritoras latinoamericanas dentro de un campo cultural predominantemente masculino.

Asimismo, el llamado que hace a las mujeres en «La mujer y la cultura» a adquirir «conciencia de la responsabilidad colectiva» es de suma importancia en la lucha por reclamar su acceso a los espacios culturales e intelectuales (2006, II: 115). En esta pieza plantea una serie de problemáticas y posibles soluciones en torno al papel que desempeña la mujer en la extensión y propagación de la cultura. Inicia la conferencia reconociendo el rol que varias mujeres cubanas, como Gertrudis Gómez de Avellaneda y María Luisa Dolz, han tenido en el ámbito de las letras y el magisterio, respectivamente. Esto le sirve como punto de partida para puntualizar la importancia de la educación de las mujeres y el impacto que su intervención puede tener en «todos los órdenes de la cultura» (2006, II: 109). Luego, aprovecha esos ejemplos para hacer una exhortación a futuras generaciones de mujeres a especializarse en diferentes campos culturales: «Es preciso que algunas de ustedes, mujeres jóvenes o en plena madurez, se consagren a una labor de verdadera trascendencia en un campo determinado, se esfuercen por alcanzar la excelencia individual en una actividad señalada» (2006, II: 109-110). Prosigue enfatizando la necesidad de que las mujeres se eduquen con la finalidad de «hacer labor de propagación de la cultura que ha podido alcanzar para seguir progresando» (2006, II: 113). Camila Henríquez Ureña establece, de ese modo, el rol de la mujer como generadora, propagadora y guardiana de los valores culturales de las naciones.

Entre varias de las ideas que propone en «La mujer y la cultura», dos planteamientos en particular podrían aplicarse a la situación actual de las mujeres en el contexto sociopolítico estadounidense. Por un lado, plantea que las crisis políticas son coyunturas excepcionales para romper las barreras que han mantenido a las mujeres en los márgenes de la cultura oficial. De una vigencia extraordinaria son las siguientes palabras: «Vivimos una crisis, en la que las fuerzas agresivas amenazan con destruir los valores sustanciales de la cultura, con el afán de detener la evolución de la sociedad» (2006, II: 114). Y prosigue puntualizando que dicha crisis es la coyuntura perfecta para que la mujer acepte su responsabilidad en esa lucha: a la mujer, «a quien siempre le ha correspondido la misión de proteger y guardar, le tocará llevar a cabo un gran esfuerzo por la defensa de los valores culturales» (2006, II: 114). Por otro lado, resalta la necesidad de la colaboración de los organismos estatales, centros de educación y medios afines en la difusión de la cultura producida por y para mujeres:

> Para instruir a esas que ignoran necesitamos la difusión de la cultura, para difundirla necesitamos que la escuela y la cátedra y la tribuna, y las exposiciones, y la prensa y el teatro y el cine, nos sirvan para fines más ennoblecedores que facilitar la aprobación de algunos exámenes o corromper definitivamente el gusto literario y artístico. (2006, II: 116)

El feminismo intelectual, activista y combativo permeó, junto al estudio de mujeres escritoras, su labor académica, y se refleja tanto en los trabajos aquí aludidos y comentados –«Feminismo», «Mujeres de la Colonia», «La mujer y la cultura», «Palabras Inaugurales del Tercer Congreso Nacional Femenino»– como en sus múltiples cátedras, artículos y conferencias. En su obra es visible el compromiso con la reivindicación de los derechos femeninos en medio de momentos tumultuosos para una América Latina que, entre imposiciones coloniales, dictadores, caudillos y revoluciones, ignora la desigualdad entre los hombres y las mujeres que la habitan. Zaida Capote y Sergio Guerra Vilaboy ubican su legado feminista «en una etapa de transición hacia el feminismo más moderno, superada la lucha por la simple reivindicación del sufragio de la mujer y de la búsqueda de una igualdad simple y competitiva con el hombre» (2006: xi). En diálogo con ambos críticos, este esbozo de la producción feminista de Camila Henríquez Ureña es testimonio de su valor como una de las voces críticas más importantes en la lucha por la igualdad de derechos entre mujeres y hombres en el hemisferio americano, tanto desde una perspectiva política como social y cultural. Su obra aborda temas aún vigentes, que a la luz de nuestros días serían fuentes vitales para la aproximación crítico-teórica al feminismo y los estudios literarios, además de recursos útiles en currículos académicos de estudios latinoamericanos, caribeños, latinos y de género[9].

La poesía también vive en Camila Henríquez Ureña

En la introducción a la más reciente versión de la compilación de textos *La mujer y la cultura*, Miguel D. Mena subraya que «Nunca cejó Camila

[9] La obra feminista de Camila Henríquez Ureña está recogida en el tomo II de *Obras y apuntes*, donde sus ensayos y conferencias se organizan en los siguientes apartados: «Mujeres de la Colonia», «Mujer y sociedad», «La mujer en la literatura y el arte» y «Miscelánea crítica».

en sus deseos de escribir y compartir. Aun así, le debió pesar en algún momento el no haber dispuesto más tiempo y energías al acto literario. En su última entrevista confesó: "Yo no me siento realizada como escritora"» (2019: 9). Este sentimiento de inconclusión en su faceta de escritora puede atribuirse al hecho de no haber publicado sus poemas y a su decisión de ser «*una poetisa anónima*», «*la poetisa ignorada*» (1994: 820; énfasis del original)[10].

Si bien el peso de ser hija de la poeta nacional Salomé Ureña de Henríquez pudo haber influido en su decisión de mantener su poesía en el anonimato, es también probable que las opiniones de su hermano Pedro, por quien sentía gran admiración y respeto, hayan contribuido también a ello. En carta del 21 de enero de 1937, dirigida a Camila, Pedro inicia sus comentarios con un tono entusiasta y encomioso sobre la conferencia que dictó Camila en torno a Lope de Vega: «He dicho tus "escritos" pero exagero, no me traje la conferencia de Lope, que me gustó mucho. Es de los mejores trabajos que he leído en el centenario» (1994: 828). Pero hay menos entusiasmo sobre su actividad poética; Pedro le escribe: «No te aconsejo que te dediques a los versos. No porque estén mal los tuyos, sino porque en español hay demasiados poetas, y, de no ser uno de los mejores, el esfuerzo es poco lucido» (1994: 828). Más adelante, las observaciones fluctúan entre el aliento –«Tus versos revelan *personalidad*»– y la disuasión, sobre todo en sus críticas sobre el estilo de sus versos: «El lenguaje: no es del todo moderno; hay un poco de vejez sin antigüedad; época modernista ya terminada. Y a veces es poco poético [...]» (1994: 829; énfasis del original). Hacia el final, y luego de comentarios en los que critica en detalle la forma y el lenguaje de los poemas que le enviara Camila, concluye con un tono a primera vista alentador, que en el contexto de la misiva podría interpretarse como intento de atenuar el efecto de sus críticas: «En realidad, tus concepciones son originales. Quizás mi consejo de no escribir versos sea inadecuado: todo eso, dicho en forma nueva, bien afinada, estaría muy bien, resultaría de primer orden» (1994: 829).

[10] A pesar de la motivación que había recibido de su tío Federico Henríquez Ureña, que en carta del 27 de junio de 1936 la animaba a publicar sus poemas y dejar de ser «la incógnita silenciosa».

Es bien sabido que Pedro Henríquez Ureña era muy exigente consigo mismo y con los poetas de su entorno que requerían su opinión crítica. Aunque la honestidad de sus comentarios pudiera resultar severa, siempre respondía a la mejor de las intenciones. No obstante, y debido al gran ascendente que tenía sobre su hermana, el rigor de sus comentarios pudo haber tenido un efecto adverso en la labor poética de Camila Henríquez Ureña. Esta deducción no se basa en un hecho aislado, sino en la lectura contextualizada de la correspondencia de Pedro Henríquez Ureña a su hermano Max y a su amigo Alfonso Reyes en torno a Camila[11]. Tal y como observa Mirta Yáñez, en la carta del 2 de junio de 1922 Pedro expresa desacuerdos con el modo de vida de su hermana y su insistencia por saber si iba a casarse o no: «Vivir con Camila tiene sus dificultades [...]: por más que le escribo, no logro saber si quiere casarse, si quiere venir a México o qué» (2003: 58). Coincido con Yáñez en que el tono de Pedro en esa carta podría leerse como indicio de las presiones patriarcales que minaban el espacio familiar de Camila y que, de algún modo, pudieron haber truncado su proyecto poético, por citar un ejemplo concreto[12].

El limitado repertorio poético de Camila Henríquez Ureña podría leerse como un intento de escapar de la cárcel metafórica que supuso ser la hija «menor» de la familia y de todas las presiones que dicho rol conllevaba. Sus múltiples sujetos ficcionales emergen del silencio perpetuo al que fueron

---

[11] Véase la carta de Pedro Henríquez Ureña dirigida a Alfonso Reyes en *Correspondencia 1907-1914*, 310-311. En ella encomia la dedicación de su hermana a su desarrollo intelectual y a la vez le reprocha su empeño en seguir educándose «en contra de la voluntad de la familia» (1986: 310). Por su parte, en *Camila y Camila*, Mirta Yáñez alude a la existencia de una «intransigente carta» (2003: 55) de Pedro Henríquez Ureña sobre su hermana. Desafortunadamente, el hecho de que esta carta no esté incluida en la correspondencia publicada de la familia y que no se tenga acceso a ella, nos ha impedido corroborar la información provista por Yáñez.

[12] En mi lectura de la correspondencia de la familia y la carta a la que aludo de Pedro Henríquez Ureña a Reyes, entiendo que la dinámica entre padre e hija / hermanos e hija (sobre todo en el caso de Pedro) estaba marcada por roles de género que, respondiendo quizás a normas de la época o a actitudes personales en torno al lugar y comportamiento de las mujeres, influían en la relación que estos tenían con Camila.

relegados en el contexto patriarcal en el que creció; surgen como alternativas que le permiten, como a otras mujeres escritoras, «reescribir la historia con el afán de quién quiere ponerse a salvo» (Cuesta 2010: 109) desde el espacio íntimo. Un análisis del poema «Vox Clamantis» nos permite divisar, por ejemplo, las fracturas de la historia personal de Camila Henríquez Ureña y el reclamo que quizás hace a quienes la han silenciado e ignorado: «Más si acaso, si acaso viniera, si el oído pudiera alcanzarla, / si pudiera guardarla el recuerdo, / ¡oh alma desvalida, mi doliente alma! / ¿en qué lengua ignota la articularías? / ¿Cómo hallarías la clave ignorada / para la inmensa respuesta inefable?» (2006, X: 258). Esta llamada pasa a ser una advertencia en el poema «Futuro», que sirvió de epígrafe a este ensayo, en el que la voz poética lanza un alarido a quienes la han relegado y amenaza con romper los lazos que la unen a la estirpe que la ha invisibilizado: «Al ojo de la estrella dar mi curiosidad, / gemir con el más ávido en todas las riberas, / brillar en las auroras de nuevas primaveras / y en invisible rayo de idea, con mi ardiente / inquietud, incendiar un alma indiferente» (2006, X: 259).

El itinerario de desarraigo, ruptura y autodeterminación en la breve obra poética de Camila Henríquez Ureña supone un acercamiento a su intimidad y la posibilidad de consolidarse como una figura central de su familia. Hay en sus poemas un espíritu feminista que interpela y complementa su labor ensayística, con el añadido de que en su poesía accedemos a un espacio íntimo que no reflejan sus ensayos. Podría conjeturarse que el itinerario feminista de sus poemas, más allá de un llamado a la transformación de la condición de la mujer en la sociedad, es una autorreflexión sobre su propia condición de mujer en un contexto familiar y social aún dominados por hombres. Sus versos legitiman la poesía como un espacio discursivo en el que ella asume el peso del legado familiar y reconoce su rol esencial como guardiana de la tradición intelectual de los Henríquez Ureña, una tradición que, si bien no le pertenece, mantiene ella vigente. Con cada transfiguración la autora logra reconstruir múltiples identidades ficcionales muy relacionadas con su proceso vital. Los poemas de Camila Henríquez Ureña se sustentan así en «La raíz que en silencio; como madre amorosa / mantiene el fruto, oculta bajo la opaca alfombra, / y extiende con la rama y eleva con la rosa / hacia la luz, el lento trabajo de la sombra», mostrando que «Ella nada posee, mas todo lo sustenta / y por sus venas corre la fuerza que creó el mundo» (2006, X: 259).

Una reflexión final

Estas páginas son una invitación a entender la vigencia y universalidad del legado social e intelectual de Camila Henríquez Ureña. Buscan ser, además, un paso hacia la demarcación de nuevas cartografías culturales, intelectuales, pedagógicas y feministas en las que la interrogante de su poema «Futuro» –«¿qué se creará con esta materia ahora reunida / en mí? Y esta energía, este aliento divino, / en que transformaciones renovará el destino?» (2006, X: 265)– pueda responderse con su presencia material en la memoria institucional estadounidense y la presencia de sus ideas en currículos de estudio y producción intelectual. Escribir sobre Camila Henríquez Ureña y las mujeres dominicanas desde el contexto académico norteamericano es un acto reivindicativo y solidario, una continuación de su legado crítico y feminista, fundamental en la renovada percepción de mi trabajo académico, pedagógico y social.

Bibliografía

Álvarez, Julia (2000): *In the name of Salomé.* Chapel Hill: Algonquin Books.

Anzaldúa, Gloria (2012): *Borderlands / La frontera. The new mestiza.* San Francisco: Aunt Lute Books.

Candelario, Ginetta & Mayes, April J. & Manley, Elizabeth S. (2016): *Cien años de feminismos dominicanos: una colección de documentos y escrituras clave en la formación y evolución del pensamiento y el movimiento feminista en la República Dominicana, 1865-1965.* Santo Domingo: Archivo General de la Nación.

Capote Cruz, Zaida & Guerra Vilaboy, Sergio (2006): «La mujer en la obra de Camila Henríquez Ureña». En Henríquez Ureña, Camila: *Obras y apuntes. Tomo II.* Santo Domingo: BanReservas.

Chamberlain, Mariam (1988): *Women in academe. Progress and prospects.* New York: Russell Sage Foundation.

Cocco de Filippis, Daisy (2000): *Documents of dissidence. Selected writings by Dominican women.* New York: CUNY Dominican Studies Institute, 63-77.

— (2003): «Aves sin nido o intérpretes de otredades». En *Desde la diáspora: Selección bilingüe de ensayos. A diaspora position: a bilingual selection of essays.* New York: Alance, 27-54.

Cuesta, Mabel (2010): «Poetas cubanas de Nueva York: pasajeras indómitas en el carro del sol». En Lázaro, Felipe & Martínez, Elena & Rozencvaig, Perla

& Cuesta, Mabel (eds.): *Indómitas al sol. Cinco poetas cubanas de Nueva York. Antología crítica*. Madrid: Betania, 108-126.

Durán, Carmen (2010): *Historia e ideología: mujeres dominicanas, 1880-1950*. Santo Domingo: Archivo General de la Nación.

Gutiérrez, Franklin & Cocco de Filippis, Daisy (2001): *Literatura dominicana en los Estados Unidos. Presencia temprana 1900-1950*. Santo Domingo: Búho.

Harwarth, Irene & Maline, Mindi S. & DeBra, Elizabeth (1997): *Women's colleges in the United States: history, issues, and challenges*. Washington: National Institute on Postsecondary Education, Libraries, and Lifelong Learning, U.S. Dept. of Education.

Henríquez Ureña, Camila (1974): *Apreciación literaria*. La Habana: Instituto Cubano del Libro y Editorial Pueblo y Educación.

— (1975): «Feminismo». En *Casa de las Américas* 88 (15): 29-42.

— (1982): *Estudios y conferencias*. La Habana: Letras Cubanas.

— (1985): *Invitación a la lectura: notas sobre apreciación literaria*. Santo Domingo: Biblioteca Taller.

— (2006): *Obras y apuntes. Tomos I-X*. Santo Domingo: BanReservas.

— (2007): *Hija de Camila: selección bilingüe de ensayos feministas*. Daisy Cocco de Filippis (ed.). Santo Domingo: Secretaría de Estado de Cultura / Editora Nacional.

— (2019): *La mujer y la cultura*. Santo Domingo / Berlin: Cielonaranja.

Hirsch, Marianne & Smith, Valerie (2002): «Feminism and Cultural Memory: An Introduction». En *Signs: Journal of Women in Culture and Society* 28 (1): 1-19.

Incháustegui, Arístides & Delgado, M. B. (1996): *Familia Henríquez Ureña: Epistolario I-II*. Santo Domingo: Secretaría de Estado de Educación, Bellas Artes y Cultos.

Mateo, Andrés L. (1992): *Camila Henríquez Ureña. La virtud del anonimato*. Santo Domingo: Editora Universitaria UASD.

Muñoz Ramos, Daridy (1991): «Camila». En Hernández, Ángela (ed.): *Libertad, creación e identidad: Selección ponencias*. Santo Domingo: Centro de Solidaridad para el Desarrollo de la Mujer.

Reyes, Alfonso & Henríquez Ureña, Pedro & Martínez, José Luis (1986): *Correspondencia 1907-1914*. México: Fondo de Cultura Económica.

Rodríguez Demorizi, Ernesto (1960): *Salomé Ureña y el Instituto de Señoritas: Para la historia de la espiritualidad dominicana*. Ciudad Trujillo: Impresora Dominicana.

SACHS, Honor (2008): «Reconstructing a Life: The Archival Challenges of Women's History». En *Library Trends* 56 (3): 650-666.

TORRES-SAILLANT, Silvio (2014): «New York Dominican Writers». En *Review: Literature and Arts of the Americas* 47 (2): 147-154.

VICIOSO, Sherezada (2013): «La resistencia femenina en las Antillas Mayores, o el origen de una contracultura». En *Miradas caribeñas de ida y vuelta.* Santo Domingo: Cielonaranja, 87-94.

YÁÑEZ, Mirta (2003): *Camila y Camila. Testimonio.* La Habana: Ediciones La Memoria. Centro Cultural Pablo de la Torriente Brau.

UN DESTINO APASIONADO
IDEARIO DE *LA POESÍA SORPRENDIDA*

Eva Valcárcel
Universidad de A Coruña

En el mes de octubre de 1943 se inició en Santo Domingo la andadura de la revista *La Poesía Sorprendida,* que se convertirá en instrumento de resistencia estética y política frente a la dictadura de Rafael Leónidas Trujillo. Para comprender el ideario, el proceso de creación y la trayectoria de la revista es preciso trazar el contexto histórico y social del que formaron parte los autores del grupo; solo así puede comprenderse su evolución y la de la revista. El grupo tuvo que hacer frente a vaivenes externos, tanto en lo relativo a las limitaciones impuestas por la dictadura trujillista como en lo referido a desacuerdos entre sus integrantes.

Los miembros fundadores de *La Poesía Sorprendida* fueron cinco creadores de edades diferentes; el mayor era Franklin Mieses Burgos, con 35 años, y el menor, con solo 21 años, se llamaba Mariano Lebrón Saviñón. Dos creadores extranjeros, Alberto Baeza Flores, chileno, y Eugenio Granell, gallego, junto a Freddy Gatón Arce, completaban el núcleo fundador. Freddy Gatón citará las consideraciones que sobre ellos hizo Enrique Anderson Imbert al afirmar que la revista fue el mayor acontecimiento en República Dominicana entre 1943 y 1947. El crítico reconoce la gran exigencia estética que se impuso la revista para desprenderse del localismo y el tradicionalismo, manteniéndose atenta a las nuevas tendencias culturales mundiales, en las que brillaban con intensidad el existencialismo y el surrealismo: «El surrealismo pasó por sus páginas, pero no hubo una estética que prevaleciera. Al contrario, buscaba la integración de antiguos y modernos, de europeos y americanos, de simbolistas y existencialistas. Respetaba todo aquello que incitara al esfuerzo y concertara la cultura dominicana con la del mundo» (Gatón Arce 1988: III).

Alberto Baeza Flores se refiere a la «maquinaria socioeconómica y política» del Estado dominicano, a la que resultaba peligroso oponerse, y subraya que cualquier resquicio para la oposición debía seguir vías cuidadosamente simbólicas. Por su parte, el régimen presentaba ese control como símbolo de progreso cultural del país, centralizado en los *Cuadernos Dominicanos de Cultura*. A ese clima pretender responder *La Poesía Sorprendida*:

> Fue entonces que nos reunimos cinco para oponer una posición abierta al mundo, a la creación más libre y con la más amplia apertura hacia los más jóvenes, hacia los escritores de las nuevas promociones. Convinimos algunos puntos programáticos que nos parecieron esenciales para orientar nuestra acción creadora futura. Estos puntos básicos están en el número inicial de *La Poesía Sorprendida*. Afirmamos la creencia en una poesía nacional nutrida en lo universal, como la mejor manera de ser propia. Expusimos nuestra fe en una creación sin límites, sin fronteras y permanente. (Baeza Flores 1988: XXI-XXI)

El primer número contendrá, en lo esencial, el programa estético de la revista, como avanza Baeza Flores en la página inicial. La estructura de la revista se fijará también entonces. Un lema, «Poesía con el Hombre Universal», coronará la portada, a la vez página inicial, donde se incluirá un texto introductorio de tono lírico y con un simbólico sustrato ideológico. Este texto o frontispicio estará acompañado por una ilustración que firma, entre los números I y XVII, Eugenio Granell, quien será sustituido en los últimos cinco números por el dominicano Gilberto Hernández Ortega. La declarada vocación universalista justifica que cada número incluya textos traducidos, mayoritariamente del francés o el inglés, que acompañan las aportaciones de los miembros del grupo y de otros escritores americanos y españoles que aceptaban colaborar, siempre con textos inéditos[1]. Traducciones y aportaciones originales aparecen en continuidad y constituyen el cuerpo central de cada número, a lo que se suma también una sección de cierre en forma de editorial. En este apartado final, con tipografía de cuerpo menor y a dos columnas, se integran contenidos heterogéneos de actualidad: noticias de actividades culturales y reseñas de publicaciones, pero

[1] En la última página de la revista se hace mención a la originalidad de los textos publicados, indicando que tanto poemas como versiones o selecciones han sido expresamente solicitados por la revista.

también ensayos estéticos o declaraciones ideológicas. A partir del número X la publicación incorporará una sección, llamada «Pasado del Presente», para la recuperación de los clásicos españoles y americanos, haciendo gala de su propuesta renovadora en el presente, pero respetuosa con la historia[2]. Los textos clásicos se colocan junto a creaciones actuales en un ejercicio de respeto y reconocimiento. San Juan de La Cruz será el autor elegido para inaugurar la sección. Baeza Flores se encargará de seleccionar fragmentos del Siglo de Oro, Granell introducirá la traducción de unos pasajes de Rosalía de Castro, y Antonio Fernández Spencer se ocupará de la sección a partir del número XVIII, incluyendo a Garcilaso y Lope de Vega, pero también a Pedro Henríquez Ureña y José Martí.

Desde la publicación del número inicial, y durante su primer año de existencia, la periodicidad de la revista será mensual; luego se producirá un paréntesis de tres meses, justificado por la aparición de un número triple en diciembre de 1944, el número XIII, para celebrar el primer aniversario de la publicación en un ambiente de euforia al que suman poetas reconocidos en América y España como Jorge Guillén, Juan Ramón Jiménez, Pedro Salinas, Virgilio Piñera, Eduardo Anguita Marcos Fingerit o Cintio Vitier.

En la Fundación Granell de Santiago de Compostela se conservan las *Normas mínimas de La Poesía Sorprendida*[3]: se establece allí la importancia de una conducta ejemplar como creadores y hombres, y se propone que, si los fundadores observasen una conducta inadecuada, moral o poética, deberían ser expulsados. Igualmente se regula el orden de prioridad para las publicaciones en la revista y en la colección de textos que auspiciaron, *Las Ediciones de La Poesía Sorprendida*:

> Se crean para dignificar al escritor y tendrán como norma primera el respeto a los valores que a través de los años han mantenido y mantienen una conducta poética y humana firme y consecuente; de aquellos valores que mantienen el

[2] El título de la sección fue sugerido por Pedro Salinas, que en junio de 1944 había visitado Santo Domingo, donde impartió varias conferencias y recibió la admiración y el afecto del grupo.

[3] Se trata de un documento mecanografiado, con firma autógrafa de los fundadores, del que se hicieron cinco copias. Actualmente se conservan dos páginas en la Biblioteca de la Fundación Eugenio Granell. Agradecemos a la Fundación la consulta de dichos documentos.

trabajo de una obra y una vida nutrida en la experiencia y en la persistencia. (*Normas mínimas* de *La Poesía Sorprendida* 1944: 2)

También se establece la exigencia de una dirección rotativa de la revista: cada miembro del grupo dirigirá un número y firmará el frontispicio del número en cuestión. Habrá algunas salvedades a este proceder; es el caso del número V, de febrero de 1944, concebido como homenaje a la República Dominicana en su primer centenario, en el que los integrantes dominicanos comparten simbólicamente la dirección colectiva. Otro sentido, en cambio, tiene la interrupción de esta norma en el número VIII de mayo de 1944 a causa de la ley 517 dictada por Trujillo, que obliga a las publicaciones del país a nombrar un único director de nacionalidad dominicana, como aclara la propia revista:

> Hacemos presente que este cambio no significa ni resentimiento, ni división, ni distanciamiento entre los miembros de la dirección de *La Poesía Sorprendida*, sino que esta medida se debe exclusivamente a la ley número 517, Gaceta Oficial número 6042, del presente año. (*LPS:* VIII)

A partir de entonces Franklin Mieses Burgos figura como director, y se crea para los demás un espacio denominado Junta de Colaboración, donde podían aparecer extranjeros como Granell y Baeza Flores:

> Imposibilitados el pintor español Eugenio Fernández Granell y el poeta chileno Alberto Baeza Flores para compartir legalmente las responsabilidades de la Dirección, y estableciendo la Ley la responsabilidad de la Dirección para un ciudadano dominicano, el poeta Franklin Mieses Burgos ha asumido esta Dirección para dar cumplimiento a la Ley. (*LPS:* VIII)

En agosto de 1945 la revista pierde a Alberto Baeza Flores, que sale hacia Cuba con su familia, presionado por el régimen trujillista. Meses después Granell deja de colaborar en la revista, a raíz de la publicación, en la colección *Las Ediciones de La Poesía Sorprendida,* de un poema de Erwin Walter Palm, un autor alemán exiliado, titulado *Réquiem por los muertos de Europa.* De las palabras de Granell en una carta a Baeza Flores se desprende que la entrada en el grupo editor de Antonio Fernández Spencer, incorporado a la Junta en el número IX, significará el final de la propuesta inicial, que se sustituye por una línea editorial más conservadora[4]. Finalmente, la andadura de *LPS* terminará en 1947, con su vigésimo primer número[5].

Desde un «Destino apasionado» hacia un «Apasionado destino»

En el primer número de la revista aparece como frontispicio el texto «Apasionado destino», firmado por Baeza Flores. Constituye un manifiesto que avanza la propuesta internacional de la publicación, su vocación renovadora y también su compromiso. Propone una explicación para el título de la publicación, concluyendo que la poesía es sorprendida por el hombre y también es sorprendida por sí misma; que la poesía pertenece al hombre profundo y que el hombre universal es el hombre del presente que, en su contemporaneidad, «momento eterno o eterno momentáneo», declara su verdad más profunda: «verdad de hombre adentro en sus entrañas». La poesía es lo que el hombre de hoy tiene que decir al hombre de siempre, que también está en el hombre de hoy. La necesidad de la poesía y la concordancia entre la naturaleza humana y la poesía son los ejes del texto:

> No sabemos si la poesía nos sorprende con su deslumbrante destino, si nosotros la sorprendemos a ella en su silenciosa y verdadera armonía. [...] No sabemos si el mundo loco corre a ella, porque precisa ahora correr como antes, como siempre o como mañana; o si ella corre a él porque necesita salvarlo. (Baeza Flores *LPS:* I)

Baeza Flores sostiene de la poesía que es una aspiración para el hombre. La poesía, dice, puede salvar el mundo; existe fuera de nosotros e interviene en nuestra vida. La necesidad de la poesía se reivindica como «la estrella de la sorpresa» en un «planeta sordo», y se la muestra beligerante, enfrentada con armas reales, en tanto aspiración del hombre. Es intrínseca a la naturaleza humana: «Todo está en partir, desde cualquier punto de ella, que siempre nos encontraremos con el hombre». La intención del grupo

---

[4] En esta carta, de 21 de agosto de 1945, Granell se muestra desilusionado por «la muerte» de la revista.

[5] Antonio Fernández Spencer continuará la publicación de otra revista, *Entre las Soledades*, entre agosto y noviembre de 1947. Sus cuatro números intentaban prolongar la experiencia de *La Poesía Sorprendida.*

era la superación del localismo sin abandonar lo nacional, que quedaría revalorizado con una universalización que se perseguía prestando atención a los indicios de revolución estética que se manifestasen en otros lugares del mundo. La propuesta es integradora, y así lo deja en claro este primer manifiesto o frontispicio cuando alude a la raíz surrealista que se mantendrá durante la existencia de la revista. El poder abarcador de la poesía es eterno: «Por eso, con lo real y lo mágico, con el sueño y la vigilia, con la fantasía y la congoja, la desesperación y la soledad, pero siempre con su verdad, en su verdad, hacia su verdad mayor y solitaria estamos con el hombre universal, hoy como ayer; mañana, como siempre» (Baeza Flores *LPS:* I).

El compromiso político es también un pilar conceptual en el texto de Baeza Flores. La necesidad de la poesía como arma de resistencia incluye una reflexión sobre el contexto dominicano, americano y europeo: «Necesitamos de ella en un planeta sordo para que ella sea la estrella de la sorpresa y lo inesperado de su luz» (Baeza Flores *LPS:* I). La poesía se concibe entonces como arma que, aun si menos evidente, gráfica o corpórea, tiene la fuerza suficiente para desbaratar esas mismas armas reales. El número XIII, que celebra el primer aniversario de la revista, se caracteriza por la postura reflexiva a la hora de revisar los logros alcanzados. Se trata de un número triple (se corresponde a los meses de octubre, noviembre y diciembre de 1944); en su primera página, también portada, se mira en el espejo del primer número, repitiendo de manera excepcional la viñeta de Granell y el frontispicio a cargo de Baeza Flores. Reflejo del número inicial, ahora el *destino apasionado* será un *apasionado destino*, y la viñeta de Granell se convertirá en un icono repetido en cada ejemplar de *Las Ediciones de La Poesía Sorprendida* hasta que el pintor abandone el grupo. Baeza recuerda que el punto de partida y las ideas no han cambiado, y que la propuesta se ha ampliado y enriquecido gracias a todos aquellos que la comparten ahora. La poesía con el hombre universal, «alta de raíz y honda de copa», ha conseguido a través de sus trece números la complicidad de numerosos autores internacionales que compartieron sus páginas: «Pero la soledad ha creado compañía –en su velar y desvelarse– para mejor poblar su mundo. La compañía mejor y la esperanza íntima tocan ahora el tembloroso y pobre laurel oscuro, de la página inicial de hace un año, y hacia la tierra mejor –como el árbol centrado– lo levantan y sostienen» (Baeza Flores *LPS:* XII).

Baeza Flores subraya el éxito de la revista en su primer año –«La mirada no se convierte ahora en otoñal hoja de elegía segunda o perdida»– y su mirada hacia el futuro anima a proseguir el camino trazado. La compañía ha conseguido hacer de esa hoja inicial, «–verde rudo contra un planeta sordo–», un simbólico árbol, que aglutina innumerables hojas y se halla en continuo crecimiento.

La poesía con el hombre universal y el surrealismo

El editorial del primer número de la revista, «Mirador a las tierras y a los cielos», recoge una declaración sin firma que complementa al frontispicio inaugural, «Apasionado destino», de Baeza Flores:

> Estamos por una poesía nacional nutrida en la universal, única forma de ser propia, con lo clásico de ayer, de hoy y de mañana; con la creación sin límites, sin fronteras y permanente [...] Estamos contra toda limitación del hombre, la vida y la poesía; contra todo falso insularismo que no nazca de una nacionalidad universalizada en lo eterno profundo de todas las culturas; contra la permanente traición a la poesía y contra sus permanentes traidores por la corta visión. (*LPS*: I)

En ese mismo editorial se hace referencia a la vocación surrealista, en una nota titulada «El español desesperado», donde se anuncia una exposición de Eugenio Granell en el Círculo de Bellas Artes de Ciudad Trujillo y también «la brillante conferencia del propio Granell [...] titulada "El surrealismo y la pintura", [que] están indicando a las claras la apetencia de formas más de acuerdo al mundo del hombre sin otra limitación que la búsqueda siempre profunda, anhelante e insatisfecha de su mundo» (*LPS:* I).

El surrealismo está presente desde el primer momento[6]. La propuesta de poesía en el hombre universal contenía la idea de recuperación de lo primitivo esencial, superando lo comarcal al elevarlo hacia ese contenido universal. Según Gatón Arce (1988: VI-VII), el rescate de las raíces del folklore los llevó hasta el surrealismo y sus recursos técnicos, explorando la vía del automatismo psíquico que los condujo al conocimiento del universo

---

[6] El surrealismo tendrá su continuidad en el contexto dominicano a través de los *triálogos*, escritura a tres voces. Al respecto véase Valcárcel 2013.

interior. El número VII, de abril de 1944, está dedicado a los surrealistas chilenos, con poemas de Braulio Arenas, Enrique Rosenblat y Enrique Gómez Correa y traducciones de René Crével, Jacques Baron y Paul Éluard. El editorial celebra esta colaboración de autores que consideran afines y que reciben como «en casa suya»; son modelos para ellos, puesto que «cuentan con cinco años de labor renovadora, misteriosa y buscadora profunda en la moderna poesía chilena». Las revistas surrealistas chilenas, como *Leitmotiv* y *Mandrágora*, son reconocidas como órganos de la poesía sin fronteras y del hombre pleno. Existen documentos privados que subrayan el hermanamiento entre los sorprendidos y el grupo *Mandrágora* chileno. Las cartas entre Eugenio Granell y Braulio Arenas confirman esa proximidad, que se extendió en el tiempo. En 1948 Granell ya está en Guatemala, donde proyecta crear una publicación surrealista que parece ser la revista *isla*, y Arenas ofrece entusiasmado la participación de los surrealistas chilenos: «¡Bien por vuestra revista: a propósito de ella le comunicaré a mis amigos Jorge Cáceres, Teófilo Cid y Enrique Rosenblatt su próxima aparición y deseos de que estos surrealistas colaboremos en ella»[7]. También le anuncia la inauguración de la Exposición Internacional Surrealista de Santiago de Chile, solicitando la obra de Granell para incluirla en ella. La adhesión al movimiento surrealista chileno había sido hecha pública en una nota publicada en el número VI de la revista, después de recibir del poeta Jorge Cáceres información sobre la exposición surrealista chilena en la Biblioteca Nacional de Santiago:

> *La Poesía Sorprendida* saluda de la manera más cordial este significativo empeño destacable de los poetas chilenos de *Mandrágora* y del grupo surrealista. Saluda en Jorge Cáceres, Braulio Arenas, Enrique Gómez Correa y Teófilo Cid, una obra poética enseñadora y una conducta honda y arraigada con el hombre y su mundo. (*LPS:* VI)

El reconocimiento de André Breton llegará en 1946. En el número XVII se recogen detalles de su estancia en Santo Domingo y se transcriben las palabras elogiosas de Breton hacia la revista cuando asegura que es preciso difundirla en Europa, considerando que no existe en Hispanoamérica

[7] Carta de Braulio Arenas a Granell, fechada el 30 de octubre de 1948 y conservada en la Fundación Granell.

una revista «de tan noble calidad». Recordemos que Breton había pasado por República Dominicana en mayo de 1941, después de haber estado en Martinica, de camino a su exilio en Nueva York; en ese momento Eugenio Granell le hizo una entrevista que se aparece en el diario *La Nación* el 21 de mayo de ese año. Las respuestas de Breton desarrollan las ideas surrealistas sobre el mito colectivo, y sostienen que ese mito podría realizarse en América únicamente, ya que en ese momento Europa está asolada por la guerra. Aquí comenzará la amistad entre Granell y Breton, que quedará reflejada en la correspondencia que intercambiaron al menos hasta 1952[8].

Compromiso con la nación y la cultura dominicana

El frontispicio del número V, firmado de manera colectiva por «Los Directores», se titula «Tiempo de cien años». El compromiso político de los sorprendidos queda patente en este texto donde el grupo reafirma su posición ideológica en un contexto poco propicio, política e intelectualmente. Los festejos del centenario de la República llevaban implícito el reconocimiento del dictador, y claramente esta idea no podía ser aceptada por el grupo; de ahí que busquen para la revista una fórmula que pueda conjugar la celebración del centenario de la nación, más allá del populismo trujillista, con la poesía con el hombre universal. Su sentimiento de pertenencia nacional era inequívoco, e incluso los dos integrantes extranjeros –Baeza Flores y Granell– se sentían profundamente vinculados a la isla. La solución fue celebrar lo dominicano integrado en lo americano, y de este modo plasmar la idea de universalidad que sostenía su ideario. Así se explica la composición del número, donde encontramos colaboraciones de poetas brasileños, chilenos, cubanos, españoles, estadounidenses, haitianos y puertorriqueños[9]. Sus palabras confirman esta idea cuando se refieren a

---

[8] La Galería Guillermo de Osma de Madrid presentó en 2010 la exposición *Los Granell de Breton*, donde se incluyó la correspondencia entre los dos artistas, además de obra sobre papel y pintura. La relación entre los dos surrealistas está documentada en la introducción del catálogo por Emmanuel Guigon y Georges Sebbag.

[9] Entre los colaboradores del número están Ronald de Carvalho, Ramón Guirao, José Lezama Lima, Jorge Cáceres, Archibald MacLeish, Carmelina Vizcarrondo, Samuel Lugo, Francisco Matos Paoli, Segundo Serrano Poncela y Domingo Moreno Jimenes.

«la hora de la grandeza del hombre dominicano, y por ello, americano» (*LPS:* V). Los principios de «La Poesía con el hombre universal» aparecerán defendidos en este frontispicio, aunque encabezados por un saludo obligado al dictador: «LA POESÍA SORPRENDIDA, en ocasión del Primer Centenario de la República Dominicana y rindiendo homenaje a ella, saluda a su actual Primer Mandatario, S.E. Doctor Rafael Leonidas Trujillo Molina, y a su Gobierno» (*LPS:* V). A renglón seguido, un segundo saludo contiene la verdadera postura del grupo, donde se menciona a dominicanos de todos los tiempos que, en la isla o desde el exilio, han contribuido al país. Es muy significativo que aludan a extranjeros que hacen grande la República, sean científicos o artistas, y muy particularmente «al laborioso grupo de españoles republicanos leales». Se insiste en la necesidad de una posición universalista como garantía de profundidad y de avance de los pueblos, y se posicionan «por una cultura cada vez más honda, nutrida en todos los aires de la cultura universal de todos los tiempos, para crear un acento fuerte, intenso, interior y sostenido de una verdadera cultura dominicana del mañana» (*LPS:* V). La noción de la cultura como redención y avance que prevalece en el texto está muy alejada del ideario del trujillato. Los artistas unen los conceptos de lucha y pensamiento, transmitiendo la idea inequívoca de que luchan por la libertad:

> LA POESÍA SORPRENDIDA saluda a todos los trabajadores intelectuales de ambas Américas [...] Afirma su fe en la creación del mundo más bello, más libre y más hondo de mañana. Saluda a todos los luchadores del pensamiento y la sensibilidad de todas las latitudes de la tierra, de todos los climas e idiomas, en una fe invariable, permanente y sagrada por el respeto a la creación del hombre, por sobre cualquier circunstancia, fiel a su lema permanente "Poesía con el Hombre Universal". LOS DIRECTORES. (*LPS:* V; mayúsculas del original)

Los directores serán también los firmantes de la mayoría de los editoriales, al menos hasta el número XIX. La existencia de este apartado al final de la revista traza un círculo de pensamiento que relaciona frontispicios y editoriales; en ese trazado imaginario se expone teóricamente el propósito del grupo: la necesidad de la Poesía con mayúsculas, entendida como vía para la verdad y el progreso de la humanidad. En los textos finales, donde falta a veces tono lírico y el aspecto simbólico, las posiciones se hacen más explícitas. Es por por ejemplo el caso del número VII, donde se desarrolla el concepto de «herencia viva», entendido como el conjunto de obras que ayudan al hombre en su vida. La reflexión se centra en Gastón F. Deligne, cuya obra aparece calificada como «ajena a las conquistas de su época» y caracterizada por su prosaísmo, por confundir versificación y poesía «de temblor lírico con sonsonete de rima cualquiera». Junto a Deligne colocan a sus antologadores, como Pedro René Contín Aybar, cuyo trabajo es denostado por su carencia de «sensibilidad poética viva» y de criterio estético. En el editorial correspondiente al número XIII, dos fragmentos se ocupan de nuevo de la valoración de la cultura dominicana. Aparece aquí de nuevo la crítica a Contín Aybar y a su conferencia «Cómo leer a nuestros poetas», publicada en *Cuadernos Dominicanos de Cultura*, que él dirigía, y que pone de manifiesto el abismo que existe entre la estética y la política de las dos revistas. Los sorprendidos cuestionan su capacidad como crítico literario, en tanto repite opiniones de otros y carece de toda autoridad; su juicio sobre el modernismo debe de haberles resultado particularmente agraviante, puesto que de Contín Aybar juzga despectivamente a los poetas modernistas refiriéndose a su lenguaje como «melodía de azúcar» o «suspirillo y cantinela», cuando los sorprendidos lo entienden como «meditación, exaltación y densidad lírica». El crítico dominicano no acierta tampoco cuando intenta definir la poesía moderna del siguiente modo: «Caídas y vuelos. Martillazos. Liras. El viento. El mar. El mar. ¡El canto panrítmico del mar! La golondrina. Una herida en cruz de sacrificio. El ideal» (*LPS:* XIII).

El Postumismo[10] será el objetivo crítico del editorial del número XIV. Un ensayo extenso compara su propia estética y la de sus predecesores postumistas. Las posturas resultan contrapuestas en varios aspectos; por ejemplo, en el «sentido de escuela». Los sorprendidos niegan que el Postumismo sea una escuela poética –«todo un sistema, método, estilo, doctrina y principios que aleccionen agregando nueva verdad a la poesía y un punto de vista no encontrado antes en ella»–; sostienen que tuvo las características de una tendencia, en el sentido «de variedad, de inquietud y animación», en la poesía dominicana. Subrayan, además, una contradicción grave entre la pretensión postumista de innovación y su propuesta efectiva, que los sorprendidos ven

[10] Si bien reconocen en parte la obra del postumista Domingo Moreno Jimenes, lamentan su superficialidad, al tiempo que ven en él una gran intuición natural que le habría permitido comprender sus postulados y colaborar en su revista.

como un retroceso frente al avance fundamental del siglo, el que suponen los movimientos de vanguardia, rechazados por los postumistas[11]. Tampoco su consideración excluyente de la poesía dominicana les resulta aceptable, ya que solo están dispuestos a reconocer a tres poetas cuya obra ya no se puede calificar como renovadora: Deligne, Vigil Díaz y Alma Fuerte. No parecen valorar los postumistas, según la crítica de los sorprendidos, «el estudio, trabajo y vigilancia... experiencia y cultivo»; aceptan la inspiración como instrumento suficiente de la creación, junto al ambiente de bohemia, el desaliño y la provocación. Los postumistas, a juicio de los sorprendidos, niegan la poesía occidental y desconocen el patrimonio estético de otros países; cuando exaltan desmedidamente el continente y el país lo hacen de modo muy diferente al que defiende la revista, que considera que el destino de la patria va unido al de América y el mundo, en tanto la creación no surge del vacío sino de las relaciones, las influencias, la herencia.

«La poesía con el hombre universal» –poesía verdadera, la que conforte al ser humano profundo– fue la divisa proclamada en cada sección de la revista, en la creencia de que solo con la experiencia de las corrientes universales de la poesía de ayer y de hoy se crea la que se encamina al mañana en el país, en América y el mundo.

Bibliografía

AA.VV. (1943-1947): *La Poesía Sorprendida* [números del I al XXI]. Santo Domingo: Ediciones La Poesía Sorprendida.

BAEZA FLORES, Alberto (1976): *La poesía dominicana en el siglo XX*. Santiago: Editorial Universidad Católica Madre y Maestra.

GATÓN ARCE, Fredy (ed.) (1988): *Publicaciones y opiniones de* La Poesía Sorprendida. San Pedro de Marcorís: Universidad Central del Este.

GUIGON, Emmanuel & SEBBAG, Georges (2010): *Los Granell de André Bretón*. Introducción al catálogo de la exposición. Madrid: Guillermo de Osma Galería, 9-39.

[11] Los referentes del Postumismo serán descubiertos por los sorprendidos; entre ellos, las obras de Ricardo Pérez Alfonseca y Vigil Díaz. El referente por excelencia serían los movimientos europeos de vanguardia, de donde procede la noción de originalidad, que ellos no reconocen como tal.

MIESES, Franklin & GRANELL, Eugenio & BAEZA FLORES, Alberto & GATÓN ARCE, Freddy & LEBRÓN SAVIÑÓN, Mariano (1944): «Normas mínimas de *La Poesía Sorprendida*». Mecanuscrito autógrafo, Biblioteca de la Fundación Eugenio Granell.

VALCÁRCEL, Eva (2013): «La huella surrealista en el Caribe. El grupo de *La poesía sorprendida*». En Becerra, Eduardo (ed.): *El surrealismo y sus derivas: visiones, declives y retornos*. Madrid: Abada, 445-470.

TREMENTINA, CLERÉN Y BONGÓ (1943), DE JULIO GONZÁLEZ HERRERA

Danilo Manera
Universidad de Milán

La primera edición de *Trementina, clerén y bongó* (1943, Ciudad Trujillo: Editorial Pol Hermanos), la obra maestra del dominicano Julio González Herrera, contiene también las primeras opiniones sobre el autor y la novela escritas por quienes tuvieron el privilegio de leer el manuscrito. Freddy Prestol Castillo –quien treinta años más tarde publicará su novela *El Masacre se pasa a pie*, por aquel entonces escondida–, luego de mencionar el interés que representaba la publicación de este nuevo libro, que aúna temas folklóricos y universales, y de destacar su prosa clara y precisa, «atildada sin rebuscamientos», añade: «En esta hora en que revisamos los problemas nacionales, y en que el affaire Haití, como cuestión demográfica y psíquica a todos nos preocupa, el libro de González Herrera cobra méritos de oportunidad y es un serio argumento para pensar en que somos distintos de Haití. Es el escritor dominicano que mejor ha expresado en letras al haitiano» (1943b: s.p.). Por su parte, Manuel A. Machado B. sintetiza: «Es un maravilloso relato, podríamos decir, de las diferencias étnicas y sociales de dos razas antagónicas: la haitiana y la dominicana» (1943b: s.p.). El diario *La Opinión*, el 10 de abril de 1943, corrobora: «El Licdo. González Herrera se revela como un novelista vigoroso, y da a conocer las diferencias psicológicas dominicano-haitianas, pintando cuadros de ciertas tradiciones dominicanas que en su pluma recobran vida».

Poco tiempo después, ese mismo año y en la misma editorial, aparece el poemario de González Herrera *En la ruta desolada*, que recoge al final del libro otras opiniones sobre *Trementina, clerén y bongó*, todas en el mismo sentido. Miguel Rodríguez hijo subraya lo mucho que se comenta la novela en Santo Domingo y escribe: «Julio González Herrera no ha titubeado en describir costumbres nuestras y costumbres de los vecinos occidentales, significando la disyuntiva que se interpone entre dos psicologías colectivas diametralmente opuestas por obra y gracia de inequívocos destinos étnicos» (1943a: s.p.). Y afirma que el libro le ha devuelto a la mente y le ha hecho revivir con intensidad sus experiencias del «diabólico vaudou haitiano»:

> Yo sabía de muchas cosas raras dependientes de esas prácticas aborrecibles; conocía historias que me impresionaron hondamente hasta sacarme de quicio. Como viví tantos años en el Este de la República internado, a veces, en los bateyes que se agachan en medio de los cañaverales, conozco historietas espantosas de pañuelos multicolores y ceremonias llenas de fuego, vidrio y platos esmaltados que producían tremendas transmigraciones. Y ahora este Julio González Herrera vuelve a inquietarme con esos cuadros tan vívidos. (1943a: s.p.)

El diario *La Nación*, del 25 de mayo de 1943, anota:

> es una obra en la cual la observación es certera, los personajes dotados de extraordinario realismo, y la descripción sobria, ajustada en sus pormenores. En la parte final se replantea el problema, ya desaparecido, de nuestra frontera, cuyas raíces entrevé el autor en las diferencias de tipo vario que hay entre los hombres de oriente y de occidente, diferencias entre las cuales hay que conceder necesaria preponderancia a los factores genotípicos y a los paratípicos, o sea, en el primer caso, a las cualidades heredadas y en el segundo caso a las transformaciones morfológicas determinadas por el medio ambiente.

Por su parte, Rafael Damirón –escritor, diplomático, diputado trujillista y amigo del autor–, recalca en *La Opinión* del 4 de junio de 1943 que la novela nace «de las hendiduras de un alma atormentada por la impiedad de cuanto la rodea». José Rial –exiliado republicano español, profesor de la Escuela Normal de Santiago–, dice en *La Nación* (17 de octubre de 1943) que el enfrentamiento de corte social entre «loqueros despiadados» y «locos sublevados» se desvía hacia una «novela de amor y aventuras, muy de la época, en la que los malvados son [...] unos fingidos locos haitianos. Y esta desviación plantea el tema del color con caracteres tan enteros y precisos, que no sitúa el conflicto en lo racial ni aun en lo nacionalista, sino en algo infinitamente más arduo: en lo religioso». Para el autor el tema, «aunque tratado al desgaire y como simple elemento dramático por el autor», apunta a la bandera del catolicismo en la lucha secular de los dominicanos contra Haití. Rial juzga tan esencial en el autor este «instintivo sentimiento» que cuando «trata de concentrar las esencias de su obra dándole su expresión fatalista, surge el odio racial hacia el negro que exalta todos los valores del libro, como si fuera este sentimiento del odio racial el que atizara y encendiera la inspiración, y le diera a la obra su forma definitiva y concluyente».

Esta era la lectura predominante, de estricta ortodoxia trujillista, y que el mismo autor formalmente apoyaba. En el poemario *En la ruta desolada* aparece también un soneto, «El jefe», fechado en 1941, que evidencia su devoción a Trujillo (y de paso sus escasas dotes poéticas):

> A su mirar se mueren las ortigas,
> se le venera como a Dios, acaso,
> porque siembra los dones a su paso,
> como Dios en el campo las espigas.
>
> Está ocupado en todos los instantes,
> i en la lid del amor o de la guerra
> con su espada flamígera os aterra
> o con su corazón forja diamantes.
>
> Con su heroísmo fatigó a la gloria,
> con su visión engrandeció la historia,
> i dió a la patria su más puro brillo.
>
> I es por eso que claman voces puras:
> gloria a Dios inmortal en las alturas
> i en Quisqueya feliz gloria a Trujillo! (1943a: s.p.)

En 1943, Julio González Herrera tenía cuarenta años; su existencia estaba marcada por unos pocos rasgos sobre los que coinciden todas las fuentes (Basil 1978, Conde Sturla 1990, James 1997, Herrera 2018): los brillantes estudios de derecho, una importante carrera en la diplomacia y la administración (con Horacio Vázquez primero y Trujillo luego)[1], y la

[1] Ocupó los cargos de Ayudante del Consultor Jurídico del Poder Ejecutivo (1923, Gobierno de Vicini Burgos), Primer secretario de las legaciones dominicanas en Argentina, Chile, Brasil y Uruguay entre 1924 y 1926 (Gobierno de Horacio

muerte del padre y un disgusto amoroso que lo llevaron al alcoholismo, al punto de que durante una borrachera llegara al extremo de insultar al padre del dictador, lo que conllevó varias reclusiones en el manicomio de Nigua como «desafecto» al régimen y dipsómano loco. Con anterioridad Gónzalez Herrera solo había publicado *Versos del carnaval* (1937); años después aparecerían las novelas *La gloria llamó dos veces* (1944) y *El mensaje de las abejas* (1949), los ensayos *Pedro Santana* (1951), *Historia de las finanzas dominicanas* (1951), *Ciencia jurídica dominicana. Derecho usual* (1952) y *Trujillo, genio político* (1956), y los los cuentos de *Cosas de locos* (1959)[2]. *Trementina, clerén y bongó* será, sin embargo, su obra más apreciada, con tres nuevas ediciones a lo largo del tiempo: en 1974, 1985 y 2018.

Antonio Zaglul, el conocido psiquiatra dominicano que dirigió el manicomio de Nigua a partir de 1950, al comienzo de *Mis 500 locos. Memoria del director de un manicomio* recuerda *Trementina, clerén y bongó* con estas palabras:

> es el título de una obra de un famoso periodista alcohólico de nuestro país, publicada después de haber estado en el Manicomio. Fue un gran éxito de librería: tan enorme que nunca pude conseguir, ni siquiera prestado, un ejemplar. No se hizo una segunda edición, por el estado mental del paciente, aunque publicó otro sobre el tema de sus memorias frenocomiales, intitulado *Cosas de locos*. Los tres vocablos del título son una mezcla de alegría y tristeza. *Bongó* es símbolo de nuestro trópico y de nuestra raza negra. *Clerén* es la patente haitiana de la destilación de la caña de azúcar, y bebida favorita del autor, causa y efecto de sus frecuentes entradas y altas en el Manicomio, y *trementina* [*sic*] es también un producto de la destilación de los derivados del pino. Para los psiquiatras es un método de tratamiento más o menos aceptado. Pero para mis quinientos locos, era castigo y dolor, porque unos pocos centímetros cúbicos en ambos muslos, forman un absceso. [...] La trementina era un síntoma de crueldad, una falsa demostración de autoridad para esconder la ignorancia de quienes dirigían el establecimiento y de sus subalternos. (Zaglul 2011: 33-34)

Vázquez), Mayor de Leyes e Inteligencia del Ejército Nacional (1927-29, con Horacio Vásquez), Abogado Consultor de la Secretaría de Estado de Relaciones Exteriores (1929-1930, Gobierno de Horacio Vásquez), y Juez del Tribunal de Tierras (1933-38, Gobierno de Trujillo).

[2] De este libro hay una edición de 2018 por la editorial Cielonaranja de Santo Domingo-Berlín.

Al salir del manicomio, el autor, sin duda, intentó montarse de nuevo al carro del Benefactor, ya que la adhesión a la dictadura era entonces la única manera de sobrevivir, y aceptó su papel de oscuro intelectual al servicio del trujillato, también en parte debido a que nunca se recuperó del todo de sus problemas de salud[3].

No obstante, con *Trementina, clerén y bongó*, por única vez en su carrera y jugando con la demencia, Julio González Herrera fue capaz de burlar la censura y ser de alguna manera libre. Esta venganza del arte sobre las constricciones sociales y los límites humanos, que consiguió gracias a la ingenua fórmula de «amor, locura y magia», hace posible endulzar el olvido en el que cayó el autor después de su muerte en 1961 y celebrar la hermosa reedición de la novela en 2018, que, con prólogo de Jochy Herrera y en la colección Clásicos Dominicanos, del Isfodosu, es la que manejamos aquí.

El primer estudio importante sobre la novela se encuentra en *Denuncia y complicidad* (1997), de Norberto P. James, que ofrece mucha información y notables pistas para su lectura. James subraya acertadamente que la advertencia inicial –«Se hace constar que la acción de esta novela es puramente imaginaria y que cualquier semejanza que se creyere encontrar entre sus personajes y actuación con personas o hechos de la vida real, no tiene fundamento» (González Herrera 2018: 23)–, queda invalidada «debido al énfasis que pone el narrador en resaltar la verosimilitud de los hechos narrados, recargando así el relato de alusiones históricas y de sucesos harto conocidos por parte del lector dominicano» (James 1997: 105). El autor parece hacer un guiño sobre lo que está obligado a decir y lo que en realidad desea decir, autorizando una lectura al filo de la ambigüedad, sobre todo si consideramos que la historia se desarrolla abiertamente en junio de 1942. James también señala el elemento autobiográfico en el personaje de Rodolfo, cuya «locura» por una decepción amorosa y política permite identificarlo fácilmente con González Herrera, y destaca la denuncia del sistema opresivo del manicomio-Estado sobre la población de la islita ocupada por el hospital-prisión, que es una copia en pequeño de la Hispaniola. Esta denuncia, sin

[3] De hecho, empeoró. Escribe Conde Sturla: «a fines de los años cincuenta se había convertido en un guiñapo, desprovisto de toda posible dignidad, y era frecuente encontrarlo en cualquier banco de la Ciudad Colonial durmiendo a pleno día la borrachera» (1990: s.p.).

embargo, afirma James, «se deshace al desarrollarse dentro de los parámetros de la ideología trujillista tan palpable en el texto» (1997: 109). Desafortunadamente, el crítico se deja guiar por dos líneas de análisis muy de moda en su momento, pero que no producen resultados significativos: no lleva a ninguna parte remitir a la visión carnavalesca de Bajtín –aquí lo que hay es venganza y ley del contrapaso, sin elemento burlesco: «¡Ojo por ojo y diente por diente!», exclama Rodolfo en la novela (2018: 129)–, ni tampoco preguntarse si *Trementina, clerén y bongó* sea una novela-testimonio o un testimonio novelado, cuando indudablemente no responde a los modelos y características de estos géneros. Pero sobre todo, James acentúa, a mi juicio excesivamente, los «exagerados estereotipos» (1997: 103) con que se retrata a los haitianos, normalmente tachados de analfabetos, supersticiosos, salvajes, malolientes, ladrones, asesinos, bárbaros e incultos. Hasta el punto de que la novela, publicada a tan solo seis años de la masacre fronteriza de 1937, resulta a su parecer plagada de «objetivos propagandísticos», y «en cierta medida, justifica el genocidio, no solo al hacerse eco de la versión oficial, sino por el evidente racismo antihaitiano que esgrime el texto» (James 1997: 123). Así, «casi la mitad de la novela [...] se centra en la denigración de los haitianos» (James 1997: 125) y su autor «muestra su más desmesurado racismo en consonancia con la ideología dominante y la realidad histórica del período» (James 1997: 126).

En esos mismos años Giovanni Di Pietro afirma que la novela «no se circunscribe a una lectura racista ni es una apología de la Era» (1996: 28). Ve en la obra el antihaitianismo como retórica nacionalista, pero ofrece una interpretación de la que discrepo:

> ¿Qué nos quiere decir González Herrera en esta novela? Rodolfo es Trujillo. Nigua es La Hispaniola. Los haitianos son los enemigos de los dominicanos por razones históricas, religiosas y culturales. Charlotte significa los intereses yanquis en la República Dominicana. Celeste es el pueblo dominicano, enamorado de Trujillo, pero que es rechazado por este por ser mulato y no blanco. Rodolfo/Trujillo es un loco. No hay duda de eso. Pero, para González Herrera, este loco tiene una función positiva en la historia del país: como hombre fuerte, salva a los dominicanos del peligro haitiano. (Di Pietro 1996: 29)

James también atribuye a Rodolfo la doble función de «reflejar las vivencias del autor en el centro hospitalario» y «representar a Trujillo ante el problema dominico-haitiano» (James 1997: 122), una lectura que tampoco convence, ya que parece basarse en el hecho de que a Rodolfo lo llaman «jefe» tras el triunfo temporal de su revolución, algo que no remite para nada al atributo típico de Trujillo. Después de que el poder pasa a manos de los haitianos, su líder, Papá Oguís, dirigiéndose a Rodolfo, le dice «en claro español: –Señor jefe –¡Dispóngase a obedecerme, porque ahora el jefe soy yo!» (González Herrera 2018: 217). Trujillo aparece en el nombre de un barco de vapor en la página 97 y en una de las donaciones que Rodolfo hace de su tesoro: 20.000 dólares al «Presidente de la República Dominicana para ser empleados en una o varias obras de beneficencia» (2018: 240). Pero, sobre todo, Rodolfo es un ex-diputado del Parlamento trujillista, no aparece connotado como militar y, aunque tiene muchísima suerte, fracasa en su revolución, ya que el régimen anterior se restablece y él se va a vivir a los Estados Unidos. Hay un final feliz que hace olvidar las tensiones anteriores y sin el cual no se hubieran podido escribir tantas críticas al poder y sus abusos –indirectas todo lo que se quiera, pero de fuerte realismo y perfectamente legibles como antitrujillistas[4].

González Herrera sabía que no iba a poder publicar una historia donde los locos y desafectos triunfaran en su rebelión contra la burocracia opresiva del Estado totalitario y racionalista. Además de su primer «enemigo» (la sociedad de los cuerdos, la institución hospitalaria y carcelaria, los médicos y *loqueros*, etcétera), con el que al final se reconcilia, necesitaba de otros malos, y los tenía a mano: los haitianos y los alemanes. Y necesitaba de otros buenos, porque tampoco podía dejar que su primer «enemigo» se saliera con la suya, y también estaba a mano: los norteamericanos que patrullaban las aguas del Caribe durante la Segunda Guerra Mundial.

Empecemos por los haitianos y veamos de dónde extrae su información González Herrera. Él mismo cita varias veces en la novela un libro de Santiago Peñolguín, *Vudú*, publicado en La Vega, en 1940. Es la obra juvenil de Santiago Peña Holguín, que había sido maestro en Dajabón de 1935 a 1940 y había vuelto, antes de cumplir los treinta años, a su tierra natal de La Vega para dedicarse a la agricultura. En el libro, que le financia su hermano

[4] De hecho, en su tesis doctoral de 2005 en la Universidad de Granada, *Trujillo: el fantasma y sus escritores (Análisis y sistematización de la novela del trujillato)*, Ana Gallego Cuiñas aborda la interpretación antitrujillista de *Trementina, clerén y bongó*.

Delfín, anuncia otros títulos que no llegará a publicar nunca. *Vudú* está compuesto por 18 capítulos dedicados a las creencias y costumbres de la Línea Noroeste y Haití, en su mayor parte basados en experiencias directas –narraciones, escenas, cuentos populares y testimonios escuchados– y en lecturas que demuestran la viva fascinación del autor por el mundo del vudú (interpretado obviamente como superstición), y cierta habilidad a la hora de reproducir el habla popular o el criollo haitiano. González Herrera toma de esta fuente varias anécdotas –por ejemplo, sobre víctimas de curanderos farsantes o peleas de gallos– y algunas reflexiones sobre la postura nada romántica del haitiano frente a la mujer, además de varias canciones en *kreyòl*. El libro está dedicado al «Generalísimo Rafael L. Trujillo M., Benefactor de la Patria»; en el epílogo Peñolguín alaba la reciente represión, que según él había disipado las sombras de supersticiones, y el castellano que se enseña en las escuelas, que está borrando el *patuá*: «El ruido de los tambuses ha pasado a la categoría de curiosidad, de mera curiosidad turística… se oye lejos, al otro lado de la frontera, selva adentro. Ya nadie se recuerda que años atrás mantenía en tensión nerviosa a la ingenuidad de poblados y villorios» (Peñolguín 1940: 210). El autor cita como única referencia bibliográfica *The Magic island* (1929) de William B. Seabrook, el viajero y periodista norteamericano que dio a conocer en el mundo entero el vudú y los zombis. Apenas tres años después, en 1932, llegaría la primera película de zombis, la exitosa *White Zombie* de Victor Halperin.

The Magic island es un texto de una profunda fascinación por lo primitivo y lo mágico, que se mezcla a veces con una mirada racista e imperialista de superioridad blanca; el libro incluye ilustraciones de un expresionismo que hoy parece caricaturesco y denigrante. El libro de Seabrook se comenta en *Trementina, clerén y bongó* con relación a una hechicería vudú:

> –Pues… mire Rodolfo, al oír que Senén le decía que el haitiano prometía hacer revivir a Ubén, me recordé de un libro en inglés que hace años leí, y que se titulaba *The Magic island*, del cual es autor un renombrado escritor norteamericano, de nombre William Seabrook, si mal no recuerdo. Este señor visitó a Haití y relata en el libro haber comprobado que ciertos haitianos sacaban los muertos de sus tumbas a las pocas horas de haberlos enterrado y los hacían revivir con ciertas ceremonias y ritos. Que los resucitados quedaban en un estado de atontamiento tal, que eran manejados fácilmente por sus victimarios, los cuales los ponían a trabajar como animales en las plantaciones de caña y

> café. Creo que a los resucitados les llaman *zombis* o algo así. Me recuerdo de todo esto, porque el episodio provocó una gran curiosidad en mí y en otras amigas que habían leído el libro y discutimos el asunto con frecuencia. (González Herrera 2018: 180)

González Herrera no podría ser más claro: su visión del vudú haitiano procede de Norteamérica. Con su colega estadounidense compartía también otro rasgo curioso: el alcoholismo agudo. En 1933 Seabrook entró en una institución mental para recibir tratamiento, y tras una estancia de algunos meses publicó *Asylum* (1935), concebido como si fuera otro de sus libros de viaje.

Tiene razón Pedro Conde Sturla cuando dice que el desarrollo de la novela en su primera mitad no deja adivinar el cambio que se produce en la segunda, pero no por los motivos que indica:

> A partir de aquí empieza a perfilarse la desgracia, una desgracia literaria que no atañe a los personajes sino al texto: la novela se traiciona, pierde la dimensión social, pierde la instancia dramática, neorrealista, y el relato de folletín con hondas raíces humanas se convierte en una tesis político-racial, ensayo de interpretación en clave alegórica –antihaitiana, trujillista y pro yanqui– de la historia nacional. (Conde Sturla 1990: en línea)

La narración evoluciona en la única dirección posible en aquel momento y en ese contexto; no por casualidad González Herrera menciona textos como *El Conde de Montecristo* y *Las mil y una noches*, logrando que, a estas alturas, nos preguntemos si estamos de lleno en un folletín de aventuras o, en términos más modernos, dentro de una película de Hollywood. En este sentido vemos cómo la confidencia de Córdoba, un exiliado español internado en el manicomio, permite a Rodolfo descifrar un criptograma que lo lleva a hallar un tesoro de piratas en una cueva secreta. Como si de un clásico film de acción se tratara, en el manicomio modelo hay un día de visita y en el vapor que trae a los visitantes llega Charlotte Greenwood, joven yanqui rubia, de ojos azules, que «parece una muñeca de *biscuit* y es tan blanca que cuando está en el sol casi no se la ve» (González Herrera 2018: 95), y Rodolfo, embelesado, la rapta y la lleva a la gruta. Un submarino alemán torpedea al vapor durante su regreso y mueren muchos de los pasajeros, quedando incomunicada la islita del manicomio, lo que crea las condiciones propicias para la rebelión encabezada por Rodolfo, ya con su tesoro enterrado y su linda musa norteamericana –quien irónicamente, de no haber sido secuestrada por él, podría haber perecido en el ataque–. En este momento los haitianos, que han ocupado disciplinadamente el territorio que se les ha asignado, roban lo que necesitan para sus ceremonias vudú y para destilar alcohol. Son castigados con latigazos. La dominicana Celeste roba a su vez una botella luminosa de los rituales vudú para alumbrar a su virgencita. Un haitiano la persigue y Rodolfo lo mata para defenderla. Los haitianos entonces toman el poder para vengarse. Pero la tripulación de un buque patrullero norteamericano recupera en el mar la botella luminosa con la virgencita y luego ve un mango ardiendo en la costa y desembarca. Así Celeste puede guiar a los marinos que llegan a tiempo para evitar el desastre y todo acaba bien.

A pesar de que dominicanos y haitianos resultan netamente «divididos por una especie de barrera racial, psicológica e idiomática» (González Herrera 2018: 55), no solamente el antihaitianismo no es un tema central en la novela, sino que los haitianos son arrastrados por un delincuente brujo y embaucador que representa al perfecto «malo de película»: Papá Oguís, el *Papabocó* de una secta de vudú, cuya figura tenebrosa y repelente se describe con claro exceso retórico:

> El *Papabocó*, al cual la luz daba ahora de frente, parecía un verdadero monstruo del Averno. Se daba paseos de aquí para allá y frotaba una con otra sus manos simiescas. En su cara de demonio sus ojos centelleaban como dos ascuas gigantes y movía las pupilas de un lado a otro con movimientos lentos y grotescos. De su boca salía un jadeo como el de una bestia apocalíptica excitada por fuerzas invisibles, y el belfo, agudo y penetrante, simulaba un áspid sólido y marfilíneo. Sus cabellos, erizados y pastosos, se habían alborotado aún más y semejaban un casco de estopa. Su figura era repelente, brutal, antihumana, como un nuevo Frankenstein surgido del ayuntamiento de un Tarzán negro con la hembra de un gorila. (González Herrera 2018: 225-226)

De hecho, no sorprende que se le asemeje a Hitler:

> Dominaría ahora con su turba endemoniada y loca a los dominicanos, sueño acariciado toda la vida por los haitianos, quienes, ya una vez, a través de la historia, con turbas bárbaras e incultas, lograron imponerse por muchos años a sus vecinos, mucho más civilizados que ellos. Ahora la historia se

> repetiría en la islita mágica. La fuerza bruta, una vez más, dominaría la civilización. El sueño de Hitler de dominación mundial, [*sic*] era en pequeño el sueño de dominación total que dominaba el cerebro del Papabocó. (González Herrera 2018: 212)

Y en efecto, el trato que se da a los dos pueblos es parecido, pero más grave hacia los alemanes, que sí cometen un crimen atroz. Estas son las reacciones al hundimiento del vapor:

> –¡Sistema alemán! –comentó con ironía el Dr. Romano–. ¿No sabe Ud. que las vidas humanas para nada cuentan en la nueva filosofía nazi? El poder, la fuerza bruta, los ideales falsos, el inhumano sentido del colectivismo lo componen todo para esos bárbaros. (González Herrera 2018: 113)

> –*¡Ofrézcome* a la Virgen de La Altagracia! –decía la enfermera Petra, mientras se dirigían a los edificios–. ¡A esos alemanes debían quemarlos a todos vivos! (González Herrera 2018: 116)

> Los tripulantes del submarino no hicieron nada para socorrer a los náufragos, y muchos distinguieron en su cubierta oficiales nazis que reían cínicamente al ver la confusión que había a bordo y los esfuerzos que hacían muchos por salvarse. (González Herrera 2018: 118)

Lo mismo se dice de los haitianos después de su modesto robo: «–¡A esos haitianos lo mejor sería matarlos a todos! –decía Pereira con cómica ferocidad, cuando se dirigían al comedor. –¡Yo quisiera que me los entregaran a mí!» (González Herrera 2018: 170).

Ahora bien, me parece forzado acusar a la novela de complicidad con la matanza de los haitianos de 1937 o con el intervencionismo norteamericano (véase Conde Sturla 1990[5]), no porque no sea el primero un acontecimiento aborrecible y el segundo una actitud perniciosa, sino, únicamente, porque los «malos» aquí son Papá Oguís y su acólito Tinyó (los únicos que son muertos por los marinos yanquis), y no los haitianos en general. Tanto que al final se dice: «Como últimas instrucciones se dieron las de buscar a los haitianos y no hacerles nada. –No hay que hacer-

---

[5] Hay que reconocer, sin embargo, al ilustre escritor la muy acertada relación que establece en su artículo entre el culto a la Altagracia y la invasión norteamericana.

les nada –decía el Dr. Herrera–. ¡Son locos, y como locos han actuado!» (González Herrera 2018: 242). Como después de Pearl Harbor República Dominicana había declarado la guerra a Alemania y se había aliado a los Estados Unidos, estos podían legítimamente desembarcar para una operación de socorro.

El oficial norteamericano que mata al «malo de película» por supuesto da en el blanco:

> un disparo sordo estremeció el ámbito de la islita mágica. El disparo del oficial era el disparo de la justicia y no podía fallar: el *Papabocó*, antro de tinieblas y de retrogradación cayó ante el altar en que la culebra, erigida en principio salvaje, era la representante de unos dioses más salvajes aún. (González Herrera 2018: 236)

Pero los oficiales no parecen tener prejuicios raciales, si juzgamos por una conversación que mantienen poco antes. El más joven le dice al otro que, de casarse, «sería con una mujer que no fuera ni rubia ni blanca como soy yo» (González Herrera 2018: 232).

La primera descripción del mismo Rodolfo es la de «un joven apuesto, de tez morena, pelo negrísimo y apolíneo perfil» (González Herrera 2018: 32). Y solamente casi al final del libro es que leemos que no cree en el presagio de la luna rodeada por un círculo rojizo, porque «como blanco era poco supersticioso» (González Herrera 2018: 213). Sin embargo, se decide a autorizar el experimento de la resurrección vudú de Papá Oguís porque «era tan amigo de lo sobrenatural y lo imprevisto, que la escena del desenterramiento del cadáver y su posible resurrección, le fascinaba. ¿No tenía –se decía– algo de sobrenatural la aparición de Charlotte y el hallazgo del tesoro?» (González Herrera 2018: 182).

Es oportuno notar que González Herrera matiza bastante el tema de la superstición y las creencias populares; véase el personaje del dominicano Senén, que revela su condición de curandero de vudú dominicano[6] que sana con «botellas» (2018: 73 y 141) y defiende las razones de la mentalidad mágica popular frente al incrédulo Doctor Herrera, respecto al caso de Ubén transformado en zombi:

---

[6] James nota certeramente este aspecto en las páginas 113 y 127-128.

> –Óigame doctor –dijo Senén, dispuesto a intervenir– ¿No cree que a este hombre le han echado una *brujería*?
>
> El doctor lanzó al aire una sonora carcajada.
>
> –¿Y hay gente todavía en el siglo de las fortalezas aéreas y de la televisión que crea en brujerías? –exclamó regocijado.
>
> –Bueno... –contestó Senén todo confuso– yo no sé de eso de fortalezas y tele... qué... que Ud. dice–. Pero las brujerías de que las hay, las hay...
>
> –¡En la mente de los ignorantes! –le repuso el doctor. (González Herrera 2018: 176)

Un pasaje donde todo aparece muy claro es la ya recordada lista de las donaciones que Rodolfo reparte de su tesoro, por consejo de la pragmática Charlotte, que «como buena norteamericana conocía que el dinero si no lo arregla todo, por lo menos arregla muchas cosas en este mundo» (González Herrera 2018: 239). Entre ellas hay:

> $20.000 para la fundación de un verdadero Manicomio Modelo.
>
> $20.000 para el fondo de guerra de los Estados Unidos de Norte América.
>
> [...]
>
> $20.000 a la República de Haití para que combata el *vaudou* y proceda al mejoramiento de las clases bajas.
>
> [...]
>
> $10.000 al Dr. Fernando Herrera para que haga estudios sobre los métodos y prácticas del *vaudou* en Haití.
>
> [...]
>
> $10.000 para que Ubén sea internado en un sanatorio en el extranjero hasta su completa curación. (González Herrera 2018: 240)

Es decir, no deja de haber cierta dosis de respeto tanto hacia Haití como hacia el vudú. No debería sorprender entonces lo que afirma William Luis a propósito de la novela en *The Cambridge Companion to the Latin American Novel*: «The coming together of Haitians and Dominicans is present in Julio González Herrera's *Trementina, clerén y bongó* ("Turpentine, booze, and drums," 1943), one of the few works to recognize the neighboring country and its culture» (2005: 139). Porque, como nota atinadamente Miguel Ángel Fornerín, lo que importa en la novela de Julio González Herrera «es que su discurso crea una desestabilización del decir del poder encarnado en la figura omnímoda del generalísimo Rafael L. Trujillo. González Herrera construye un contra-discurso dentro de la misma ciudad letrada trujillista» (2018: en línea).

El clerén y el bongó al lado de la trementina sugieren la presencia de una cultura seductora –y a menudo compartida– al lado de las prácticas inmovilizadoras y represivas de la falsa «modernización» trujillista. Y hoy, cuando las sensibilidades en el ámbito ideológico han ido evolucionando (por ejemplo, hoy choca mucho más el machismo radical y omnipresente de González Herrera), podemos apreciar algunas bondades de la novela. Sobre todo, si consideramos la época en la que apareció y la luz que trajo a la vida desdichada de su autor, aunque si fuera solamente el brillo azaroso de un tesoro de piratas y de los ojos azules de una rubia de película.

Bibliografía

Basil, Darío (1978): *Poetas y prosistas dominicanos.* Santo Domingo: Cosmos.

Bosch Carcuro, Matías & Pérez Vargas, Amaury & Acosta Matos, Eliades (eds.) (2018): *Masacre de 1937. 80 años después: reconstruyendo la memoria.* Santo Domingo: Fundación Juan Bosch / CLACSO.

Conde Sturla, Pedro (1990): «El infierno apetecido de Julio González Herrera». «Trementina, clerén y bongó». «La trementina como medicina». «El trementinismo histórico». En *Taller de Letras. Blog cultural y político de Pedro Conde Sturla*: <https://eltallerdeletras.blogspot.com/2017/12/el-infierno-apetecido-de-julio-gonzales_17.html>.

Deive, Carlos Esteban (1970): *Vudú y magia en Santo Domingo.* Santo Domingo: Museo del Hombre Dominicano.

Di Pietro, Giovanni (1996): *Las mejores novelas dominicanas & Bibliografía de la novela dominicana.* San Juan: Isla Negra.

Fornerín, Miguel Ángel (2018): «Revolución en el Manicomio: el gobierno de los locos en *Trementina, clerén y Bongó*, de Julio González Herrera». En *Hoy Digital*: <https://hoy.com.do/revolucion-en-el-manicomio-el-gobierno-de-los-locos-en-trementina-cleren-y-bongo-de-julio-gonzalez-herrera>.

Gallego Cuiñas, Ana (2005): *Trujillo: el fantasma y sus escritores (Análisis y sistematización de la novela del trujillato).* Tesis de doctorado, Universidad de Granada.

González Herrera, Julio (1943a): *En la ruta desolada.* Ciudad Trujillo: Pol Hermanos.

— (1943b): *Trementina, clerén y bongó.* Ciudad Trujillo: Pol Hermanos.

— (2018): *Trementina, clerén y bongó*. Santo Domingo: Instituto Superior de Formación Docente Salomé Ureña.

Gutiérrez, Franklin (2004): *Diccionario de la literatura dominicana. Biobibliográfico y terminológico*. Santo Domingo: Búho, 207-208.

Herrera, Jochy (2018): «Prólogo». En González Herrera, Julio: *Trementina, clerén y bongó*. Santo Domingo: Instituto Superior de Formación Docente Salomé Ureña, 9-15.

James, Norberto P. (1997): *Denuncia y complicidad*. Santo Domingo: Taller.

Luis, William (2005): «The Caribbean novel». En Kristal, Efraín (ed.): *The Cambridge companion to the Latin American novel*. Cambridge / New York: Cambridge University Press.

Moya Pons, Frank (1997): «Julio González Herrera». En *Bibliografía de la literatura dominicana 1820-1990*. Santo Domingo: Comisión Permanente de la Feria Nacional del Libro, 287-288.

Peñolguín, Santiago (1940): *Vudú*. La Vega: Tipografía La Palabra.

Seabrook, William B. (1929): *The magic island*. New York: Literary Guild of America.

— (1935): *Asylum*. New York: Harcourt, Brace & Company.

Vega, Bernardo (1995): *Trujillo y Haití*. Santo Domingo: Fundación Cultural Dominicana.

Zaglul, Antonio (2011): *Obras selectas*, vol. I. Santo Domingo: Archivo General de la Nación / Banreservas.

Del mito a la ironía
Catarsis y tragedia en los cuentos de Juan Bosch

María del Rocío Oviedo y Pérez de Tudela
Universidad Complutense de Madrid

Las palabras inoportunas son tan peligrosas como las balas perdidas.

Juan Bosch

La trayectoria literaria del político, escritor y educador dominicano comienza con la publicación del volumen de cuentos *Camino real* (1933)[1], precedida por la aparición de varios de los relatos en algunas revistas, y prácticamente finaliza cuando es nombrado presidente de la República.

El universo mítico de Juan Bosch (1909-2001) debe mucho a la coherencia y unidad entre su labor política y su labor literaria. Sus relatos resaltan las virtudes y los errores sociales, procedan estos del gobierno, de la oligarquía

[1] A *Camino real* le siguen *Indios: apuntes históricos y leyendas* (1935) y la novela *La mañosa* (1936). A estas narraciones cabe añadir cerca de 24 cuentos previos a su exilio y otros 27 escritos ya fuera de República Dominicana. Algunos relatos se repiten de un volumen a otro, originando cierta confusión; es el caso de *Dos pesos de agua* (1941), que recoge cuentos editados anteriormente. Fuera de la isla publica sus relatos en revistas como *Carteles* y *Puerto Rico Ilustrado*; en La Habana publica el volumen *Ocho cuentos* y en Chile *La muchacha de La Guaira*, que incluye el cuento del mismo nombre y otros como «El indio Manuel Sicuri». Durante su segundo exilio (1963-1970), tras el golpe de Estado que lo derrocó, dicta nuevas conferencias sobre el cuento en el Caribe y en Europa. Su regreso a República Dominicana supuso la reorganización de sus relatos, que a partir de este momento se distribuyen en *Cuentos escritos antes del exilio* (1974), *Cuentos escritos en el exilio* (1962) *Más cuentos escritos en el exilio* (1962) y *Más cuentos todavía*, incluidos en la edición de Alfaguara *Cuentos más que completos* (2001).

o de los propios ciudadanos. El reconocimiento de la proyección ética de Juan Bosch hizo que en 2005 la Consejería de Educación publicara una selección de su narrativa bajo el título *Cuentos y valores*. Es precisamente esa voluntad social la que contribuye, en su escritura, a la utilización de los personajes con una finalidad que excede lo meramente narrativo y cuya caracterización coincide con el mito. Sus mitos, que proceden del pueblo llano y de sus circunstancias, afirman la utilidad y el valor de la experiencia, que Bosch considera un apartado decisivo del aprendizaje; a ello se suma la asunción de valores cívicos como la valentía, la honradez, el sacrificio o la sinceridad, en consonancia con una verdadera autenticidad del héroe.

Esta búsqueda ética enlaza con el mito clásico y con la tragedia griega, que busca a través de la catarsis un cambio en los espectadores. Se puede establecer una relación con el pensamiento simbólico, como ha destacado Amparo Reyes, que se corresponde en parte con su talante didáctico y su admiración por uno de los intelectuales más destacados del Caribe, Eugenio María de Hostos. El deseo de cambio y su interés por sacar a la luz los rasgos de la identidad dominicana llevan a Bosch a forjar un relato donde se vislumbran los esfuerzos de próceres patrios como Juan Pablo Duarte o Gregorio Luperón. Por otra parte, su vertiente mítica coincide con la tendencia narrativa de su tiempo. Para Oliver Batista, su obra pertenece a la «corriente del realismo telúrico abierto», donde lo político y lo literario convergen (Batista 2009: VII), y Bruno Rosario Candelier lo incluye entre los fundadores del realismo mágico. Otro tanto hace Donald Shaw en su *Nueva narrativa hispanoamericana*, donde lo ubica entre los precursores del realismo mágico junto a figuras como Miguel Ángel Asturias; en ambos, sostiene, se produce «la irrealidad real», una expresión que atribuía a Miguel de Unamuno, basada en el surgimiento de lo legendario dentro de la vida misma de los personajes (Shaw 1981: 76).

Rosario Candelier distribuye, en cuatro de sus cuentos, cuatro caracteres de lo real imaginario: «lo milagroso en "Dos pesos de agua"; lo mítico-legendario en "La verdad"; lo fantástico en "La bella alma de don Damián"; y lo mágico en "El Socio", y en otros más» (2019: 26). Pero para el crítico donde se percibe sobre todo este vínculo es en «El difunto estaba vivo».

Que la obra de Bosch entronque con la narrativa de su época hace posible plantearse relaciones entre su escritura y la de Juan Rulfo. Pese a las diferencias políticas y personales, algunos puntos, incluso ajenos a los caracteres narrativos, convergen en ambos autores: el hecho de ser ambos autodidactas, que el ámbito que escojan sea, por excelencia, el mundo rural[2], y que los dos abandonen a partir de cierto momento la ficción. Pero lo que me interesa resaltar es que la narrativa mágico realista del dominicano pudiera incluso considerarse previa a la de Rulfo, como ocurre especialmente en «Dos pesos de agua» (1933), e incluso anterior a la de María Luisa Bombal, que publica *La última niebla* en 1934[3].

Por el contrario, «El difunto estaba vivo»[4] (*Más cuentos escritos en el exilio*, 1964) se puede analizar como una variante de *Pedro Páramo* (1955), con el que difiere, en primer lugar, porque nadie sabe lo que realmente piensa don Pablo, el protagonista y señor en la obra de Bosch, lo que sí ocurre con don Pedro en la obra de Rulfo; y en segundo lugar, por la fidelidad a su mujer, en contraste con la promiscuidad del protagonista mexicano. Hay otras diferencias más marcadas: don Pablo aboga por la justicia, aunque se trate de castigar con la muerte a sus propios hijos, y parece manifestar cierta calidez hacia su nieto, sin olvidar que, según las palabras de Felicio,

---

[2] «El país que Bosch conoció en su infancia era un país devastado por los enfrentamientos de las luchas caudillistas con sus guerras montoneras causantes [...] del atraso educativo y cultural de una nación abatida por la ignorancia y la pobreza» (Rosario Candelier 2018: 12).

[3] Por supuesto, las primacías son siempre cuestionables y están sujetas al avance y descubrimiento de la investigación. Un ejemplo: entre los relatos realistas y modernistas se encuentra «Fragatita» de Alberto Leduc (1867-1909), del año 1896, que curiosamente tiene mucho en común con el cuento «Fragata» de Juan Bosch. En ambos el nombre de una prostituta da título al relato; en un ambiente trágico, que preludia *Santa* de Gamboa, la prostituta del mexicano se deja llevar por la pasión y llega al asesinato, mientras que la del dominicano es una mujer sentimental que solo busca la paz. Ambas coinciden en actuar guiadas por el corazón, pese a las consecuencias funestas que ello pueda acarrear.

[4] La historia del cuento combina lo real y lo imaginado. El ingeniero Jesús Oquendo argumenta en el juzgado quién ha sido el autor de la muerte del sargento Felipe. Este, en su propio beneficio, ha convencido al ingeniero para que la carretera pasara por sus tierras, lo que obligaba a cruzar el cementerio y «profanar» la tumba de Don Pablo. Cuando Felicio se entera acude al cementerio y ve «resucitar» el cadáver de su señor; tomando el caballo se lanza hacia el sargento, a quien golpea con el brazo del difunto, causando su muerte.

el fiel empleado de don Pablo, su señor se suicida al no poder soportar el dolor de tanta muerte. Coinciden, en cambio, en la exposición del poder del cacique y en el sentimiento de culpa, constante en la obra de Rulfo y que en el cuento encarna Felicio, al punto de llegar a provocar la tragedia del sargento Felipe; en la pervivencia del muerto[5] y, finalmente, en el poder de la memoria, porque, como remacha Felicio, «El difunto taba vivo y seguirá vivo mientras yo no me muera, porque naiden se muere de a verdá si queda en el mundo quien repete su memoria» (1964: 322). Ambos coinciden en denunciar que la decadencia de su pueblo es producto del caciquismo que llega a corromper las bases del Estado y facilita la llegada de las dictaduras. Un caciquismo que, como señala Amparo Reyes, aparece reforzado por la superstición de los personajes, lo que provoca una suerte de proyección mental en la que Felicio Rojas evoca la «"resurrección de su amo" [...], el rasgo mágicorrealista coexiste con el pasado y el presente, los tiempos se yuxtaponen bajo el marco de la improbabilidad y de lo inverosímil»[6].

Clasicismo y catarsis

Los mitos clásicos responden a la necesidad de interpretar la naturaleza y el destino del hombre, marcado por el *fatum*, cuyo paradigma se encuentra en Edipo. La cultura grecolatina, parte de la formación de Bosch, aflora en su narrativa, de modo similar a su adscripción a las corrientes literarias

[5] «La idea que tuvo fue la de que don Pablo iba a salir de la tumba, montado a caballo, más colérico que jamás lo había estado en vida, y que iba a preguntarle por qué estaba allí y por qué había consentido que profanaran su último sueño» (1964: 322).

[6] Amparo Reyes (2020: 123) recoge la cita de Bruno Rosario Candelier «la veneración por la memoria de los difuntos es una manifestación de religiosidad, y como ha enseñado Mircea Eliade, cada manifestación específica de religiosidad, cada "hierofanía" tiene su historia. [...] La mano misteriosa que se desprende del cuerpo inerte de don Pablo de la Mota no es un dato casual y secundario; remite a una tradición literaria con veta copiosa en la cuentística fantástica europea. Y juega un papel estelar y significativo en la extraña revelación que acontece en este increíble suceso. Probablemente la tomó Bosch de Guy de Maupassant, uno de sus autores favoritos, y que tiene un par de cuentos donde la mano interviene sorpresiva y milagrosamente» (Rosario Candelier 1984: 130).

de la primera mitad del siglo XX[7]. En todo caso, su narración plantea una estructura trágica del relato que busca la catarsis y la sublimación mítica de los personajes. Bosch mismo señalaba en *Apuntes sobre el arte de escribir cuentos* (1958) que el verdadero cuentista debe ser «un maestro de emociones» (2009: 69). Sus personajes, como los de los antiguos mitos, reciben un castigo desmesurado por faltas que a los ojos del lector se juzgan muy pequeñas. Esta catarsis boschiana busca, más que la purificación y la liberación, suscitar en el lector la compasión y el horror ante la denuncia de un sistema basado y fundado en la injusticia.

A favor de las emociones se encuentra la relación entre los personajes y el propio narrador, como señalaba Guillermo Piña-Contreras en su biografía sobre Juan Bosch, *Bosch: imagen, trayectoria y escritura* (2000). Se trata de un reflejo de experiencias que la ficción lleva al límite. Es el caso de «Camino Real», donde el sacrificio asoma como ronda de honor para que el otro, el compañero encontrado en el camino, se pueda salvar. Este concepto sacrificial es un apunte más a ese contenido trágico, marcado por un *fatum* inexorable, semejante al comportamiento de los héroes de la tragedia clásica –así, por ejemplo, en *Las Euménides* de Esquilo, donde Orestes se ofrece al sacrificio al llevar la carta a Pílades.

Ciertos elementos clave de la catarsis coinciden con la teoría de Bosch: el tiempo, la reiteración, el silencio (o lo omitido en la narración) y el tema, lo que el autor define como «la persistencia en el tema central» (2009: 38). Esa unidad, en la que confluyen el tiempo y el espacio, es lo que otorga la peculiar intensidad al relato que construye: «es la condensación instantánea de un ambiente, de una vida, una pasión o un suceso» (Piña-Contreras 2000: 124). En palabras de Olivier Batista, una virtud dialéctica que consigue «delimitar el tema y su desarrollo secuencial en ese universo cerrado que es el cuento y a la vez mantener en vilo la atención del lector» (2009: XXVIII). El silencio, por otra parte, contribuye a provocar la reacción del lector, y surge de la técnica que el propio Bosch señalara en uno de sus escritores más admirados, Rudyard Kipling, y que él afirma seguir: «el verdadero arte de escribir consiste en borrar palabras» (Ramírez 2012: 6).

[7] Habría que considerar que esta incipiente nueva narrativa hispanoamericana busca fundar las bases de su identidad, por lo que la referencia al mundo clásico es un lugar común.

La narrativa de Bosch no tiene el simple propósito de producir un ejercicio literario, sino que trata de ahondar en los atavismos de la sociedad dominicana y en las virtudes innatas de su pueblo. Si la catarsis tenía un efecto didáctico para el espectador de la tragedia griega que enfrentaba los conflictos del héroe con la sociedad, el autor dominicano ahonda en el comportamiento moral y permea todos sus cuentos de contenido ético[8]. Sergio Ramírez afirmaba que, durante los escasos meses que se mantuvo en el poder, Bosch quiso «hacer desde el gobierno lo que había venido haciendo toda su vida desde la literatura: reivindicar un mundo atrasado, olvidado, oprimido, hacerle justicia» (2008: 7). Supone así un interés didáctico que viene avalado asimismo por sus publicaciones infantiles[9], cuya temprana aparición sorprende, y se presenta como escritura paralela a «El camino real» y «La mujer» (ambas publicadas en 1933). Esta preocupación por la educación se desarrolla en paralelo a la valoración del conocimiento popular relativo al trabajo y la supervivencia. Para Juan Bosch la enseñanza va más allá de los libros de texto, y el mundo rural despliega una sabiduría natural que es fruto del trabajo en el campo y la experiencia de su labor. Como señala Villarini:

> La teoría y la práctica político-educativa de Juan Bosch, sobre todo en la que elabora luego de sufrir el golpe de Estado, contiene importantes enseñanzas de gran actualidad para la elaboración de una antropología de la liberación que sirve a la formación de esta nueva forma de subjetividad política que reclaman estas nuevas formas de democracia. (Villarini 2014: 43)

Tal vez sea por eso que abundan en su obra las figuras infantiles, que contribuyen a la carga emocional. En *Cuentos escritos antes del exilio* (1975) es frecuente el protagonismo del niño y su participación en la catarsis. Un ejemplo inicial se encuentra en la imagen del crío depauperado, seco como la tierra, en el cuento «La mujer» (en *Revista Carteles*, 1 de mayo de 1932), que se corresponde con la soledad en la que se encuentra el mundo rural, y

---

8 Amparo Reyes hacía referencia a lo mítico y lo sagrado y su implicación en lo político a través de la obra de Balandier (2020: 358).

9 «El general don gallo», «Don gato y don ratón» (en *Alma Dominicana,* septiembre octubre de 1934), «El negocio de doña hormiga» (agosto de 1934) y su más famoso *Cuento de Navidad* (publicado en 1956 en la editorial Ercilla de Chile).

cuyo grito resulta ser un clamor contra la situación de la mujer y la infancia y el abandono por parte de instituciones que podrían hacer próspera a una sociedad marcada por atavismos como la obediencia al padre de familia. El resultado de la narración, al igual que el de la catarsis, es la purificación que produce el deseo de ser más humanos frente a las tragedias ajenas.

Esto resulta más evidente en «Un niño» (originalmente en *Carteles*, 1940, incluido también en *Más cuentos escritos en el exilio*, 1962), donde la civilización ha provocado la desgracia que mantiene durante el día al niño solo, afiebrado y recostado entre los sacos, hasta que al anochecer su padre regresa de trabajar en el conuco. El viajero que quiere llevarlo a un hospital se enfrenta a la paradoja de que ha sido la civilizada ciudad, que antes sus amigos alababan, la que ha causado su desgracia. De nuevo, un canto al mundo rural, con el que identifica al pueblo dominicano, en contraste con la urbe donde el individuo pierde su esencia: «–La civilización es dolor también; no lo olvides –dijo. Y se miraba las manos, en las que le parecía tener todavía aquel niño trunco, aquel triste niño con sus míseros muñoncitos en lugar de piernas» (2001: 278).

El niño de «Guaraguaos» (*Camino Real* y *Cuentos escritos antes del exilio*) accede a la narración con la marca de la muerte. Desde el comienzo su osadía al defender la causa rebelde hace intuir su infortunio ulterior. Por eso la catarsis no se produce por la desgracia del niño ya adolescente, sino por las incidencias y el modo en que se plantean. Para José Enrique García se trata de

> una profecía de lo que ineludible acontecerá: la segura muerte. Mas no la muerte como consecuencia de la vida, sino la muerte que libera al personaje de un destino que vino con él desde el mismo nacer: destinado estaba para la guerra y, como tal, para la muerte. No es la vida lo que busca, sino la liberación de su suerte en el mundo a través de la muerte. La catarsis necesaria para el descanso de huesos y alma. (García 2010: 46-47)

La valentía y el desprecio a la muerte convierte a estos personajes en héroes equiparables a los de los mitos, porque su principal función será colaborar a la catarsis de la que surge el necesario cambio. Por otra parte, estos niños forman parte en el relato de un ámbito familiar que analiza en variados matices la relación entre padres, hijos y nietos, algo que también ocurría en las sagas de los mitos clásicos. El proceso, no obstante, es diferente, pues en general en los cuentos de Bosch es el padre quien se sacrifica o sufre por el hijo: En «La negación» (*Cuentos escritos antes del exilio*), «La desgracia» y «El hombre que lloró» (*Cuentos escritos en el exilio*) son las acciones de los descendientes el determinante del futuro del padre, ya sea por aceptar o no la responsabilidad sobre sus nietos. En Bosch, aun cuando niega la religión, predomina la ética de tal modo que pecados como la lujuria y la avaricia llegan a provocar el rechazo del padre; algo similar ocurre con la venganza en relatos como «La desgracia», «La negación» y «El abuelo» (*Camino real, Cuentos escritos antes de exilio*). No obstante, esta relación familiar que incluye en dos ocasiones el descubrimiento de una descendencia insospechada –el nieto– tendrá una forma diferenciada en su construcción. En «La desgracia» (*Dos pesos de agua, Cuentos escritos en el exilio*) el padre no perdona la infidelidad de su hija, Inés, y la empuja a la muerte. En «La negación», el descubrimiento del mal comportamiento del hijo conlleva la renuncia a su sucesión; en «El hombre que lloró», es un *fatum* inexorable –marcado por la falta de identificación en el tiempo preciso– el que le ha impedido reconocer a su descendencia, lo que ocurre cuando ya es imposible el encuentro.

En «La negación» la tragedia surge al final a modo de clímax, cuando el padre sabe, por su nuera, que su hijo es un ladrón. En rápida transición el protagonista, bajo cuyos ojos se organiza el relato, transforma su inmensa alegría al saber que ha tenido un nieto al que han puesto su nombre en rechazo de su descendencia al no reconocerse en su hijo: «–Es que yo no soy el taita de Eufemio –explicó. No esperó. Miró, al pasar, a Lolito. Quiso detenerse; sin embargo, tuvo fuerzas para saltar la tranca con agilidad. Ni siquiera volvió la cara antes de tragárselo el recodo» (2001: 144).

La relación familiar puede resultar terrible, como ocurre en «Rumbo al puerto de origen» (*Revista Bohemia*, 1950, y *Cuentos escritos en el exilio*). El protagonista, Juan de la Paz, pierde su balandra en medio del mar por cazar una paloma herida en un ala y llevársela a su hija, Emilia[10]. La catarsis se

---

[10] La relación entre la paloma herida y su hija aparece como un aspecto más del universo simbólico frecuente en Bosch. La sugerencia de haber asesinado a su hija se puede ver reflejada en su actitud y en su frialdad hacia la paloma: «entonces vio, con verdadera indiferencia, que la había apretado sin darse cuenta con dedos de hierro y que la pobre ave herida agonizaba entre temblores [...]. Y era curioso

produce, al final, porque la supuesta bondad del marinero se convierte en el horror del lector al saber que ha sufrido veinte años de condena por haber asesinado, para violarla, a su propia hija, Rosalía de la Paz, a la que él llama Emilia. El sufrimiento del marinero que lucha contra las olas, asediado por los mosquitos en medio del frío y la oscuridad de la noche, que ha ido superando una tras otra las dificultades a las que se enfrenta para no morir, es uno de los relatos más intensos sobre el dolor físico. Al estilo de los mitos clásicos, el sufrimiento padecido es un acto de justicia de los elementos de la naturaleza por el asesinato cometido, que complementa la justicia de los hombres.

Mitos en fuga

La tensión catártica se convierte en tragedia en los relatos de perseguidos y perseguidores, tan frecuentes en la narrativa inicial de Juan Bosch, donde la tragedia cotidiana alcanza una categoría mítica. En «La nochebuena de Encarnación Mendoza» (*La muchacha de La Guaira*, *Cuentos escritos en el exilio*) el esfuerzo del niño por hacer bien su cometido convierte en desgracia lo que insospechadamente podría haberle devuelto la paz y tranquilidad a su hogar. Su padre, que trata de alcanzar la casa, como lo haría Ulises en la *Odisea*, no lo consigue. Una versión del mito de Edipo, sin mujeres por medio, o una versión de la historia de Telégono, el hijo de Ulises, o de Perseo: el espabilado niño Mundito, inocentemente, provoca la muerte de su padre huido. Al igual que los héroes trágicos, un destino inexorable lleva a estos personajes a dar cumplimiento a lo contrario de lo que desean. La lucha del hombre por escapar al destino y la puesta en escena del infortunio son las que provocan la com-pasión del lector.

El personaje de Mundito tiene ciertas similitudes con Bucandito, el hijo del viejo Valerio en «Guaraguaos» (*Camino real*, *Cuentos escritos antes del exilio*), quien ya en su infancia se enfrenta al ejército para defender el

---

que en esa lucha por salvar la vida, en medio de brincos imposibles, de gritos que se perdían en la tremenda soledad líquida, de mezcla delirante entre esperanza y pavor, surgiera de pronto, una vez y otra vez y otra más, la imagen de la paloma, flotando panza arriba bajo la luna, un ala rota y la otra extendida, las rojas patas encogidas y desordenadas las plumas de la cola» (2001: 161).

levantamiento frente al Estado. Su valentía y su deseo de justicia lo llevan a unirse, ya adolescente, a los alzados con los bolos de Desiderio Arias. El retorno al hogar se reviste de tragedia y no llega a realizarse nunca, como si se tratase de un castigo eterno. El pobre Valerio podrá reconocer, gracias a los guaraguaos, el cadáver de su hijo, quien había tratado durante varios días de acercarse al hogar. La serenidad del anciano, que recoge y reconoce los restos de su hijo, le vale la alabanza del narrador: «Todavía está mi alma de rodillas ante tu magnifica seguridad» (2001: 96). La frase que cierra el relato es a la vez advertencia y crítica, no tanto a la carencia de labrantía en la tierra como a las carencias culturales: «Huid de las tierras incultas porque son crueles como hombres malos» (2001: 95).

Sin embargo, el padre más impresionante, cuya nobleza heroica encandila, es el que en «El alzado» (*Camino real*) se pone al lado de su hijo, dispuesto a entregarse para sufrir con él el mismo destino: «Mi hijo está ahí y se rinde si le aseguran que van a fusilarnos juntos. Dijo, cruzó los brazos y se dio a ver cómo el sol comenzaba a poner oro en los cogollos de los pinos» (2001: 67). Una actitud semejante a la de Príamo, que en plena batalla se acerca al campo enemigo para reclamar el cuerpo de Héctor, o a la de Egeo, que se arroja al mar creyendo que su hijo Teseo ha muerto.

Pero esa imagen paterna se pierde cuando la sospecha y la duda se apoderan del patriarca. Es lo que ocurre con la actuación del viejo Nelico en «La sangre» (*Camino real*). El silencio y la ignorancia de los hechos ocurridos mantienen en tensión al protagonista, que se debate entre el deber de entregar a su hijo, tras haber asesinado a Gengo, o ayudarlo a huir. Hasta que el hijo no le confiesa que lo ha hecho «como hombre» no se decide a prestarle ayuda. Los silencios, la emoción contenida del viejo Nelico, su impresión de la desgracia que se cierne sobre él, son la materia de la narración más que el hecho en sí, unido a la duda que le invade sobre el comportamiento leal del hijo.

Por otro lado, en «La Verdad» (*Dos pesos de agua*, *Cuentos escritos antes del exilio*) la vida de Quique Blanco se presenta desde dos posiciones diferentes: la de la sociedad injusta, que permite el abuso de los terratenientes y que está acallada por el ejército, y la verdad del propio Quique Blanco, que tan solo encuentra amistad en el narrador y que se ve obligado a huir constantemente, acosado por los perros del ejército como si se tratase de un nuevo Acteón. Su única culpa fue encapricharse de la misma mujer que su compañero. La muerte del compañero lo persigue a lo largo de su vida, hasta que finalmente, en un cruce, mata sin quererlo a la niña inocente y sin culpa en la que él mismo se puede ver reflejado. La verdad de la culpa de Quique Blanco no es la que la sociedad le atribuye, sino la que la sociedad perdona e incluso ignora.

La catarsis se construye, entre otros elementos, a base de la anáfora y del silencio. En «Sombras» (*Camino real, Cuentos escritos antes del exilio*) la opresión y la zozobra invade a quienes se han alzado contra el gobierno y son perseguidos. Son los silencios y los espacios y tiempos que ignora el lector los que provocan la tensión y la catarsis en la narración. Los silencios se contrarrestan con la repetición de los ojos que hablan: los del propio Telo que al abrir la puerta los mira «con ojos de idiota», o la mirada del teniente, «un abismo preñado de oscuridades», que produce una reacción en Telo: «a Telo le impresionó la mirada del teniente» (2001: 64). El teniente, además, mientras tenía lugar el registro, «aguzó la mirada y estudió largamente a Telo», mientras que este «No levantaba los ojos del zapato de su interlocutor» (2001: 64); esta escena, en la que se realiza un verdadero efecto de zoom, en una especie de primerísimo primer plano, se completa con un cambio de cámara que capta la expresión de la mujer «con los ojos muy abiertos», delatores de su miedo, y que, a su pesar y aunque hayan transcurridos varios minutos, aún «conservaba los ojos demasiado abiertos» (2001: 64). Más simbólicos resultan los ojos del perro Alianza, que mira con seguridad «y hondo» a los desconocidos: «La luz hizo destacar los ojos de Alianza. Dieron la impresión de dos brasas suspendidas en el aire: el can era más negro que la noche» y más adelante, al marcharse los desconocidos los ojos continúan siendo dos brasas» (2001: 64). A su vez, Telo tiene en sus pupilas la imagen de los hombres montados a caballo; finalmente, serán los ojos de la mujer, como dijo el teniente, los que delaten a su marido. Mientras el telón de la tragedia cae, los ladridos de Alianza están llenos de sombras; a ella «la estranguló la noche, como a la lamparita...» (2001: 66).

También el silencio es el punto de tensión de un relato, «Forzados» (*Camino real, Cuentos escritos antes del exilio*), que tiene como inicio el reclutamiento, por parte del ejército, de hombres que están trabajando en sus tierras y que se niegan a enrolarse; es el caso de Ricardo, que no quiere abandonar a su mujer a punto de tener un hijo. Encadenados unos a otros sin haber cometido delito que lo justifique, se los llevan como animales sin explicarles el motivo. Finalmente, cuando llegan a su destino, descubren que los han llevado para obligarlos a construir una carretera. El abuso de poder, que arranca al hombre de su hogar, provoca la rebeldía y es un argumento de oposición al Estado. El silencio con el que se construye la narración, omitiendo detalles fundamentales, construye la tensión dramática que avala la catarsis.

En varios relatos el tema fundamental tiene que ver con el futuro, pues conlleva el abandono de la familia, origen de una catástrofe que no se define pero que se prevee, semejante al desamparo forzado de la madre respecto a los niños pequeños en novelas como *Tirano Banderas* (1926) de Valle Inclán[11] o *El Señor Presidente* (1946) de Miguel Ángel Asturias –los soldados que tras torturar a Fedina le echan cal en los pechos para que no amamante a su bebé–, y que causa la muerte indirecta de los inocentes. La catarsis se produce no tanto por la persecución del adulto sino por las funestas consecuencias que trae para la familia. En estos relatos se advierte una admiración hacia la actitud de los padres que se corresponde con los relatos precedentes. Es el caso de «Luis Pie» (*Cuentos escritos en el exilio*), un pobre haitiano que no piensa sino en sus hijos y que, enfermo y maltratado, se ve castigado por la culpa de otro, don Valentín, que arroja por descuido el fósforo con el que ha encendido un puro y provoca el incendio de varias haciendas. La sospecha sobre el haitiano, que se agudiza por el hecho de que no hable bien el idioma, es semejante a la tragedia de «El indio Manuel Sicuri» (*La muchacha de la Guaira*, *Cuentos escritos en el exilio*): el héroe persigue al que ha robado la corona de la Virgen, pero no tanto por el robo, sino porque ha forzado a su mujer luego de haber sido acogido en su casa. Su deseo de venganza lo lleva a una persecución ciega y a ejercer la justicia por mano propia contra el violador y ladrón. Cuando lo llevan a la cárcel él mismo se pregunta:

> Pues sucedía que su padre había muerto un puma a hachazos y nadie le había dicho nada y todo el mundo halló muy bien que lo hubiera hecho y no lo separaron a causa de ello de su yokalla, de él, Manuel Sicuri, que entonces

[11] La mujer del indio Zacarías, acusada por empeñar una joya, es separada del niño; aunque no para de llamarlo para que vaya con ella, el pequeño asustado se queda al borde del camino.

> estaba recién nacido. Con la misma hacha él había dado muerte a una fiera peor que aquel puma, y he aquí que el juez lo había hallado mal y lo había separado de su yokalla, tan pequeñito y tan desvalido.
>
> ¿Por qué, tatica Dios, sucedían cosas así? (2001: 209)

Esta violencia por parte del gobierno se contrarresta con el perdón que surge en «El cuchillo» (*Camino real, Cuentos escritos antes del exilio*), donde la construcción de la venganza de Saro por la infidelidad de su mujer queda en suspenso ante la imagen de una familia en paz, a la que entrega todos los encargos que le habían hecho, incluido el acordeón para el niño. La contemplación de la familia actúa a modo de catarsis en Saro y origina en él una generosidad que se transmite al espectador.

La fuga es otro motivo recurrente en los cuentos de Bosch; por lo general está en relación con el proceso revolucionario y puede contribuir a afianzar la relación entre generaciones, como ya se vio en «Guaraguaos». Si la catarsis y la tragedia funciona como acicate para remover la conciencia del pueblo dominicano, también un número importante de relatos presentan un final abierto, que se presupone feliz. En «Chucho» (*Dos pesos de agua, Cuentos escritos antes del exilio*) no se trata del padre, sino de un viejo que está al corriente de la situación. El anciano será quien le proporcione una esperanza de huida al protagonista gracias a su sagacidad. En «El cobarde» (*Dos pesos de agua, Cuentos escritos antes del exilio*) al final se descubre que uno de los que persigue al protagonista es su hijo, por lo que evita enfrentarse a las tropas. Algo similar ocurre en «La pulpería» (*Dos pesos de agua, Cuentos escritos antes del exilio*), donde el viejo Mendo logra, en un golpe de suerte, no matar al que creía Cecilio Gatón, que finalmente resulta ser su hijo.

En los relatos posteriores la imagen del hijo perseguido surge desde un proceso metafórico que se convierte en fábula o en mito, si tenemos en cuenta el antecedente de *El Matadero* de Echeverría, donde la muerte del toro tendrá su reflejo en la muerte del unitario y su rechazo a la barbarie del poder. En cualquier caso, las características de la fábula alientan en el relato, ya que los animales piensan y actúan: los dos toros, Maravilla y Joquito, de los cuentos «Maravilla» y «El Funeral» (*Dos pesos de agua, Cuentos escritos en el exilio*), muestran de nuevo una persecución despiadada. Ambos relatos contienen los ingredientes de la tragedia clásica y guardan un contenido simbólico que convierte a sus protagonistas en paradigma de los héroes dominicanos o antillanos: el toro sometido y el toro embravecido que se enfrenta a sus perseguidores. El miedo de uno y la valentía del otro resultan dos caras de la misma moneda, lo que, por otra parte, es una constante en la narrativa de Bosch.

La ironía

La ironía es uno de los elementos más significativos en los cuentos de Juan Bosch. En general, salvo en «Dos pesos de agua», aparece de manera esporádica en su narrativa inicial; no será ya así en *Los cuentos escritos en el exilio,* donde la ironía actúa como oposición ante los poderes establecidos. Frente a la creación de héroes que funcionan a manera de símbolo en su narrativa, esos hombres –caracterizados con los rasgos de honor, nobleza, coherencia, trabajo, sentido del deber, amor a la familia– representan, probablemente por su decepción, el cuestionamiento de la analogía simbólica, que previamente tan solo aparecía aplicada a la religión, como en «Dos pesos de agua», o bien surgía bajo la apariencia de la paradoja[12], que contribuye a la catarsis –como en el caso de Mundito quien, por salvar a su familia, sin saberlo, entrega al padre–. La ironía, en cambio, presenta un mundo sin salida en el que la paradoja se acepta y en el que no tiene cabida la unidad del género humano.

El recurso de Bosch a la paradoja puede apreciarse bien en un relato como «La mujer» (1932). La mujer, arrojada de su casa porque no ha vendido la leche por dársela a su hijo, encuentra la inesperada ayuda de Quico, quien pelea con su marido, Chepe. Cuando ya lo ha vencido, de manera insospechada, la mujer golpea a Quico en el cráneo con una piedra, en una reacción a todas luces paradójica. Aunque se ignora el punto final del relato, se intuye la continuidad de la situación de esta mujer, que parece preferir el sometimiento a la liberación. En esa medida, se crea una catarsis que busca la reacción social, porque resulta ser una metáfora del pueblo que besa la mano que lo maltrata.

[12] Primera manifestación de la antítesis, presente también en la ironía, pero con un comportamiento reflexivo que contribuye a la superación de la divergencia y la separación.

Un relato como «El indio Manuel Sicuri» (*La muchacha de La Guaira, Cuentos escritos en el exilio*) contiene ambos elementos: la paradoja de la bondad del indio y el enfrentamiento con la realidad de los poderes establecidos, que presenta dos mundos que no llegan a unirse, y la ironía de poner al mismo nivel una violación y la devolución de la corona robada en la iglesia[13]. Manuel Sicuri nunca llegará a comprender por qué lo han encarcelado –a él, que ha contribuido a la paz social al haber matado a alguien peor que un puma, que no solo ha robado sino que se ha valido de su hospitalidad y le ha pagado violando a su mujer–. En realidad, en este caso, nos encontramos con dos situaciones. Por un lado, la paradoja dentro del relato que encarna el propio Manuel Sicuri, que aún confía en la unidad –pertenecerá al mundo simbólico– y que, por tanto, se encuentra ante uno de los efectos más comunes de la paradoja, la perplejidad que también se produce en la catarsis; y por otro lado, la ironía que se desprende de la lectura, en el contraste entre la importancia que para Manuel Sicuri tiene «tatita Dios» y que «esté contento con él» por la caridad que hace con el desalmado Jacinto Muñiz, y la injusticia de la que es víctima por haber matado al cholo, por parte de las autoridades, que desmiente la voluntad benefactora de Dios.

Algo semejante ocurre en «Mal tiempo» (*La muchacha de La Guaira, Más cuentos escritos en el exilio*), donde la dura pelea del joven Julián por llevar un tronco de caobo a sus padres termina en su propia muerte, referida en el cuento con una frase ambigua: «aunque ya para él estaban desapareciendo la mentira y la verdad» (2001: 329). Como símbolo, la muerte del joven esforzado y trabajador proyecta sobre el relato la idea de un futuro colapsado. A eso sema que la imposible armonía se acompaña con una ironía que funciona a modo de catarsis final, porque lo trabajado por el muchacho y su propia muerte, si bien ignorada por su familia, es interpretado por el padre como un regalo de Dios: «–Dió no le falta al pobre, Eloísa ¡Vea que traer este temporal pa ayudarnos! Y se quedó con la mirada perdida en el cuadro de cielo que se veía a través de la puerta, quizá esperanzado en que viniera otro mal tiempo tan generoso como el que acababa de pasar» (2001: 330).

[13] La imposibilidad de establecer una diferenciación entre *lo bárbaro / lo civilizado,* por la ambigüedad que supone, hay que entenderlo, desde la mirada de Bosch, dentro de un código de incomunicación (Pichardo 2009: 321).

Más curiosa es la conversión de la paradoja en ironía en «Dos pesos de agua»: las ánimas del purgatorio que enloquecen avariciosas, paralela a la avaricia de la anciana que no quiere abandonar sus tierras, pese a la sequía, y que muere ahogada junto a su nieto, desbordada por las ánimas del purgatorio que envían toneladas de lluvia. En el relato convergen la ironía y la tragedia, y el encuentro entre ambas produce la catarsis en el lector. Si bien la anciana muestra buena voluntad, también está llena de superstición –que es donde apunta su crítica Juan Bosch–; su confianza en lo sobrenatural se verá traicionada y morirá por ello, por un exceso de fe. El agua benefactora deviene finalmente naturaleza descontrolada y castigo desmesurado e imprevisto, provocado por la inconsciencia de las almas del purgatorio que enloquecen ante la limosna de los dos pesos. La idea de un ser divino que se juega a los dados el destino de los hombres resulta muy cercana a los mitos caprichosos de la antigüedad, y lo mismo ocurre en el relato de Bosch, donde las almas del purgatorio presentan un comportamiento infantil, arbitrario y enajenado. La superstición y la razón reiteran su enfrentamiento en «La pájara» (*Camino real, Cuentos escritos antes del exilio*), cuyo final, como el del relato precedente, se salda con la muerte, si bien exenta de ironía.

De igual modo, en la fábula «Capitán» (*Ocho cuentos, Más cuentos escritos en el exilio*) la superstición y el miedo ante la muerte, que solo puede ver el perro, se tratan de evitar mediante la razón y la fuerza. Pero el animal no solo no lo consigue, sino que, contagiado de rabia, provoca precisamente lo que ha tratado de impedir desde el comienzo del relato: la muerte de su amo, a quien ha lamido la herida. La paradoja se une a una suerte de destino inexorable y que se presenta como castigo por una culpa ignorada.

La transformación del mito en ironía es uno de los elementos que convergen en Bosch para eliminar de su literatura el atisbo regionalista y otorgar una dimensión nueva a sus personajes[14], si bien los mitos en su escritura toman cuerpo en héroes de carne y hueso cuyo destino busca provocar la catarsis en el lector. La presencia del mito, no obstante, irá desapareciendo para transformarse en ironía, en una demostración de la imposibilidad de un mundo armónico entre el hombre, la naturaleza y el mundo de los espíritus.

[14] Bosch mismo afirma: «Lo pintoresco [...] no tiene calidad para servir de tema» (2009: 80).

En «La muchacha de la Guaira» (*Más cuentos escritos en el exilio*), la vida se une a la necesidad de darle un sentido, cumplir un fin. Los personajes se convierten en símbolos de una idea dentro de una historia de marineros. Pero lo que interesa es cómo se desarrolla la ironía en el relato: el patrón de Hans Handhurst, holandés y segundo oficial de un barco de bandera panameña, afirma que «estos pueblos mestizos no tienen tan alta sensibilidad ante las ideas como nosotros» (2001: 358), pero será precisamente la muchacha mestiza quien se suicida por una idea, la del hombre desconocido que ha bebido con ellos y que afirma que no existen los ideales. La ironía se desvanece; la muchacha se convierte en heroína porque lucha por el ideal hasta la muerte.

La ironía en Bosch aparece como recurso para terminar con creencias irracionales, sean la religión o la superstición, o para terminar con los caciques y las clases ociosas –es el caso de «Los amos» (*Cuentos escritos en el exilio*), donde enfrenta al trabajador Cristino con su patrón–. Por el contrario, en el plano simbólico al que acceden los mitos, los arquetipos principales son el niño, el padre y el revolucionario, enmarcados en el ámbito de la República Dominicana y su lenguaje. Aun así, como en «La muchacha de la Guaira», la ironía se verá disuelta por la negación de la propia ironía mediante la acción de la joven, que termina en tragedia. De modo que el regreso al mundo simbólico del mito, y especialmente la muerte, viene a destruir la ironía.

En los cuentos de Bosch la tragedia, marcada por el *fatum* final que es imposible de dominar, y la ironía, resultan cruciales. En los relatos que escribe en el exilio se acentúa la nota irónica –que llega a lo grotesco en relatos como «La bella alma de don Damián», o «Un hombre virtuoso»–. En su narrativa se acumulan las paradojas del comportamiento humano hasta llegar a convertirse en ironía, en una evolución que va desde lo heroico al desencanto; si bien recupera el mito a través de la acción trágica, no elimina la imposibilidad de un futuro ni el desengaño que traslada su carga melancólica. El cometido de su escritura se corresponde con el que Octavio Paz señalaba para el poeta: «nombrar a todo ese conjunto de héroes, sucesos reales e imaginarios, creencias y pasiones que constituyen lo que se llama la "imagen del mundo" de una sociedad, su mitología» (2012: 31).

Bibliografía

Batista Lemaire, Olivier (2009): «Juan Bosch de la poética del cuento a la crítica literaria de la identificación». En Bosch, Juan: *Obras Completas*, V. *Crítica literaria*. Santo Domingo: Comisión Permanente de Efemérides Patrias en ocasión del centenario de Juan Bosch.

Bosch, Juan (2001): *Cuentos más que completos*. Madrid: Alfaguara.

— (2009): *Obras Completas*, V. *Crítica literaria* [Edición dirigida por Guillermo Piña-Contreras]. Santo Domingo: Comisión Permanente de Efemérides Patrias en ocasión del centenario de Juan Bosch.

— (2019 [1974]): *Cuentos escritos antes del exilio*. Santo Domingo: Biblioteca Dominicana Básica.

García, Jose Enrique (2010): «"Guaraguaos". Impulsos de la tragedia griega en un cuento de Juan Bosch». En Rosario Candelier, Bruno *et al.* (eds.): *Dos coloquios sobre la obra de Juan Bosch*. Santo Domingo: Banco Central de la República Dominicana, 45-56.

Núñez Polanco, Diomedes & Pimentel, Josefina & Vargas Ortega, Gisela (eds.) (2002): *Juan Bosch, Aproximaciones a una vida ejemplar*. Santo Domingo: Fundación Juan Bosch.

Paz, Octavio (2012): *La nueva analogía. Discurso de ingreso en el Colegio Nacional*. Ciudad de México:Colegio Nacional.

Piña-Contreras, Guillermo (2000): *Bosch: imagen, trayectoria y escritura. Tomo I: Imágenes de una vida*. Santo Domingo: Comisión Permanente de la Feria del Libro.

Reyes, Amparo (2019): *La imagen poética en la narrativa de Juan Bosch*. Tesis doctoral. Madrid, Universidad Complutense.

Ramírez, Sergio (2008): «La teoría del cuento en Juan Bosch». En *Centenario Juan Bosch en Chile*: <https://www.centenariojuanbosch.uchile.cl/articulo.html>.

— (2012): «Prólogo». En Bosch, Juan: *Cuentos más que completos*. Madrid: Alfaguara, 5-12.

Rosario Candelier, Bruno (1984): *La imaginación insular: mitos, leyendas, utopías y fantasmas en la narrativa dominicana*. Santo Domingo: Taller.

— (2018): «Dimensión social, estética y espiritual en la narrativa de Juan Bosch». En Bosch, Juan: *Cuentos escritos antes del exilio*. Santo Domingo: Biblioteca Dominicana Básica, 8-14.

Collado, Miguel (2019): «Aportes de Juan Bosch a la literatura infantil dominicana». En *Acento*, 27 de septiembre: <https://acento.com.do/opinion/aportes--de-juan-bosch-a-la-literatura-infantil-dominicana-8732582.html>.

SHAW, Donald, L. (1981): *Nueva narrativa hispanoamericana.* Madrid: Cátedra.

VILLARINI, Ángel R. (2014): *Revolución y creación. Reflexiones en torno a la práctica político-educativa de Juan Bosch.* Santo Domingo: Fundación Juan Bosch.

«Contracanto a Walt Whitman» (1952), de Pedro Mir, y la descolonización de lo humano

Catherine Sawyer
University of Toronto

Como evidencia su título, el poema «Contracanto a Walt Whitman (Canto a nosotros mismos)» (1952), del dominicano Pedro Mir, dialoga críticamente con «Canto a mí mismo» (1855) de Walt Whitman. Al interpelar al hablante lírico del poeta estadounidense un siglo después de la publicación de *Hojas de hierba*, Mir entra en conversación no solo con la voz poética de Whitman sino con la historia de la relación entre sus países, las subjetividades nacidas de esa relación y las poéticas que las representan. Silvio Torres-Saillant ha destacado la preocupación de Mir por reinterpretar y reescribir los procesos históricos que habían determinado la realidad antillana de su momento (1997: 215-216). Su análisis de «Contracanto» identifica el rescate por parte de Mir de un «"yo" democrático» whitmaneano deshumanizado por la clase capitalista que, creciendo rápidamente en su país, se apropia del discurso individualista de la gente común a la vez que circunscribe sus oportunidades (1997: 237-238). José Manuel Batista (2009) lleva el argumento un paso más allá cuando sostiene que Mir convierte al sujeto lírico de Whitman en una figura socialista revolucionaria. Ambos defienden una reivindicación discursiva de la figura heroica de Whitman y de su proyecto poético, realizada por Mir a través de la recuperación de ciertos ideales de «Canto a mí mismo» frente a la corrupción capitalista. Partiendo de esas hipótesis, propongo en lo que sigue que lo que Mir realmente pone en tela de juicio, más allá de la apropiación del discurso individualista de Whitman, es la subjetividad occidental que da lugar a ese individualismo y la violencia imperialista y racista que lo sustenta.

Lo que Mir critica en el yo poético de Whitman es precisamente su subjetividad hegemónica, que correspondería a eso que Sylvia Wynter (2003) identifica como la sobrerrepresentación del sujeto burgués occidental blanco en tanto representante de la especie humana. Mir pone de relieve la colonialidad del discurso de «Canto a mí mismo» al rastrear su historia y denunciar la violencia imperialista que subyace tras la autoconsciencia e imagen del sujeto poético democrático, héroe del pueblo. Ahora bien, aunque Mir logra desmitificar el sujeto lírico del «Canto a mí mismo», su empeño por descolonizar la concepción occidental de lo humano resulta incompleto; a fin de cuentas, reitera la misma transparencia que pretende criticar en Whitman. Como indica Torres-Saillant con respecto a los ensayos historiográficos de Mir, el poeta dominicano suele minimizar lo racial y la historia de la esclavitud cuando ve a los negros esclavizados no como tales sino como «el pueblo», lo que lo lleva a adherirse demasiado a un análisis de clase que se demuestra insuficiente para tomar en cuenta el racismo (1997: 223-224). La voz lírica de su «Contracanto» solo se refiere a la figura del negro esclavizado de manera implícita, y su ausencia en los espacios del capitalismo colonial y neocolonial del poema niega el vínculo estrecho entre el ingenio y la institución de la esclavitud, perpetuando así su borradura de la historia. Aunque Mir logra revelar la hipocresía del yo poético de Whitman, su contravoz colectiva termina por reproducir la misma transparencia universalizadora que critica en Whitman.

El análisis que sigue se basa principalmente en el argumento acerca de la sobrerrepresentación del hombre occidental de Sylvia Wynter (2003) y el concepto de la transparencia de la subjetividad occidental como lo teorizan Édouard Glissant (1997) y Denise Ferreira da Silva (2007). También se apoya en la noción de la «fungibilidad» del cuerpo negro esclavizado, expuesta por Saidiya Hartman (1997: 19), y el concepto de la representación «uncanny» de la esclavitud en la literatura caribeña, elaborado por Antonio Benítez Rojo (1989: 80). Wynter rastrea el desarrollo histórico de la concepción de lo humano que la subjetividad hegemónica occidental proyecta sobre el mundo en base a dos etapas: «Hombre1», que se identifica con el hombre renacentista, sujeto racional y cívico, ligado a la expansión del estado moderno democrático, quien se concibe en oposición a los indígenas y negros subyugados, que imagina como irracionales; y «Hombre», que implica la descripción actual de lo humano, el hombre «bio-económico» nacido en el siglo XIX, definido como sujeto biológico por la selección natural darwiniana y como sujeto económico por el concepto de escasez natural del humanismo liberal (Wynter 2003: 314). La transición entre estas dos etapas sucede durante la época en la que escribe Whitman, y el cambio se registra en el sujeto lírico de su escritura. Sin embargo, a pesar de su transformación tras la publicación de *El origen de las especies* (1859) de Charles Darwin, esta concepción de lo humano sigue privilegiando la misma clase dominante, la blanquitud –la «ethnoclass», como la denomina Wynter para referirse a la clase media global occidental y occidentalizada que se concibe como representativa de la especie humana (2003: 313). Wynter arguye que la descolonización del poder precisa de la descolonización de esta sobrerrepresentación (2003: 260).

A diferencia de Wynter, Denise Ferreira de Silva propone no una nueva concepción de lo humano, sino una nueva subjetividad que no tome el *cogito* cartesiano como su punto de partida; esto es, que no se aparte del mundo ni lo absorba. Ferreira teoriza la subjetividad moderna en términos de dos tipos de sujeto: un sujeto occidental, constituido por la interioridad trascendental, el «yo» transparente, autodeterminado por la razón universal, y otro sujeto subalterno, para quien la razón universal no deja de ser una fuerza externa y opresora. Ferreira da Silva denomina «engulfment» al gesto hegeliano de transformar simbólicamente la opresión de Occidente sobre el exterior en un momento de la dialéctica de la razón universal, *poesis* trascendental, y ubica el surgimiento de lo racial como estrategia de «engulfment» –la absorción de cuerpos humanos y regiones geográficas como referentes de lo exterior– en los proyectos epistemológicos del siglo XIX (2007: 31-32). Estos proyectos ciertamente influenciaron a Whitman, en particular la filosofía idealista alemana y el movimiento del trascendentalismo, cuya inspiración se nota en su poesía de 1855 (Reynolds 1995: 254).

Glissant, por su parte, analiza el humanismo universalizador y la resistencia a su imposición en términos de transparencia y opacidad. El sujeto de la transparencia abstracta se aparta del mundo a la vez que lo consume como objeto de conocimiento, midiéndolo con la regla de su propio ideal sin participar en él. Glissant subraya el papel de la literatura y la historia en legitimar la hegemonía global de Occidente (1989: 75), y propone una «poética de la Relación», que rechaza la generalización abstracta y la posesión del mundo, y que articula una diversidad de Humanidades que respetan la opacidad de cada una, en lugar de una sola Humanidad transcendental que asimila u oblitera a las demás (1997). Glissant percibe en la poética occidental moderna una progresión que transforma la poesía en el género literario de lo indecible, una poética transparente y clarividente, estrechamente ligada con el derecho del individuo a la propiedad privada, que seguiría la trayectoria «propiedad privada – dignidad del individuo – lo poéticamente indecible» (1989: 137). Distingue también otra trayectoria paralela no-occidental: «indivisibilidad de la tierra – dignidad de la comunidad – lo explícito del canto», considerando «explícito» la poética oral africana, en la cual «*todo se puede decir*» (1989: 137; énfasis del original). La primera progresión parece coincidir con la visión whitmaneana que señala Batista: «Whitman propone que la historia estadounidense tiene tres partes o fases: la primera es el establecimiento de la democracia, la segunda es su enriquecimiento material y la tercera, la emergencia de una cultura literaria universal que justifique las primeras dos fases» (Batista 2009: 242). A mi juicio, Mir reescribe esta historia para contrarrestar el gesto de «engulfment» por parte de una literatura universal con su explícito «Contracanto». Aunque Glissant califica la poética de Whitman de «una poética de la Relación total» (1997: 34), el poema de Mir pone esto en entredicho al desenmascarar al sujeto poético del «Canto a mí mismo», que disfraza su mentalidad imperialista y su racismo.

El poeta norteamericano escribió «Canto a mí mismo» durante el período de debate sobre la esclavitud que condujo a la guerra civil estadounidense (1861-1865), que coincidió a su vez con la revolución del mercado capitalista. Whitman estaba a favor de los proyectos expansionistas de su país, incluso en el Caribe y América Latina, y aunque se manifestó en contra de la extensión de la esclavitud en los nuevos territorios estadounidenses, no apoyaba ni la abolición ni el voto negro; su preocupación en cuanto al tema de la esclavitud no era por las *personas* esclavizadas, sino por las *instituciones* democráticas (Reynolds 1995: 117). Creía en la supremacía de la raza blanca americana y la inevitable extinción de la raza indígena y la africana (Reynolds 1995: 472). En «Canto a mí mismo» Whitman se apropia de la figura del negro esclavizado para pintar su propio retrato como poeta democrático, héroe del pueblo, que resuelve dialécticamente las contradicciones sociales de su tiempo a través de la poesía. Hartman arroja luz sobre esta manera de ocupar simbólicamente el cuerpo esclavizado al argüir que «el barbarismo de la esclavitud no se expresó singularmente en la constitución del esclavo como objeto, sino también en las formas de subjetividad y humanidad circunscrita imputadas a los esclavizados» (1997: 6). Su análisis de «las formas de violencia y dominación permitidas por el reconocimiento de la humanidad, autorizadas por la invocación de derechos y justificadas por la libertad» defrauda la falsa inocencia del yo poético de Whitman (Hartman 1997: 6).

Por más que Mir problematice la apropiación de la figura del negro esclavizado por parte de Whitman, el poeta dominicano perpetúa la borradura de esa misma figura de la historia que pretende corregir. De este modo, al evocar la esclavitud sin nombrarla, su obra se inserta en la categoría de lo que Benítez Rojo (1989) llama textos «uncanny». Aunque el «Contracanto» muestra la relación fundamental entre capitalismo y democracia, a fin de cuentas omite la tercera institución estrechamente vinculada a estos proyectos, que es la trata esclavista. En palabras de W. E. B. Du Bois, es «ese movimiento extraordinario que hizo la inversión en carne humana el primer experimento en el capitalismo moderno organizado, que de hecho posibilitó el capitalismo. Acompañó los principios de la democracia en el mundo moderno» (2007: 43). Esta institución y su legado de racismo no se abordan en el poema de Mir. En efecto, la figura del negro esclavo está presente de manera subconsciente, implícita, y se atisba sobre todo mediante las referencias intertextuales del poema.

El «Contracanto» sugiere una genealogía literaria que registra las subjetividades implicadas en la relación entre los Estados Unidos y la República Dominicana en particular, y el Caribe y América Latina en general. Esta genealogía se anuncia en el epígrafe, que consiste de tres citas. La primera, «Yo, maestro Gonzalo de Berceo, nomnado…», del siglo XIII, es del primer poeta castellano conocido por su nombre. Le sigue la cita de «Canto a mí mismo» de Whitman, al cual responde el «Contracanto» de Mir: «Yo, Walt Whitman, un cosmos, / un hijo de Manhattan…». La tercera cita, de la novela del realismo socialista *Así se templó el acero* (1934), de Nikolái Ostrovski, apunta a la transformación de la individualidad en colectividad a raíz de contextos bélicos: «Pável perdió la sensación de individualidad. Todos aquellos días estaban saturados de cruentos combates. Korchaguin se fundió en la masa y, como cada uno de los combatientes, pareció haber olvidado la palabra "yo" quedando únicamente "nosotros": nuestro regimiento, nuestro escuadrón, nuestra brigada» (en Mir 2017: 123). Ya establecida la temática de la subjetividad individual *versus* la colectiva, Mir abre su «Contracanto» con una autopresentación anónima –y por lo tanto, colectiva– enmarcada en la visión del colonialismo y el neocolonialismo como una guerra perpetua.

El «Contracanto» principia de la siguiente manera: «Yo, / un hijo del Caribe, / precisamente antillano. / Producto primitivo de una ingenua / criatura borinqueña / y un obrero cubano, / nacido justamente, y pobremente, / en suelo quisqueyano» (Mir 2017: 125). Como comenta Batista, Mir inicia su «Contracanto» con la divulgación de su genealogía, lo cual es «un método tradicional de marcar legitimidad a través del doble atributo de origen y herencia» (2009: 238). Batista considera irónico el uso de un recurso épico para desmitificar la autoimagen del hablante lírico cósmico de «Canto a mí mismo», pero a mi criterio el gesto sirve para establecer el tono irónico que permea el resto del poema con el propósito de revelar la hipocresía del sujeto poético de Whitman. Mir responde a la invocación de Whitman (que aparece en un poema posterior titulado «Poetas de mañana») a los poetas del futuro: «Poetas de mañana, ¡levantaos! porque solo vosotros debéis justificarme» (Whitman 2001: 19). Whitman se dirige a los futuros poetas universales que justificarían la democracia y el crecimiento del capitalismo de su propio momento histórico. Mir contesta ese clamor con una refutación de la poética trascendental del estadounidense y la afirmación de una poética heterogénea de resistencia.

El «Contracanto» tiene dos antecedentes clave en *La zafra: poema de combate* (1926), de Agustín Acosta, y *España: poema en cuatro angustias y una esperanza* (1937), de Nicolás Guillén. Benítez Rojo interpreta *La zafra* como una antiepopeya que desmitifica la imagen del ingenio exaltado en el libro *Los ingenios* (1857) del francés Eduardo Laplante, que reúne veintiocho láminas que retratan algunas plantaciones azucareras cubanas en la década de 1850. El crítico cubano apunta a la correspondencia entre las láminas de Laplante, con sus veintiocho textos escritos por Justo G. Cantero, y los veintiocho cantos del poema de Acosta, acompañados a su vez por veintiocho dibujos (1989: 110). Benítez Rojo percibe en las imágenes de este libro, publicado durante la misma década que *Hojas de hierba*, «un espacio intermedio entre la máquina y el esclavo que [...] puede ser ocupado por algo vago y contradictorio, que atrae y repele a la vez, y que reduzco a una sola palabra: poder [...] ese conjunto de láminas y textos constituyen una suerte de panoplia poética o mito que puedo tomar como un monumento al poder» (1989: 106). Benítez Rojo lee *La zafra* como una suerte de contrarretrato del ingenio, no como «una zafra concreta, sino a la zafra como proceso histórico, como discurso [...] si *Los ingenios* se inscribe dentro del discurso totalizador del azúcar, *La zafra* lo hace dentro de un discurso de resistencia al azúcar» (1989: 111). *La zafra* se destaca por su posición antiimperialista frente a la intervención norteamericana, además de resaltar el vínculo entre el ingenio y la institución de la esclavitud. El «Contracanto» de Mir alude a este antecedente, cuyo contexto cubano comparte una historia semejante al contexto dominicano: la de la sucesión del poder militar y económico de los Estados Unidos al poder colonial español, imperialismos centrados en la industria azucarera.

Mir critica este mismo poder que se registra en el discurso de «Canto a mí mismo», situando su refrán en el mismo espacio de poder identificado por Benítez Rojo: «Si queréis encontrar el duro acento moderno / de la palabra / yo / id a Santo Domingo. / [...] / Dondequiera hallaréis un capitán sonoro / un yo. / Un jefe luminoso, / un yo, un cosmos / [...] / escucharéis, detrás de madureces y fragancias, / mezclados con sordos quejidos, con blasfemias y gritos, / con sollozos y puños [...] / un yo, Walt Whitman, un cosmos» (Mir 2017: 137). El Canto XV de *La zafra*, titulado «La sombra del caudillo», representa al yanqui como la sombra del caudillo caribeño. En sus «Palabras al lector», Acosta explica que no es poeta del pueblo: «Yo escribo para ciertas almas, para ciertas almas que son siempre extranjeras, que están siempre ausentes, y que por lo mismo abarcan totalmente el horizonte de las realidades que nos ahogan...» (2004: 35). Así que se dirige a «ciertas almas» como la del yo poético de Whitman, el extranjero lejano que se beneficia del imperialismo, cuya subjetividad pretende abarcar todas las realidades, y cuyo discurso es repetido por el caudillo caribeño. Al dirigirse específicamente a Whitman en el «Contracanto» para desmitificar el autorretrato del llamado «good grey poet», Mir retoma el verso que cierra *La zafra*, cuyo título: «Postscenio», alude al lugar de los actores que están fuera del escenario: «El poder que lo decreta / y la mano que lo traza / para la oculta amenaza / no han menester el profeta... / Basta la astucia secreta / que delata la intención; / basta el gesto bonachón / con que se muestran al fin / sobre un traje de Arlequín / unas barbas de algodón...!» (Acosta 2004: 111).

Mir juega con esta imagen de la barba blanca y falsa para desmentir la falsa inocencia del sujeto lírico whitmaneano mediante el uso de la ironía, cuya mejor expresión se encuentra en los adjetivos empleados para describir la barba de Whitman: «blanca», «luminosa», «insospechada», «sensitiva», «candorosa», «desgarrada», «interminable», «nuestra y definitiva» y «levantada». La repetida «barba blanca» alude a «las barbas de algodón» de *La zafra*, lo cual sugiere la falsedad de la imagen heroica de Whitman. El algodón simboliza, a su vez, el sistema de la plantación en el sur de los Estados Unidos, afincado en la mano de obra esclava, además de la subjetividad blanca (transparente) que se nutre de ellos. La imagen engañosa del «yo» barbado de Whitman contrasta con la voz contestataria del «nosotros» de Mir, desprovista de disfraz, «sin barba» (2017: 144).

Otro antecedente importante es «La voz esperanzada: una canción alegre flota en la lejanía», del poemario *España: poema en cuatro angustias y una esperanza* (1937), de Nicolás Guillén, que abarca la misma temática que *La zafra*, pero, a diferencia de la poesía culta de Acosta, con una voz lírica decididamente popular. Su pertenencia a la genealogía del «Contracanto» se hace evidente en los versos 156-167: «Yo, / hijo de América, / hijo de ti y de África, / esclavo ayer de mayorales blancos dueños de látigos coléricos; / hoy esclavo de rojos yanquis azucareros y voraces» (Guillén 1937: 216). Al mismo tiempo que la alusión al poema de Guillén subraya el registro popular en que se escribe, como contrapunto a la falsa voz popular del poeta culto, Whitman, también evidencia la presencia «uncanny» del cuerpo negro en el «Contracanto» de Mir[1]. El poema de Whitman comienza con los siguientes versos, que exaltan el «engulfment» del otro como la base de su autoconciencia: «Me celebro y me canto a mí mismo. / Y lo que yo diga ahora de mí, lo digo de ti, / porque lo que yo tengo lo tienes tú / y cada átomo de mi cuerpo es tuyo también» (Whitman 2001: 29). Estos gestos dan paso a la apropiación subsecuente de la figura del esclavo, que le permite presentarse como la personificación de los valores burgueses occidentales del individualismo y la democracia mediante un supuesto reconocimiento

[1] En el contexto de la literatura estadounidense, Langston Hughes también escribe un contracanto dirigido a Whitman, «Yo, también» (1924), que empieza con los versos «Yo, también, canto a América. / Soy el hermano más moreno» y termina: «Yo, también, soy América» (Hughes 1966: 275).

mutuo de la humanidad del esclavo. Como afirma Hartman, el esclavo posibilita la existencia del sujeto burgués, definiendo la libertad y ciudadanía a través de su negación o contraposición (1997: 62).

La sección 24 de «Canto a mí mismo», a la cual el «Contracanto» responde, inicia de esta manera: «Yo soy Walt Whitman... / Un cosmos. ¡Miradme! / El hijo de Manhattan / [...] / Quien humilla a otro / me humilla a mí. / Y todo lo que se dice y lo que se hace repercute en mí» (Whitman 2001: 70). Batista ve en estos versos un simbolismo metafórico en cuanto a que «la noción espacial inabarcable, "el cosmos" con que se vincula Whitman en el poema de Mir, incurre en un matiz negativo porque la expansión espacial cuadra con el poder y dominio de los EEUU» (Batista 2009: 238). Sin embargo, al nombrarse «un cosmos», Whitman parecería más bien absorber el universo entero para proyectar su interior sobre él. En su cuaderno, el poeta norteamericano apuntó su propia definición de la palabra «kosmos»: una persona cuya mente abarca todo el universo conocido (Reynolds 1995: 246). El yo poético de Whitman pretende absorber las voces de los oprimidos, incluso la de los esclavizados: «Yo digo la palabra mágica y primera / y doy el santo y seña de la democracia. / Y digo que no aceptaré nada que no tenga una réplica inmediata y numerosa. / De mi garganta salen voces largo tiempo calladas, / voces de largas generaciones de prisiones y de esclavos» (2001: 70). Esta apropiación de voces subalternas remite a la influencia del mesmerismo y el espiritualismo sobre su concepción del poeta como médium (Reynolds 1995: 263), cuyo discurso transcendental reconcilia los problemas sociopolíticos de su momento histórico en Estados Unidos: la esclavitud, el crecimiento de las divisiones de clase, los derechos de la mujer, la inmigración y la cuestión indígena. Whitman se apropia de las figuras del esclavo, el indígena y la mujer para pintar un retrato lírico de sí mismo y de su país pretendidamente democrático y merecedor de expandirse por vía de la fuerza.

Glissant sostiene que mientras la trascendencia universalista occidental arrancó con sus proyectos expansionistas, la Diversidad surgió a través de la resistencia política de los pueblos subalternos; asimismo, en tanto que la trascendencia «surge *dentro* de la fascinación por el individuo, la Diversidad se difunde *mediante* el dinamismo de las comunidades» (1989: 98; énfasis del original). Wynter, por su parte, afirma que la lucha contra la sobrerrepresentación de la blancura se inició con autores como Frantz

Fanon durante los movimientos anticoloniales de las décadas del cincuenta y sesenta (2003: 267-268). Dentro de ese contexto, el «Contracanto» se publicó el mismo año que apareció *Piel negra, máscaras blancas* (1952) de Fanon, cuyo análisis de la subjetividad racializada en contextos coloniales corresponde con la crítica que hace Mir de la subjetividad transparente –la blancura– en Whitman. Fanon apunta con lirismo: «A mi alrededor, el hombre blanco, arriba el cielo rasga su ombligo, la tierra raspa bajo mis pies, y hay una canción blanca, una canción blanca. Toda esta blancura que me quema...» (1967: 114). El poema de Mir rastrea la historia de esta canción blanca, la que encuentra su mayor expresión en «Canto a mí mismo», antes de anunciar su fin con la llegada del «contracanto». No obstante, Mir cae en el error advertido por Ferreira da Silva respecto a los activistas e intelectuales que protagonizaron los movimientos subalternos de la década del sesenta, quienes «emplearon la nación, el referente histórico, para articular la trayectoria del sujeto subalterno racial como un "yo" transparente» (2007: 33). Efectivamente, el sujeto lírico del «Contracanto», después de desmitificar el «yo» transparente de Whitman, le responde con la canción del «nosotros» transparente del proletariado. Al absorber la figura del negro esclavo al «pueblo» al que no pertenece, oblitera su existencia. Como señala Hartman, «el esclavo no es ni ciudadano ni trabajador libre, sino que es excluido de la narrativa de "nosotros el pueblo" que vincula al individuo moderno con el estado» (1997: 65).

En 1855, año en que se publica «Canto a mí mismo», la República Dominicana y los Estados Unidos entran en negociaciones para arrendar la bahía y la península de Samaná con miras al establecimiento de una base militar estadounidense (Moya Pons 1992: 313). La ideología imperialista estadounidense, articulada en la Doctrina Monroe de 1823, se había formado mediante el diálogo entre la ascendente superpotencia y su «musa inspiradora», la República Dominicana (Mir 1984: 14). Con este discurso, Estados Unidos se imaginaba con el propósito de promover la democracia entre los países del hemisferio occidental, mientras por otro lado se imaginaban fuera de la historia (Murphy 2005: viii). Gretchen Murphy esclarece el papel que la literatura jugó en ese proceso, elaborado tanto en el ámbito cultural como en el político. Murphy entiende la literatura «no solo como un medio que registra narrativas nacionales dominantes, o que expresa ansiedad e incertidumbre ante ellos, sino también como una fuerza causativa que construye y negocia lazos fraternos y el sentido de pertenencia nacional» (2005: 18)[2]. El «Contracanto» establece que Whitman encaja en ese proyecto nacionalista: «Con aquel ancho grito / fue construida una nación gigante. / Formada de relatos y naciones pequeñas / [...] / se escribieron poemas y códigos y mármoles» (Mir 2017: 131).

Mir inicia su historia lírica de la subjetividad whitmaneana con el consumo de tierras y cuerpos ajenos que fue el proyecto colonial europeo iniciado en el siglo XV, cuyo robo de *terra nullius* –la tierra de nadie– y el robo del cuerpo indígena y del negro mediante la esclavización alimentan la subjetividad renacentista, que se ve a sí misma como poseedora de la razón universal. El «yo» que Mir interroga en el «Contracanto» ya estaba ahí antes de la colonización de las Américas, «Estaba / pero interno» (2017: 128), en la «etapa de interioridad», todavía no proyectado sobre todo el mundo, como sucedería en la «etapa de exterioridad» del siglo XIX (Ferreira da Silva 2007: 31). Pero la colonización europea del siglo XV jugó un papel crucial en el desarrollo de esa subjetividad como hegemónica. Mir lo presenta así en la primera sección del «Contracanto»: «Hubo una vez un territorio puro / Árboles y terrones sin rúbricas ni alambres. / Hubo una vez un territorio sin tacha» (2017: 126). Con un tono irónico, la voz lírica habla de lo que Mary Nyquist llama la edad «privativa» para referirse a «la ausencia prepolítica de los privilegios y el orden estabilizador relacionados con la esfera pública en las tradiciones grecorromanas» en la imaginación europea de la temprana modernidad (2013: 231). Es la palabra «mío» la que cataliza la violencia catastrófica y trágica que cometería este sujeto:

> Y solamente / faltaban los delirios del hombre y su cabeza. / Solamente faltaba que la palabra / mío / penetrara en las minas y las cuevas / y cayera en el surco y besara la Estrella / Polar. Y cada hombre / llevara sobre el pecho, / bajo el brazo, en las pupilas y en los hombros, / su caudaloso yo, / su permanencia / en sí mismo, / y lo volcara por aquel desenfrenado territorio. (Mir 2017: 127)

---

[2] En el mismo año en que apareció «Canto a mí mismo» de Whitman se publicó también el poema épico «Canto a Hiawatha» (1855), de Henry Wadsworth Longfellow, que ejemplifica el uso de la figura del indígena por parte de escritores blancos para significar «la superioridad y eficacia de la "civilización angloamericana"» en el siglo XIX (Silva 2007: 206).

Es el «mío» que absorbe el mundo dentro de su «yo». La posesión (la palabra «mío») efectúa la expansión de la subjetividad individualista (el «yo»), justificada por la democracia, la cual implica el acceso universal a la posesión: «al pie de la palabra / yo / resplandeció la palabra / Democracia. / [...] / En todo el territorio / se hizo la gran puerta de la oportunidad / y todo el mundo tuvo acceso a la palabra / mío» (Mir 2017: 128-129). De este modo, Mir demuestra que este acceso universal es una ilusión que solamente engaña a los que disfrutan los privilegios de la «ethnoclass» del sujeto occidental, o sea, de la blancura. En *Discurso sobre el colonialismo* (1950) Aimé Césaire identifica a los fundadores de este «ethnoclass» como los actores decisivos en la colonización:

> el aventurero y el pirata, el alborotero mayorista y el propietario del barco, el buscador de oro y el comerciante, el hambre y la fuerza, y detrás de ellos, la torva sombra proyectada de una forma de civilización que, en cierto momento de su historia, se encuentra obligada, por razones internas, a extenderse a escala mundial. (2000: 33)

Esta sombra es la del «yo» whitmaneano, que Mir presenta en su contrarretrato del «good grey poet»: «Y suavemente se forjó la canción: / yo el cow-boy y yo el aventurero / y yo el pioneer y yo el lavador de oro / [...] / y yo el comerciante, capitán de mi plata / y yo / *el ser humano* / en pos de la fortuna para mí, sobre mí, / detrás de mí. / *Y con el mundo entero* / a mis pies, *sometido a mi voz, / recogido en mi espalda*» (Mir 2017: 130-31; énfasis mío). Mir apunta al sustrato imperialista de la concepción de lo humano expresado por la voz poética de Whitman e insiste en lo que enfatiza Neil Lazarus en cuanto a que «el colonialismo forma parte de una dinámica histórica más amplia, que es la del capitalismo en su trayectoria global» (2011: 7). Ahora bien, lo que Mir deja fuera de su discurso, pero cuya presencia fantasmal persiste de manera «uncanny», es la figura del negro esclavizado, el otro sujeto fundamental de dicho proceso histórico y de la subjetividad moderna.

«Canto a mí mismo» contiene varios pasajes en los que Whitman, al narrar una historia ficticia sobre un encuentro con una persona esclavizada, se apropia de la figura del negro para pintar su propia imagen idealizada del poeta cósmico que reconcilia las contradicciones de su país. Hartman examina cómo el dueño de esclavos hizo del cuerpo cautivo el vehículo de su propio poder y verdad (1997: 8). Esto incluye los casos de empatía, en los cuales el dueño explota el cuerpo esclavizado para expresar sus propios pensamientos y sentimientos relacionados con la esclavitud (Hartman 1997: 19). En palabras de Hartman: «el cuerpo desposeído del esclavo es el sustituto del cuerpo del dueño, ya que garantiza su universalidad incorpórea y opera como el signo de su poder y dominio» (1997: 21). Así pues, la libertad del sujeto occidental moderno consiste en su poder de mercantilizar simbólicamente –y deshumanizar– el cuerpo del esclavo negro. En un pasaje revelador, Whitman declara que siente «al esclavo perseguido [...] Siento las punzadas de su corazón [...] y los balazos asesinos. / Todo esto lo siento y lo sufro. / Yo soy todo esto. / Yo soy el esclavo acosado por la jauría. / [...] / No le pregunto al herido cómo se siente, / me convierto en el herido» (2001: 95-96). En vez de dialogar con el otro, proyecta sobre él sus propias fantasías al tiempo que le niega la propiedad de su verdadero dolor.

Mir ubica la canción blanca en los espacios de la producción capitalista colonial y neocolonial, los mismos espacios del ingenio de *La zafra*:

> Una canción antigua convertida en razón de fuerza / entre los engranajes de las factorías, en las calles / de las ciudades. Un yo, un cosmos, en las guardarrayas, / y en los vagones y en los molinos de los centrales. / Una canción antigua convertida en razón de sangre y de miseria, / un yo, un Walt Whitman, un cosmos, / un hijo de Manhattan...! (2017: 138)

En otras palabras, sitúa el sujeto lírico de «Canto a mí mismo» en el espacio del poder identificado por Benítez Rojo, el de la posesión de la máquina y el cuerpo esclavo. Se puede interpretar entonces que estos espacios son el sustrato del «yo» whitmaneano. Ahora bien, aunque este retrato lírico de la subjetividad hegemónica de Whitman deja en claro la subyacente violencia imperialista y racista, la voz poética del sujeto colectivo de su «Contracanto» no escapa a la transparencia: «Y ahora / ya no es la palabra / yo / la palabra cumplida / la palabra de toque para empezar el mundo. / Y ahora / ahora es la palabra / nosotros. / Y ahora, / ahora es llegada la hora del contracanto. / [...] / nosotros los pobres de la tierra» (2017: 140). Aunque el «nosotros» múltiple desafía el gesto de «engulfment» cometido por el yo asimilador del

«Canto a mí mismo», reproduce la transparencia al reducir la subjetividad subalterna a la del proletariado transcendental.

Lo cierto es que, en la continuación del fragmento antes mencionado, la figura del negro sí aparece, pero como el segundo término de una lista de muchas categorías raciales envueltas por la blancura transparente que abre (con «los blancos») y cierra (con «los rubios y los platinos») el listado:

> Nosotros los blancos, / los negros, los amarillos, / los indios, los cobrizos, / los moros y morenos, / los rojos y aceitunados, / los rubios y los platinos, / unificados por el trabajo, / por la miseria, por el silencio, / por el grito de un hombre solitario / que [...] / desenfrenadamente grita / yo / y siente el eco cristalino / de una ducha de sangre / que decididamente se alimenta en / nosotros. (2017: 140-141)

Este grupo racial heterogéneo es generalizado por su «trabajo», «miseria» y «silencio», y por el grito –el canto convertido en grito– del «yo» del Hombre burgués occidental. Este sujeto siente el «eco cristalino», es decir, la repetición transparente y frágil del caudillo caribeño que ensaya la canción blanca, que se alimenta en el «nosotros» subalterno. Glissant describe la imposición por parte de Occidente de su humanismo universalizador sobre los diversos pueblos del mundo como la consumación de estos en tanto «la carne del mundo» (1989: 97). Aquí Mir sugiere un canibalismo simbólico por parte del sujeto lírico whitmaneano que «se alimenta» en «nosotros».

En efecto, el «Contracanto» quiebra el «eco cristalino» de la canción blanca que Whitman había ensayado un siglo antes con «Canto a mí mismo»; le quita la barba de algodón al autorretrato del «good grey poet» para revelar su sombra de violencia imperialista y descolonizar su concepción de lo humano. Alzando una voz colectiva con su «canto a nosotros mismos», Mir se inserta en una trayectoria poética antioccidental, como la articulada por Glissant: «indivisibilidad de la tierra – dignidad de la comunidad – *lo explícito* del canto» (1989: 137; énfasis mío). En resumidas cuentas, por más que el «Contracanto» resiste «lo poéticamente indecible», resulta insuficientemente explícito en cuanto a la historia de la esclavitud, lo cual perpetúa la borradura de la figura del negro esclavo, cuya presencia se vislumbra solo de forma implícita o «uncanny». Así las cosas, el «Contracanto» forma parte del contrapunteo entre el discurso antagónico occidental y la autoafirmación de la alteridad antillana que se remonta a la transacción colonial (Torres-Saillant 2006: 148-149). Por cierto, como sostiene Torres-Saillant: «En gran medida, la historia intelectual del mundo antillano se puede rastrear relatando la relación de los pensadores y escritores de la región con las varias representaciones de sus sociedades que se encuentran en la escritura europea y norteamericana» (2006: 111). Al interrogar el discurso trascendental del «Canto a mí mismo», Mir dialoga con uno de los actores fuera del escenario, y desafía no solo el individualismo extremo del «yo» poético de Whitman sino también la subjetividad occidental transparente que lo conforma. Aunque el «nosotros» lírico contestatario de Mir termina por reproducir esta transparencia, su «Contracanto» sigue siendo un agudo contrapunto en el discurso antillano.

Bibliografía

Acosta, Agustín (2004): *La zafra: poema de combate*. Bogotá: Nomos.

Batista, José Manuel (2009): «Ni cósmico, Ni democrático: El "Contracanto A Walt Whitman" de Pedro Mir». En *Symposium: A Quarterly Journal in Modern Literatures* 62 (4): 235-57.

Benítez Rojo, Antonio (1989): *La isla que se repite. El Caribe y la perspectiva posmoderna*. Hanover: Ediciones del Norte.

Césaire, Aimé (2000): *Discourse on colonialism*. New York: Monthly Review Press.

Du Bois, W. E. B. (2007): *The world and Africa and color and democracy*. Oxford: Oxford University Press.

Fanon, Frantz (1967): *Black skin, white masks*. New York: Grove Press.

Ferreira da Silva, Denise (2007): *Toward a global idea of race*. Minneapolis: University of Minnesota Press.

Glissant, Édouard (1989): *Caribbean discourse*. Charlottesville: University Press of Virginia.

— (1997): *Poetics of relation*. Ann Arbor: University of Michigan Press.

Guillén, Nicolás (1937): *España: poema en cuatro angustias y una esperanza*. En Cerventes virtual: <www.cervantesvirtual.com/obra-visor/espana-poema-en-cuatro-angustias-y-una-esperanza-1937--0/html/ff480fe8-82b1-11df-acc7-002185ce6064_2.html>.

Hartman, Saidiya (1997): *Scenes of subjection*. Oxford: Oxford University Press.

Hughes, Langston (1966): *Selected poems of Langston Hughes*. New York: Alfred A. Knopf.

LAZARUS, Neil (2011): «What postcolonial theory doesn't say». En *Race & Class* 53 (1): 3-27.

MIR, Pedro (1984): *Las raíces dominicanas de la doctrina de Monroe*. Santo Domingo: Taller.

— (2017): *Poesía completa*. Santo Domingo: Cielonaranja.

MOYA PONS, Frank (1992): *Manual de historia dominicana*. Santo Domingo: Caribbean Publishers.

MURPHY, Gretchen (2005): *Hemispheric imaginings: the Monroe Doctrine and the narratives of U.S. empire*. Durham: Duke University Press.

NYQUIST, Mary (2013): *Arbitrary rule: slavery, tyranny, and the power of life and death*. Chicago: University of Chicago Press.

REYNOLDS, David S. (1995): *Walt Whitman's America: a cultural biography*. New York: Alfred A. Knopf.

TORRES-SAILLANT, Silvio (1997): *Caribbean poetics: toward an aesthetic of West Indian literature*. New York: Cambridge University Press.

— (2006): *An intellectual history of the Caribbean*. New York: Palgrave Macmillan.

WHITMAN, Walt (2001): *Canto a mí mismo*. Madrid: Akal.

WYNTER, Sylvia (2003): «Unsettling the coloniality of being/power/truth/freedom: towards the human, after Man, its overrepresentation – an argument». En *The New Centennial Review* 3 (3): 257-337.

Segunda mitad del siglo XX
y nuevo milenio

«Ficciones oscuras»: control autoral y violencia sexual en *Escalera para Electra* (1970), de Aída Cartagena Portalatín

Sandra Alvarado Bordas
Instituto Superior de Formación Docente Salomé Ureña

El contexto patriarcal y la imagen de la mujer escritora

La literatura dominicana no está exenta de los diálogos críticos y culturales actuales sobre la posición de las escritoras en el canon literario y el mercado editorial. En los últimos veinte años, tanto en la isla como en la diáspora, han proliferado las publicaciones de voces femeninas (actuales y del pasado) problematizando y abriendo viejas heridas de la cultura, la historia, la sexualidad y la situación de la mujer dominicana. Poetas y narradoras colocan en el centro de su escritura la opresión y las complejas estructuras de poder que desautorizan a las mujeres, en especial a las escritoras, en una cultura que ha legitimado por siglos la autoridad literaria masculina y las ha excluido de manera sistemática.

La crítica local mira aún con extrañeza los cuestionamientos que las escritoras vienen haciendo desde los años ochenta. En «La varona intelectual», las preguntas de Carmen Imbert Brugal sobre el lugar de las escritoras siguen vigentes en muchos espacios institucionalizados de la República Dominicana: «¿Será cierto que solo dos o tres mujeres se han dedicado al duro oficio de hacer literatura en nuestro país? ¿O será más cierto que los antologistas tradicionales no recogen a propósito esos trabajos?» (en Cañete Quezada 2018: 566). Estas preguntas se hacen eco del sujeto narrador de *Escalera para Electra* (1970), de Aída Cartagena Portalatín (1918-1994)[1], al

[1] Cartagena Portalatín, poeta y escritora dominicana, es conocida como la única mujer integrante del movimiento literario dominicano La Poesía Sorpren-

presentar su queja editorial: «malvados editores que solo publican lo que les viene en gana. Seamos claros: lo que conviene a su negocio. Se excusarán: Esto no es una novela. Esto es... ¿Qué, carajo, entonces...?» (2004: 31). Esta ansiedad continúa en el transcurso de la novela: «¿Qué tengo yo para ganar o perder con este libro que no encontrará editores, porque dirán que no es una novela, ni nada que sirva para anuncio?» (2004: 97). Ya en las últimas páginas, cuando Helene regresa a París al encuentro con Monsieur Raymond (posible editor), se visibiliza la incómoda confrontación de la escritora, que debe defender y justificar su obra. Con tono hostil y autoritario, la narradora reclama: «Y su pregunta de que si yo Helene, biógrafa de Swain insisto en que esto es una novela... ya me revienta. Me seca. Mi cabeza está vacía cuando me acerco a Monsieur Raymond; C'est toute l'histoire de Mademoiselle Swain et sa famille. Au revoir. Debí decirle algo más [...]» (2004: 143).

La relación antagónica de editores y críticos con las escritoras es de larga data. Las reflexiones de Joanna Russ sobre la negación y contaminación de la autoría iluminan la demanda de Helene. Aseveraciones como «*No lo escribió ella* [...] *Lo hizo, pero no debería haberlo hecho* [...] *Lo hizo, pero fíjate sobre qué cosas escribió*» (2018: 45; énfasis del original) muestran los valores que muchas veces han dominado la industria editorial. Russ, por ejemplo, menciona el diálogo del escritor Samuel Delany con un editor, quien declara con franqueza que «hace dos años rechacé un par de novelas suyas [de Joanna Russ], ni siquiera tuve la oportunidad de leerlas. Mi jefe me dijo que las escritoras de ciencia ficción no venden» (2018: 24). Otro aspecto que propicia la borradura de la autoría femenina, señala Russ, es el uso de lo confesional en la crítica, que ha resultado en la consideración de una forma literaria inferior, de uso despectivo, y que retrata «la naturaleza de la experiencia (no solamente por su feminidad): la furia de Platt, la locura de Sexton y el lesbianismo de Millet» (2018: 24). De igual manera, en *Escalera para Electra* la autoría resulta cuestionada por temas de forma y contenido, o por la representación del género literario (novela).

---

dida. Además de doctorarse en Humanidades, realizó estudios de posgrado en Museología y Teoría de las Artes Plásticas en la Escuela del Louvre (París, Francia). Reconocida por sus varios poemarios, con *Escalera para Electra* –finalista del Premio Biblioteca Breve de la editorial Seix Barral en 1969– comienza su exploración y experimentación con la novela.

La voz iracunda, firme y de advertencia con que finaliza *Escalera para Electra* permite comprender la centralidad y el hito que representa Cartagena Portalatín para la figuración de las voces femeninas de la posteridad, aun a cincuenta años de la publicación de esta novela. Ya en la canónica antología de Daisy Cocco de Filippis, *Sin otro profeta que su canto* (1988), puede verse ese contexto literario en el que surge una autora como Cartagena Portalatín, gracias a quien «el ambiente literario es más propicio para la mujer» (Cocco de Filippis 1988: 30).

Que sea más propicio este ambiente se debe a que Cartagena Portalatín logró crear un espejo más justo donde las mujeres y escritoras pudieran leerse a sí mismas. Si se revisa la introducción de la antología de Cocco de Filippis se advierte la limitada representación que tuvo la mujer –incluso ese ideal que hemos heredado de Salomé Ureña– en la literatura. Las mujeres lectoras de las principales ficciones de la literatura dominicana (Gastón Deligne, Víctor Garrido, Domingo Moreno Jiménez, entre otros) habían leído a la mujer como una musa. Los procesos de objetivación de la psiquis y del cuerpo de la mujer dominicana se hacen evidentes, y además de mostrarse la preferencia por los ideales canónicos europeos. Se manifiesta una polarización entre el ideal de mujer «blanca, sumisa y virginal» y la mujer negra y mulata, que «aparece como un ser que aniquila y destruye al hombre», cargada de una sensualidad extrema[2] (Cocco de Filippis 1988: 15-16). Al pasar de la «mujer musa» y ver los peligros que implican los procesos de ficcionalización de la mujer dominicana (blanca, sensible y sumisa), construida desde el ideal europeo y en rechazo a su herencia africana, vemos cómo la construcción de la «mujer autora» trae contradicciones y ansiedades difíciles de superar.

Tanto Imbert Brugal como Cocco de Filippis coinciden en que la crítica hegemónica e institucionalizada dominicana enjuicia, en ocasiones, la obra de las escritoras como un pasatiempo dentro de sus quehaceres domésticos, o la caracteriza utilizando adjetivos de inmenso sacrificio y virilidad. Este ha sido el caso de Salomé Ureña (1850-1897): de «entonación viril»,

[2] Las representaciones literarias (binarias) de la mujer resultan problemáticas en tanto forman parte de las dinámicas discursivas que contaminan la autoría de las mujeres escritoras. Escribir, pintar o actuar son acciones que al ser realizadas por mujeres son juzgadas como «indecentes» (Russ 2018: 26).

«luminoso estro poético viril»[3], y «definición de la mujer moderna, ese ser superior que aspira a desempeñar a la perfección todas las obligaciones que recaen sobre ella» (Cocco de Filippis 1988: 20). Muchas cuestiones siguen vigentes respecto al legado de Salomé Ureña a la producción literaria y a la imagen de la mujer dominicana, y quedan por explorar respuestas que ayuden a deconstruir el silencio y la idea de sacrificio de la que fue víctima nuestra poeta nacional.

La vida y la breve obra de la poeta dominicana Altagracia Saviñón (1886-1942) es otro ejemplo de las complejidades que caracterizan la escritura de mujeres en República Dominicana, y resulta buen ejemplo de las caracterizaciones polarizadas de las escritoras que muchas veces persisten en las historias literarias. Si con Ureña tenemos una imagen de la mujer poeta y educadora sacrificada por el bienestar de los otros y de la nación, en Saviñón encontramos la imagen de la escritora débil y enferma, pero lúcida en su expresión literaria.

En la única narrativa de Saviñón a la cual tenemos acceso, esta se configura como una «muñeca inquieta» colocándose a sí misma como un objeto decorativo dentro de un ambiente opresivo y disciplinario en donde «jamás resonar podía la alegre risa de mis primos, sin que fueran sometidos a la severa disciplina de los abuelos» (en Sánchez 2014: 139). La voz narrativa reacciona a este ambiente disciplinario y se refugia en la naturaleza constreñida y limitada del patio –«Esto me hizo... amar la naturaleza»–, configurándose como un sujeto deseante que, si bien se proyecta libremente, ve frustrada su capacidad de agencia y autonomía; ya en la adultez «la naturaleza no es encubridora y abundante sino casi yerma (yedra, yerba, grillo)», y las historias no son de cuentos de hadas, sino de tradiciones opresivas: «un hidalgo español que matara a su esposa al regresar de un largo viaje para lavar su honor mancillado» (en Sánchez 2014: 139, 141).

En Ureña y Saviñón, como luego en Cartagena Portalatín, podemos ir reconociendo la influencia de sistemas simbólicos que repercuten directamente en la imagen de la escritora. La educación de la mujer, el ingreso al mercado laboral, la modernización, el nacionalismo y los sistemas autori-

---

[3] Las descripciones de las autoras a partir de nombres y epítetos masculinos forman parte de otro procedimiento de negación de la autoría: «Una mujer no ha escrito esto porque la mujer que lo ha escrito es *más que una mujer*» (Russ 2018: 67).

tarios son algunos de los relatos que han influido en los procesos de subjetivación de estas escritoras.

En el caso de Cartagena Portalatín hay una red de relatos que influyen en la construcción intertextual y *sui generis* de la narradora de *Escalera para Electra*. La narradora y biógrafa de la vida de Swain, Helene –que bien podría ser la misma Cartagena Portalatín (la autora implicada)–, es quien forja un nuevo hito respecto a la imagen de la mujer que escribe. El espacio literario de la escritora ya no se limita estrictamente a la intimidad del hogar o a los espacios nacionales, sino que se abre al viaje; se escribe desde la distancia y desde una experiencia mucho más cosmopolita. Es en ese sentido que debe verse la puesta en escena de la autofiguración de la autora, aun cuando presente dualidades y contradicciones, señaladas por los recientes estudios autoriales[4].

Si bien podría decirse que *Escalera para Electra* cuenta la historia incestuosa de Swain y su padre, es más atinado pensarla como la historia de una escritora que cuenta el dinámico y ansioso proceso de escritura de una novela donde va develando tabúes que han forjado la identidad dominicana y que pocas veces han sido discutidos en público. El proceso autoral de Helene es curioso y está cargado, a su vez, de una terrible ansiedad. En primer lugar, confiesa y enuncia su «YO» y su nombre más de una vez, presentándose como la «biógrafa de Swain» (2004: 103), a modo de continua afirmación de su identidad como autora[5]. En segundo lugar, Helene se va figurando como autora a través de una amplia red de intertextualidades, que abarca desde la historia social y cultural de Grecia y la *Electra* de Eurípides hasta las teorías sobre la novela de Jean-Paul Sartre y Alain Robbe-Grillet. Se produce una puesta en escena de la confrontación de la autora con el canon patriarcal, quien al leer activamente como mujer y escritora utiliza la mitologización como estrategia, lo que hace posible identificar la *Electra* de Eurípides con la Electra que «nació en mi pueblo» (2004: 7)[6].

[4] Para los estudios autoriales desde una perspectiva de género, véase Pérez Fontdevila & Torras Francès 2019.

[5] Como ha señalado Sylvia Molloy (1991: 110), en ocasiones los textos de las escritoras tienen la necesidad de institucionalizar su presencia a través de epitafios, nombres, firmas o genealogías.

[6] Leer y escribir como mujer implica las múltiples posiciones que el sujeto pudiera ocupar con relación al texto (Pérez Fontdevila 2019: 54). Cartagena Por-

La ansiedad autoral a la que hago referencia puede comprenderse desde las repercusiones de una noción de autor que ha permeado el campo literario y cultural durante siglos. En su análisis de los paradigmas que han delimitado los conceptos de autor y sujeto, Aina Pérez Fontdevila señala características ficcionales e idealizantes –«la libertad, la independencia, la autonomía y la integridad personal» (2019: 25)– que han contribuido a la división de género de la figura autorial, problematizando así la posición de subordinación de la mujer escritora en la historia literaria. Los mecanismos de control, exclusión y desvalorización de la actividad creadora de las mujeres parten de una visión platónica de lo femenino, que coloca a la mujer en el plano único de la procreación o reproducción biológica, opuesta a la idea de producción (masculina), vinculada a la representación de genialidad, innovación y originalidad del autor decimonónico. Cuando se observa la posición del sujeto femenino que narra (mujer autora) en *Escalera para Electra* es posible comprender la dinámica de opuestos binarios alrededor de la autoría de Helene, es decir, tanto los valores de empoderamiento que caracterizan a esta mujer (libertad de movimiento, recursos materiales, autonomía, agencia, creación), como también la sujeción de la mujer autora (Helene) a estos ideales ficticios del autor. El resultado de esta contradicción pone de manifiesto la ansiedad de la mujer autora, en tanto su actividad creadora

> es percibida como un desafío al orden social porque la sitúa fuera del «espacio familiar y privado» [...] en cuanto implica contradecir su naturaleza reproductiva y los ideales de «devoción y abnegación» que se le asocian, escribir convierte a las mujeres autoras en excepciones a las leyes de su «especie». (Pérez Fontdevila 2019: 31)

Cartagena Portalatín coloca al sujeto narrador en un sistema literario androcéntrico que le sirve de espejo para visibilizar las dinámicas de poder,

talatín se coloca en el texto de múltiples maneras: como lectora, autora, testigo, espectadora, viajera, etcétera. «Debido a que las posiciones-sujeto son múltiples, cambiantes y cambiables, [el/la autor/a] puede ocupar varios "espacios-yo" al *mismo tiempo*. Esta dispersión sugiere dos cosas, que ningún/a [autor/a] es idéntico a él/ella mismo/a y que ninguna [escritura] carece de contradicción interna» (Fuss en Pérez Fontdevila 2019: 55).

el autoritarismo y las contradicciones que dan forma a los sujetos femeninos y a su propia subjetividad autoral, y que resultan útiles para comprender los procesos de subjetivación de la mujer dominicana. De hecho, puede observarse cómo la violencia física, sexual, psicológica, económica y obstétrica –o estas «ficciones oscuras»–, y en general la opresión y el contexto patriarcal resultan centrales en la figuración de estos sujetos.

Varios momentos históricos de autoritarismo en la República Dominicana permean la historia de *Escalera para Electra*. Además de recuperar temas tabúes del inconsciente colectivo dominicano como la sexualidad y el incesto, otros temas prohibidos de la historia nacional recurren en la narrativa de Cartagena Portalatín. Elizabeth Russ señala que

> Helene can broach other forbidden topics, including the political authoritarianism and dominated Dominican political life through most of the 19th and 20th centuries. Set in 1969, *Escalera para Electra* responds, not only to the legacy of Trujillo, whose rule ended with his 1961 assassination, but also to the new wave of oppression unleashed by President Joaquín Balaguer –a principal architect of the *ciudad trujillista* [...] While condemning the political maneuverings that led to the 1963 deposal of President Bosch and the 1965 civil war, Cartagena's narrator reserves special ire for the pernicious influence of the United States, represented most starkly through its 1916 and 1965 military occupations of her homeland. (2014: 117)

La estructura de la propuesta literaria de Cartagena Portalatín resulta compleja. Las escenas fragmentadas o los distintos episodios –que se componen de postales, paseos por los escenarios urbanos y arquitectónicos de Atenas, encuentro con amigos y lecturas– facilitan, por un lado, la figuración y colocación del sujeto narrador (a través de su proyecto autoral de la novela); por otro, esconden parcialmente la violencia fundacional y sistémica que representa la historia de Swain o el secreto de la historia de Swain, y problematizan las representaciones literarias alrededor de la violencia sexual. El texto o el reciclaje literario funciona como un doble (Rodríguez Guglielmoni 2010: 115); en ambos casos, Cartagena Portalatín está tratando de exorcizar y de nombrar por medio de asociaciones libres el trauma, o lo que es lo mismo, el autoritarismo, la violación sexual y los abusos que han marcado la historia de la República Dominicana e influido especialmente en los procesos de subjetivación de la mujer dominicana.

Representaciones de violencia y control autoral

La narradora de *Escalera para Electra* tiene un objetivo claro desde el inicio: contar la biografía de Swain, que es abusada sexualmente por su padre, don Plácido. Este propósito, sin embargo, no se articula tan fácilmente. Helene es narradora testigo de los eventos, en tanto es contemporánea al personaje y compartió episodios de su adolescencia con ella. La historia de Swain comienza con un nacimiento sangriento; ella misma es producto de la violación continua de don Plácido a su esposa Rosaura (de quien solo al final sabemos su nombre), quien además permanece confinada en su hogar sin poder ver ni a su madre ni a sus hijos, Norberto y Ramón César. En las escenas correspondientes a la adolescencia de Swain la narradora anticipa la relación incestuosa entre don Plácido, el padre, y Swain, la hija. Los personajes, en sus viajes por Santo Domingo y Nueva York, proyectan una imagen de pareja. Y a diferencia de la Electra de Eurípides, Swain no solo tiene una relación conflictiva con la madre, sino que asume a su padre como su pareja.

Para Helene, «biógrafa de Swain», todo esto resulta inenarrable. Si bien hay una conciencia sobre los mecanismos de poder y autoridad que han marcado la historia de la República Dominicana, narrar el trauma constitutivo de la nación requiere de estrategias metaficcionales para lograr articular aquello que ha sido ocultado. En ese sentido, *Escalera para Electra* resulta ser un caso límite de la experiencia traumática del yo, y la categoría de trauma es clave para comprender la estructura fragmentada de la novela.

El concepto de trauma se refiere no solo a las heridas fisiológicas que se han infligido al individuo, sino a las heridas que han pasado del cuerpo a la memoria. Según Leigh Gilmore, la conciencia y la memoria traumática influyen en la representación del yo, en el sentido de que el trauma se repite *ad infinitum* en la vida del individuo y no encuentra salida a través del lenguaje: «language fails in the face of trauma [...] trauma mocks language and confronts it with its insufficiency» (2001: 6). Esta memoria traumática aparece reflejada en la novela cuando a Helene, caminando por Atenas, la asaltan los recuerdos de Swain y las historias de abuso y subversión que se repiten desde los tiempos de la Conquista. La narradora reconoce el bloqueo mental que le provoca la tragedia de Swain y comprende que para escribir su historia es necesaria la distancia:

> ME DIGO: casos como el de Swain vienen escribiéndose desde Homero [...] Parece que era necesario redoblar la voluntad, liberarme del bloqueo mental provocado por la cercanía de su paisaje. Ahora, a la distancia, creo que es mucho más fácil [...] Además, en Dominicana esas tragedias se esconden, se guardan como un tótem maldito encerrado en silencio. Aquí ustedes las exhiben a plena luz del día o de la noche eléctrica. Allá la gente se signa con la cruz, las espanta como a demonios. (2004: 68)

Hay un vínculo entre el trauma, el silencio y el horror, y esto se refleja en la estructura misma de la novela. La intercalación de episodios hace difícil articular la experiencia de horror de los personajes femeninos, y el sujeto que narra se debate entre dos tensiones contradictorias: la voluntad de reconstruir una experiencia traumática y la voluntad de olvidar. La narradora opta por contar las escenas de abuso y violencia sexual, pero para lograr articularlo debe refugiarse en la fragmentación discursiva y un suspenso que desvía la atención del lector.

Esta elección narrativa se convierte en un juego de pausas en el que se alternan los silencios de la historia de Swain y el intento de representar los episodios de violación sexual: hay una lucha con el género literario y la palabra. Con anterioridad a una de las escenas más violentas de *Escalera para Electra* los distractores textuales se activan: primero, un capítulo sin nombre donde se nos presenta la teoría de Jean-Paul Sartre sobre la novela contemporánea; luego, las postales en donde Helene confiesa a sus amigos detalles sobre la estructura del proyecto y sobre sus ansiedades de escribir sobre Swain. Con relación a esto último llama la atención su apreciación sobre el manuscrito de la historia de Swain, «que se corresponde bastante con los cambios de velocidad de filmación, una edición y montaje a lo Fellini, que las cosas caen de golpetazo o culo, ya aquí o allá» (2004: 51). Y por último, la inserción de escenas de la *Electra* de Eurípides para caer «de golpetazo» en la representación literaria de la violación sexual:

> La mujer sintió el hierro frío. El arma apuntaba en su misma cabeza [...] La golpeó duro con la intención de callarla [...] Estaba horizontal sobre el cuerpo debajo. Debajo era su mujer con todo su calor de hembra. Era ella. Con los pechos erectos como la noche primera, que ahora volvía al pensamiento con todos sus detalles. Ni hizo resistencia. Se dejó. Volvió a poseerla. (2004: 56)

La escena muestra cómo Cartagena Portalatín coloca en primer plano las dificultades para representar y/o la imposibilidad de nombrar el acto de violencia sexual como violación. Hay una erotización en las escenas que borra la experiencia de sujeción del cuerpo femenino en una situación de violencia extrema. Lo mismo sucede cuando Rosaura recuerda «de golpetazo» o «como un relámpago» episodios de violencia obstétrica: «Señora: desvístase. Luego: tiéndase sobre la mesa para examinarla mejor [...] La mano del médico se hundió en el vientre de la mujer: rodó hasta los muslos: se detuvo ligeramente sobre el sexo» (2004: 131). A partir de aquí, la narradora introduce el proceso de ambigüedad que experimenta el personaje, quien entiende que «no era cierto que este tipo la explotaba como sabía que comentaba alguna gente» (2004: 131).

Resulta compleja la contradicción entre el asombro de Helene ante la historia de abuso y sometimiento de Rosaura y el autorreconocimiento que los personajes podrían tener de sus historias de violencia. En ambas escenas se hace énfasis en la entrega corporal, lo cual pudiera desestabilizar la idea de violencia, pero no podemos dejar de denominarlas violación: en ambos casos tienen lugar por medio de tácticas de sujeción corporal, a través de un arma, en la primera escena, y a través de la autoridad médica, en la segunda.

El discurso que Rita Segato elabora acerca de la violencia expresiva y la violación sexual en *La guerra contra las mujeres* (2016) informa la reflexión sobre estas escenas desestabilizadoras. Segato parte de la premisa de que el cuerpo de la mujer es la zona de guerra, el lugar a través del cual entran en pugna las políticas y el poder, y la violación sexual es la táctica de un poder ejercido para dominar el cuerpo (territorio): «El derecho sobre el cuerpo de la mujer es una extensión del derecho del señor sobre su gleba» (Segato 2021: 40). En *Escalera para Electra* se representa la dinámica de este derecho sobre el cuerpo (territorio) cuando don Plácido, poseído por los celos a causa de la presencia de Chano y su participación en los trabajos de la finca y la crianza de sus hijos, golpea a Rosaura y se complace en azotarla «a la vista de los trabajadores» (2014: 47). Es más, el asesinato de Chano, peón que contribuía junto al Gago y Rosaura con las tareas de la finca, surge como un hecho de la violencia expresiva, «violencia cuya finalidad es la expresión del control absoluto de una voluntad sobre la otra» (Segato 2021: 36).

Esta expresión de la violencia se manifiesta en la novela a través del cuerpo mutilado de Chano, desangrado, con «tres heridas en el cuerpo y un brazo desprendido» (2014: 44). La imagen funcionará como un manifiesto psicológico y desmoralizante para Rosaura, quien a partir de ese momento queda «cautiva dentro de las cuatro paredes de la casa» (2014: 48), pero también como espectáculo que sirve de advertencia y escarmiento a los demás peones, mostrándoles quién tiene el poder y cómo funciona la impunidad que le acompaña. Se expresa con esto un dominio existente del dominador sobre el espacio doméstico y el cuerpo de la mujer.

Como señala Segato, «la violación, la dominación sexual, tiene como rasgo conjugar el control no solamente físico sino también moral de la víctima y sus asociados. La reducción moral es un requisito para que la dominación se consume y la sexualidad, en el mundo que conocemos, está impregnada de moralidad» (2021: 39). Como sostiene Régine Jean-Charles (2006), la violación sexual se ve oscurecida por otros tipos de violencia o por grandes relatos como la esclavitud, la inestabilidad política, las dictaduras, etcétera. Al ser enmarcada o considerada una consecuencia de los períodos de turbulencia política, se mira de manera sesgada. En ese sentido, la autora promueve un cambio de enfoque, que consiste en pensar la violación sexual más allá de lo institucional o del contexto en que se produce, centrándose en la experiencia corpórea y subjetiva de las sobrevivientes. Pensar la violación sexual y los límites de su representación literaria conduce, además, a una discusión sobre las construcciones culturales en torno al fenómeno. Como señala Jean-Charles: «The example of rape underlines the failure of the cultural to accurately convey an act that is at once corporeal, emotional, physical, and intensely traumatic» (2006: 6).

En las escenas de violencia sexual que involucran a Swain y su padre, don Plácido, podemos ver nuevamente la problematización alrededor de la representación literaria de la violación y el significado que adquieren tanto el silencio como la resistencia a llamarla por su nombre. Hay que notar la posición particular que ocupa la narradora frente a los eventos. En el capítulo 26, Helene detalla la técnica narrativa que utilizará para describir la escena. Se acoge al realismo y a la descripción objetiva de la realidad externa, y declara que observará «con gran meticulosidad aquello que quiere llevar a su obra» (2004: 103). A partir de aquí Helene presenta al testigo de los eventos –Francisco del Pilar Gómez Santiago, conocido como Chico–, y advierte que el personaje aparecerá «con la dimensión que le corresponde» (2004: 103).

Con la introducción de este personaje Cartagena Portalatín comienza un proceso de negociación sobre las representaciones de la violación sexual a través de la mirada «graciosa» de Chico y de su representación simbólica como personaje –se trata de un personaje por el que la narradora siente simpatía, porque le «divertía aquello de que estaba enamorado de Swain» (2004: 103)–. La polisemia de su apodo remite tanto a su menudez física y su edad –está en sexto grado– como a su posición de subalternidad, en contraste con la masculinidad hegemónica de don Plácido. Chico no duda en crear una historia paralela que explique por qué Swain y don Plácido entraban de noche a la propiedad pasando por el cementerio. Según Chico, tenían un pacto con los muertos y buscaban tesoros: se demostraba así la valentía de Swain y la oportunidad del niño para conseguir dinero, tierras y animales, y poder casarse con ella. La historia paralela sirve, además, para procesar la escena entre don Plácido y Swain hasta caer en la cuenta de que lo sucedido era similar a las «cosas» que veía en la naturaleza:

> Don Plácido
> La hija
> Los dos no excavaban la tierra.
> No buscaban tesoros.
> Chico se estremecía. Lo repito
> Se enterraba las uñas en la carne.
> Se rasguñaba el cuerpo
> Estaban allí, desnudos, como las vacas, como los caballos. Swain entre los brazos del hombre.
>
> El muchacho lloraba con indignación porque su ángel se ofrecía con la misma facilidad que Antera la que lavaba las tripas en el matadero del cruce de los dos caminos. Ahí de frente estaba Swain con el mismo desenfado de Antera con Hilario o con cualquiera de los peones que la atrapaban cuando bajaba o subía del río. (2004: 110)

La decepción y el estado de shock que la escena le provoca a Chico se debe en parte al constructo cultural que hasta entonces tenía sobre el sexo y el acto sexual. El paralelismo de lo sucedido entre «el matadero del cruce de los dos caminos» y «los dos panteones, el de los Caminos y el de la señora Petra» (2004: 107) lleva a Chico a pensar en el estado más degradante de la actividad sexual. Las «tripas» proyectan el estado de abyección en el que se encuentra, lo que lo lleva a pasar de su idea de Swain como ángel a la de ella como ser promiscuo –«se ofrecía con la misma facilidad [...] con el mismo desenfado de Antera» (2004: 110)– o como objeto del deseo y de la violencia sexual de los trabajadores hacia las mujeres. Estas polarizaciones sobre la construcción social de la mujer se hacen evidentes (el ángel de la casa o la prostituta) y ciertamente influyen en la figuración de la escena, además de confirmar la existencia de una cultura de la violación sexual –a la misma Antera se la suele «atrapar» cuando sube o baja del río. Conviene, además, detenerse en la estrategia narrativa de Helene: coloca como receptor de la escena a Chico, alguien que por su edad y condición subalterna no puede nombrar la violación por su nombre. Como alternativa la narradora recurre a la experiencia corporal del niño, que permanece «herido, rebajado por la actitud de la muchacha» (2004: 110), sumido en llanto y paralizado por el miedo, al punto de evacuarse en los pantalones. Curiosamente, el único comentario a la escena que hace Helene es una cita textual de la escritora mexicana Guadalupe Dueñas sobre el arte de escribir y las temáticas privilegiadas por los grandes escritores. Al hacer un paréntesis y evadir el conflicto central, Helene vuelve a problematizar la articulación lingüística de la violación sexual.

Si contrastamos a lo largo de la novela la posición de privilegio de la voz narrativa con la perpetua situación de subordinación en la que se encuentran los personajes femeninos, vemos que la distancia textual, el silencio, los episodios, las escenas y todo el discurso fragmentado de la novela resultan necesarios para lidiar con el trauma original de un país sometido al poder coercitivo del soberano. En más de una ocasión la sujeción de los cuerpos al deseo masculino se justifica sea por celos, deseo de reproducción, sentido de propiedad o por el hecho de no tener marido; los personajes femeninos, además, participan de la violencia simbólica que hace de las mujeres cómplices del poder patriarcal.

Como señala Pierre Bourdieu, las relaciones de género resultan paradigmáticas de la forma en que opera la violencia simbólica. Su teoría sobre las relaciones de poder se basa no tanto en cómo presiones externas de violencia (física o simbólica) ejercen dominio sobre grupos vulnerables, sino en cómo el dominado está en acuerdo con el dominador sobre ideas estereotípicas, sea sobre la mujer o sobre el hombre; es decir, la violencia simbólica es «the violence which is exercised upon a social agent with his or her complicity» (Southerson 2011: 1422).

En ese sentido, vemos cómo Helene reacciona antes las convenciones y expectativas de los roles de género que han constituido la historia de los personajes femeninos que figuran en la biografía de Swain. Para dar explicación a la relación conflictiva de madre e hija y entender los mecanismos por los cuales se vuelven una contra la otra y compiten, Helene introduce el mito de Pigmalión, en correspondencia con ese «conjunto de ficciones oscuras en que Plácido inició a la virgen e hizo de ella una existencia rara modificando realmente toda su psique» (2004: 135). La narradora apunta con esto al proceso de introyección de las expectativas de una figura de autoridad (Frey 2018). Plácido, como figura de autoridad representativa de la novela, es además una alegoría de los distintos contextos de poder dictatorial que han marcado la República Dominicana. Tanto Rosaura como Swain han sido recipientes de ese poder y han interiorizado, como consecuencia, los efectos de esa violencia económica, física y psicológica por medio de la cual se regulan sus acciones.

Aquí radica, entiendo, lo novedoso de la estrategia metaficcional de Cartagena Portalatín. Al figurar una imagen de escritora que se constituye además como personaje de la novela promueve una imagen alternativa para las mujeres y autoras dominicanas, que logra problematizar los roles de género y la violación sexual. Helene se inserta de manera intercalada en la novela que narra para ejercer control y autoridad sobre su historia, pero a la vez para crear una línea narrativa diferente, desde donde ella se separa y sale de los confines del patriarcado. Esta estrategia se mantiene a lo largo del texto para enfatizar el control autoral y lo libera de los patrones del patriarcado rural dominicano. Como señala Lorna V. Williams,

> Swain's story emerges from a place outside patriarchy. The narrating voice is that of a woman who, as an international traveler engaged in intellectual pursuits, embodies an unconventional site of knowledge about women's lives [...] In establishing her existence as a speaking subject, Helene assumes the authority to uncover the practices of gender domination from a domain beyond the patriarchally-defined domestic order. (1997: 97)

La performatividad con que Helene expone sus procesos de lectura y escritura marca su diferencia con respecto a la historia de sus personajes. Cartagena Portalatín, ciertamente, crea una escalera, un puente para que las autoras puedan leer sus historias; como señala Molloy, «Reading-as-woman is a process permanently oscillating between identification and verification of difference» (1991: 112). En *Escalera para Electra* asistimos a ese proceso continuo de identificación y diferenciación, y a voluntad de la narradora de ejercer control y autoridad sobre su estilo y sus opciones narrativas, a pesar del disgusto con las editoriales y del silencio de los lectores implícitos o los amigos a quien Helene dirige sus postales.

Conclusiones

Escalera para Electra resulta central para la comprensión de la historia literaria dominicana y de las estructuras de género que regulan las dinámicas actuales de poder que permean todas las instituciones. Es importante hacer notar no solo que Cartagena Portalatín figura la imagen de una mujer-autora con agencia –capaz de construir un camino propio y de fisurar el sistema literario androcéntrico, con el que dialoga desde el inicio de la novela–, sino que además, por medio de la estructura fragmentada y el control autoral de Helene, pone en primer plano distintos tipos de violencia hacia la mujer, en especial la violación sexual y las problemáticas de representación que suponen estas escenas.

Lo inenarrable de las escenas, el acto de caminar y pensar la historia de Swain y la superación de la ansiedad para escribir son reflejo de los mecanismos para enfrentar los traumas políticos y culturales desde su condición de mujer y escritora. Dice Helene: «He visto gobernar durante treintiún años a uno de los tiranos más crueles de la tierra» (2004: 121). El cuadro político de «la pragmática de la violencia» y de los individuos «arropados por el control absoluto de la dictadura» (Álvarez 2010: 531-532), las intervenciones norteamericanas y el caudillismo son los grandes relatos que enmarcan los tipos de violencia que condicionan los roles de género y que marcan la vida de las mujeres en *Escalera para Electra*. No obstante, Cartagena Portalatín no da protagonismo a estos relatos, sino que coloca en primer plano la memoria traumática y la experiencia corpórea de la violencia a la que es sometida la mujer, logrando esa restauración corpórea, física, material y literal de la violencia sexual que defiende Jean-Charles (2006: 6).

En ese sentido, al colocar la violencia literal en el centro de nuestras historias literarias y culturales, Cartagena Portalatín nos hace repensar la imposibilidad de expurgar sus efectos duraderos. Como señala en un inicio, el trauma puede ser entendido como repetición. La pregunta de Gilmore, «Where does harm done in the past end?» (2001: 27), queda sin respuesta.

Con excepción de cierta crítica reciente dentro y fuera de la isla, son pocas las historias literarias o antologías dominicanas que concedan un lugar canónico a Cartagena Portalatín. Poco se ha mencionado la envergadura del proyecto literario e investigativo de la autora y los quiebres fundacionales que propició en la cultura literaria y política de la República Dominicana. Al decir de Sintia Molina, Cartagena «opposes the language and oppression dominating the psychology of the populace. Cartagena re-designed a true myth and a new political order for Dominicans, and particularly for women» (2014: 17). Cartagena Portalatín declaraba en una entrevista con Margarita Vasallo que «como escritor estamos obligados a situarnos junto al hombre y su tragedia. Precisamente ahí, es donde pretendo encontrarme» (Vasallo 2010: 216). Subversiva y transgresora, Aída Cartagena Portalatín vivió como una mujer de su época y no escatimó esfuerzos para construir una voz propia, que ha llevado a una problematización de género de su persona y de su posición de sujeto como autora.

Bibliografía

Álvarez, Soledad (2010): «Un siglo de literatura dominicana». En Moya Pons, Frank (ed.): *Historia de la República Dominicana*. Madrid: Doce Calles, 517-553.

Cartagena Portalatín, Aída (2004): *Escalera para Electra*. Santo Domingo: Letra Gráfica.

Cocco de Filippis, Daisy (1988): *Sin otro profeta que su canto. Antología de poesía escrita por dominicanas*. Santo Domingo: Taller.

Gilmore, Leigh (2001): *The limits of autobiography. Trauma and testimony*. Cornell: Cornell University Press.

Imbert Brugal, Carmen (2018): «La varona intelectual». En Cañete Quesada, Carmen (ed.): *La nación y su escritura. Colección de voces dominicanas (1965-2017)*. Santo Domingo: Santuario, 566-567.

Jean-Charles, Régine (2006): «They never called it rape: critical reception and representation of sexual violence in Marie Vieux-Chauvet's "Amour, Colère et Folie"». En *Journal of Haitian Studies* 12 (2): 4-21.

Molina, Sintia (2014): *Escritoras dominicanas a la deriva. Marginación, dolor y resistencia*. Madrid: Verbum.

MOLLOY, Sylvia (1991): «Female textual identities: the strategies of self-figuration». En Castro-Klarén, Sara & Sarlo, Beatriz (eds.): *Women's writing in Latin America. An anthology*. Boulder: Westview Press, 105-124.

PÉREZ FONTDEVILA, Aina & TORRAS FRANCÈS, Meri (2019): *¿Qué es una autora? Encrucijadas entre género y autoría*. Barcelona: Icaria.

RODRÍGUEZ GUGLIELMONI, Linda María (2010): «Escalera para Electra. El texto perdido del Boom latinoamericano». En Mena, Miguel D.: *Aída Cartagena Portalatín: Archivo*. Santo Domingo: Cielonaranja, 104-121.

RUSS, Elizabeth (2014): «Walking in the Ciudad Trujillista: remapping Dominican identity in *Escalera para Electra* and *La estrategia de Chochueca*». En Molina, Sintia (ed.): *Escritoras dominicanas a la deriva. Marginación, dolor y resistencia*. Madrid: Verbum, 115-136.

RUSS, Joanna (2018): *Cómo acabar con la escritura de las mujeres*. Sevilla: Dos Bigotes.

SÁNCHEZ, Oneida M. (2014): «Altagracia Saviñón: vector clave en la poesía dominicana del siglo XX». En Molina, Sintia (ed.): *Escritoras dominicanas a la deriva. Marginación, dolor y resistencia*. Madrid: Verbum, 137-152.

SEGATO, Rita (2021): *La guerra contra las mujeres*. Buenos Aires: Prometeo Libros.

SOUTHERTON, Dale (2011): «Symbolic Violence». En *Encyclopedia of Consumer Culture*. Thousand Oaks: Sage Publications, 1422-1424.

VASALLO, Margarita (2010): «Aída Cartagena Portalatín». En Mena, Miguel D.: *Aída Cartagena Portalatín: Archivo*. Santo Domingo: Cielonaranja, 213-218.

WILLIAMS, Lorna V. (1997): «The Inscription of Sexual Identity in Aída Cartagena's *Escalera para Electra*». En *MLN* 112 (2): 219-231.

Heterotopía y representación de subjetividades afrodescendientes en la poesía de Juan Sánchez Lamouth

Alain B. Atouba Edjeba
Universidad de Yaoundé / Universidad de Salamanca

En este trabajo se aborda la producción poética de Juan Sánchez Lamouth (1929-1968) en relación con el concepto de espacio y, de manera concreta, de las heterotopías. Foucault (2009) inscribe las heterotopías en el campo de las relaciones de poder, en tanto estas conforman espacios de exclusión con respecto a las prácticas particulares que reflejan la manifestación del poder. Para Foucault, el espacio se caracteriza por relaciones y emplazamientos hechos de contradicciones. Entre todos estos lugares, el autor se interesa especialmente por aquellos que «ont la curieuse propriété d'être en rapport avec tous les autres emplacements mais sur un mode tel qu'ils suspendent, neutralisent ou inversent l'ensemble des rapports qui se trouvent, par eux, désignés, reflétés ou réfléchis» (1984: 47). Una de las funciones de la heterotopía consiste en «créer un espace d'illusion qui dénonce comme plus illusoirement tout l'espace réel, tous les emplacements à l'intérieur desquels la vie humaine est cloisonnée» (1984: 49). Más que el mero interés por la representación de la geografía en la poesía, este estudio se ocupa de la función significante del espacio, esto es, sus cualidades como categoría de escritura y lectura. Para ello nos centraremos particularmente en el análisis de tres asuntos: el barco, la plantación y la relación que hay entre ellos. El objetivo es explorar cómo las heterotopías, si constituyen figuras espaciales características en la poesía de Sánchez Lamouth, son susceptibles de significar algo más que espacios anónimos y vacíos de sentido. Veremos cómo este concepto confiere a la noción de «lugares otros» más espesor y relieve en su poesía, liberándolos así del yugo interpretativo que los confunde frecuentemente con la vacuidad de la era contemporánea.

No obstante, nuestra lectura espacial de sus poemas no se limita solo al hecho geográfico, sino que considera también los objetos y los personajes, así como sus actos y palabras. Se establece una relación entre el espacio y el dominio de las ideas: cualquier saber podría ser «l'espace dans lequel le sujet peut prendre position pour parler des objets auxquels il a affaire dans son discours» (Foucault 1984: 10). Como las categorías espaciales están desterritorializadas por la palabra poética, examinaremos cómo Sánchez Lamouth reescribe el espacio producido por una sociedad dominada por la discriminación. Empezaremos mostrando la funcionalidad del barco como principio de la deshumanización de las poblaciones negras, por una parte, y por otra como medio de configuración de la población en República Dominicana. Seguiremos con la plantación como ilustración de la oposición centro/periferia (Fanon 2009; Martínez Peinado y Cairó i Céspedes 2014; Wallerstein 2005), basada en la explotación del hombre por el hombre. En el tercer apartado veremos cómo la creación poética de Sánchez Lamouth, al enlazarse con la poesía negra y erigirse contra el *statu quo*, podría concebirse como un espacio heterotópico.

Para poder abordar estos espacios, así como su relación con las subjetividades representadas en los poemas del autor, es importante atender a que Haití y la República Dominicana comparten la misma isla con una relación conflictiva. La colonización española, la invasión de la República Dominicana por el ejército haitiano en 1822 y los conflictos fronterizos han fomentado la hostilidad entre los dos países. Con el resurgimiento de la industria azucarera dominicana a principios del siglo XX, de la mano de la primera invasión estadounidense, una ola de inmigrantes haitianos se constituyó como mano de obra en los bateyes. Estos individuos van a sufrir explotación y marginación. Como sabemos, con la llegada al poder de Trujillo en 1930 el antihaitianismo se convirtió en ideología de Estado. El dictador presentó a los haitianos como enemigos de la nación; en su visión, la identidad dominicana, vinculada a la hispanofilia y el catolicismo, era diametralmente opuesta a la haitiana, caracterizada por la negritud, el vudú y la herencia africana. Trujillo se apoyó en intelectuales y políticos como Peña Batlle y Joaquín Balaguer para elaborar ideologías discriminatorias y excluyentes hacia la población afrodescendiente (Rodríguez Demorizi 1955; Mateo 2004). El rechazo de la cultura haitiana surge paradójicamente en un país impregnado de hábitos lingüísticos, prácticas religiosas y creencias espirituales directamente relacionadas con el patrimonio cultural africano. Frente a esta situación se alzaron voces disonantes como la de Manuel del Cabral, quien escribió una poesía negrista que denunciaba la condicion del negro[1]. La poesía de Juan Sánchez Lamouth seguía los pasos de Manuel del Cabral, y empezó a abordar también la problemática del prejuicio y la discriminación racial sobre la población negra en República Dominicana. Sus poemarios constituyeron una especie de tribuna desde la cual denunciar el discurso oficial, descalificador de la ascendencia africana.

Juan Sánchez Lamouth en los márgenes de la literatura dominicana

En el año 2001 la Comisión Permanente de la Feria del Libro propuso un pabellón consagrado a la lucha contra la discriminación y eligió la figura de Juan Sánchez Lamouth como emblema, favoreciendo la edición ese año de una antología del poeta a cargo de Diógenes Céspedes, Ramón Francisco, Antonio Lockward Artiles y Andrés L. Mateo. En 2018 durante la 21ª Feria Internacional del Libro de Santo Domingo presentó otra antología de su obra, publicada el año anterior bajo el cuidado de Manuel García Cartagena, Cayo Claudio Espinal y José Enrique García. Años antes, Miguel D. Mena había editado una antología titulada *Juan Sánchez Lamouth: poesía escogida* (2004). Si bien es cierto que estos últimos años ha habido gestos de reconocimiento de la figura del poeta, todavía su obra no ha sido objeto de suficientes análisis críticos. Mateo Morrison considera que la poesía de Sánchez Lamouth tiene que encontrar un sitio en el contexto de la literatura dominicana, y reconoce que el poeta «Fue un gran talento, sin gran escolaridad, pero con una fuerza que parecía emerger de la misma tierra. Convertía sus impulsos en poemas que no pueden ser obviados por nadie que se precie de conocedor de la poesía dominicana» (2020: en línea). Aquí nos centraremos en la creación poética de Sánchez Lamouth con muy pocas balizas críticas preestablecidas, para intentar configurar los contornos de la cartografía de su producción artística, recorriéndola como una tierra cuyo mapa está aún por dibujarse.

---

[1] Esto se nota principalmente en poemarios como *Trópico negro* (1942) y *Compadre Mon* (1943).

Juan Sánchez Lamouth nació el 24 de junio de 1929 en Santo Domingo. Su procedencia, una familia humilde de inmigrantes del Caribe francófono, le impidió cursar estudios superiores. Las dificultades económicas hicieron que se hundiera en la bebida y, con ello, que su vida transcurriera entre tragos y poesía. Consiguió pequeños trabajos, como el de recibidor en la Dirección de Rentas Internas o el de guardián del Parque del Faro, sitio considerado heterotópico. Además, ironía del destino, vivió cerca de un cementerio, otro lugar heterotópico[2]. Murió en la miseria el 18 de noviembre de 1969. Todos estos aspectos le unieron a términos como «tabernismo» e hicieron de él el «poeta maldito» por excelencia de las letras dominicanas (Davis 1988: 180).

Una característica de su escritura es que el autor introduce a su familia en su poesía: «muchos viejos del barrio todavía comentan: / Esos Lamouth llegaron del Sur de Martinica / vivieron trabajando, eran gente muy buena» («Los Lamouth», 2004: 45). Así, presenta en el poema la vida y origen de su familia insistiendo en elementos como la emigración, el empeño en el trabajo o la honradez. A ello se suman la miseria y la precariedad, como se observa en el poema «La enfermedad», donde recoge ciertos elementos autobiográficos, en perfecta coincidencia entre el hablante lírico y la identidad del autor a través de la mención expresa de su nombre:

> Juan Sánchez Lamouth
> está enfermo
> Esta vez no es de paisaje
> ni de amores pasajeros...
> Juan Sánchez Lamouth en la aldea
> está enfermo de miseria. (2004: 84)

A pesar de carecer de estudios universitarios, Sánchez Lamouth estaba al corriente de las diferentes tendencias, escuelas y movimientos literarios que se desarrollaban fuera de su país. Su obra denota afinidades con escri-

---

[2] Recuerda un compañero suyo lo siguiente: «Podría pasar horas hablando de las anécdotas de Juan. Pero salvo algunos encuentros memorables en Los Mina, que fue su "nueva aldea" al lado del cementerio viejo en el Ensanche Felicidad. Allí conocí a su madre, a su compañera de vida y a su hija Margarita a quien alguna vez llevó a mi pueblo» (Mora Serrano 2017: en línea).

tores como Blake, Byron, Cocteau, T. S. Eliot, Gide, Guillén, Heidegger, Kafka, Antonio Machado, Poe, Rilke, Quasimodo, Valéry, Vallejo, Verlaine o Whitman, entre otros.

Franklin Gutiérrez (1998: 164) clasifica la poesía de Sánchez Lamouth en dos etapas, situadas respectivamente antes y después de la muerte de Trujillo. Desde nuestro punto de vista, la primera fase contiene poesía romántica, caracterizada por el optimismo, la exaltación de los sentimientos y el canto a la naturaleza. A esta etapa pertenecerían los libros *Brumas* (1954), *Elegía de las hojas caídas y 19 poemas sin importancia* (1955), *200 Versos para una sola rosa* (1956), *Cuaderno para una muerte en primavera* (1956), *Memorial de los bosques* (1958), y *Otoño y poesía* (1959). Existe una fase transitoria, constituida por poemas dedicados al presidente Trujillo, entre ellos *50 cantos a Trujillo y una oda a Venezuela* (1958), *Cantos a las legiones de Trujillo y otros poemas* (1959) y *Canto a la provincia Trujillo y otros poemas* (1960). La segunda etapa correspondería a la poesía social, lo que lo sitúa en el grupo de «Los Independientes del 48», junto a escritores como Marcio Veloz Maggiolo, Ramón Francisco y Rodolfo Coiscou. Integran esta etapa *Los perros* (1959), *Granada rota* (1960), *Oda a los héroes del 30 de mayo y otros poemas* (1962), *El pueblo y la sangre* (1964), *Humo y existencia* (1966), *Sinfonía vegetal a Juan Pablo Duarte y otros poemas* (1967) y *Cambio de temperatura* (1982). Asimismo, Diógenes Céspedes identifica cinco rasgos en la poesía de Sánchez Lamouth: «a) tradicionalismo, b) novedad poética, c) el uso de palabras "claves", d) las metáforas sorprendentes, y e) la distancia aparente entre el hombre y el poeta» (2011: 235). La mayoría de los poemas analizados pertenecen a las segunda, tercera y cuarta etapas, y nos han parecido mucho más relevantes para nuestro análisis.

En lo que se refiere a la recepción crítica de la obra de Sánchez Lamouth, cabe señalar que en abril de 1964 la Secretaría de Educación, Bellas Artes y Cultos le otorgó el Premio Nacional de Poesía por su libro *El pueblo y la sangre* (1964), lo que le dio cierta popularidad. A pesar de ello, la producción poética de Sánchez Lamouth puede considerarse como un territorio sin cartografía por la escasa atención que la crítica le ha otorgado. Céspedes menciona unos 32 críticos que abordaron su obra, pero hace notar que «la mayoría de estos comentarios en torno a una obra específica de Sánchez Lamouth contenían, en parte, opiniones adversas o francamente racistas» (2011: 250). Por otro lado, Manuel Rueda no disocia la vida personal del poeta con su creación literaria e insiste en un aspecto: «El romanticismo inicial de sus versos, *Brumas*, perdura en su obra y en sus hábitos de vida, lo que hace de él un poeta bohemio e intuitivo, sin tiempo para una formación cultural sólida o para las grandes reflexiones que el arte exige» (1996: 340). Exalta también el genio de Sánchez Lamouth al compararlo con Rimbaud, poniendo énfasis en el aspecto demiúrgico de su escritura; después de su muerte el poeta estuvo «mereciendo homenajes póstumos, lo que evidencia su popularidad de entonces» (1996: 341).

Sin embargo, su obra fue invisibilizada y rechazada en el campo cultural dominicano de su época, no solo por razones de raza y clase, sino también por su propio estilo de escritura. De hecho, Manuel Mora Serrano, Andrés Avelino y Antonio Fernández Spencer (1953, 1960) adscriben la obra de Sánchez Lamouth a una concepción metafísica del arte, lo que la volvería hermética:

> Nunca puede darse poesía en lenguaje racional, directo, como el lenguaje de la ciencia, de la filosofía o del conocimiento vulgar. Son las mismas palabras las que se usan en el lenguaje científico que las que se utilizan en el poético, pero el significado de las primeras es un significado directo; están tomadas en el sentido recto de los conceptos científicos, racionales del conocimiento común, pero el significado del lenguaje poético es indirecto; no va dirigido (no debe ir dirigido a la razón, ni al conocimiento); va dirigido a la intuición poética del gozador estético. (Avelino 1940: 9)

Por su parte, Andrés Avelino (1940) desvincula la poesía de Sánchez Lamouth de la sociedad, de la política y de la historia, y sostiene que todas estas consideraciones constituyen una visión partidista y parcial sobre su escritura.

Con respecto a su poética, los poemarios de Sánchez Lamouth denotan un gran trabajo sobre el lenguaje. Su poesía podría entenderse entonces como una forma de conocimiento –no científico ni racional– que permite explorar el mundo, descifrar lo cotidiano al tiempo que devuelve el poder a las sensaciones. Dicho de otro modo, en la obra de Sánchez Lamouth el poeta parece ser un vidente que tiene por misión descubrir el misterio de las cosas mediante la creación de vínculos inesperados, en particular en el plano de lo cotidiano. En este sentido, su poesía funciona como un arma al servicio de las grandes causas del compromiso político o social. De hecho, uno de sus poemas más conocidos, «Tarjeta de presentación», contradice las alegaciones de Avelino y Fernández Spencer, que veían en su poesía rasgos del arte por el arte, la obra de un autor encerrado en su torre de marfil y alejado del mundo:

> Mi nombre:
> Juan.
> Color:
> Negro Latino.
> Residencia:
> La Aldea.
> Ocupación:
> Poeta:
> Bienes:
> La Poesía.
> Seña particular:
> Una herida profunda
> que me supo abrir
> la Oligarquía. (2004: 79)

Se nota aquí que la palabra es a la vez instrumento del pensamiento, de la acción y un medio de expresión. El poeta pone su nombre para subrayar que el modo de conocimiento por simpatía es más evidente cuando se expresa a través del arte. La estética es funcional y colectiva. Su sentido profundo se sitúa mucho más allá de lo que representa: el objeto es símbolo, lo que explica la primacía de la imagen analógica. Entonces, al hablar de sí mismo, se refiere a todo el grupo de negros marginados. Así lo vemos, por ejemplo, en el tercer y cuarto versos, que destacan las complejidades étnicas y raciales de la sociedad con vistas a que las diversidades étnicas alcancen mayor visibilidad. Todo ello a partir de la idea de que, en una sociedad sedimentada, heterogénea e híbrida, el negro no debe considerarse como un ciudadano de segunda. Para dar cuenta de ello, es importante que el personaje lírico no se sitúe deliberadamente fuera del mundo que representa, como espectador extranjero. Al contrario, se subleva contra los opresores y la élite. Así, la poesía de Sánchez Lamouth está marcada por el sentimiento de solidaridad con el pueblo en sus sufrimientos y humillaciones. Esta toma de conciencia es la fuente de una nueva poética que se inscribe en el registro del compromiso. Debido a la expresividad de las imágenes, la poesía comprometida presenta implicaciones políticas en el sentido de que la categoría de enunciación de los negros con relación a la élite se produce desde los márgenes. De ahí la necesidad de transformar la vida social, política y económica utilizando la poesía como motor de cambio.

El barco como imagen del espacio restringido y del espacio discontinuo

Las literaturas europeas, africanas y americanas, marcadas por la conquista, la colonización y la trata negrera, han abordado el motivo del barco con diversos fines estéticos. El barco negrero es un modo de producción de espacios de confinamiento y de exclusión que evidencian las desigualdades, las diferencias territoriales, políticas, ideológicas, económicas y culturales que caracterizan a los grupos humanos. De acuerdo con Foucault, «Le navire, c'est l'hétérotopie par excellence» (1984: 49). En su conferencia titulada «Des espaces autres», Foucault esboza una historia de la experiencia occidental del espacio. Explica que, en la Edad Media, el espacio se inscribió por primera vez como «un ensemble hiérarchisé de lieux: lieux sacrés et lieux profanes, lieux protégés et lieux [...] ouverts [...], lieux urbains et lieux campagnards» (1984: 46). En la actualidad, el espacio traduce «relations de voisinage entre points ou éléments» (1984: 46) y produce diversos retos de almacenamiento, circulación e identificación de elementos, personas e información. El mundo parece hallarse en una era de relaciones de emplazamientos hechas de contradicciones. Resulta que «Ces espaces, en quelque sorte, qui sont en liaison avec tous les autres, qui contredisent pourtant tous les autres emplacements, sont de deux grands types [:] [les utopies et les heterotopies]» (Foucault 1984: 47).

En la obra de Sánchez Lamouth el barco constituye la materia prima de una escritura que interpela la problemática de la historia de la esclavitud denunciando al mismo tiempo las consecuencias sociales, económicas y psíquicas para las personas encerradas en él y las generaciones posteriores. Antonio Benítez Rojo señala al respecto que es algo «que debe verse como una cadena de máquinas acopladas» (1989: viii) que engendraron la exploración, la colonización, la revolución industrial y el capitalismo contemporáneo. La particularidad del buque es constituir un territorio cerrado que tiene al mismo tiempo la capacidad de moverse y de suscitar movilidades imaginarias intensas. Los buques que capturan a los seres humanos, las bestias y las mercancías en sus bodegas presentan una especie de paradoja: cerrados, se abren al mundo; juntan diferentes grupos étnicos, idiomas y costumbres diversas.

La temática de la esclavitud permite recrear una representación de la mentalidad del pasado, sobre todo en lo que concierne a las relaciones raciales y a ciertas estructuras económicas e identitarias. Sánchez Lamouth considera este hecho uno de los factores determinantes acerca de la situación de los negros en la República Dominicana. Un aspecto que el autor ilustra en su obra es la animalización, la cosificación del sujeto negro durante el paso forzado del continente africano hacia América. En el libro *Sinfonía vegetal a Juan Pablo Duarte* (1967) encontramos amplias referencias a esta degradación sufrida por la población negra. El poeta repasa la historia y recrea el viaje de los africanos en barcos negreros. El autor vuelve al pasado porque considera que la esclavitud es un proceso de ruptura real y simbólica de los seres deportados con su entorno social y cultural:

> Escuchadme, ángeles crudos de las Antillas Mayores. Sobre las tumbas indígenas nos persiguen los inviernos crudos, delimito mi voz. Las catedrales estadounidenses deberían pintarlas de negro [...] Estos seres extraños que llegaron tarde a las intimidades de los campos comuneros viajaron rumbo a la luz que nada tenía que ver con sus dolores [...] Eran las vacaciones del castigo, era el éxodo con sus puntos amargos, era una nueva forma de tristeza en la vejez de la naturaleza. («Comarca de los bellos durmientes», 2004: 88)

La dificultad de comunicación entre los diferentes actores plantea también una consideración nueva. El habla de los esclavos es asimilada a los condicionantes de la plantación. Parece que están «pronunciando palabras vegetales» («Palabras vegetales», 2004: 94). Esto los sitúa en el ámbito del primitivismo y, al asimilarlos a lo vegetal, en parámetros alejados de lo que se entendería por «civilización»[3]. Se establece la dicotomía bárbaro /

---

[3] En el barco nace una especie de subalternidad similar a la que se produjo en el encuentro entre Colón y los indígenas: «Colón, entonces, sabe perfectamente que esas islas ya tienen sus nombres, naturales en cierta forma (pero en otra acepción del término); sin embargo, las palabras de los demás le interesan poco y quiere volver a nombrar los lugares en función del sitio que ocupan en su descubrimiento,

civilizado, que excluye al primero de la sociedad –esas «voces olvidadas» que refiere Guha (2002), en el marco de los Estudios Subalternos–. Se puede percibir, con Benítez Rojo, que se está perfilando «una sociedad imprevisible originada en las corrientes y resacas más violentas de la historia moderna» (1989: XXXV). En este caso la asignación reservada al esclavo corresponde a los espacios diferentes.

La heterotopía marca la trayectoria de un devenir individual o colectivo; en esa medida constituye un lugar de paso, un espacio de transición. Los hombres capturados y encerrados en los barcos viven con angustia porque no saben lo que será de ellos en el puerto de destino. La pena por la tierra perdida orienta la pluma del poeta hacia otro espacio y se asimila a la muerte, enlazándose con el cementerio como lugar heterotópico. Así, por ejemplo, en «Motivo para un poema», de *Canto a la provincia*:

> Una hoja que rueda
> un cielo despejado
> en la copa del alma
> una gota de amor
> una ronda de niños
> un lirio desmayado
> y bastante dolor... (2004: 39)

El título del poemario se enmarca en el romanticismo inicial del autor, así como los motivos de la hoja y de la flor. Sin embargo, se nota una orientación de estas dos imágenes hacia la poesía negra al relacionar el movimiento del barco que transporta a los negros capturados con el vuelo azaroso de una hoja arrastrada por la fuerza del viento.

Por otro lado, el barco se transforma en espacio de nuevas lecturas históricas (Nascimento dos Santos 2015). En la poética de Sánchez Lamouth la asociación entre el desmayo y los niños expresa el carácter cíclico de un trauma entre diferentes generaciones. El sufrimiento de los antepasados esclavos puede prolongarse en el presente y el futuro de sus descendientes. En las bodegas de los barcos reinan silencio, muerte y el peligro del olvido: «canto con la lluvia corriendo entre mi alma, / nada espero, nadie me

---

darles nombres justos; además, el dar nombres equivale a una toma de posesión» (Todorov 2003: 35).

espera, retoñan mis llagas» («Yo, los árboles y la noche», *Sinfonía vegetal a Juan Pablo Duarte*, 2004: 83). A pesar de todo, la memoria ancestral se transmite por otros canales diferentes de la palabra hablada o escrita. El poder de la poesía crea una especie de porosidad por la cual el pasado aflora a la superficie. El espacio acuático recoge la memoria de la travesía y del pasado de los hombres encerrados en los barcos. Para enterarse de los sucesos, la voz poética se dirige al río o al mar:

> Por tu horizonte de peces,
> por la brisa que besa tus corrientes; deseo preguntarte río maestro
> que aún conservas leyendas de los colones y los filibusteros,
> si el pueblo fue hasta ti,
> o fuiste tú que fuiste rumbo al pueblo.
> Te saludo gran río,
> lavandería aborigen formada entre los árboles.
> («Romance al río Ozama», *Sinfonía vegetal a Juan Pablo Duarte*, 2004: 98)

Desde el ámbito poético se hace referencia a cómo el individuo parece resignarse a la «masacre de los días» («A las estatuas del crepúsculo», *El pueblo y la sangre*, 2004: 42). Se confiere insustancialidad a estos seres menospreciados: el transporte metafórico los transforma en «hojas maltratadas por el viento» («Clamor de los días», *Otoño y poesía*, 2004: 23). Esta metáfora refuerza la fragilidad de los sujetos; constituye a la vez un hilo conductor en la visión del poeta, ya que permite sentar las bases de un efecto de grupo que va a convocar otros recursos. Es el caso del conjunto que forma un «coro de voces sin provecho» («Poema 8», *Cuaderno para una muerte en primavera*, 2004: 16).

Los poemas que acabamos de citar evocan las reflexiones de Frantz Fanon en *Piel negra, máscaras blancas* (2009) y *Los condenados de la tierra* (2018), donde analiza el racismo blanco y la colonización, así como la desigualdad en la relación Negro / Blanco y sus consecuencias. Los negros son desde luego los condenados de la tierra. Fanon examina los resortes psicológicos y políticos que dan lugar a la reificación de las personas negras y a cómo las relaciones históricas de dominación han relegado al negro a la categoría de objetos y animales. Los poemas de Sánchez Lamouth muestran cómo un grupo de hombres sufre una terrible violencia que puede causar alienación. De hecho, la víctima puede acabar integrando este discurso de estigmatización, que a su vez va a instalar en él un sentimiento constante de inferioridad. A la luz de algunas imágenes, el hablante poético se da cuenta de que su sociedad sigue produciendo imaginarios. Es la persistencia de este imaginario reductor y deshumanizador la que orienta al escritor dominicano hacia las ideas de Fanon. En suma, con tono casi profético, la poética de Sánchez Lamouth procura restaurar la dignidad del afrodescendiente.

Ante esto, la tristeza de estos individuos se traduce en sus cantos «cuando ellos vociferan con sus metales de amargores» («Clamor de los días», *Otoño y poesía*, 2004: 23). Las figuras estilísticas utilizadas por el poeta crean un efecto de multiplicación y ponen de manifiesto el sufrimiento de todo un grupo de personas a las que la sociedad ha relegado. Las imágenes del verso anterior evocan algunos aspectos de las representaciones barco / océano. El crítico nigeriano E. E. Sule (2009) subraya el contacto de los negros cautivos con el mar por primera vez. En este caso, entra en función la imagen del mar como espacio de violencia. Por otro lado, la presencia del canto en los versos introduce otra vertiente de la experiencia de la travesía. Al constituir un coro, el canto de los esclavos puede ubicarse en este contexto de construcción de espacios de sociabilidad y más precisamente de transmisión de un recuerdo mediante esta huella. Se puede considerar que hay una conciencia propia de su experiencia y una cierta intencionalidad por parte del esclavizado de representar el barco, de conservar esta experiencia y de transmitirla, o por lo menos, de enseñarla a otros miembros de la comunidad esclavizada, a pesar de las condiciones de dominación colonial (Mvengou Cruzmerino 2018: 20).

Mateo Morrison destaca dos actitudes por parte de los escritores dominicanos en relación con la cuestión negra: la compasión o el compromiso. Sánchez Lamouth es de los que adoptaron la segunda: «La mayoría de nuestros escritores hispanohablantes que han tratado el tema, lo hacen, no con una identificación ideológica como fue la negritud, sino, en algunos casos, como un acto de compasión o de solidaridad contra la opresión» (2020: en línea).

La escritura de Sánchez Lamouth se caracteriza por la poética del espacio cerrado a través del barco, que se transforma a la vez en elemento fundador de procesos históricos, culturales, sociales y psicológicos. Asociado a la conquista, la colonización y la esclavitud, la embarcación instaura también una poética del espacio discontinuo sostenido alrededor del tema de la inmigración. El navío convierte a la mayoría de los habitantes de América en nómadas. De hecho, el componente negro en República Dominicana tiene varias procedencias a lo largo de los siglos. Se pueden mencionar las siguientes: los procedentes directamente de África; las migraciones de esclavos fugitivos desde la colonia francesa de la parte occidental de la isla; los llegados de otros puntos de las Antillas, sobre todo las Menores, ya dominadas por franceses, ingleses y holandeses; el tráfico de trabajadores negros desde las Antillas inglesas; la inmigración de antiguos esclavos norteamericanos y, por último, la numerosa mano de obra importada de Haití (Blanco 1975). Sánchez Lamouth sitúa a los descendientes de esclavos en el centro de su texto. De esta forma, separados de sus tierras natales, los personajes viven una ruptura espaciotemporal cuyos efectos se transmiten a las generaciones futuras.

Los poemas describen los espacios de discontinuidad provocados por el barco. Las secuelas del pasado tienen prolongación bajo otras formas e impiden una verdadera integración del negro en la sociedad. La marginación de ciertos sectores de la sociedad se debe a la evidente estratificación de las diferentes clases, entre las que se instalan barreras infranqueables. En su *Poética de la relación*, Édouard Glissant muestra que el barco constituye para los antillanos tanto un espacio de trauma como el espacio desde el cual surge la identidad diaspórica. Es un espacio heterotópico de encuentro que favorece mecanismos de aculturación y transculturación. En tales condiciones, los migrantes forzados reformulan sus propios modelos de identificación, creando así nuevas identidades transnacionales caracterizadas por la hibridez. La relación se enmarca en un fluir constante que acondiciona su evolución (1990: 147). Por su parte, Fernando Ortiz apunta que el barco provoca «la pérdida o desarraigo de una cultura precedente, lo que pudiera decirse una parcial desculturación, y, además, significa la consiguiente creación de nuevos fenómenos culturales que pudieran denominarse de neoculturación» (1963: 103).

Estrechamente ligada al barco, el agua está provista de una gran carga poética en Sánchez Lamouth; alimenta la imaginación como vector de encuentro entre personas de culturas y horizontes diferentes. Animada por un flujo constante de personas, genera movimientos de ida y vuelta y favorece la mezcla y el proceso de hibridación. Así, en la poesía de Sánchez Lamouth el barco y el agua pasan a ser lugares plurales, siempre atravesados por la presencia de la alteridad.

Otro asunto a considerar relacionado con el barco es el hecho de que la travesía hacia tierras desconocidas provoca sensaciones raras: «por su dolor se sienten pulsaciones extrañas» («Edad del bosque», *Memorial de los bosques y otros poemas*, 2004: 11). A veces, intentar entender lo que está pasando no lleva a ningún sitio y los sujetos líricos se ven envueltos en la incertidumbre: «El misterio está aquí, crecido en sus constantes variaciones» . Frente a esta situación, se advierte que «su corazón es una pregunta sin respuesta» («Edad del bosque», *Memorial de los bosques y otros poemas*, 2004: 11).

Además, el viaje se perfila como una experiencia traumática, no solo por la forma en que se está llevando a cabo el desplazamiento forzado, sino también por las propias condiciones físicas de este –por ejemplo, las condiciones del tiempo que pueden causar naufragios–. Por la fuerza de la tempestad, el poeta compara los navíos «con barcos de papeles» («Viñeta», *Elegía a las hojas caídas y 19 poemas sin importancia*, 2004: 10). Los cambios del clima causan malestares en los hombres: «Sol arado, sol de piedra, picazón de las espaldas» («Sol picante», *Sinfonía vegetal a Juan Pablo Duarte*, 2004: 52). Un personaje se queja entonces: «Todos tenemos sed» («Clamor de los días», *Otoño y poesía*, 2004: 25). Con una metáfora, el poeta prefigura la interminable duración de la esclavitud a través de las manifestaciones del mareo: «los mismos hombres vomitando el polvo de los siglos» («Poema I», *Memorial de los bosques y otros poemas*, 2004: 12). Hay una especie de trauma psicológico al establecerse una ruptura entre el individuo y el espacio de procedencia: «Sangro, y es porque advierto / que las cosas pierden el contacto / con los hechos pasados» («Poema 4», *Cuaderno para una muerte en primavera*, 2004: 13).

Por otro lado, el poeta atiende también al comportamiento de los mercaderes y navegantes esclavistas durante el viaje. Así, en sus versos da paso a cómo los negreros imponen malos tratos a los esclavos: «¿Dónde marchan esos hombres con esa forma oscura de cadenas?» («Clamor de los días», *Otoño y poesía*, 2004: 25). La tortura física se puede ver en «Agua, polvo y sangre en el misterio de mi piel adormecida» («¿Tierra o infierno?», *Otoño y poesía*, 2004: 27). Este sometimiento a los abusos y vulneraciones hace que las personas que viajan en el barco negrero vivan acorraladas por una pregunta obsesionante: «¿Quién se murió esta tarde junto al mar?» («¿Tierra o infierno?», *Otoño y poesía*, 2004: 27).

En este punto, es interesante observar cómo la fragilidad de los esclavos desplaza la red de imágenes hacia el campo vegetal. El traficante de esclavos se asimila al leñador que destruye de manera masiva los árboles en el bosque, lo que suscita el apóstrofe del poeta: «Leñador, leñador, / deja caer tu hacha sobre este corazón de sangre helada» («La montaña encendida», *50 cantos a Juan Pablo Duarte*, 2004: 19). La consistencia y la espesura del árbol van disminuyendo para ilustrar la vulnerabilidad de los esclavos, transformados metafóricamente en espigas: «En la lid del maizal, con la tormenta, se ven deshumanizadas en los barrancos las espigas secas» («Ciudad extraña con un canto elemental a sus germinaciones», *Sinfonía vegetal a Juan Pablo Duarte*, 2004: 61). Así, se crea una estrecha relación entre el mundo vegetal y el animal. El pescador sustituye al leñador. En un primer momento, aparece el símbolo del mar como abismo: «porque frente al mar los duendes del infierno / van bosquejando el dolor de las gaviotas» («Último infierno», *Otoño y poesía*, 2004: 30). El leñador y el pescador se asimilan al ángel de destrucción y son «ángeles que podan a la tierra sus ramos de dulzura» («Poema 5», *Cuaderno para una muerte en primavera*, 2004: 16). Los dos extremos del plano vertical están ocupados por el ave en los aires y el pez en los fondos marinos, y mediante ello se proyecta la constancia del sufrimiento del esclavo: «Cada pájaro nace con el cazador que tú le asignas. / El pez va nadando con su anzuelo dibujado» («Ronda de la muerte», *Cuaderno para una muerte en primavera*, 2004: 17).

La plantación como frontera étnica y social

Para Marc Augé los lugares «ont au moins trois caractères communs. Ils se veulent (on les veut) identitaires, relationnels et historiques» (1992: 69). En ese sentido, el lugar estaría marcado por un tiempo corto, inmediato, puntual y cotidiano. Esta premisa entronca con el concepto de cotidianidad en Lefebvre (1981), que insiste en la vida diaria y sus contradicciones, haciendo hincapié en las líneas de fuerza del enfrentamiento social entre polos de riqueza y polos de pobreza. La plantación y algunos espacios de trabajo y de residencias de los negros son, por lo tanto, espacios heterotópicos. Por eso el poeta presenta la vida de los afrodominicanos en sus quehaceres diarios, partiendo de la base de que la vida cotidiana está infinitamente cargada de sentido.

El espacio de la plantación evoca tanto el período de la esclavitud como el de la posindependencia, y está sistemáticamente presente en los poemas de Sánchez Lamouth mediante varias estrategias. La representación de los espacios ficticios establece una relación significativa con el espacio de referencia; de ahí que la plantación evidencie el trauma y las condiciones de los afrodescendientes en el suelo dominicano. Benítez Rojo la concibe como fuente de producción de una maquinaria social y económica: «Seamos realistas: el Atlántico es hoy el Atlántico [...] porque Europa, en su laboratorio mercantilista, concibió el proyecto de inseminar la matriz caribeña con la sangre de África» (1998: 19).

En los poemas de Sánchez Lamouth los versos conducen al lector a los suburbios mostrando que las condiciones atmosféricas presiden la creación poética y determinan el comportamiento de los hombres. A partir de este momento, se transforman en criterios estéticos, ya que van a orientar la significación de los poemas: «Me asomo a la ciudad, sobre sus techos / se ven las centenarias chimeneas y en el aire las mismas / golondrinas» («Chimeneas», *El pueblo y la sangre*, 2004: 40). Estos versos ilustran las viviendas de los trabajadores de las plantaciones. En la zona descrita, el adjetivo centenarias denota vetustez de las casas, así como se percibe cierto ambiente de tristeza. Las descripciones de las personas y las representaciones de la naturaleza conllevan también un sistema de valores axiológicos y afectivos que dejan al descubierto la profunda tristeza de las personas representadas: «siento olor a fábricas, a estibadores, / a mujeres que maduran muy tarde sus dolores. / Las chimeneas fuman corazones» («Chimeneas», *El pueblo y la sangre*, 2004: 40). La finalidad de todo ello es poner al poeta en contacto con su pueblo, y un grupo que va a llamar su atención de manera especial es el constituido por las personas de raza negra en su país.

El autor se detiene en la realidad de los dominicanos de ascendencia africana y su vida cotidiana, en la que realizan trabajos difíciles y de manera constante. En uno de sus poemas más conocidos aduce: «sudores negros de hombres que huelen a trabajo» («Maldición al poeta Jules Romains por no haber cantado a los hombres negros», *Sinfonía vegetal a Juan Pablo Duarte*, 2004: 86). La sinestesia cambia el color del sudor; lo asocia al negro por una parte y, por otra, relaciona el olor al trabajo. Del mismo modo, evoca el sufrimiento al nombrar «el sol cuando se eleva por las espaldas de los jornaleros» («Relatos de mis vicisitudes y contratiempos en las proximidades de las lilas», *Sinfonía vegetal a Juan Pablo Duarte*, 2004: 69). El hablante lírico se muestra embargado por la aflicción y evoca el dolor que conllevaba el trabajo en la plantación a través de la asimilación del vivir del esclavo con su lugar habitual: «¡Oh la existencia agrícola!» («Cambio de temperatura», *Cambio de temperatura*, 2004: 116).

En estas composiciones se plasma cómo nociones como rendimiento y productividad, que son términos de la economía actual, tienen un origen remoto. De hecho, la plantación esclavista tiene ciertas relaciones con el capitalismo. El deseo de lucro modificó la contabilidad en la venta de esclavos: del recuento per cápita se pasó al cálculo por «Pieza de Indias», que correspondía a un adulto varón en edad de trabajar. Las mujeres y los niños eran considerados, según sus aptitudes, como fracción de esta unidad. A finales del siglo XVII, los negreros adoptan la «tonelada de esclavos, equivalente a tres esclavos (Chivallon 2004: 144)[4]. Manuel Moreno Fraginals resalta la continuidad de la situación instaurada durante la plantación esclavista: «El relativo poder patriarcal de la esclavitud, mantenido mientras la producción estuvo limitada por las condiciones especiales de la época, es sustituido por la explotación intensiva del negro» (1964: 6). Para los dueños de plantaciones, los cultivos tienen más importancia que la mano de obra, y esto el poeta lo refleja en sus escritos. Así lo vemos, por ejemplo, cuando al hablante lírico le parece «que un árbol es superior al hombre» («Poema 8», *Cuaderno para una muerte en primavera*, 2004: 16). Los negros trabajan sin descanso; en esas condiciones, el latifundio «es la cárcel donde los jornaleros pasan las noches» («Ciudad extraña con un canto elemental a sus germinaciones», *Sinfonía vegetal a Juan Pablo Duarte*, 2004: 61).

Por otro lado, en esta relación entre negro y situación laboral-económica, Sánchez Lamouth hace un paralelo entre la vigencia de la explotación del

---

[4] Eric Williams asevera que el comercio triangular aportó grandes beneficios a la industria y a la economía británicas: «El comercio triangular produjo, de este modo, un triple estímulo en la industria británica. Los negros eran comprados con manufacturas británicas; luego eran transportados a las plantaciones; allí producían azúcar, algodón, añil, melaza y otros productos tropicales, cuyos procesos de elaboración crearon nuevas industrias en Inglaterra; al mismo tiempo la manutención de los esclavos y sus propietarios en las plantaciones proveía otro mercado para la industria británica, la agricultura de Nueva Inglaterra y las pescaderías de las tierras recién descubiertas. Hacia 1750, no existía en Inglaterra una ciudad manufacturera o mercantil que no estuviera conectada, de alguna manera, con el comercio triangular o el tráfico directo con las colonias» (2011: 92).

negro y la utilización del petróleo: los que trabajan se pueden beneficiar de los frutos de sus esfuerzos. El petróleo genera recursos financieros considerables, aun cuando no conduzcan al desarrollo económico, y que se distribuyen de manera desigual: «te pedimos nosotros que aún sentimos correr en nuestra sangre la dinastía de aquellos cacicazgos, / en nombre de los analfabetos, en nombre de la juventud acorralada, / en nombre de todos los obreros que en Indoamérica parecen animales» («Canto al presentido petróleo de mi tierra», *Sinfonía vegetal a Juan Pablo Duarte*, 2004: 91).

La plantación se ubica en lo que Doreen Massey (1993) llama «geometría del poder», al constituir un sitio de discriminación y de explotación. De ahí que la difícil condición del trabajo lleve al vate a evocar, una vez más, las intemperies. Los negros algunas veces tienen que cultivar bajo un «sol de piedra, picazón de las espaldas» («Sol picante», *Sinfonía vegetal a Juan Pablo Duarte*, 2004: 52). La transferencia metafórica intensifica el calor y le otorga más dureza:

> Nadie detiene la lluvia,
> y estamos, sin quererlo,
> mirando la muerte de las plantaciones,
> ....
> hasta del papel y del lápiz hemos sido aislados.
> («Introducción a la tristeza», *Canto a la Provincia*, 2004: 35)

Sánchez Lamouth pone aquí en escena otro asunto de crucial importancia: el analfabetismo, arraigado en la comunidad negra. El reto de tal inscripción en la creación poética es reflejar los contrastes sociales. La falta de instrucción supone la institución de las etiquetas de la experiencia de la alteridad. Asimismo, da una idea de las condiciones de vida de los pueblos situados más allá de las fronteras constituidas por la raza y la clase social. De hecho, el analfabetismo perpetúa las desigualdades.

La plantación es un espacio cuadriculado y opresivo donde se experimenta el sufrimiento. Massey recuerda que configura una especie de «complex web of relations of domination and subordination…» (1994: 265). La enumeración de la penuria ilustra esta jerarquización:

> camas viejas de enfermos,
> sillas desvencijadas,

papeles apolillados,
cachivaches enlodados.
(«Basuras», *Sinfonía vegetal a Juan Pablo Duarte*, 2004: 93)

El título de este poema, muy ilustrativo, corresponde a la heterotopía e instaura la escritura de la miseria en la obra de Sánchez Lamouth. El poema se presenta como un corpus, una recopilación de datos, de testimonios que evidencian la pobreza del ambiente. Parece que viven con el signo matemático de la resta, lo que, en cierto modo, hace pensar en un espacio vallejiano, poeta al que Sánchez Lamouth tanto admiraba:

violoncelos sin cuerdas,
muñecas sin cabellos,
anafres sin parrillas,
vestidos remendados.
(«Basuras», *Sinfonía vegetal a Juan Pablo Duarte*, 2004: 93)

La expresión del empobrecimiento se invoca a través de una visión del mundo donde el dolor y la tristeza predominan en la descripción de los seres y de las cosas. La escritura tiende entonces a mostrar imágenes de la degeneración de las personas, la sociedad y el espacio. Algunos poemas se orientan hacia la puesta en relieve de una capa empantanada en la precariedad.

Los espacios de cultivo descubren claves importantes que explican las complejas dinámicas sociales que relacionan a los negros con el resto de los individuos. La plantación se adecúa a un mandamiento del Señor, «comerás con el sudor de tu frente». Sin embargo, a pesar del trabajo duro, el hambre es una constante. La oración se transforma a partir de este momento en un recurso permanente. Se puede ver en el «bostezo que se trueca en plegaria» («La edad del bosque», *Memorial de los bosques y otros poemas*, 2004: 11). En una trasposición poética se condensan el llanto, la oración y el sufrimiento:

Pan casi sin cielo,
pan sin sitio en la mesa pan sin vino,
pan negro, pan sin voz, pan mal horneado;
que distribuyen ángeles mendigos
desenfunda tu espada Dios de los aldeanos
para que tan siquiera las migajas

puedan tener los Lázaros sudados.
(«Dánoslo hoy», *Sinfonía vegetal a Juan Pablo Duarte*, 2004: 85)

La sensibilidad de la oración poética ilustra la situación difícil y los efectos del hambre. El tono de la confesión adoptado al principio cambia en los versos finales para hacerse casi irreverente al dar órdenes al Señor. El poeta ha transgredido algunos elementos para cambiar su sentido consagrado. Estamos aquí en presencia de una voz piadosa cuya confesión contiene a la vez imploración y acusación gracias a los juegos internos creados por el mecanismo de los signos verbales. Frente al silencio del Creador Supremo, el poeta recurre al poder demiúrgico de la poesía para otorgar otro destino a la comunidad negra.

A modo de cierre

La obra de Juan Sánchez Lamouth es un territorio poco explorado. A pesar de tener una obra considerable, fue ignorado por la crítica y las apreciaciones de algunos estudiosos parecen influidas por la discriminación racial de la que era víctima el poeta. Frente al discurso eurocéntrico del gobierno, Sánchez Lamouth se decanta por la poesía negra. Sus versos denuncian la situación de los afrodescendientes en su país y para ello se inspira en hechos históricos como la trata negrera, la travesía del Atlántico o la plantación esclavista.

Con el objetivo de examinar el espacio en la poesía de Sánchez Lamouth, atendiendo a la modalidad de la heterotopía, nos hemos centrado en dos motivos: el barco y las plantaciones. El barco es un espacio que simboliza violencia, terror y pérdida en la cultura negra, pero es también un lugar donde se configura una nueva identidad, al mezclar personas de horizontes diferentes, y a la vez espacio de resistencia. Por otra parte la plantación es el sitio de la explotación del hombre por el hombre, y evidencia la injusticia, la marginación del negro en la sociedad dominicana.

El barco y la plantación son tropos heterotópicos que dan cuenta de la relación estrecha entre capitalismo y esclavitud. También instauran una poética melancólica del barco al revelar la experiencia colectiva de anonimato y marginalidad extrema de los negros. Por todas estas razones es posible hablar de la poesía de Juan Sánchez Lamouth como un archivo literario fundamental, que se rebela contra la interpretación dominante de la cultura dominicana.

Bibliografía

Andújar Persinal, Carlos (2012): *Meditaciones de cultura: laberintos de la dominicanidad*. Santo Domingo: Archivo General de la Nación.

Atanay, Reginaldo (2005): «Juan Sánchez Lamouth, en el recuerdo...»: <https://hoy.com.do/juan-sanchez-lamouth-en-el-recuerdo-2/>.

Augé, Marc (1992): *Non-lieux. Introduction à une anthropologie de la surmodernité*. Paris: Seuil.

Avelino, Andrés (1940): *Metafísica categorial*. Ciudad Trujillo: Montalvo.

Benítez Rojo, Antonio (1998): *La isla que se repite. El Caribe y la perspectiva posmoderna*. Barcelona: Casiopea.

Céspedes, Diógenes (2011): *Estudios lingüísticos, literarios, culturales y semióticos*. Santo Domingo: Búho.

Chivallon, Christine (2004): *La diaspora noire des Amériques: expériences et théories à partir de la Caraïbe*. Paris: CNRS.

Davis, J.J. (1988): «Ritmo poético, negritud y dominicanidad». *Revista Iberoamericana* 54 (142): 171-186.

Rodríguez Demorizi, Emilio (1955). *Cronología de Trujillo*. Ciudad Trujillo: Impresora Dominicana.

Fanon, Frantz (2009): *Piel negra, máscaras blancas*. Madrid: Akal.

— (2018): *Los condenados de la tierra*. Ciudad de México: Fondo de Cultura Económica.

Fernández Spencer, Antonio (1953): *Nueva poesía dominicana*. Madrid: Cultura Hispánica.

— (1960): *A orillas del filosofar*. Santo Domingo: Editora del Caribe.

Foucault, Michel (2009): *Le corps utopique. Les hétérotopies* [postface de Daniel Defert]. Paris: Nouvelles Éditions Lignes.

— (1984): «Des espaces autres». En *Architecture, Mouvement, Continuité* 5 (octubre): 46-49.

Gilroy, Paul (1993): *The Black Atlantic. Modernity and double consciousness*. London: Verso.

Glissant, Édouard (1990): *Poétique de la Relation*. Paris: Gallimard.

Guha, Ranahit (2002): *Las voces de la historia y otros estudios subalternos*. Barcelona: Crítica.

Gutiérrez, Franklin (1998): *Antología histórica de la poesía dominicana del siglo XX, 1912-1995*. San Juan: Editorial de la Universidad de Puerto Rico.

Larrazabal Blanco, Carlos (1975): *Los negros y la esclavitud en Santo Domingo*. Santo Domingo: Julio D. Postigo e Hijos, Amigo del Hogar.

Lefebvre, Henri (1974): *La production de l'espace*. Paris: Anthropos.

— (1981): *Critique de la vie quotidienne*, vol. III. Paris: L'Arche.

Llamas Ubieto, Miriam (2012): *Lecturas del contacto: manifestaciones estéticas de la interculturalidad y la transculturalidad*. Madrid: Arco.

Martínez Peinado, J. & Cairó y Céspedes, G. (2014): «La semiperiferia como necesidad del capitalismo global: una aproximación a través del análisis factorial». En *Revista de Economía Mundial* 38: 253-272.

Massey, Doreen (1993): «Power Geometry and a Progressive Sense of Place». En Bird, John & Curtis, Barry & Putnam, Tim & Robertson, George & Tickner, Lisa (eds.): *Mapping the futures*. London: Routledge, 59-69.

Mateo, Andrés L. (2004): *Mito y cultura en la era de Trujillo*. Santo Domingo: Manatí.

Mora Serrano, Manuel (2017): «Mi viejo amigo Juan Sánchez Lamouth». En *Acento*: <https://acento.com.do/2017/opinion/8454224-viejo-amigo-juan-sanchez-lamouth/>.

Moreno Fraginals, Manuel (1964): *El ingenio: complejo económico social cubano del azúcar*. La Habana: Editorial de Ciencias Sociales.

Morrison, Mateo (2020): «Juan Sánchez Lamouth: como poeta de la negritud»: <https://plenamar.do/2020/07/juan-sanchez-lamouth-como-poeta-de-la-negritud>.

Mvengou Cruzmerino, P. R. (2018): «El Barco (negrero) en imagen, palabra y acción. Notas para pensar las memorias de la diáspora afro en Latinoamérica». *Cuicuilco. Revista de Ciencias Antropológicas* 25 (73): 211-232.

Nascimento Dos Santos, Daiana (2015): *El océano de fronteras invisibles: relecturas históricas sobre (¿el fin? de) la esclavitud en la novela contemporánea*. Madrid: Verbum.

Ortiz, Fernando ([1940] 1963): *Contrapunteo cubano del tabaco y del azúcar*. La Habana: Consejo Nacional de Cultura.

Ostrov, Andrea (2014): *Espacios de ficción: espacio, poder y escritura en la literatura latinoamericana*. Villa María: Eduvim.

Rizal, José (2014): *El filibusterismo*. Barcelona: Linkgua.

Rueda, Manuel (1996): Dos siglos de poesía dominicana (S. XIX-XX). Santo Domingo: Corripio.

RUYER, Raymond (1950): *L'utopie et les utopies*. Paris: P. U. F.

SÁNCHEZ LAMOUTH, Juan (2004): *Poesía escogida*. Santo Domingo / Berlin: Cielonaranja.

SENCIÓN, Viriato ([1992] 1993): *Los que falsificaron la firma de Dios*. Santo Domingo: Taller.

SENCIÓN VILLALONA, Augusto (2012): *La dictadura de Trujillo (1930-1961)*. Santo Domingo: Archivo General de la Nación.

SULE, E. E. (2009): *What the sea told me*. Lagos: Hybun.

TODOROV, Tzvetan (2003): *La conquista de América: el problema del otro*. Ciudad de México: Siglo XXI.

VEGA, Bernardo (2007): *Trujillo y Haití*. Santo Domingo: Fundación Cultural Dominicana.

WALLERSTEIN, Immanuel (2005): *Análisis del sistema-mundo*. Ciudad de México: Siglo XXI.

WILLIAMS, Eric (2011): *Capitalismo y esclavitud*. Madrid: Traficantes de Sueños.

La poética de lo maravilloso y lo siniestro en la novelística de Marcio Veloz Maggiolo

Fari Rosario

El pasado humano se llama memoria. El futuro humano se llama deseo.

Carlos Fuentes

El *logos* no es el origen de la escritura, sino la imaginación y la poesía.

Jacques Derrida

Ha sido una constante identificar a Marcio Veloz Maggiolo (Santo Domingo, 1936-2021) como el escritor más importante, y el más exitoso, de la República Dominicana entre los de la segunda parte del siglo XX hasta el presente[1]. La importancia es una categoría vaga y equívoca; no tiene valor para la investigación literaria, como sí lo tiene, de acuerdo con Wellek y Warren, la peculiaridad o particularidad de un autor (1974: 21). Para Spitzer, la particularidad forma parte del estudio de la estilística y la visión de un autor (1931: 91; en Castillo Reyes 2018). Quizás Veloz Maggiolo sea el novelista más peculiar de la literatura dominicana, ya que en sus textos se aprecia el flujo vibrante de una poética exterior que es única y efectiva. Su particularidad se revela a través de la conjugación de varios elementos emblemáticos con los que esculpe su obra literaria: el mestizaje racial, la

[1] Según Miguel D. Mena, la narrativa dominicana se ha caracterizado por «el reciclar estrategias discursivas del boom en cuanto al tratamiento de la violencia y lo mágico. El autor de más éxito podría compendiar ese *acá* insular. Me refiero a Marcio Veloz Maggiolo (1936), en una producción literaria que reveló toda la madurez de la *isla*» (2013: 352).

manifestación de lo maravilloso, el mito, los símbolos, las creencias atávicas, el sentido de la música popular, los prejuicios ideológicos y raciales, así como los mitos fundamentales de la cultura afrodominicana. Su discurso novelístico se torna un diálogo abierto con los dominios culturales y la experiencia del caribeño en su deseo de definir su condición como sujeto histórico. En cada texto Veloz Maggiolo[2] muestra su singular deseo de asir la totalidad y de explorar los ríos subterráneos que recorren la cultura dominicana y el imaginario del Caribe, con sus múltiples expresiones antropológicas, míticas, simbólicas y literarias. En esto se asemeja bastante a Alejo Carpentier, que es la fuente principal de la que se ha nutrido.

El hibridismo (en tanto que mezcla de formas, voces y símbolos) es la característica más notable en la novelística de Veloz Maggiolo. Este rasgo se revela como una continua metamorfosis de los elementos estáticos y esencialistas, por lo que se torna un discurso crítico y divergente en el seno mismo de la tradición narrativa dominicana. Este aspecto divergente, no obstante, entronca muy bien con la asimilación del género novelístico y su evolución histórica y sociocultural, en tanto la novela «es la epopeya de los tiempos modernos» (García Berrio & Huerta Calvo 2015: 167). La novela se entiende hoy como un género tardío de la modernidad en su sentido histórico y filosófico, y su aparición está relacionada con la modernidad europea. Para Luis Goytisolo, la novela es un «producto de aluvión, *fruto residual* de la evolución de una serie de géneros hoy desaparecidos, epopeyas, cantares de gestas, leyendas, libros de caballerías, etc. Es decir, un género de contornos desdibujados» (2013: 11; énfasis mío). La narración novelesca implica una representación dramática de la realidad –modo ficcional–, pero también una metamorfosis o transfiguración de la conciencia objetiva del mundo y de la experiencia literaria del hombre en la sociedad moderna (García Berrio & Hernández Fernández 2012: 21).

La novela se consolida en Europa con la expansión del romanticismo durante los siglos XVII y XVIII. En la segunda mitad del siglo XIX se publica en Francia *Madame Bovary* (1856), si bien ya 26 años antes se había publicado

[2] Además de escritor, Veloz Maggiolo fue arqueólogo, historiador y antropólogo. Con más de sesenta libros publicados, Veloz Maggiolo cultivó todos los géneros: la poesía, el cuento, el teatro, la literatura infantil, la novela y el ensayo. En 2006 se le dedicó la Feria Internacional del Libro de Santo Domingo.

una obra maestra y paradigmática, *Rojo y Negro.* Es justo en 1856 cuando sale a la luz la primera novela dominicana –*El montero*, de Pedro Francisco Bonó–, en medio de conflictos políticos, revolucionarios y sociales. Para entonces no existía un sistema literario y era borrosa la idea misma de la «dominicanidad». Se comprenderá, pues, que el desarrollo de la novelística dominicana haya sido parsimonioso y se concrete solo en las primeras tres décadas del siglo XX. Las novelas publicadas durante este período tenían un ribete costumbrista, con atmósfera y estilo apegados al canon del realismo decimonónico. Son textos literarios que no rebasan las contradicciones formales, políticas y estéticas de la época.

La epopeya dominicana está condensada en tres textos capitales: *Enriquillo* (1882), de Manuel de Jesús Galván; *La sangre* (1911), de Tulio Manuel Cestero; y la novela *Over* (1939), de Ramón Marrero Aristy. Quizás este último sea el más logrado de los tres. Aunque estos textos no están al mismo nivel en cuanto a la composición formal ni en cuanto a los temas abordados, los tres relatos comparten algunos elementos en común: su modo de pintar la realidad y su esfuerzo por articular la instancia ficcional con el ámbito social, histórico, político y cultural. Hay otras novelas, en particular las de Federico García Godoy –por ejemplo, *Guanuma: novela histórica* (1914)–, que simplemente describen los conflictos políticos, las revoluciones y los diversos episodios concernientes a las «montoneras», es decir, a la lucha de los generales provincianos por derrocar al gobierno de turno.

Lo cierto es que la novela dominicana es un género tardío, fluctuante y de lenta evolución. No olvidemos que la novela es el género más crítico de la sociedad, de las clases sociales dominantes y de su concepción del mundo. Hay que agregar, además, que durante la dictadura floreció la poesía, pero no el género de la novela. Es comprensible: una expresión crítica y mordaz, como la novela, no podía germinar ni consolidarse en una sociedad que vivía bajo la represión y el látigo de la dictadura de Rafael Leónidas Trujillo, un sueño horroroso que duró 31 años. En consecuencia, el verdadero apogeo y la exploración temático-formal de la novela dominicana se materializan en la década de los sesenta, con la irrupción del denominado «ciclo bíblico». De acuerdo con Miguel Ángel Fornerín, la novela bíblica está conformada por «Carlos Esteban Deive y Ramón Emilio Reyes, un grupo de jóvenes talentosos que se reunieron en torno a Antonio Fernández Spencer, uno de los principales conocedores de la literatura hispánica y junto a él publicaron un ciclo de novelas bíblicas como *El buen ladrón*[3], *Magdalena*, *El testimonio*» (2018: 39).

La novelística con carácter netamente postmoderno –que implica la renovación del género y sus formas, la exploración de nuevos temas, técnicas, voces y espacios discursivos– nace con Marcio Veloz Maggiolo y, en cierto modo, con Aída Cartagena Portalatín, con la novela *Escalera para Electra*[4] (1970), un texto que, sin duda, marcó un hito en la narrativa dominicana. Sin embargo, el giro literario lo introduce Veloz Maggiolo, no solo con la inserción y presentación de aspectos técnico-formales, temáticos y expresivos experimentales que pueden apreciarse en algunas de sus novelas germinales, como *La vida no tiene nombre* (1965), *Los ángeles de hueso* (1967) o *De abril en adelante* (1975), sino porque acuña y explora un tema no abordado en la tradición novelística de República Dominicana: el mestizaje y sus diversas expresiones, la mezcla cultural y etnográfica, el influjo de las creencias, las preocupaciones estético-espirituales y los mitos de la cultura afrocaribeña. Paradójicamente, el giro en su novelística se produce en la década de los años ochenta, cuando publica un texto que marca un antes y un después en su producción literaria: *La biografía difusa de Sombra Castañeda* (1980), la novela más estudiada de este autor.

Veloz Maggiolo es el primer autor que rompe con el realismo dominante en la narrativa dominicana e instaura un discurso ficcional y fantástico cuyas marcas más importantes son la constelación de voces, el juego con diversos registros, la combinación artística de vivencias, la polivalencia de los registros e imágenes, la divergencia estético-ideológicas y la mezcla de experiencias culturales (africanas y taínas). Su universo narrativo se aparta de los conflictos meramente políticos y sociales y, en su defecto, asimila y acuña un universo fundado en lo maravilloso, en la hibridez sostenida de formas y voces residuales. Su poética narrativa es el resultado de una combinación novedosa y original de elementos simbólicos, fantásticos, míticos. En cada novela, el novelista transforma la realidad cultural y la subjetividad de los personajes, al tiempo que dinamiza y actualiza eso que

[3] Precisamente la primera novela de Veloz Maggiolo (1960).

[4] Finalista del Premio Biblioteca Breve Seix-Barral de España, en 1969. Sobre Cartagena Portalatín y *Escalera para Electra* véase, en este mismo volumen, el artículo de Sandra Alvarado Bordas (169-185).

García Berrio y Hernández Fernández llaman la «forma interior», que es la base estructural de un relato –el contenido, las representaciones de los personajes, las figuras, los símbolos y los mitos de la imaginación poética son objetos de la *forma interior* del texto artístico (2012: 148).

En este ensayo abordaré el hibridismo literario, lo real maravilloso, la irrupción de lo siniestro y la conjugación de los elementos míticos y simbólicos en la novelística de Veloz Maggiolo. Este estudio contiene tres partes: en la primera se describe la poética narrativa y su alcance; en la segunda, se aborda lo real maravilloso como fruto de la hibridez y el mestizaje cultural; en la tercera, por último, se aborda la gramática de la multivocidad[5], según el juego con los símbolos y los mitos, visibles en cinco novelas del autor. La psicocrítica y la mitocrítica como herramientas teóricas permiten comprender la significación en los textos analizados de lo siniestro, de la hibridez de formas míticas y simbólicas, y de las manifestaciones animistas o atávicas en el discurso narrativo de Veloz Maggiolo.

La poética narrativa de Veloz Maggiolo

Si bien algunos autores ya habían hecho notar la presencia de lo maravilloso en la narrativa de Veloz Maggiolo, no se habían detenido a estudiar el fenómeno a fondo. En 1982, María del Carmen Prodoscimi publica una breve reseña en el diario *El Caribe*, titulada «Lo maravilloso y lo real se amalgaman en *La biografía difusa de Sombra Castañeda*». Otro dato más reciente es aportado por Miguel Ángel Fornerín:

> En su obra [la de Veloz Maggiolo] me dejan deslumbrado su conocimiento de la Biblia en *El buen ladrón*, los escenarios bíblicos que plantea, el lenguaje,

[5] Se toma el concepto en sentido filosófico y que no excluye posibles o múltiples significados, en oposición al concepto de «univocidad», entendido como «significado único, rigurosamente determinado, que proporciona una identidad de conclusión o de previsión. El concepto de «univocidad» se aplica hoy ampliamente en distintas esferas del conocimiento científico moderno. En matemática, por ejemplo, caracteriza la función que toma un solo significado para cada significado del argumento; en lógica expresa la condición que afecta a la determinación y sucesión de la inferencia lógico-formal; en física, es uno de los tipos de conexión entre la causa y el efecto (el llamado determinismo de Laplace) (*Diccionario* 1965: 474).

> la corrección de la prosa y la vuelta de tuerca que aparece al final del texto. [...] También los saltos temporales, el lenguaje y lo maravilloso en la *Biografía difusa de Sombra Castañeda*. (2018: 41)

Varios autores dominicanos y extranjeros han analizado diversos temas relacionados con la obra narrativa de Veloz Maggiolo, como la presencia y significación del trujillato (Ugalde 1988, Larsen 1988, Gallegos Cuiñas 2005, Maeseneer 2005 y 2017, Stokes 2016) o la relación entre el bolero y el merengue como trasfondo de algunas de sus novelas emblemáticas (Valerio-Holguín 1999, Rodríguez 2016). También se ha estudiado la relación entre novela, populismo y retórica del patriarcado (Sommer 1983), la memoria y su vínculo con la imaginación histórica (Rodríguez-Henríquez 2008) y la relación entre novela y arqueología (Zaldívar Zaldívar 2013). El contenido de la memoria histórica también ha sido abordado, según afirma Ana Gallegos Cuiñas, por Patrick Collard y Rita De Maeseneer (2005: 94). En esta última tesitura temática también conviene mencionar el libro de Fernando Valerio-Holguín *Arqueología de las sombras* (2000), que recoge diversos textos apreciativos de autores dominicanos en torno a la obra narrativa del autor en cuestión.

La base del discurso novelístico de Veloz Maggiolo es la poética de «lo real maravilloso», inaugurada por Alejo Carpentier. En el prólogo a *El reino de este mundo* (1949)[6], el novelista cubano describe el concepto de este modo:

> Lo real maravilloso comienza a serlo de manera inequívoca cuando surge de una inesperada alteración de la realidad (el milagro), de una revelación privilegiada de la realidad, de una iluminación inhabitual o singularmente favorecedora de las inadvertidas riquezas de la realidad, de una ampliación de las escalas y categorías de la realidad, percibidas con particular intensidad en virtud de una exaltación del espíritu que conduce a un modo de «estado límite». (Carpentier 1994: 3)

Lo dicho puede resultar insuficiente o confuso, no solo por la equivalencia conceptual de cuatro términos distintos, a saber: alteración = revelación

---

[6] En la década de los setenta Rodríguez Monegal (1971) no duda en subrayar la notoriedad y alcance del concepto creado por Carpentier cuando reconoce que el texto introductorio de *El reino de este mundo* no solo se lee más que la novela misma, sino que se convirtió en una suerte de «prólogo» a la nueva novela latinoamericana.

= iluminación = ampliación, sino por su *implicación* de lo enunciado con otros conceptos filosóficos y estéticos. Más de una docena de escritores y críticos latinoamericanos han abordado este concepto, que resulta polémico para algunos y un tanto confuso y artificioso para otros, como Vargas Llosa (2000).

Lo real maravilloso, a mi juicio, es un discurso polifónico en cuya esencia se mezclan las voces residuales y contradictorias de los sujetos que ha padecido la colonización en el Caribe. Su análisis, en cuanto visión antropológica y simbólica, implica asumir *lo híbrido* como signo literario y artístico; además, implica una lectura crítica de los mitos, las voces y los conflictos relacionados con los sujetos que han padecido el proceso de la colonización y la represión política en el Caribe. Este discurso polifónico se caracteriza por cuestionar la racionalidad y la lógica de acontecimientos cotidianos y espirituales.

El hibridismo de formas y contextos y el mestizaje cultural

El discurso novelístico de Veloz Maggiolo es una expresión concreta de la poética de lo real maravilloso, cuya base composicional se origina en la tensión de elementos dialógicos y mitológicos, así como en el hibridismo constante de los componentes sincréticos y folclóricos que identifican a la cultura del Caribe. Esta poética descansa en la evocación, pero también la invención de nuevas realidades y símbolos, por lo que la retórica ficcional tiende a mezclar los mitos y las experiencias y a relativizar los discursos históricos y racionales. De hecho, la poética de lo real maravilloso tiende a organizar la trama del relato a través de la hibridación constante y la polarización de formas, así como mediante la yuxtaposición de voces marginales y símbolos asociados al mundo y la acción de los personajes.

El juego y la mezcla de los contextos culturales, tal como lo planteó Alejo Carpentier[7], no solo definen el estilo de la narrativa neobarroca del Caribe, sino que también redimensionan el hecho ficcional y sus posibilidades, ya que en «los contextos americanos como guía del novelista de nuestro mundo (contextos económicos, raciales, ctónicos, políticos, ideológicos, culturales

---

[7] Aunque la teoría de los contextos no es propiamente de Carpentier, sino de Sartre. Es una deuda literaria.

y hasta culinarios) se ofrece un repertorio de lo original americano que nos separa radicalmente de lo europeo» (Acosta 2014: 43).

Para comprender la poética de lo real maravilloso –que no es una teoría literaria ni un artificio surrealista, al decir de algunos– es preciso analizar los símbolos y las voces contradictorias, sobre todo las polifonías que emergen de lo histórico, y los remanentes de la memoria mítica producto del proceso de colonización y las rebeliones acaecidas en el Caribe. Asimismo, no pueden obviarse las diversas manifestaciones provenientes de la religión, el vudú, el folclore y la música, todas ellas expresiones culturales presentes en diferentes obras de Veloz Maggiolo.

La hibridez como tal no es exclusiva de una poética narrativa, sino de la novela como género moderno; un género que, según argumentan García Berrio y Huerta Calvo, no solo es residual en su forma, sino que por naturaleza tiende a combinar varios géneros, ya que su forma revela «la capacidad de transformación e hibridismo mayor» (2015: 168). También cabe destacar que la hibridez revela también un aspecto esencial de la poética de un escritor, es decir, su peculiar capacidad para moverse y asimilar varios contextos y percepciones de la realidad.

El análisis de *La biografía difusa de Sombra Castañeda* muestra que «la hibridez se refleja en su estructura organizativo-compositiva y que surge de la simbiosis del poema, la confesión (de Sombra Castañeda), el informe policial (sobre todo la parte titulada «inopinado relato»), la reflexión filosófica, los epígrafes y los fragmentos de textos históricos de la autoría de Joaquín Balaguer»[8]. La trama de la novela es el fruto de una «mezcla de elementos racionales, sincréticos, culturales y folclóricos, por lo que la historia se convierte en un entramado de voces marginales y residuales que se rebelan contra las estructuras de dominación colonial e históricas» (Rosario 2019: 89). El narrador, por ejemplo, mezcla con toda naturalidad las voces reales con las ficticias; este movimiento produce el efecto de lo maravilloso y la tensión de las voces que permean todo el relato:

> Hasta veinte negros del almirante, y los más de la lengua de los jolofes, de un acuerdo, segundo día de la Natividad del Cristo, en principio del año de mill

[8] Cito de un artículo propio en fase de edición: «El festín de la hibridez y lo siniestro en la novelística de Marcio Veloz Maggiolo».

> e quinientos e veintes e dos, salieron del ingenio e fuéronse a juntar, con otros tantos que con ellos estaban aliados, en cierta parte. E después que estuvieron todos juntos hasta cuarenta dellos, mataron algunos cristianos que estaban descuidados en el campo e prosiguieron su camino para adelante, la vía de la villa de Azua... [...]. Es de saber que entre los que allí se hallaron con el almirante estaba Melchior de Castro, para detener los negros rebelados... (1980: 58-59)

El narrador no cita al autor de este intertexto, cuyo tono y estructura sintáctica son propios del siglo XVI: es la voz del historiador Gonzalo Fernández de Oviedo en su *Historia general y natural de las Indias* (primera parte), escrita en 1535. Esta voz encarna la tensión y el alegato a favor de la comunidad de negros y mulatos; todos están representados en el mitema simbólico acuñado por Serapio Rendón, según lo evidenciado en el texto, y que se resume en estas palabras: «cambiar al hombre para cambiar el medio». La mezcla de elementos (hibridez), de dominios y de contextos está presente en cinco de las novelas capitales de Veloz Maggiolo, a saber: *La biografía difusa de Sombra Castañeda* (1981), *Materia prima* (1988), *El hombre del acordeón* (2003), *La mosca soldado* (2004) y *Memoria tremens* (2009). Por ejemplo, en *El hombre del acordeón* la clave del texto es la articulación de un componente religioso eminentemente importante (el vudú) con un componente etnográfico: el merengue como música que redondea la «dominicanidad». En *Materia prima*, lo real maravilloso se entroniza mediante la fragmentación del discurso y la hibridación sincrética de creencias y mitos; pero, sobre todo, opera a través de la mezcla de voces y versiones en torno a la muerte del novelista (Persio), que es el personaje que recoge las memorias del barrio y sus miserias morales.

La poética de lo real maravilloso se materializa a través de la hibridez, al mismo tiempo que la estructura textual revela una singular polarización de elementos pragmáticos, históricos, ficcionales y simbólicos. En realidad, la tesitura de esta poética implica asumir una lógica de la oposición narrativa y simbólica de elementos siempre en tensión y en contra de la razón de Estado, en contra de la ley o el estado de cosas dominante.

El concepto de lo siniestro fue acuñado por Freud en su ensayo de 1919. Este describe lo siniestro como una vivencia contradictoria en la que lo extraño se nos presenta como algo conocido y lo conocido se vuelve extraño. Es un sentimiento que se torna familiar, y que puede despertar en el sujeto una sensación de extrañeza, de terror o angustia. El concepto también alude a los elementos sombríos y animistas que permean la mente y que, de pronto, se tornan sombríos en la vida cotidiana. Lo sombrío, según Freud, es la raíz de la angustia y la perversión[9]. Estos rasgos pueden apreciarse en la poesía y en la narrativa; según Julia Kristeva, el deseo y la perversión son los símbolos de la voluntad subversiva de los sujetos contra el orden social y sus diversos ámbitos (1974, en García Berrio y Hernández Fernández 2012: 173).

El término siniestro, según su etimología latina, es todo cuanto «está a la mano izquierda». El diccionario de la Real Academia Española (2014) apunta que el término remite a lo malicioso, pérfido, infeliz y avieso. Con todo, un sinónimo de siniestro es avieso. Ahora bien, el significado etimológico de avieso es *aversus*, es decir, lo «desviado o torcido». Por lo tanto, aplica a todo cuanto es torcido y a lo que está fuera de la regla o la ley. El término, por ende, remite a la maldad, al delito y la fechoría. La representación, pues, de lo siniestro (balance entre lo verosímil e inverosímil) en la novelística del autor está asociada *ipso facto* al mundo de lo deseado, a la negociación y lo temido según C. Bremond (1982: 98).

La poética de lo real maravilloso no solo implica una ruptura de la ley causa-efecto, sino también una visible transgresión de los límites de la lógica que mueve las acciones de los personajes y su voluntad de acción. Este movimiento adverso y disruptivo muestra la evolución y la bifurcación de los mitos temporales asociados al proyecto de la colonización y la génesis de los mitos presentes en el imaginario cultural caribeño. De acuerdo con Mateo Palmer y Álvarez Álvarez:

> Un componente importante en la cultura caribeña es, desde luego, el mito. En este sentido, sería interminable una ejemplificación realmente abarcadora.

[9] «Lo *Unheimlich*, lo siniestro, forma uno de estos dominios. No cabe duda de que dicho concepto está próximo a los de lo espantable, angustiante, espeluznante, pero no es menos seguro que el término se aplica a menudo en una acepción un tanto indeterminada, de modo que casi siempre coincide con lo angustiante en general. Sin embargo, podemos abrigar la esperanza de que el empleo de un término especial –*unheimlich*– para denotar determinado concepto será justificado por el hallazgo en él de un núcleo particular. En suma, quisiéramos saber cuál es ese núcleo, ese sentido esencial y propio que permite discernir, en lo angustioso, algo que además es "siniestro"» (Freud 2014: 1).

> Hay que recordar, simplemente, cómo la llegada de Colón al Caribe está fuertemente condicionada por una visión mítica del mundo. De hecho, la propia escritura del *Diario* del almirante no consiste en otra cosa, en esencia, que en un discurso mitificador, tal como lo ha llamado, con minuciosa autoridad, la ensayista española Beatriz Pastor [...]. (2004: 127)

La poética narrativa asumida (consciente o inconscientemente) por Veloz Maggiolo conjuga lo mítico y simbólico a la vez que juega con la oposición entre diversos dominios textuales, míticos, históricos y culturales. Esta fuerza centrífuga hace que lo real maravilloso se revele en el texto como un discurso polifónico, y que por fuerza tienda hacia la hibridez y la polisemia propias al discurso novelístico. La tensión composicional se hace patente en la diégesis del relato, al tiempo que revela la oposición extrema y antagónica de elementos de naturaleza distinta. En las novelas que he mencionado más arriba puede apreciarse la visible polarización entre las fuerzas atávicas y simbólicas *versus* la razón colonial e industrial; el mundo primitivo (siniestro y animista) *versus* el mundo moderno (orden, razón, ley); claridad *versus* oscuridad (espiritual y moral); razón *versus* mitos y creencias, racionalidad científica *versus* fuerzas extraños o espíritus. Esto hace que lo real maravilloso se muestre como un discurso del contrapunteo y que tienda hacia la hibridez y la tensión (polisémicas) de los componentes narrativos.

Ahora bien, lo real maravilloso rebasa la concepción de lo híbrido y el contrapunteo de planos, de creencias, de actitudes y voces. No solo es una poética de los múltiples significados y significaciones de voces y símbolos (multivocidad) de los contextos híbridos, sino que su ritmo está impregnado de lo siniestro y las creencias de los personajes. Solo se da lo real maravilloso si los personajes asumen, mediante un pacto de conciencia, lo extraño o lo siniestro en sus diversas formas y manifestaciones. En este aspecto es precisamente donde lo real maravilloso se distancia del realismo mágico.

Quien se adentre en las páginas de *El hombre del acordeón* (2003) notará que al personaje Honorio Lora, un músico que es víctima de la dictadura, se le practicó el «desunén». Este rito está estrechamente relacionado con el vudú. Ignacia Marsán no solo es el personaje clave de esta novela, sino también la testigo de la transformación mítica de Honorio en loa o espíritu. Solo Ignacia (Nacha) lo sabe: la fuerza del desunén hace fermentar la imaginación y los sueños de las personas íntimamente vinculadas al acordeonista. De ahí que el sueño adquiera un aspecto maravilloso y mágico, pues las tres mujeres (Nacha, Remigia y la «mambo»[10] Polysona Frontier) viven, de modo simultáneo, la experiencia del desunén, como un universo que imanta y vincula todas las esferas de la narración. En la estructura de este relato no solo convergen las versiones y las diversiones de la realidad (personal, subjetiva y sociohistórica), sino también una sorprendente mezcla del dominio de lo personal con el dominio de lo público. La contigüidad de la diégesis muestra el carácter de la intrahistoria que se teje a través de la acción discreta de las mujeres contra la estructura dictatorial; su deseo es vengar la muerte de Honorio, por lo que en el relato se sienten los ecos y las huellas del espacio público y las manifestaciones del autoritarismo y sus señas (Maeseneer 2011: 49). Al final del día, las tres mujeres no solo desafían el orden de cosas, la ley o las creencias oficiales, sino que procuran hacer justicia mediante una práctica residual y atávica. Es una acción siniestra en todos los sentidos de la palabra, puesto que lo siniestro está intrínsecamente vinculado a la muerte, lo sombrío y lo fatal.

Algo similar ocurre con el protagonista de *Memoria tremens*: Matildo. El personaje está confinado a su habitación y vive en un continuo trance; su conciencia está sumergida en un delirio tremendo y demencial. Paradójicamente, es el «médium» (o caballo) de una potencia superior que lo domina y lo subyuga a través de los espíritus. Esta potencia le va revelando la «verdad» del mundo en medio de la nebulosa y la oscuridad de su conciencia. Es el mito personal del personaje y su modo de reaccionar ante su entorno.

El núcleo estructural de este relato es la lucha del personaje (mito personal) contra el dominio simbólico de la muerte, que está asociado con la recurrencia de las hormigas bobas, una imagen que se menciona muchas veces en la novela. Es un mitema simbólico. De hecho,

> El árbol de las voces (mitema nuclear) se muestra de un modo dialéctico e indirecto, no por el delirio del personaje enfermo a quien se amputará una pierna con gangrena –lo que también representa una manifestación de lo siniestro según Freud y G. Durand–, sino mediante la intervención poderosa y simbólica de Eusapia, la Mujer que lo protege y lo cuida de modo maternal. Al final del relato, la voz de Matildo queda suspendida; se pierde, en el conjunto de las voces que simbolizan el espíritu plural del mestizaje y la verdad de las voces no dominantes. (Rosario 2018: 158)

[10] Nombre con el que se conocen a las sacerdotisas de la religión vudú en Haití.

La gramática de la multivocidad de los símbolos y los mitos

Uno de los aspectos sustanciales de la novelística de Veloz Maggiolo es su modo de asumir y representar el mito. De acuerdo con Greimas, el mito es narración, y en cuanto tal se revela como una unidad narrativa. También reconoce algo muy relevante: la primera isotopía de un relato mítico implica una polarización semántica: individual *versus* colectivo (1982: 48). En este trabajo asumo la idea de mito propuesta por Gilbert Durand, la cual es deudora de la visión antropológica de Levi-Strauss y de la teoría de los arquetipos y el inconsciente colectivo de Carl Gustav Jung. Para Durand, el mito «es un sistema dinámico de símbolos, arquetipos y esquemas; sistemas dinámicos que, bajo el impulso de un esquema, tiende a constituirse en relato. El mito es ya un bosquejo de racionalización, porque utiliza el hilo del discurso, en el cual los símbolos se resuelven en palabras y los arquetipos, en ideas» (2005: 64). En su artículo «Metodología, mitocrítica y mitoanálisis», Durand reconoce que la estructura de la obra literaria se organiza en virtud de entidades simbólicas articuladas a la estructura del texto literario, es decir, a motivos o imágenes que se repiten, porque son mitemas (1993: 344).

En la novela de Veloz Maggiolo el mito está intrínsecamente relacionado con el concepto de tiempo, el devenir de la conciencia de los personajes, la relativización del pasado histórico y una concepción del mundo que descansa en una lógica de lo multívoco y lo contradictorio, tal como lo entendía Stéphane Lupasco. La valoración de lo multívoco no es un hallazgo de los matemáticos ni de los grandes estudiosos de la Lógica del siglo XX; ya en pleno siglo XVII, el filósofo napolitano Giambattista Vico afirmaba en *Principios de una ciencia nueva* que existe una lógica poética que nada tiene que ver con la lógica de los hechos reales, y que es la que rige la poesía y los géneros literarios (1995: 195). Es la razón poética de la que hablaba María Zambrano. Desde la perspectiva de la antropología literaria y la concepción de la poética del imaginario, Durand reafirma que el mito puede analizarse desde las imágenes del régimen diurno –antítesis o polarización de elementos: luz-tinieblas, puro-impuro, duro-blando–; esto implica comprender la verticalidad ascendente y metafórica de los símbolos (véase 2005: 131) y la frecuencia de todas las imágenes que se repiten en un texto literario.

La manifestación poética de la multivocidad y sus aspectos nodales se convierten en la espina dorsal del contrapunteo que permea la estructura de las novelas de Veloz Maggiolo. De igual modo, la tensión dialógica se hace patente o latente en sus textos novelísticos a través de la combinación estratégica de las imágenes, los símbolos, la epifanía de los mitos y la expresión del vudú, entre otras formas sincréticas de la cultura dominicana y caribeña.

Ahora bien, la dimensión simbólica y mítica no son características exclusivas de la poética de lo real maravilloso, cultivada por novelistas como Carpentier, Veloz Maggiolo o Reinaldo Arenas, entre otros, sino que también es una cualidad singular de la nueva novela latinoamericana y de la narrativa del *boom*, que comenzó con Rulfo y su novela *Pedro Páramo* (1955). Esta dimensión simbólica y mítica[11] es la clave de la novela de Juan Rulfo, según argumenta Donald Shaw en *La nueva narrativa hispanoamericana* (2014):

> Lo esencial de *Pedro Páramo* no es el tema tan manoseado del caciquismo rural, ni tampoco (como sostiene Ferrer Chivite) la exploración del carácter nacional mexicano, sino la búsqueda simbólica de Juan Preciado de su padre. [...] Es una historia que no arroja ninguna luz nueva sobre el fenómeno del caciquismo, y que resulta además melodramática e inverosímil. Es inútil enfocarlo como una narrativa realista. (2014: 163)

La crítica literaria dominicana ha tenido visibles dificultades para situar e interpretar el discurso novelístico de Veloz Maggiolo, un discurso que, a todas luces, rebasa las expresiones manoseadas del realismo como etiqueta literaria y poética. Veamos un ejemplo asociado a lo enunciado y que muestra la huella de la lectura hecha: de acuerdo con Giovanni di Pietro[12], desde 1986, con la publicación de *Florbella* –desde mucho antes, sostengo yo

---

[11] La búsqueda de Juan Preciado es eminentemente simbólica y mítica. Este es, y no otro, el cráter o el agujero que semánticamente conecta todas las esferas de este texto paradigmático.

[12] Di Pietro parece perder de vista la dimensión simbólica y mítica de una novela como *La mosca soldado* (2004). En su comentario de esta novela, incluido en su *Bestiario Dominicano 2*, llama la atención la frecuencia con que usa el término «borroso» para referirse al texto de Veloz Maggiolo. Pero ¿por qué al crítico le resulta «borroso» y «oscuro» el relato novelístico? Parece que no logra comprender que el

según mi análisis de la obra de este autor–, Veloz Maggiolo está empeñado en explorar «la posibilidad de [mostrar] una dimensión que se encontraría más allá de la realidad material de cada día» (2017: 123).

El análisis cuidadoso de la poética narrativa de Veloz Maggiolo ayuda a entender el rol que juega la imaginación en la construcción de un sujeto colectivo y el devenir de su conciencia cultural y política en el contexto dominicano y caribeño. La peculiaridad de su poética cincela el lenguaje y los símbolos a la vez que mezcla los contextos, las voces residuales y los discursos que cifran el imaginario cultural y espiritual.

Existe una estrecha relación entre el discurso novelístico de Carpentier y el de Veloz Maggiolo. La novelística de Veloz Maggiolo está sazonada en recursos expresivos y simbólicos, pero también lo está su peculiar modo de construir y deconstruir el imaginario de la idiosincrasia dominicana y caribeña a través del texto literario. Y también en esto reside su vínculo estético-literario con la cosmovisión de Carpentier.

El análisis mitocrítico de los textos de nuestro autor muestra que existe una estrecha relación entre la novela como género y su modo de asimilar y representar el discurso histórico y los diversos ámbitos contextuales. La poética de Veloz Maggiolo implica una exploración cartográfica, un deseo de reunir y revalorar los mapas de la memoria y los mitos profundos propios de la cultura caribeña. Además, su discurso novelístico es un arte que cuestiona y redimensiona la imagen del sujeto caribeño y su modo particular de aprehender la realidad al tiempo que relativiza los discursos, el espacio público y privado, así como las diversas manifestaciones residuales de la cultura. En este sentido, la poética narrativa de Veloz Maggiolo se torna un ejercicio de descolonización (entendido como relectura), pues valora y explora en su discurso narrativo diversas expresiones que se relacionan con lo residual, lo mítico, lo atávico y lo marginal. Son las expresiones que la cultura dominante –que no por azar es conservadora y ultranacionalista– ha rechazado y obliterado durante mucho tiempo. Estas expresiones no solo son formas híbridas, sino también los campos magnéticos que generan la tensión y la subversión semánticas y simbólicas que mueven y dinamizan su discurso novelístico.

---

texto está desarrollado de acuerdo con una lógica contradictoria y simbólica. Es una lógica contradictoria y polivalente.

La poética de lo real maravilloso que cultiva Veloz Maggiolo es una deconstrucción y una relectura de la cultura dominicana. Su narrativa es la confirmación de que la imaginación no es una reliquia de museo o un residuo banal que nos legó el destino histórico, sino el polen que fermenta la memoria, la literatura y la vida misma de los hombres.

Bibliografía

Acosta, Leonardo (2014): *El barroco de Indias y otros ensayos*. La Habana: Casa de las Américas.

Álvarez Álvarez, Luis & Mateo Palmer, Margarita (2004): *El Caribe en su discurso literario*. Ciudad de México: Siglo xxi.

Carmen Prodoscini, M. del (2000): «Lo maravilloso y lo real se amalgaman en *Biografía difusa de Sombra Castañeda*». En Valerio-Holguín, Fernando (ed.): *Arqueología de las sombras: la narrativa de Marcio Veloz Maggiolo*. Santo Domingo: Amigo del Hogar, 157-161.

Carpentier, Alejo (1994): *El reino de este mundo*. San Juan: Universidad de Puerto Rico.

Castillo Reyes, Hugo E. del (2018): «El análisis del estilo literario: un acercamiento desde la recepción. En *Lingüística y Literatura* 74: 21-36: <http://www.scielo.org.co/pdf/linli/n74/0120-5587-linli-74-00021.pdf>.

Di Pietro, Giovanni (2017): *Bestiario dominicano 2*. Santo Domingo: Santuario.

Durand, Gilbert (1971): *La imaginación simbólica*. Buenos Aires: Amorrortu.

— (1993): *De la mitocrítica al mitoanálisis*. Barcelona: Anthropos.

— (2005): *Las estructuras antropológicas del imaginario*. Ciudad de México: Fondo de Cultura Económica.

Fornerín, Miguel A. (2018): *El canon horizontal*. Santo Domingo: Santuario.

Freud, Sigmund (2014): *Lo siniestro*. [Recurso electrónico]. EditorCreateSpace Independent Publishing Platform.

Gallegos Cuiñas, Ana (2005): *Trujillo: el fantasma y sus escritores (análisis y sistematización de la novela del trujillato)*. Tesis doctoral, Universidad de Granada, España.

García Berrio, A. & Hernández Fernández, T. (2012): *Crítica literaria*. Barcelona: Cátedra.

García Berrio, A. & Huerta Calvo, J. (2015): *Los géneros literarios: sistema e historia*. Madrid: Cátedra.

Goytisolo, Luis (2013): *Naturaleza de la novela*. Barcelona: Anagrama.

MAESENEER, Rita De (2011): *Seis ensayos sobre narrativa dominicana contemporánea.* Santo Domingo: Banco Central de la República Dominicana.

MENA, Miguel D. (2013): «Ciudades revisadas: la literatura pos-insular dominicana (1998-2011)». En *Revista Iberoamericana* 79 (243): 349-369.

RODRÍGUEZ, Néstor E. (2016): «Merengue, vudú y nación: el panteón rayano de Marcio Veloz Maggiolo». En *Revista de Estudios Hispánicos* 50 (3): 679-689.

RODRÍGUEZ MONEGAL, Emir (1971): «Lo real maravilloso en *El reino de este mundo*». En *Revista Iberoamericana* 76-77: 619-649.

SHAW, Donald. (2014): *Nueva narrativa hispanoamericana: boom, posboom, posmodernismo.* Madrid: Cátedra.

VALERIO-HOLGUÍN, Fernando (ed.) (2000): *Arqueología de las sombras: la narrativa de Marcio Veloz Maggiolo.* Santo Domingo: Amigo del Hogar.

VARGAS LLOSA, Mario (2000): «*¿Lo real maravilloso o artimañas literarias?*». En *Letras Libres*: <https://www.letraslibres.com/mexico/lo-real-maravilloso-o-artimanas-literarias>.

VELOZ MAGGIOLO, Marcio (1980): *La biografía difusa de Sombra Castañeda.* Caracas: Monte Ávila.

— (2002): *Los ángeles de hueso.* Santo Domingo: Editora Cole.

— (2003): *El hombre de acordeón.* Madrid: Siruela.

— (2004): *La mosca soldado.* Madrid: Siruela.

— (2008): *Memoria tremens.* Santo Domingo: Alfaguara.

VICO, Giambattista (1995): *La ciencia nueva.* Madrid: Tecnos.

WELLEK, René & WARREN, Austin (1974): *Teoría literaria.* Madrid: Gredos.

ZALDÍVAR ZALDÍVAR, Teresa (2013): *Literatura y arqueología a través de La mosca soldado de Marcio Veloz Maggiolo.* Santo Domingo: Archivo General de la Nación.

Opacidad y errancia en la poesía de Norberto James Rawlings

Néstor E. Rodríguez
University of Toronto

En los debates en torno a la modernidad en el contexto latinoamericano, la literatura y la producción intelectual de las Antillas ha tenido un carácter inexplicablemente satelital. Fuera de unas pocas figuras del siglo pasado como Fernando Ortiz, Lydia Cabrera, José Lezama Lima y Juan Bosch, el archivo intelectual caribeño no parece ser considerado de importancia en el curso de tales indagaciones. Dentro de este menoscabado conjunto la poesía es el género que menos se toma en cuenta, a pesar de que República Dominicana, Cuba y Puerto Rico tienen un corpus considerable en lo tocante a pensar el horizonte moderno desde la literatura. Estos textos serían de gran utilidad en las pesquisas sobre muchos de los temas que han caracterizado los afanes teóricos recientes, sobre todo en Norteamérica –a saber, los estudios de la literatura mundial («World Literature Studies»), la crítica feminista y la ecocrítica–. La obra de autores fundamentales del panteón poético del Caribe, como la puertorriqueña Julia de Burgos (1914-1956), el cubano Nicolás Guillén (1902-1989) y los dominicanos Aída Cartagena Portalatín (1918-1994) y Pedro Mir (1913-2000), pide a gritos la atención de la crítica académica, en tanto materia ineludible para cualquier tentativa de pensar la conflictiva modernidad latinoamericana. Es a la luz de esta premisa que examinaré la obra de Norberto James Rawlings (1945-2021). Mi intención es encontrar en ella claves para la teorización de un sujeto en pugna con el proyecto de la modernidad en el marco de la postguerra civil y el afianzamiento del orden neoliberal en la República Dominicana. Esa lectura revelará a su vez lo que entiendo como los órdenes más salientes de su poesía: la opacidad y la errancia.

Para Édouard Glissant, la opacidad implica una suerte de pulsión o «fuerza poética» (1997b: 192) que da al traste con cualquier intento de normalización de lo diverso a la rigidez de un esquema: «Lo opaco no es lo oscuro, pero puede serlo y puede ser aceptado como tal. Es lo no-reductible, la más vital de las garantías de participación y de confluencia» (1997b: 191). Endeudado con una tradición filosófica que tiene sus raíces en la obra de Nietzsche y Heidegger, y en diálogo con pensadores coetáneos como Lyotard, Deleuze y Guattari, Glissant concibe la noción de opacidad en base a la reticencia en el pensamiento fundamentado, axioma que se halla en la médula de la filosofía posmoderna. Para el martiniqués la opacidad implica el reconocimiento de la plena diferencia, lo que acaba con la idea del sujeto de la razón occidental como eje de comparación. A esta forma encorsetada de pensamiento Glissant la denomina «transparencia»:

> La transparencia deja de parecer el fondo del espejo en el cual la humanidad occidental reflejó el mundo a su imagen y semejanza; ahora hay opacidad en el fondo del espejo, todo el limo depositado por los pueblos, sedimento fértil, pero también incierto y todavía hoy inexplorado, negado, oculto, y cuya presencia insistente no podemos dejar de experimentar. (1997b: 111)

En el contexto del Caribe, cuyas sociedades surgen del trauma histórico de la colonización y sus derivas, Glissant propone una epistemología no hegemónica, un reino inofensivo, como aquel que intentó implantar Ti-Noel en las páginas finales de *El reino de este mundo* (1949). En la novela de Alejo Carpentier este personaje alcanza una epifanía moral tras sus transformaciones en buitre, avispa, hormiga y ganso, una epifanía que surge a raíz de no ser aceptado en su diferencia. Es justo en el terreno de la aporía de la comunicación con la otredad donde Glissant ubica el pensamiento de la opacidad; el mismo supone el reconocimiento de la existencia política del otro que habla, y el derecho de ese otro a no ser encasillado en ningún molde: «Pido para todo el mundo el derecho a la *opacidad*, que no es la cerrazón. Para poder reaccionar así contra tantas reducciones a la engañosa realidad de los modelos universales» (2006: 31; énfasis del original).

El «pensamiento de la errancia» (1997b: 20) en Glissant entronca con esta dinámica no jerarquizadora propia de la opacidad para subrayar la idea de renuncia a toda voluntad de anclaje en el plano epistemológico. Más allá de su deuda con el pensamiento posmoderno, al privilegiar la contingencia de los desplazamientos por encima de cualquier tentativa de consolidación de verdades absolutas, Glissant esboza los pormenores de una ética: «al hacer propios los problemas del Otro, es posible encontrarse a uno mismo» (1997b: 18). Como se verá, la poesía de James revela estrechas conexiones con los usos teóricos de los conceptos de opacidad y errancia de Glissant, al tiempo que permite expandir su alcance para arrojar luz sobre aspectos capitales de la historia dominicana moderna, como la desigualdad social, el nacionalismo y el exilio.

Se puede argüir que la poesía de James ejercita una ética y una estética de la opacidad y la errancia. El sujeto de su obra se desplaza en un espacio cuyos ejes son la niñez en San Pedro de Macorís, epítome del capitalismo de plantación en la isla; el Santo Domingo de la postguerra civil con sus incongruencias en los procesos de modernización política y, por último, el ámbito del exilio. Como la obra de Neruda y Vallejo, autores que, según su propia cuenta, lo acompañan en la fragua de su poética literaria (Davis 1987: 16), la poesía de James también muestra diversos tipos de dicción. En sus primeros libros, *Sobre la marcha* (1969) y *La provincia sublevada* (1972), resuena el hablante testador, de acento augural, que se propone hacer visible la cotidianidad del sujeto de a pie y registrar así su existencia política. En *Vivir* (1981) prima la voz del desencanto con el proyecto político posterior al 1965, rasgo que evoluciona en *La urdimbre del silencio* (2000) y *Patria portátil* (2004) hacia un decir signado por la nostalgia del Santo Domingo que pudo haber sido, así como por los modos del afecto, todo ello intuido a partir de la mirada extrainsular. Es la voz del «poeta errante» (James 2011: 209), para recurrir a un verso de otro de sus libros, *Oscuro amor* (2010).

Nacido en el Ingenio Consuelo, James proviene de una familia obrera con raíces en Jamaica, Trinidad, Saint Kitts y el sur de los Estados Unidos. Creció repartiendo sus lealtades entre varias lenguas: el inglés de la casa, el «patois» del batey y el español del sistema escolar en San Pedro de Macorís. Estos detalles de su educación infantil hablan de la «antillanía subterránea» (1997a: 426) que destaca el Glissant de *El discurso antillano* como propia de los sujetos del Caribe, y que implica una identidad relacional que responde a la contingencia de los contactos entre islas. Ciertamente, la historia personal de James, marcada por múltiples desplazamientos, ofrece claves para entender los matices que definen al sujeto de su obra.

Al abandonar la provincia para proseguir estudios en Santo Domingo, James arrastró el paisaje de marginalidad que le resultaba familiar. El cuadro no era menos áspero en la ciudad capital. Fue testigo del optimismo generalizado que produjo la presidencia de Juan Bosch y también de la desazón ciudadana al ver cómo ese gobierno se desmoronaba[1]. Cuando estalló la llamada Guerra de Abril en 1965 y sobrevino la segunda invasión de Estados Unidos, James participó del conflicto desde las filas del Comando de la Escuela Argentina. Durante los años tempranos de Joaquín Balaguer en la presidencia (1966-1978), James padeció persecución política por su afiliación al Movimiento Popular Dominicano, situación que lo empuja al exilio en 1973[2]. A su regreso, en 1979, pudo comprobar cuán profundo se habían afianzado las prácticas de la economía de libre mercado en el capitalismo dominicano, una tara que abordará en *Vivir* (1981) y en la cual insistirá en el resto de su obra.

La mirada utópica es una constante en la poesía de James. Desde *Sobre la marcha* y *La provincia sublevada* hasta sus libros del nuevo milenio, donde resalta la experiencia de la emigración y los tránsitos afectivos, es patente la marca de una voz que apunta a la esperanza como motivo poético y que tiene como trasfondo dos grandes crisis: la del Santo Domingo de la transición democrática y la del neoliberalismo de los años ochenta y sus secuelas. Sus textos registran la huella de la ruina del sujeto en dichas coyunturas históricas, pero también apuntan a la posibilidad de una salida. En efecto, como el antiguo arte de los «griot», los relatores del África occidental, la poesía de James puede leerse como archivo de una memoria que no encuentra cauce en la narrativa de la historia oficial dominicana. La transparencia avasalladora

---

[1] En 1962, Juan Bosch (1909-2001) se convirtió en el primer presidente electo en la República Dominicana tras el restablecimiento del orden democrático. Al iniciar sus funciones en la primera magistratura del Estado en febrero de 1963 impulsó un amplio abanico de reformas sociales que le granjearon la suspicacia de la élite económica y los sectores conservadores. Fue derrocado en diciembre del mismo año.

[2] Balaguer fue el responsable de la cruenta represión contra la militancia izquierdista en la República Dominicana de entonces. De esa coyuntura surge la migración dominicana a la ciudad de Nueva York, que se establecerá principalmente en el sector del Alto Manhattan conocido como Washington Heights. Sobre este legado siniestro de los gobiernos de Balaguer, véanse Cassá 1986 y Hoffnung-Garskof 2008.

que destila el texto histórico nacional parece superarse en una persona poética cuya errancia envuelve al otro al punto de su propia borradura, como se aprecia en «Sobre la marcha», del libro homónimo: «Yo no soy un extranjero más. / Soy sencillamente uno de ustedes, / con la mínima diferencia / de los libros subrayados / con una sonrisa / brevemente trazada» (2011: 19). En otro poema de *Sobre la marcha*, el titulado «Silencio para el canto», es posible identificar con mayor claridad los ribetes utópicos de la obra temprana de James: «Que hagan silencio. / Que sepan que no tienen derecho a oírnos / o dejar de oírnos siquiera. / Esta es la hora de la esperanza / la hora de fijar la mirada / y encaminarnos como los ríos» (2011: 30).

Lo más singular de esta voz que asume el nosotros como efecto de su cercanía al Santo Domingo de las consignas y proclama la esperanza es que lo hace sin caer en los lugares comunes del nacionalismo, esa otra forma de la transparencia según Glissant (2006: 35). Dicho gesto se presenta con nitidez en «Los inmigrantes», también recogido en *Sobre la marcha*. El poema comienza con el establecimiento de una premisa: la realidad de una historia no conocida que precisa salir de la invisibilidad: «Aún no se ha escrito / la historia de su congoja. / Su viejo dolor unido al nuestro» (2011: 36). La voz poética alude a la inmigración de trabajadores de las Antillas de habla inglesa, principalmente de Saint Kitts, Tortola, Nevis, Barbados, Anguila y Saint Thomas, que a partir de 1893 empiezan a llegar a la República Dominicana para trabajar en diversos oficios relacionados con la industria del azúcar (Inoa 2018: 60). La épica de esta inmigración comporta un relato de tensión racial y cultural que encontró su punto de mayor complejidad en los años tempranos del régimen de Trujillo, al promulgarse una ley que buscaba limitar la emigración de trabajadores negros. Con todo, como sostiene Orlando Inoa, la importación de la mano de obra proveniente del Caribe anglófono no se detuvo hasta bien entrada la Segunda Guerra Mundial (2018: 103-104).

La persona poética de «Los inmigrantes» se ocupa de transmitir la angustia del sujeto de una cultura del desplazamiento al tiempo que registra la impresión de ese tránsito en la morfología social dominicana como un ejemplo más de la historia de la plantación caribeña:

> No tuvieron tiempo
> –de niños–

para asir entre sus dedos
los múltiples colores de las mariposas
atar en la mirada los paisajes del archipiélago
conocer el canto húmedo de los ríos.

No tuvieron tiempo de decir:
–Esta tierra es nuestra.
Juntaremos colores.
Haremos bandera.
La defenderemos.

Hubo un tiempo
–no lo conocí–
en que la caña
los millones
y la provincia de nombre indígena
de salobre y húmero apellido
tenían música propia
y desde los más remotos lugares
llegaban los danzantes.

Por la caña.
Por la mar.
Por el raíl ondulante y frío
muchos quedaron atrapados.

Tras la alegre fuga de otros
quedó el simple sonido del apellido adulterado
difícil de pronunciar
la vetusta ciudad
el polvoriento barrio
cayéndose sin ruido
la pereza lastimosa del caballo de coche
el apaleado joven
requiriendo
la tibieza de su patria verdadera.

Los que quedan. Estos.
Los de borrosa sonrisa
lengua perezosa

para hilvanar los sonidos de nuestro idioma
son la segura raíz de mi estirpe
vieja roca donde crece y arde furioso
el odio antiguo a la corona
a la mar
a esta horrible oscuridad plagada de monstruos. (2011: 36-37)

Llama la atención que esa «raíz» de la que se enorgullece el hablante lírico quede definida en base al desplazamiento perpetuo de sus antepasados por el archipiélago y antes por el Atlántico, puesto que en los versos finales del fragmento citado resulta evidente la referencia a la trata esclava. El carácter itinerante de su movilidad echa por tierra incluso las pretensiones de apropiación de la propia voz que los reclama como dominicanos: «Vengo a escribir vuestros nombres junto al de los sencillos, a ofrendaros esta Patria mía y vuestra / porque os la ganáis / junto a nosotros en la brega diaria / por el pan y la paz / por la luz y el amor» (2011: 38).

No hay que confundir la valencia de la palabra patria en este poema, y en toda la obra de James, con el cuerpo político normalizado de la República Dominicana. Por más que resuenen en ella la nostalgia por la geografía insular y ciertos episodios de su historia, la patria en estos textos no apela a la representación de la transparencia reductora de los nacionalismos, sino al carácter siempre difuso, inclasificable, de la opacidad. Así se revela, por ejemplo, en los siguientes versos de «Patria portátil», incluido en el libro homónimo de 2004, en los cuales se ilustra el sentido de la noción de patria en la poética de James: «Inventé para mí esta patria portátil que me cuelga bien adentro con sus ríos montañas valles y héroes» (2011: 176). La nación a la que refiere esa «patria portátil» está aún por fundarse, y esa indeterminación da la medida de su íntima amplitud. El sujeto que la canta se presenta como suspendido sobre el suelo insular y exílico. Tocar el suelo, adosarse a la materialidad de lo telúrico, como propone la voz poética del *Canto general* (1950) de Neruda, supondría fijar, entender, describir límites, salvar la distancia que permite vislumbrar el ritmo de la realidad caribeña y volverlo legible.

Desde los versos iniciales de *Sobre la marcha*, la fibra utópica de ese empeño instala al sujeto en la dinámica de la errancia: «Sobre la marcha / vamos construyendo el canto» (2011: 12). Se trata de un hacer que potencia el carácter trashumante de esa voz que apela a una salida renovadora: «En medio de esta ambición / crecen las rígidas espigas buscadoras de luz / peinando la brisa / caminando aun sin rastro en lo alto. / En el mismo centro de nuestro sueño / se elevan apaciblemente como crecida esperanza que / –sobre la marcha– / nos damos» (2011: 13). Y más adelante, en el poema titulado «Silencio para el canto»: «Esta es la hora de la esperanza / la hora de fijar la mirada / y encaminarnos/ como los ríos» (2011: 30).

En el segundo poemario de James, *La provincia sublevada,* persiste el motivo utópico frente a la inmediatez de lo político: «Porque de tu amor / del mío / del nuestro / pervive la esperanza / en la esperanza del pueblo / a pesar de la ira y el odio» (2011: 55). Asimismo, en *Vivir,* su tercer libro, James dedica sendos poemas a René del Risco Bermúdez (1937-1972) y Antonio Lockward Artiles (1943), autores que, al igual que él, militaron en la resistencia contra de la invasión estadounidense y comulgaron con los ideales de transformación social del Santo Domingo de la postguerra civil. En «Hábito de sueños», en honor a del Risco Bermúdez, se lee: «¿quién puede reprimir / nuestros hábitos de sueños y esperanzas?» (2011: 71). Mientras que en el dedicado a Lockward, «Tu ciudad», el hablante refiere: «Grande es tu ciudad de día. / Con la oscuridad empequeñece / crecen su ira / y el terror que la acordona» (2011: 72).

La pervivencia del nosotros en la poesía de James remite a una noción de «pueblo» muy distante del Pueblo con mayúscula al que apela el nacionalismo como narrativa. El pueblo de la poesía de James ejemplifica más bien esa «multiplicidad fragmentaria de cuerpos menesterosos y excluidos» de la que habla Giorgio Agamben en *Medios sin fin*:

> Todo sucede, pues, como si eso que llamamos pueblo fuera en realidad, no un sujeto unitario, sino una oscilación dialéctica entre dos polos opuestos: por una parte el conjunto *Pueblo* como cuerpo político integral, por otra, el subconjunto *pueblo* como multiplicidad fragmentaria de cuerpos menesterosos y excluidos; en el primer caso una inclusión que pretende no dejar nada fuera, en el segundo una exclusión que se sabe sin esperanzas; en un extremo, el Estado total de los ciudadanos integrados y soberanos, en el otro la reserva (*bandita*) –corte de los milagros o *campo*– de los miserables, de los oprimidos, de los vencidos. (2001: 32; énfasis del original)

Puede que la osadía de cantar al pueblo con minúscula en la poética de James esté en la base de los reductores análisis de su producción temprana realizados por Pedro Conde Sturla y Richard Jackson, quienes pierden de vista la agudeza del gesto político de su poesía. Al comentar *Sobre la marcha*, Jackson despacha dicho gesto en los siguientes términos: «Aunque no están abiertamente expresados, este volumen sí aborda problemas sociales, políticos y nacionales que reflejan su vínculo con izquierdistas en su época de estudiante en los años sesenta y setenta» (1997: 93). Por su parte, Conde Sturla, en una de las primeras notas en torno a la producción poética de James, sostiene lo siguiente: «Norberto James Rawling [*sic*] ha publicado *Sobre la marcha* (1969), un poemario de arquitectura sobria y monótona. A rasgos generales, el libro vale menos por lo que tiene que por lo que anuncia. Sin embargo, no sería justo negarle vitalidad, al menos en lo que respecta a su concepción» (1970: 90). Lo que Jackson y Conde Sturla no logran atisbar es precisamente la materia por demás política que será el santo y seña de toda su producción, y que se condensa en ese dar voz a «los sencillos» que canta el sujeto de «Los inmigrantes».

Los pliegues de lo político en la producción de James se dilatan a partir de *Vivir* con la incorporación del tropo del regreso al país natal. El libro tiene una dedicatoria ideológicamente densa: «Al pueblo dominicano en lucha. Al pueblo cubano por su ejemplo» (2011: 59), en clara alusión a los resabios de la gesta del 1965 y a la consolidación de la Revolución cubana como modelo histórico de sociedad. El horizonte al que apela el hablante de *Vivir* es el del Santo Domingo del afianzamiento del neoliberalismo como modelo económico, y esto es algo que salta a la vista desde el primer poema de la colección, «Recién llegados»:

> No siempre los recién llegados
> arribamos a las terminales
> sobrecogidos de asombro.
> En el equipaje cargamos materiales
> para fundar lo que en noches y tedios acumulados fueron sueños.
>
> Nuestros más recientes asombros se solazan al pie de los monumentos
> en medio de larguísimas avenidas.
> Se reconocen a sí mismos
> en las enormes vidrieras
> recreando el pasado. (2011: 59)

El hablante que fija la mirada en la ciudad de la postguerra no es un sujeto deslumbrado ante las mieses del desarrollismo, sino que, similar al de la poesía de René del Risco Bermúdez, observa con suspicacia la faz visible de la paradójica modernidad dominicana. Así pues, las múltiples acepciones del «asombro» en el poema subrayan la certidumbre en un proyecto inconcluso. Es más, la voz poética parecería perseguir la condición de claridad y lucidez que Ernst Bloch identifica en la «mirada hacia adelante» del sujeto moderno al teorizar sobre la «función utópica» que considera propia a la raza humana: «Y es que la mirada hacia adelante se hace justamente más aguda a medida que se hace más claramente consciente. En esta mirada el sueño quiere ser en absoluto claro y el presentimiento, en tanto que auténtico, lúcido» (2007: 181). Otros textos de *Vivir* permiten apuntalar esta lectura sobre la perspicacia del hablante ante el Santo Domingo neoliberal. El poema «Ozama» es uno de ellos:

> La ciudad puede cotidianamente
> despertar y morir
> en su horizontal crecimiento.
> Pueden los mondos funcionarios del régimen
> multiplicar sus espejos
> renovar sus roperos
> sin que los líquidos de tu cólera
> laven de sus solapas
> los colores de la sangre.
> Esa es su marca: señal convenida.
> Cuando los diminutos ángeles populares
> rescaten nuestras banderas pisoteadas
> ignoro qué escondidas muertes
> qué húmedas y oscuras historias
> podrán retener tus aguas.
> Pierden majestuosidad las lilas
> en tus espejos.
> Pienso que no tendrías razón de existir
> a no ser por la aleve aridez
> que recorre el corazón de esta isla. (2011: 73)

El río Ozama, referente de la historia de la ciudad de Santo Domingo desde su fundación a finales del siglo XV, se convierte en depositario de las historias del desasosiego y añorada redención de los «ángeles populares» que no participan del cuestionable avance de la modernidad. Frente a ese cuadro, el atractivo de las lilas, cuya «majestuosidad» es producto del detrito que modifica negativamente el ecosistema fluvial, palidece ante los «espejos» que reflejan la realidad del dominicano de a pie, una realidad muy distante de la que define la urbe del «horizontal crecimiento» del principio del poema.

El motivo del río aparece nuevamente en «Piedra de la noche», incluido en *La urdimbre del silencio*: «¿Dónde, oscura, espesa bóveda, / estarán los ecos soñados de tus aguas, / los tibios manotazos de la pasajera lluvia / de la isla, / los arrogantes limos, / las caracolas, / los guijarros del río, / su resbaladiza vestimenta, / su discreto monólogo por las aguas?» (2011: 125). Aquí el canto no es al Ozama, sino al Higuamo que atraviesa el Ingenio Consuelo y desemboca en el Mar Caribe por San Pedro de Macorís. Es el río de las memorias infantiles. La noche se revela como una piedra que activa la introspección del sujeto en un gesto que recuerda al José Watanabe de *La piedra alada* (2005)[3], quien también poetiza el recuerdo y la niñez.

Como es habitual en la obra de James, *La urdimbre del silencio* (2000) incluye tres epígrafes que anuncian los motivos que se desarrollarán en el poemario, a saber, la patria (José Emilio Pacheco), el olvido (Borges) y el dolor (Mark Strand). Uno de los textos en donde mejor se condensan estos temas es «Señal de identidad». En las estrofas iniciales se lee: «Me niego a habitar mi nombre en el nombre / de mi padre / y de mi propio espíritu que en él se guarece. / Me niego a negar ese rostro que como bandera enarbolo, / esta voz que proyecto en el vacío de mis muertos, / estos gestos que encarno / inmerso en estas raíces por las que me / nutro y soy» (2011: 106). El enaltecimiento de esas «raíces» nutricias llevan al hablante a rendir homenaje a un archivo mucho más antiguo en «Genealogía»: el de la tradición del cimarronaje. El poema lleva por dedicatoria «A mis abuelos ¿yorubas, gelofes, mandingas?» (2011: 126) y es un tríptico que narra la historia de la esclavitud africana en América. En la segunda parte la voz poética recurre a

---

[3] Las consonancias de la poesía de James con la del peruano José Watanabe (1945-2007) han pasado desapercibidas por la crítica. Aparte del tratamiento de la piedra como interlocutora, está el recurso de la contención al nivel de la forma, así como el empleo de la interculturalidad y la errancia como ejes temáticos. Además, en ambos autores se aprecia la marcada deuda con la obra de Vallejo.

la pulsión utópica tan marcada en los primeros libros de James: «Lejos de las estampidas y las llamas, / bajo yagua y palma, / bajo el salobre y tibio azul del tiempo, / guarecimos sueños y añoranzas del Dahomey» (2011: 126)[4].

Como se puede apreciar, el sujeto de *La urdimbre del silencio* exige su «derecho a la opacidad», esto es, integrar el mundo en su «irreductible singularidad» (Glissant 1997b: 190) en tanto partícipe de un orden que reconoce la filiación a un pasado vivo como memoria, pero ajeno a la lógica de las jerarquías. Esta dinámica de afirmación de la intencionalidad del agente se refuerza en otros textos de *La urdimbre del silencio* por medio de la metáfora del paseante en sus desplazamientos por la ciudad. Por ejemplo, en «Beechwood Road» la voz poética refiere: «Wellesley, Massachusetts, / por las breves aceras de Beechwood Road / divagas» (2011: 117-118). Luego, en «Transeúnte», se lee: «sobre abandonados osarios / avanzo simplemente» (2011: 149); y en «Bardo»: «Apresurado iba sin saber hacia dónde» (2011: 161). Sin embargo, la que a mi juicio es la instancia más clara de agencialidad del sujeto en sus andares por la ciudad está en unos versos del quinto poemario de James, *Patria portátil*, específicamente en el poema «Da igual»: «porque sencillamente vago sin prisa / doblo esquinas que a ratos no sé / si son ajenas o mías / y da igual» (2011: 165). Es innegable el eco del Neruda de «Walking around»[5], aunque la persona poética del texto de James no se enfoca en denunciar el individualismo de la era del capital monopolista, más bien lo celebra como elemento de redención en un espacio ahora signado por la opacidad[6].

Los componentes paratextuales de *Patria portátil* dimensionan el espacio de la propuesta ética y cívica que subyace en toda la poesía de James. El libro está dedicado a su hijo e incluye epígrafes de T. S. Eliot, W. H. Auden

[4] Es evidente la conexión entre «Genealogía» y el poema más emblemático de Nancy Morejón, «Mujer negra». En el texto de Morejón también se aborda la historia de la esclavitud, pero el énfasis está en el contexto cubano y la subjetividad femenina.

[5] «Walking around» pertenece al segundo volumen de *Residencia en la tierra*, publicado en Madrid en 1935.

[6] Conviene destacar en este punto la conexión entre el concepto de opacidad de Glissant y la teoría de Michel de Certeau en torno al paseante como sujeto que reafirma su subjetividad en el andar azaroso por la urbe. Véase Certeau 2000.

y Mario Benedetti relacionados con la noción de patria. El primer texto del conjunto es «Lección», donde se observa el llamado a un sentido de comunidad que se intuye a través del retrato de la naturaleza insular: «Observa hijo cómo rasguña / el mar las orillas de la playa / cómo a dentelladas húmedas / impone su reino salobre. / Cuando canta el mar / se embriaga de sol la brisa / se cuela su música amarga / entre blancas cortinas de agua / y construye la distancia / con invisibles partículas / de transparencia diurna» (2011: 159). El sujeto parecería confundirse con la brega del mar que arropa la memoria de los días idos. Lo que queda de ese impulso anclado en la lejanía no puede ser menos que una ganancia, y en ello se basa la «lección» de escuchar esa «música amarga» que viene del mar. La visión de la isla como espacio, más que geopolítico, afectivo, se concentra en los versos ya citados del poema que da título al libro: «Inventé para mí esta patria portátil / que me cuelga bien adentro / con sus ríos montañas valles / y héroes» (2011: 176), en los cuales se desmonta la entelequia de una noción de patria amparada en eso que Silvio Torres-Saillant denomina «protocolos de exclusión» (1999: 37). Para el sujeto que artificia su «patria portátil» desde la conciencia de la opacidad, este ejercicio de introspección apunta a la idea de patria como tarea: «El recuerdo pesa más / porque viven abiertas / sus ventanas / hacia el mañana» (2011: 189).

En definitiva, toda la poesía de Norberto James Rawlings se orienta hacia ese cometido tan político como hondamente humano. En ella persiste la mirada utópica como norma de redención ante la contingencia de lo histórico. Esta cualidad la vuelve un archivo ineludible para ponderar los avatares de la modernidad en el contexto de la República Dominicana como paradigma de problemáticas extensibles al marco más amplio de lo latinoamericano.

Bibliografía

Agamben, Giorgio (2001): *Medios sin fin. Notas sobre la política*. Valencia: Pre-Textos.

Bloch, Ernst (2007): *El principio esperanza [1]*. Madrid: Trotta.

Cassá, Roberto (1986): *Los 12 años: contrarrevolución y desarrollismo*. Santo Domingo: Alfa & Omega.

Certeau, Michel de (2000): «Andares de la ciudad». En *La invención de lo cotidiano I. Artes de hacer*. Ciudad de México: Universidad Iberoamericana, 103-122.

CONDE STURLA, Pedro (1970): *Antología informal: la joven poesía dominicana*. Santo Domingo: Editora Nacional.

DAVIS, James J. (1987): «Entrevista con el dominicano Norberto James Rawlings». En *Afro-Hispanic Review* 6 (2): 16-18.

GLISSANT, Édouard (1997a): *Le discours antillais*. Paris: Gallimard.

— (1997b): *Poetics of relation*. Ann Arbor: University of Michigan Press.

— (2006): *Tratado del todo-mundo*. Barcelona: El Cobre.

HOFFNUNG-GARSKOF, Jesse (2008): *A tale of two cities. Santo Domingo and New York after 1950*. New Jersey: Princeton University Press.

INOA, Orlando (2018): *Trabajadores inmigrantes en la República Dominicana*. Santo Domingo: Letra Gráfica.

JACKSON, Richard. L. (1997): *Black writers and the Hispanic canon*. New York: Twayne.

JAMES RAWLINGS, Norberto (2011): *Poesía 1969-2008*. Berlin: Cielonaranja.

MOREJÓN, Nancy (1975): «Mujer negra». En *Casa de las Américas* 88: 119-120.

TORRES-SAILLANT, Silvio (1999): *El retorno de las yolas. Ensayos sobre diáspora, democracia y dominicanidad*. Santo Domingo: La Trinitaria.

WATANABE, José (2005): *La piedra alada*. Valencia: Pre-Textos.

Burladores burlados

Astucia y sororidad en dos cuentos de Ángela Hernández

Violeta Lorenzo Feliciano
University of Arkansas

En 2016, la labor literaria que Ángela Hernández (1954) ha desempeñado a lo largo de su vida fue reconocida cuando obtuvo el Premio Nacional de Literatura, el máximo galardón de las letras dominicanas. La votación del jurado que otorga el premio fue unánime debido a que su obra «constituye un ejemplo de literatura realizada a conciencia, con extremo cuidado de las formas» y a que Hernández ha «puesto las letras nacionales en un sitial de gran valoración nacional e internacional» (Alcántara Almánzar en Sosa 2016: en línea).

Hernández forma parte de un grupo de escritoras que en los ochenta se enfocaron en la «revalorización de la presencia de la mujer en la sociedad, con interés de situarla más allá del objetivo sexual y del rol maternal» (Cabrera Cabrera 2009: 364). La importancia del nuevo enfoque que trajeron estas narradoras y poetas, entre las cuales se encuentran Chiqui Vicioso e Hilma Contreras, estriba en que mucha de la literatura dominicana incorpora de modo acrítico nociones de masculinidad que naturalizan la misoginia que caracterizó la dictadura de Trujillo. A través de sus textos literarios estas autoras empezaron a desafiar algunas de las tendencias machistas del canon dominicano, con el propósito de contrarrestar «the dictatorship's deeply sexualized gender discourse, and especially notions of masculinity that became hegemonic during its reign» y que aún imperan en la política, la sociedad y las artes dominicanas (Horn 2014: 18).

El contexto en el que escribe Hernández demuestra que desde el ámbito de la literatura y desde las instituciones culturales se han impulsado prácticas sexistas, dado que la literatura es un tipo de aparato ideológico que sirve para formar subjetividades[1]. En otras palabras, la literatura es un discurso vinculado a instituciones de poder y, por ende, permite apreciar las ideologías principales en torno al género. Con todo, la literatura también puede ser un discurso que proponga cambios que socaven dichas instituciones. Con esto en mente nos proponemos analizar los cuentos «El suegro» y «El mejor», ambos en *Alótropos* (1989), el segundo volumen de relatos de Hernández, por el cual la autora empezó a recibir reconocimiento de la crítica a finales de los ochenta[2]. Nos enfocamos en esos dos cuentos porque remiten a los años finales de Trujillo y a la época en que Joaquín Balaguer estuvo en el poder durante doce años, y porque en ellos el tipo de feminidad avalada por el régimen se utiliza para burlar la masculinidad hegemónica y escapar de un entorno opresivo. La valía de estos cuentos –y de otros que ha publicado Hernández– radica en cómo apuntan a formas de pensar estrategias de resistencia en contextos autoritarios. Aludiremos a algunas de las premisas de Judith Butler sobre la *performance* con el fin de subrayar posibles líneas de fuga detrás de la normalización de la feminidad y de los papeles de género «tradicionales».

El tenorio burlado: sororidad entre suegra y nuera en «El suegro»

En «El suegro», una voz narrativa en tercera persona relata la pugna que tiene Elena, una mujer joven con ganas de estudiar e independizarse, con sus suegros, Francisco Pepén y Doña Sara, cuando decide informarles que se muda a otra casa. Elena espera a las siete de la noche para darles la noticia

---

[1] Sobre los aparatos ideológicos y su papel en la construcción de subjetividades, véase Althusser 1971.

[2] El primer volumen de cuentos de Hernández se titula *Las mariposas no temen a los cactus* (1985). Los relatos fueron publicados inicialmente en el periódico *El Sol*. Hernández escribió estas historias para concienciar al público, ya que la mayoría de las narraciones provienen de situaciones reales que muchas mujeres tienen que enfrentar (aborto, violación, violencia doméstica o falta de atención médica adecuada, por ejemplo). La autora ha expresado en ocasiones que *Las mariposas no temen a los cactus* no es un libro estrictamente literario debido a su tono abiertamente político. Es por eso que aunque *Alótropos* (1989) es su segundo libro de cuentos, algunos lo consideran el primero. Para más información véase González 2000.

porque a esa hora Doña Sara está terminando su jornada de catorce horas y Francisco Pepén suele tomar asiento en una mecedora «desde la cual divisaba a quienes salían y entraban a la casa» para calificar «el grado de maldad o bondad en cada hecho ejecutado por los parientes que se desplazaban en los mil metros cuadrados de su poder añejo» (Hernández 1989: 112).

La voz narrativa indica que Elena miraba a su suegra en todo momento y hablaba en un tono altivo a pesar de que tenía mucho miedo. El temor de Elena se debe a que su mensaje realmente es para su suegro, un señor mayor que manda en todos los asuntos familiares y cuyos problemas económicos y desgaste físico lo han vuelto irascible. En resumidas cuentas, Francisco Pepén es «el de la palabra final, el señor que resarcía la mortal inseguridad de macho gastado y rico rural empobrecido con gritos intermitentes o silenciosas amenazas [...] creando vicios originales y caprichos ridículos de pobres con "apellido", infulados por un ayer en el cual la familia recibía al Jefe en su casa» (Hernández 1989: 112-113).

El suegro lo controla todo y fomenta que sus hijos abusen sexualmente de las adolescentes del campo. En este sentido, la familia de este cuento es un microcosmos del país bajo el trujillato y bajo la masculinidad hegemónica que el régimen apoyó. Por lo tanto, este relato tiene algunas semejanzas con lo que ha señalado Doris Sommer en su estudio *One Master for Another* (1983) sobre el uso frecuente de ideologías populistas que equiparan la nación con la familia y, por lo general, afianzan el patriarcado en aras de encontrar soluciones políticas y pacíficas a los desafíos históricos del país. Francisco Pepén, desde la mecedora donde juzga a todos sus familiares y blande su bastón como si fuera un cetro, perpetúa una masculinidad agresiva e hipersexualizada semejante a la de Trujillo, toda vez que su vínculo con El Jefe se parece al sistema de compadrazgo que cimentó el poder del dictador en muchas áreas rurales (Horn 2014: 39-42).

Cabe añadir que Francisco Pepén exige a las mujeres de la familia que se encarguen de criar no solo a sus hijos y nietos, sino a los que sus respectivos maridos han procreado fuera del matrimonio. Estas circunstancias han hecho que Elena esté lista para irse de ese entorno en el que siempre hay malentendidos, chismes y pleitos entre ella, su suegro y sus cuñados. Al reiterar que ha conseguido una casa y que se muda al día siguiente, mira a Doña Sara a la cara y le da lástima verla tan sufrida. La voz narrativa interrumpe lo que está sucediendo en la casa de Francisco Pepén para dar paso a las memorias de Doña Sara, quien «había contemplado el espectáculo de su vida consumiéndose en dosis diarias; primero con incredulidad, luego con estupor, y al final con una rebelde resignación; alimentada en la responsabilidad con los hijos y el miedo a perder lo poquísimo que poseía: su nombre, su crédito de buena gente» (Hernández 1989: 113).

Francisco Pepén siempre tuvo fama de mujeriego. Todo cambió cuando se fijó en Sara. Es decir, aunque Francisco Pepén era un hombre «con influencia» que había poseído a un sinnúmero de mujeres, escogió a Sara a la hora de buscar esposa porque ella tenía «una esmerada educación cristiana, pudorosa y hogareña» (Hernández 1989: 114). Francisco Pepén aduló a la familia de Sara con costosos regalos y los padres de ella no dudaron en darle su mano en matrimonio. La boda marcó un hito en la historia de la región por la pompa y el boato de la ceremonia. El día de la boda Sara se convirtió en «la agraciada por el amor y la rendición del Donjuán, la que lo había sujetado con las cosas más simples y valederas, la que lo dominaba con el esplendor de su corazón puro» (Hernández 1989: 114). Así pues, Doña Sara cree erróneamente que ella es como el personaje Doña Inés de *Don Juan Tenorio* porque su amor, su religiosidad y su inocencia tienen el poder de redimir a Francisco Pepén.

El casamiento de un tenorio como Francisco Pepén no era del todo inusual, y de hecho guarda relación con la manera en que Trujillo y los hombres de la élite dominicana solían casarse y presumir de tener una familia «oficial», a pesar de que seguían teniendo un sinnúmero de amantes (Horn 2014: 39-40). Además, la descripción del tipo de educación que tiene Doña Sara también coincide con la que fomentaba el régimen para las mujeres. La misma tenía como meta institucionalizar la maternidad para que ser madre prácticamente fuera el único papel que la mujer desempeñara en la sociedad (Horn 2014: 38-39; Hernández 1986: 134). De ese discurso en torno a la maternidad se desprende que en el cuento el suegro tema que Elena eche a perder a sus nietos, al ella asumir otros roles mediante el trabajo y el estudio fuera del hogar. Es también gracias a ese discurso que Francisco Pepén exige que las mujeres se encarguen de criar a los niños y de mantener la casa en orden.

La voz narrativa deja a un lado las retrospecciones de Doña Sara para dar paso a la reacción de Francisco Pepén cuando Elena les informa de que se mudará al día siguiente. Como es de esperar, Francisco Pepén –airado–

da golpes en el piso con su bastón y le dice a Elena que puede irse a donde quiera, pero no puede llevarse a sus nietos. Elena continúa mirando fijamente a Doña Sara y le responde: «Mis hijos los parí yo, vinieron de mis entrañas; esos se van conmigo a donde yo vaya» (Hernández 1989: 115). La pelea familiar continúa con las palabras soeces de Francisco Pepén, quien insiste en que los hijos de Elena deben quedarse con él. Por su parte, Elena está tan acostumbrada a los insultos que estos no le causan asombro. Con todo, vale la pena reparar en algunos aspectos de los insultos utilizados por Francisco Pepén, porque revelan el tipo de feminidad y masculinidad que predomina en este entorno.

Si bien Francisco Pepén tiene reparos en que sus nietos se vayan, a él no le molesta que su hijo –el esposo de Elena– se marche cuanto antes. Esto se debe a que, según Francisco Pepén, Elena ha convertido a su hijo en «una mierda, un maricón sin carácter» (Hernández 1989: 115). Los insultos que recibe el esposo de Elena ejemplifican cómo las consecuencias de un discurso machista y autoritario arraigan «[the] celebration of male activity and female receptiveness as well as *a hierarchy of men over women and those dependent beings (i.e., other men) metaphorically understood as women*» (Sommer 1983: 7-8; énfasis mío). En otras palabras, este discurso discrimina y oprime a las mujeres y a aquellos hombres que, de una forma u otra, transgreden la masculinidad normativa. Francisco Pepén también arremete contra las mujeres, pues las animaliza y expresa que estas «se escogen como las vacas, por la raza» (Hernández 1989: 115). Según él, el problema familiar consiste en que su hijo se casó con Elena, que en vez de «vaca» es «una viralata» que «no para un pie en la casa, dizque estudiando, dizque trabajando. Si cría esos muchachos, nada bueno se podrá esperar de ellos, sobre todo de las hembras» (Hernández 1989: 115).

Como ya hemos mencionado, esta familia representa un microcosmos del país. Sin embargo, el país está en transición y los valores de la dictadura están cambiando lentamente. La época en que el Jefe visitaba a la familia quedó atrás; tampoco Francisco Pepén tiene ya la fuerza, la riqueza ni el poder que tenía antes. En esta coyuntura histórica más mujeres empiezan a ir a la universidad y a trabajar fuera del hogar (Hernández 1986: 144-145). De ahí que Elena sea mal vista: es «la viralata», la «mala madre», cuyas prioridades no compaginan con el ideal de feminidad que todavía impera en el país. Su contrapartida es Doña Sara, que lo único que tiene es su fama de buena gente al ser sumisa y amoldarse a lo que el *statu quo* exige de las mujeres. En este sentido, Elena y Sara son opuestas y la voz narrativa enfatiza que Elena a quien mira y le habla de frente es a Doña Sara, a pesar de que el que lo controla todo sea su marido. Podemos entender que, en este caso, el sistema machista contribuye a la falta de sororidad, dado que «women were enlisted into a patriarchal state project of controlling and denouncing "disorderly" women and thereby dividing women amongst themselves into "orderly" and "disorderly" or "good" and "bad" women» (Horn 2014: 26).

Ahora bien, Doña Sara demuestra su solidaridad con Elena y la ayuda a mudarse sin que Francisco Pepén intervenga. Doña Sara actúa de forma inesperada, pero sin transgredir en ningún momento su papel de esposa noble y dócil. Ejecuta la *performance* patriarcal de la esposa abnegada, pero de modo instrumental, con el fin de ayudar a su nuera.

El suegro continúa refunfuñando desde su estrado (es decir, desde la mecedora donde divisa todo lo que pasa a su alrededor) y Elena decide alejarse del lado de la casa donde están sus suegros. Doña Sara sigue con su rutina diaria y procede a lavarle los pies y a darle un masaje a Francisco Pepén en las piernas. Horas más tarde, prepara todo lo que su marido necesita para dormir: la tisana, el mosquitero y la pastilla de dormir. Doña Sara acompaña a Francisco Pepén a la cama, ya que él está tan débil que necesita que lo ayuden a caminar hasta la habitación y a ponerse el pijama. La mujer lo asiste como de costumbre y, a pesar de estar exhausta tras catorce horas de labores en el hogar, se tiende al lado del marido por si a este se le antoja tener relaciones sexuales. En esta ocasión «él no dio indicios de que fuera a servirse. De hecho, y aunque tenía hijos de edades similares a los bisnietos, requería rara vez de [los] servicios [de Sara]» (Hernández 1989: 116). De lo dicho se desprende que aunque Francisco Pepén está enfermo y no pueda valerse por sí mismo, todavía sigue engendrando hijos de otras mujeres. En resumidas cuentas, su fama de donjuán no ha disminuido y se sobreentiende que él y sus hijos se dedican a burlar a las mujeres de la comunidad.

Doña Sara se acuesta en la cama hasta que su marido se queda profundamente dormido. Tras sentarse un rato en la mecedora y escuchar canciones de amor, busca a Elena para decirle: «Váyanse bien temprano. No me digas dónde vivirán. Preparen la mudanza sin preocupación. Francisco Pepén estará dormido cuando se marchen» (Hernández 1989: 116). Que la nuera pueda empacar e irse despreocupadamente se debe a que Sara ha diluido diez pastillas de dormir en la tisana de Francisco Pepén, toda vez que él se había tomado una pastilla por su cuenta. En suma, el suegro no notará que Elena se ha ido con su esposo y sus hijos porque probablemente muera de una sobredosis de somníferos.

Judith Butler sostiene que el género es una construcción social a base de discursos y de la *performance* de prácticas sociales normativas. Según esta premisa, el género se forma a través de «una repetición estilizada de actos» (Butler 1998: 297). Elena es acosada por el suegro porque, al decir de Butler, «los que no hacen bien su distinción de género son castigados regularmente» (1998: 301). No obstante, para entender las acciones de Doña Sara al final del cuento hay que considerar que

> si el cimiento de la identidad de género es la repetición estilizada de actos en el tiempo, y no una identidad aparentemente de una sola pieza, entonces, en la relación arbitraria entre esos actos, en las diferentes maneras posibles de repetición, en la ruptura o repetición subversiva de este estilo, se hallarán posibilidades de transformar el género. (Butler 1998: 297)

Dicho de otra manera, si la identidad de género se basa en una repetición continua de actos que la consolidan, el potencial transformador surge cuando se rompe con las repeticiones que reafirman dicha identidad. En el caso que nos ocupa, esta ruptura no es totalmente radical, porque la variación en la repetición de actos no subvierte o altera la feminidad normativa que encarna Doña Sara.

Por otro lado, aunque las acciones de Elena sean «radicales» en comparación con las de su suegra, estas no han tenido el efecto deseado al momento de desafiar al suegro y lo que este representa. No obstante, Doña Sara no levanta sospechas al repetir deliberadamente el papel convencional de la feminidad, a pesar de que lo haga para ayudar a una «mala mujer». El aspecto subversivo radica en repetir el patrón tradicional a fin de ayudar a otra mujer a escapar del personaje masculino que tiene el control de todo. Así pues, el donjuán es burlado en su propia casa; esta vez, a diferencia de la versión decimonónica de Zorrilla, no hay oportunidad de redención mediante el amor de una doña Inés. La redención estriba en que Elena estudie, trabaje, críe a sus hijos sin Francisco Pepén, y rompa así el ciclo de opresión al que han estado sometidas Doña Sara y las otras mujeres de la comunidad.

El agente burlado y la anfitriona astuta en «El mejor»

«El mejor» es el otro cuento de *Alótropos* en el que nos enfocaremos en este estudio[3]. En este, el agente Rodríguez va a arrestar a una mujer, pero fracasa al ser engañado y envenenado por ella. A lo largo del relato hay fragmentos en cursiva que contienen la información que un coronel del Servicio Secreto le ha dado al agente Rodríguez sobre seis terroristas que, tras haber pasado varios meses en el extranjero, han llegado a la República Dominicana. La voz narrativa, en tercera persona, no aporta muchos datos que permitan establecer con certeza en qué época transcurre la acción. Con todo, la mención de «un cuero de los de Herminia» y lo escandaloso que resulta que algunos personajes hayan estado en Cuba permiten situar la acción durante los años en que Balaguer estuvo en el poder tras la muerte de Trujillo (Hernández 2005: 60, 62)[4].

El cuento comienza justo cuando el agente Rodríguez se dirige hacia el apartamento de una mujer que presuntamente pertenece al grupo terrorista en cuestión. Durante el trayecto Rodríguez repasa mentalmente todos los éxitos que ha alcanzado en su carrera y se pregunta una y otra vez por qué el coronel lo ha mandado a detener a la mujer.

Rodríguez es el mejor agente del Servicio Secreto y se siente menoscabado porque no le han permitido perseguir a uno de los cinco hombres que conforman el grupo terrorista. Ante su mala actitud el coronel le explica que los presuntos terroristas son comunistas y «*entre [ellos] no hay distinciones [...] Lo mismo da un hombre que una mujer. Para ellos son iguales, hacen lo mismo, piensan igual*» (Hernández 2005: 60; énfasis del original). El agente sigue las órdenes de su superior a regañadientes y se persona en el apartamento de «la terrorista». A pesar de todo, Rodríguez toma las precauciones necesarias y procura llevar su arma de reglamento cuando toca a la puerta del apartamento.

Una mujer risueña abre la puerta y lo invita a pasar como si él fuera un conocido al que estuviera esperando. El apartamento está muy limpio y exquisitamente decorado. La mujer le ofrece asiento, lo invita a ponerse

[3] Cito por la edición más reciente del cuento, en Hernández 2005.

[4] El Night Club Herminia fue uno de los prostíbulos más famosos durante los doce años de Balaguer.

cómodo e inicia una corta conversación sobre la belleza del país. Inmediatamente hay una parte en cursiva donde se indica que las autoridades no han podido obtener datos suficientes sobre el «plan subversivo de gran magnitud» que el grupo terrorista piensa llevar a cabo. Lo poco que saben es que los supuestos integrantes del grupo han estado en Libia y en Cuba. Lo interesante de estas intromisiones es que dan información, pero esta es tan general que cualquier sujeto podría ser uno de los sospechosos, toda vez que la «terrorista» es una anfitriona y una ama de casa perfecta que, al seguir al pie de la letra las normas de etiqueta y urbanidad, se asemeja a una ciudadana ejemplar. Resulta llamativo el comportamiento de la mujer, en tanto los buenos modales y la hospitalidad pueden vincularse a cuestiones de ciudadanía. Es decir, el ciudadano ejemplar practica las buenas costumbres en aras de construir la patria, mientras que su contraparte, el terrorista, la destruye[5].

Beatriz González Stephan ha demostrado el carácter civilizatorio de los proyectos fundacionales del siglo XIX, que recurrieron a leyes, normas, libros y catecismos para domesticar la barbarie, dulcificar las costumbres y contener la violencia (González Stephan 1996: 20). Consecuentemente, los manuales de urbanidad y otros textos escritos fungieron de herramientas en las sociedades modernas para regular y controlar los cuerpos y convertirlos en «sujetos del Estado» (González Stephan 1996: 18, 22). Es por eso que en la *Cartilla cívica para el pueblo dominicano*, difundida durante la dictadura trujillista y cuya última edición data de 1951, se estipula que el peor enemigo del buen ciudadano es el revolucionario, que «quiere matar a todos los que pueda y cogerse todo lo que encuentre: lo tuyo y lo de tus vecinos» (Trujillo 1951: 82). Esa descripción del revolucionario lo ubica en el plano del terrorismo. Por otro lado, el ciudadano ejemplar cumple sus

[5] Queda fuera del objeto de este artículo el debate sobre qué es un terrorista. Ahora bien, concuerdo con Jacques Derrida cuando arguye que la dificultad de definir o determinar qué o quién es un terrorista se debe a que un terrorista puede ser considerado un héroe nacional en algunos contextos y a que el terrorismo suele ser el resultado de la violencia fundacional de muchos estados. Por eso la categoría de «terrorista» se puede manipular de forma tal que sea imposible determinar a ciencia cierta quién es terrorista y quién un héroe. Véase al respecto la entrevista a Derrida en Borradori 2003.

compromisos, ayuda a su vecino, comparte lo que tiene, trabaja y vive en armonía con los demás (Trujillo 1951).

Lo interesante del personaje femenino en «El mejor» es que obedece al pie de la letra las reglas de la *Cartilla cívica* y las del *Manual de urbanidad y buenas maneras* de Manuel Carreño. Como han explicado Beatriz González Stephan (1996) y María Fernanda Lander (2003), este manual decimonónico –que se ha seguido reeditando en el siglo XXI– responde a la necesidad de que América tuviera una imagen civilizada. Los buenos modales de los ciudadanos de las distintas repúblicas ayudarían a crear dicha imagen. En «El mejor» se siguen cabalmente las reglas de decoración, del recibimiento de visitas, de la conversación apropiada y de las reglas de los juegos de mesa que se mencionan en el *Manual* (Carreño 1991: 105-107, 133, 174, 353). De hecho, la mujer del cuento es tan hospitalaria que va a la cocina a prepararle al agente Rodríguez un café especial que ella misma tuesta y filtra con colador de tela. Rodríguez aprovecha que la mujer está en la cocina para husmear un poco por el apartamento, pero no encuentra nada comprometedor. Por su parte, la anfitriona pone música para que Rodríguez se entretenga mientras ella termina de preparar el café. La buena música, el orden que hay en el lugar y la hospitalidad de la mujer hacen que Rodríguez dude y se diga para sus adentros que «debe haber un error», y el aroma del café que prepara la mujer lo hace exclamar en voz alta: «¡Huele bien ese café!» (Hernández 2005: 63).

Rodríguez no se atreve a preguntarle el nombre a la mujer, así que opta por preguntarle si vive sola. Ella le responde que sí, pero que tiene tantos amigos que su soledad no le molesta. Una vez más las letras en cursivas interrumpen el relato para presentar la información que el Servicio Secreto le ha dado a Rodríguez sobre el grupo terrorista. Aunque no pueden asegurarlo, los investigadores creen que la mujer es la amante de uno de los hombres del grupo. Este detalle parece insustancial, pero está vinculado a los estereotipos sobre las mujeres que abrazan el terrorismo. En su estudio sobre la agencia femenina en discursos terroristas, Liz Sage comenta que una de las explicaciones estereotípicas para entender a la mujer que se une a un grupo terrorista se basa en «the persuasive words of a militant man she loves obsessively» (2013: 28). Esta explicación reduccionista, que Sage critica, circunscribe los actos de violencia llevados a cabo por mujeres al ámbito de lo doméstico, y sutilmente implica que ellas no luchan por cuestiones de gran envergadura en el plano mundial, sino que se dejan llevar por sus emociones y no por un pensamiento lógico y coherente (2013: 28-29). De igual forma, Hernández sostiene que durante las insurrecciones previas al mandato de Balaguer se usaron un sinnúmero de estereotipos sexistas para subestimar el potencial revolucionario de las mujeres y considerarlas un elemento «no subversivo e inherentemente pasivo» (1986: 145).

En «El mejor», Rodríguez no logra conciliar que esa mujer tan femenina, culta y cordial que tiene delante sea una terrorista comunista; se supone que una mujer terrorista «deviates from an infinitely tolerant femenine norm in her turn to violence» (Sage 2013: 29). El hecho de que la información sobre las posibles relaciones amorosas de la mujer se mencione justo cuando Rodríguez entiende que hay un error demuestra que está tratando de reconciliar de alguna forma la imagen que tiene de un/a terrorista con la de la mujer que está visitando. Rodríguez cree que «debe haber un error», a menos que ella esté metida en el grupo porque está enamorada. En ese caso, ella no debería representar un desafío para Rodríguez, porque, en su pensar estereotípico, «her violence comes from the domestic, familial sphere, or by coerced indoctrination from the men around her into "big ideas" she would not otherwise understand or even be conscious of [...] She is never quite the rational master of her own work and thus is deprived of any agency» (Sage 2013: 29). Después de todo, Rodríguez es el mejor agente, y no debería resultarle difícil engañar o burlar a la supuesta terrorista para que ella suelte prenda de lo que sabe.

Ahora bien, hay que reparar en por qué ella invita a Rodríguez a una partida de ajedrez durante la visita. Rodríguez admite que no sabe jugar y que el juego le parece muy complicado como para aprenderlo en ese momento. Sin embargo, ella resume el juego de la siguiente manera para hacerle cambiar de parecer: «Se trata de un simple enfrentamiento entre dos ejércitos. Cada uno procura defender a su rey y aniquilar al contrario. Táctica, avance, ofensiva, contraofensiva, habilidad y cálculo: simple estrategia militar. Es una guerra interesante» (Hernández 2005: 64). Ante la negativa del agente, la mujer vuelve a pedirle que juegue ajedrez; un hombre tan atento como él debe ser un caballero y «no negarse al ruego de una dama» (Hernández 2005: 64). Una vez más el lector tiene acceso a los datos que le han dado a Rodríguez. En esta ocasión se reitera que el grupo terrorista privilegia la lucha militar, razón por la cual «*a este tipo de asociación hay que aniquilarla en el embrión. De lo contrario, crece como parásito entre vagos y malogrados de toda laya*» (Hernández 2005: 64-65; énfasis del original)[6].

Rodríguez no ha entendido el mensaje cifrado detrás del juego de ajedrez, y sigue pensando que «alguien debe haberse equivocado» (Hernández 2005: 65). Las referencias a su vida amorosa con un terrorista, entre otras cosas, indirectamente lo llevan a subestimar la inteligencia y peligrosidad de la mujer y a ignorar que el juego de ajedrez precisamente resalta su astucia y habilidad estratégica. Su último intento por identificarla fracasa; la llama «María» y luego «Eugenia» para que ella misma rectifique su nombre, pero la mujer no se da por aludida.

Antes de proceder con la partida de ajedrez, la mujer regresa a la cocina para preparar limonada. Rodríguez cree que ella está interesada en él: «Los rasgos de[l] rostro [de ella] cobraban definición; en los ojos aparecían unos hilillos aceituna. Él pensó que actuaba deliberadamente para impresionarlo. Ese pensamiento le gustó» (Hernández 2005: 66). Una vez empiezan las clases de ajedrez, se intercala un último párrafo en cursiva con los datos que Rodríguez ha recibido de sus superiores, donde se describe un ataque terrorista llevado a cabo por una mujer en el que mueren treinta personas, aunque la información en cursiva no indica que la mujer que ocasionó esas treinta muertes y la que Rodríguez está visitando sean la misma. Tampoco hay detalles del país donde ocurre el ataque. Por ende, no queda claro si esta información simplemente sirve para dar un ejemplo del terrorismo cometido por mujeres o si la idea es insinuar que la mujer con quien Rodríguez toma limonada y juega ajedrez es la causante de esas treinta muertes.

La mujer le reitera a Rodríguez que el juego de ajedrez es sencillo y lo alaba por ser un excelente alumno. Le explica que «no es suficiente con mover las fichas. Cada movimiento tiene un fin calculado» (Hernández 2005: 66). Como ha empezado a oscurecer, Rodríguez se levanta para irse, no sin antes indicarle a la mujer que le enseñe cómo mover bien las fichas en otra ocasión. Al montarse en su automóvil, Rodríguez sigue confundido

---

[6] La información que se le da a Rodríguez guarda mucha relación con las creencias de Balaguer sobre los grupos comunistas de aquel entonces. En el cuento se compara a los terroristas comunistas con parásitos; el mandatario había definido el comunismo como un virus que amenazaba a la República Dominicana. Al respecto, véase Balaguer 1983.

por los eventos del día y se pregunta si acaso él y la mujer se conocían de antes. Poco después el agente Rodríguez tiene que detener el auto porque se siente muy mal. Vomita copiosamente y cae de rodillas en la calle. Se percata de que su arma de reglamento ha desaparecido y exclama entre vómitos: «¡brujería!» (Hernández 2005: 67). Rodríguez, el mejor agente del Servicio Secreto, que se había sentido subestimado porque se le asignó arrestar a una mujer, ha sido burlado por ella, incluso a pesar de que ella misma, con la metáfora del juego de ajedrez, le indicó lo que iba a hacer. Pero Rodríguez no puede aceptar que él es el rey muerto del tablero y que la astucia de la mujer lo ha derrotado; por eso antes de morir la llama bruja, puesto que para su ego herido solo mediante algo sobrenatural u oculto una mujer podría aventajarlo.

La voz narrativa refiere que la gente se asoma por los balcones para ver «el espectáculo» que Rodríguez está dando en plena calle. La maestría de este final o, para ser más precisos, el arte de la última oración del cuento, es que remite al primer párrafo, donde se describe la carrera de Rodríguez como otro tipo de espectáculo en el cual él es la estrella: «Sus *actuaciones* habían sido nítidas, al punto de hacer imposible toda especulación sobre su presencia en los *escenarios* donde fue el *protagonista sobreviviente*» (Hernández 2005: 59; énfasis mío). En el último acto de su vida –frente a los vecinos del lugar como espectadores– el mejor protagonista no sobrevivirá.

Al igual que en «El suegro», en este relato tenemos un personaje femenino que no transgrede la feminidad convencional, lo que precisamente le permite engañar al agente Rodríguez. La mujer en «El mejor» es la anfitriona perfecta, al punto de resultar un calco de la buena conducta femenina que describen manuales como el de Carreño. Al representar deliberadamente un papel convencional de feminidad, es capaz de lograr un objetivo personal –librarse del agente que tiene órdenes de arrestarla–. El personaje masculino ha aceptado la creencia de que las mujeres «should remain entirely within the domestic sphere. In other words, women are denied any capacity to act within the abstract realms of the ideological, religious, political, and cultural. In the epistemology of terrorism, women across the globe are read as being outside of the systems in conflict» (Sage 2013: 30). Dicha creencia hace que el agente Rodríguez se descuide ante una mujer demasiado femenina y «casera» como para ser terrorista; si lo fuera, probablemente sería solo porque está enamorada de un terrorista.

En ambos cuentos, que pueden vincularse al ocaso de la dictadura trujillista y a la época en que Balaguer estuvo en el poder, los personajes femeninos están en situaciones donde una figura masculina las controla o las vigila. Ambos personajes femeninos se circunscriben deliberadamente al papel socialmente establecido para que Francisco Pepén y el agente Rodríguez bajen la guardia ante ellas. Si bien la mayor parte de estas *performances* reafirman y reproducen normas y valores socialmente impuestos en lo tocante a la construcción de identidades de género, queda espacio para la transgresión. La línea de fuga se halla en seguir el papel convencional de la mujer a fin de que la repetición instrumental y deliberada de actos vinculados a la construcción de género no levante sospechas y permita una variación que ponga en jaque a los personajes machistas. De este modo, la astucia femenina permite burlar a los burladores; en uno de los casos, propicia también la solidaridad entre mujeres. Estos dos cuentos no necesariamente destruyen la heteronormatividad o la feminidad normativa, pero apuntan a cómo en ciertos contextos la *performance* de la esposa sumisa o de la anfitriona perfecta pueden usarse para fomentar la sororidad y librarse de individuos sexistas que responden a los intereses de aparatos represivos.

Bibliografía

Althusser, Louis (1971): *Lenin, philosophy and other essays*. London: New Left Books.

Balaguer, Joaquín (1983): *Entre la sangre del 30 de mayo y la del 24 de abril*. Santo Domingo: Industrias Gráficas Manuel Pareja.

Borradori, Giovanna (2003): *Philosophy in a time of terror. Dialogues with Jürgen Habermas and Jacques Derrida*. Chicago: University of Chicago Press.

Butler, Judith (1998): «Actos performativos y constitución de género: un ensayo sobre fenomenología y teoría feminista». En *Debate Feminista* 9 (18): 296-314.

Cabrera Cabrera, Vinicio (2010): «Cosas del decir: entre Ángela Hernández y Tomás Castro». En Ospina, Helena (ed.): *Editores y escritores: dos protagonistas inseparables*. San José: Promesa, 363-369.

Carreño, Manuel (1991): *Manual de urbanidad y buenas maneras: de consulta indispensable para niños, jóvenes y adultos*. Bogotá: Panamericana.

González, Carolina (2000): «An Interview with Ángela Hernández Núñez». En *Callaloo* 23 (3): 999-1010.

GONZÁLEZ STEPHAN, Beatriz (1996): «Economías fundacionales: diseño del cuerpo ciudadano». En González Stephan, Beatriz (ed.): *Cultura y tercer mundo*. Caracas: Nueva Sociedad, 17-47.

HERNÁNDEZ, Ángela (1986): *Emergencia del silencio: la mujer dominicana en la educación formal*. Santo Domingo: Editora Universitaria.

— (1989): *Alótropos*. Santo Domingo: Alas.

— (2005): «El mejor». En *Masticar una rosa y otros cuentos antologados*. Santo Domingo: ABC, 59-67.

HORN, Maja (2014): *Masculinity after Trujillo: the politics of gender in Dominican literature*. Gainesville: University Press of Florida.

LANDER, María (2003): *Modelando corazones: sentimentalismo y urbanidad en la novela hispanoamericana del siglo XIX*. Rosario: Beatriz Viterbo.

SAGE, Liz (2013): «The Impossible Terrorist: Women, Violence, and the Disavowal of Female Agency in Terrorism Discourses». En *Sussex Research Online*: <http://sro.sussex.ac.uk/id/eprint/79236/1/Sage%20-%20Impossible%20Terrorist%20%20May%202013.pdf>.

SOMMER, Doris (1983): *One master for another. Populism as patriarchal rhetoric in Dominican novels*. Lanham: University Press of America.

SOSA, José (2016): «Ángela Hernández: Premio Nacional de Literatura 2016». En *Acento*: <https://acento.com.do/cultura/angela-hernandez-premio-nacional--de-literatura-2016-8318367.html>.

TRUJILLO, Rafael L. (1951): *Cartilla cívica para el pueblo dominicano*. Buenos Aires: Talleres Gráficos.

ZORRILLA, José (2006): *Don Juan Tenorio*. Madrid: Cátedra.

Mar y pensamiento en la obra de José Mármol

Jochy Herrera

Génesis

La obra de José Mármol (Santo Domingo, 1960) parte de las complejas y particulares circunstancias presentes en el entorno de la República Dominicana de los tempranos años ochenta, así como del escenario que en aquella época se vivirá en el plano global, en tanto que el descalabro de las hegemonías políticas imperantes lo sacudirá casi todo. Como nación en vías de desarrollo –elegante eufemismo asignado a los países dependientes– y gracias a su proximidad geográfica e histórica con Cuba y los Estados Unidos, la mediaisla estuvo influenciada, por no decir decididamente guiada, por batallas ideológicas y culturales de las que ni artistas ni el conglomerado social pudieron escapar.

Ese es el panorama que explicará el surgimiento y posterior desarrollo de la llamada Generación de los Ochenta de la poesía dominicana, conformada por un grupo de jóvenes escritores y artistas –Mármol el más destacado– que, poco comprendidos en aquel momento, optaron por apartarse del *establishment* literario, que parecía abogar entonces por una forma de escritura (nada ajena al resto de Latinoamérica) en la que el poema se reducía a poderosa arma ideológica. Una herramienta adoctrinadora, reflejo de un estado de cosas en el que el texto existía supeditado al logro de un *fin ulterior* de naturaleza política, como ha señalado Médar Serrata (2005: 234).

Desde la agonía de la dictadura trujillista hasta el inicio de esta generación o promoción de escritores, como también se les conoció, transcurrieron dos décadas. En ellas el triunfo de la Revolución cubana (1959), el ajusticiamiento del Tirano (1961), el derrocamiento del gobierno democráticamente electo de Juan Bosch (1963), la segunda intervención militar norteamericana

(1965), y «el período de los 12 años» de gobierno de Joaquín Balaguer, donde la represión política alcanzó niveles deleznables (1966-1978), crearon circunstancias hostiles al desarrollo de la cultura en general, y en particular marcaron profundamente las preocupaciones de escritores, músicos y artistas jóvenes de entonces, al punto de incluso atentar sistemáticamente contra sus vidas.

Entrada la década del ochenta, los poetas bisoños procuran distanciarse de lo que algunos categorizarán como «tendencia reduccionista» de la poesía de los años precedentes –de la Posguerra–, dominada por la estética del realismo socialista y por las experiencias políticas traumáticas ya mencionadas. En entrevista concedida al periodista Jhonattan Arredondo Grisales, Mármol se refiere a esa ruptura:

> En ese pequeño libro [*El ojo del arúspice*, su primer poemario, 1984] propuse una ruptura sintáctica, un nuevo ritmo, una semántica inédita de los signos de puntuación, un léxico más diverso e interdisciplinar, en fin, una nueva órbita textual que rompió los diques de contención ideológica y la pobreza expresiva de la poesía dominicana de los años sesenta y setenta. (2019: s.p.)

Según Serrata, Mármol marca la conciencia estética y poética de los lustros de los años ochenta (y por décadas a venir, a nuestro juicio): «[...] entendió que la lengua era la base, el fundamento mismo de lo que llamamos realidad ya que antecede a los demás sistemas humanos. "Solo la lengua contiene al poema", insistía el poeta. "Solo en y por ella produce sentido la escritura y con esta, todos los demás órdenes simbólicos" [...]» (2005: 235).

Para contextualizar estas afirmaciones habrá que partir de un texto seminal, «Poniente de los ídolos» (1982), en cuyas páginas Mármol declaraba un rompimiento con el canon a través de ideas originales que defendían lo que llegará a llamarse poética del pensar. Citamos su párrafo final: «No ha habido buena poesía de nuestro tiempo; tenemos que construirla. La gran obra es el gran poema; el gran poema es el gran hecho de lengua. ¡Usad la navaja o el puñal, la razón no está nunca en la superficie!» (2007b: 21).

Atrevimiento mayúsculo o traición ideológica para algunos, esta fresca visión del lenguaje, del entorno y el ser no partía ni del dogma ni del deber. Tampoco rechazaba interpretaciones ideológicas particulares solo por ser políticas. En realidad, se trataba de un tardío pero merecido rescate del asombro en las letras dominicanas; del abrazo a la sorpresa del conocimiento, de la bienvenida a la intuición y la duda a cuestas de la palabra para, en definitiva, hacer del poema hogar del pensamiento.

Sedientos de la reinvención que el arrojo del cuestionamiento entrega, ansiosos por sacudir las metáforas y símbolos de sus *mayores*, el grupo de poetas de la Generación de los Ochenta conformó, quizás sin proponérselo, una plataforma creativa portadora del imaginario que les facilitará hacer arte. Formaron parte de ella Adrián Javier, Martha Rivera, León Félix Batista, Aurora Arias, Pastor de Moya, Sally Rodríguez, Plinio Chahín y Fernando Cabrera, entre otros. Como otros intelectuales de su tiempo, de acuerdo con la apreciación de Soledad Álvarez (1991: 101), serán escépticos, desencantados y renuentes a toda uniformidad ideológica, y abandonarán la heroicidad militante a favor de la reivindicación de lo privado, como ha indicado Carlos X. Ardavín (2005: 27).

Estos poetas desarrollan su obra en una década abocada a la crisis del capital, al espacio social desagregado y al agotamiento del aparato estatal dominicano a manos del partido de turno, según entendió Miguel D. Mena, prologuista de *Reunión de poesía. Poetas de la crisis* (1985). En sus textos y propuestas, al decir de Mena, «Se asume la realidad con nihilismo, con existencialismo de diversas tonalidades [...]. Se trasciende el anecdotismo, el concebir el poema como discurso pedagógico [...] siente uno al leer estos poemas que se ha roto con la noción de insularidad [...]» (en Ardavín 2005: 23). Asomos de la posmodernidad, podría decirse; de aquella cuyos estamentos Perry Anderson habrá de definir como «la constelación de un orden dominante desclasado, una tecnología mediatizada y una política monocroma» (2000: 128). Una época a cuyos ciudadanos el propio Mármol caracterizaría años después como incrédulos ante el relato humanístico, víctimas y victimarios de la dispersión del saber (2012b: 47), de «el no saber qué hacer ni qué desear más allá de lo superficial y lo perentorio» (2012b: 41-42). De la fragmentación de los lenguajes y los símbolos, en suma.

En *Anatomía de un poeta. Aproximaciones críticas a José Mármol* (2005), Carlos Ardavín ha resaltado las complejidades del panorama en que surgió y se desempeñó la Generación de los Ochenta, destacando entre ellas las limitaciones materiales, la desigual recepción del canon cultural y literario, en particular de escritores pertenecientes a la generación precedente, como Diógenes Céspedes y Tony Raful, así como la ausencia de paradigmas literarios o políticos que sirviesen de espejo (2005: 25). Ardavín cita la caracterización que de aquel momento histórico hacía Mármol, en entrevista con Néstor E. Rodríguez:

> lo que hacemos es reflexionar sobre aquello que había acontecido (el Pluralismo) y, sobre todo, hacer que el lenguaje poético midiera su propia época, que era una época de cambio, una época de transformaciones en el sujeto de la Historia, que pasa de ser un sujeto social, corporativo, a la individualidad como punto de partida y punto de llegada del problema histórico. (Rodríguez 1998: 38)

Sobre las vicisitudes del poema a manos de generaciones anteriores a la suya, Mármol ha sido enfático en establecer una clara diferenciación entre la creación de los escritores de la Generación del 48 y de La Poesía Sorprendida, quienes por temor a la represión política de la dictadura «se vieron obligados a trabajar con un aspecto esencial del fenómeno poético, el de la *simbolización* [...]» (en Belliard 2005: 209; énfasis del original). A diferencia de muchos de los poetas de la Posguerra, aunque no todos, quienes «al fragor de la emergencia democrática, situaron el poema y la narración en la mera corteza de la realidad, cayendo así en el abismo de la representación» (en Belliard 2005: 209). Particular y trascendental diferenciación esta en cuanto al análisis histórico de la poesía dominicana moderna se refiere, como veremos más adelante.

Primeros textos

José Mármol nació frente al Caribe, mar que abraza el perímetro geográfico de la capital dominicana, pero su niñez y adultez temprana transcurrieron en La Vega, ciudad perteneciente a una región eminentemente agrícola, poblada de ciudadanos provistos de una rica tradición y acervo culturales. Tal fue el caso de sus padres, quienes a pesar de las limitaciones económicas estimularon en él desde niño el hábito de la la lectura, en especial de los clásicos y de obras populares de escritores hispanoamericanos. La naturaleza, los ríos y las imágenes pueblerinas impregnaron su imaginario, que se alimentó además de una innata atracción por las artes visuales que lo llevó también a cursar estudios de pintura. Aunque no progresarán por razones ajenas a sus deseos y talento, el lienzo, como imagen del poema y lecho de la imaginación, jamás abandonará su universo creativo.

Cuestionado sobre influencias literarias formadoras, Mármol ha indicado en repetidas ocasiones haberse nutrido de Darío, Neruda y Bécquer; de los escritores del Siglo de Oro español y de las Generaciones del 98 y el 27. Cuando se translada de nuevo a Santo Domingo para asistir a la universidad estatal, Mármol se incorpora al Taller Literario César Vallejo y profundiza también en la obra de autores como Borges, Vallejo, Juarroz, Lorca, Machado, Alberti, Rimbaud, Pound y Mallarmé.

Entre los dominicanos, autores como Mir, del Cabral, Mieses Burgos, González Spencer y Manuel Rueda se convertirán en fuente de motivación creativa en una etapa donde la poesía de José Mármol adquiría el molde que la acompañará por los siguientes lustros. Al momento de publicar su primer poemario, *El ojo del arúspice* (1984), escrito en realidad cuando solo contaba veintiún años, apenas había completado estudios de Filosofía y Lingüística aplicada[1]. Con el paso del tiempo múltiples publicaciones reflejarán la evolución temática y estilística de Mármol; entre ellas, los poemarios *Encuentro con las mismas otredades* (1985), *Encuentro con las mismas otredades II* (1989), *La invención del día* (1989, Premio Nacional de Poesía 1987); *Poema 24 al Ozama* (1990), *Deus ex machina y otros poemas* (1994), *Lengua de paraíso y otros poemas* (1997), *Criatura del aire* (1999), *Voz reunida* (1999), *Torrente sanguíneo* (2007), *El amor, ese quebranto* (2012), *Lenguaje del mar* (2012, premio de poesía Casa de América), y el más reciente, *Yo, la isla dividida* (2019).

La prosa y el ensayo son también parte fundamental de la obra de Mármol desde sus inicios; destacan *Ética del poeta* (1997), *Premisas para morir. Aforismos y fragmentos* (1999), *Las pestes del lenguaje y otros ensayos* (2004), *El placer de lo nimio* (2004), *Cansancio del trópico* (2005), *La poética del pensar y la Generación de los Ochenta* (2007), *Defensa de la poesía: defensa de la vida* (2012), *Estación de perplejos (Aforismos, sentencias y fragmentos)* (2012) y *Posmodernidad, identidad y poder digital* (2019).

Dentro de tan variada trayectoria literaria, sobresalen dos trabajos pioneros del Mármol temprano que, de acuerdo con la crítica, marcarán tanto su posición dentro de la literatura del país como el camino que seguirán las ideas y propuestas de su propia producción y la de sus coetáneos. El

[1] Décadas más tarde cursa varias maestrías, que culminarán luego en un doctorado en Filosofía de la Universidad del País Vasco.

primero de ellos es el emblemático ensayo «Poniente de los ídolos» (1982), donde a juicio del poeta y ensayista Plinio Chahín, Mármol se convierte en el primer teórico de la Generación de los Ochenta cuando sostiene que estos autores venían a romper los cánones establecidos hasta el momento, entendiendo «la concepción del poema como objeto verbal autónomo» (2007b: 9). Porque según Mármol, «el sujeto, el lenguaje y el poema son la historia» (2007b: 11). «Poniente de los ídolos» anuncia, sin duda, el amanecer de una nueva literatura local, una literatura donde «La meta es penetrar el poema [...] a partir de la época en que se lee. Colocar a la poesía contra su núcleo generador: el poema. Y al poema contra sí mismo: contra el mundo» (Mármol 2007b: 15).

El segundo libro de José Mármol, *El ojo del arúspice*, reeditado en 2016, sorprende no solo por su agudeza temática, sino también por la delicada construcción textual que lo caracteriza, con observaciones inusuales en un autor tan joven. Conviene detenerse brevemente en algunos de los rasgos de este poemario e intentar elucidar sus innovaciones.

Como expresión vivencial y heracliteana del acontecer atribulado y el de su propio existir, el poeta presagia. Sacerdote curioso, ve indicios mientras, en ejercicio de un frágil imaginario, se detiene en la nada «sin ver ni morir» (Mármol 2016: 50). Desde allí, otea paisajes de la realidad cotidiana, invitándonos a sacudir su aparente certeza; a crear formas del tiempo que en la dimensión del universo poético conformen estaciones del andar: «de olvidar vienen los hombres porque de conocer se van como las bestias» (2016: 50). El existir estará entonces en la palabra, todas las cosas «están» en la palabra de Mármol: Dios, el mar, Nietzsche, el amor-cuerpo, la pasión de buscar para nada hallar, los sueños, Sísifo sucumbiendo bajo el peso de la piedra... y Cavafis, desnudo, mostrándonos sus muslos.

En *El ojo del arúspice* la muerte recurrente aparece transformada en «línea curva en torno al tiempo de espera», y sufre una sacudida donde el yo regresa con ella al origen desprovisto de su propia memoria (Mármol 2016: 22). En esta travesía la angustia existencial, como un trapecio, «se cuelga de las manecillas de las horas buscando trascendencia con la muerte» (2016: 156). Mármol ejercita así la conciencia de sí mismo, desnudándose ante la muerte. Muerte ignorada desde donde siempre provenimos, dice el autor, la que Huizinga lamenta como danza que arrebata a los hombres de toda edad y condición, y que en la contemporaneidad es tabú (Serrano

Segura 2015). La muerte vedada que ha historiado Philippe Ariès, ocultada infructuosamente por el hombre moderno.

El ojo del arúspice es además un texto donde la visión adquiere un protagonismo que trasciende la mera fisiología para convertirse en lápiz que vomita rabia y hace filosofía; que desafía a *thanatos* mientras «traza el camino de la muerte en cada cosa»; que conversa la razón kantiana «haciendo con las manos la forma y el tiempo» (Mármol 2016: 157); que explora el origen del amor en un rostro iluminado por el vicio de una lámpara reflejada en otro rostro; y que forja una ontológica línea divisoria entre Dios y Hombre a través de «Dimas», reparador de espejos, y «Genaro», panadero sensato, entrañables personajes del mundo más íntimo del autor (Mármol 2016: 30).

El ojo de Mármol lo conduce a sus orígenes y en ellos la tríada madre-amante-entorno lo abraza para así confesarse en el poema: «debo sacudirme del deber hacia el querer» (2016: 157). En esta bitácora el poeta también ha rescatado el sentido del cuerpo que cuestionaba Spinoza, el del cuerpo que, a través de la visión, ha espiritualizado al Ser lanzándolo en búsqueda de su propio sentido, un cuerpo que lleno de alma y hecho alma-mor –«tus bajo las mías piernas amarillas» (Mármol 2016: 41)–, inexorablemente será residuo en la eternidad del tiempo.

El mar, a manos del poeta

Si bien es cierto que misticismo y mitología constituyeron piezas fundamentales para la comprensión del existir de los habitantes de la antigua Grecia, la naturaleza, y en particular el mar, fueron esenciales en la construcción social de sus poblaciones y del *ethos* de sus ciudadanos. Abrazados por los océanos, los griegos hicieron de estos fuente de alimento y morada de los dioses, en una cartografía dibujada entre el temor y la supervivencia. El mar, desde entonces sistema polisémico en Occidente, a veces metáfora y otras veces símbolo, representará el espejo de la contemplación del uno mismo y del otro, en acto que no es más que la mirada de la vida y de la muerte. Será ancla del amor que retorna o que ha partido; fuente de miedo ante la inmensidad de lo desconocido; epopeya del viaje eterno hacia las Ítacas y las nuevas tierras; provocador del espíritu victorioso que renace tras la derrota de las tormentas. Así lo atestiguaron Odiseo, Prometeo, lestrigones, sirenas y lotófagos en las páginas narradas por Homero.

Milenios después, la región del Caribe, delirio de lo local y escándalo del universo, según acota Rey Andújar (2011), continúa siendo aquello y otra cosa: hogar de estados coloniales y naciones «fallidas», de islas de escape y escapados, un espacio en el que habitantes antiguos y contemporáneos como Derek Walcott corrieron con la rapidez sigilosa de pájaros pintados frente a un «mar que no ha aprendido a descansar» (Andújar 2011: 4-5). Bestia domada o animal abatido, «en su hermosa paciencia» el Caribe danza desde la prehistoria hasta la espuma jinete de sus vaivenes. Inmensamente azul como lo serenamente bello, a veces rabioso provoca tempestades cuyas olas confiesan secretos de piratas, esclavos y hombres blancos (Mármol 2012c: 11). Ese mismo mar es el resguardo protector que Mármol desea, y a la vez, el legado del poema trascendental que su obra marítima parece ansiar regalarnos: «Que de mi tumba techo el mar Caribe sea / y mi epitafio un dejo del viento en sus arenas» (2012c: 53).

Fue en los diarios de viaje y las crónicas de Indias donde aparecieron las primeras narraciones marítimas en la lengua española, cinco siglos atrás; muchos otros autores, por supuesto, se han ocupado del mar antes o después. Abundan autores en la literatura moderna que han hecho de la imagen su instrumento creativo, toda vez que han depositado en la página la historia humana de dolor y júbilo reflejada en él: las ansias y alegrías, las derrotas y triunfos, la promesa del arribo y el sufrimiento de lo vivido que el mar y el eterno retorno-partida de las olas simbolizan. Se podría comentar la concepción del mar en la obra de importantes poetas hispanoamericanos, lo que facilitaría una lectura crítica de la obra de Mármol, pero he preferido centrarme en Pablo Neruda como cómplice de este diálogo entre dos poetas que, décadas aparte, hicieron de la imagen oceánica espacio fértil de sus voces.

Para Neruda el mar fue infinito compañero, fuente de aprendizaje y asombro ante los azares de la vida: «Necesito del mar porque me enseña» (1964: 87). En el poema «Alturas de Machu Pichu XI», de *Canto general* (1950), Neruda conjuga con el Hombre la grandeza del océano en una suerte de diálogo aleccionador: «porque el hombre es más ancho que el mar y que sus islas / y hay que caer en él como en un pozo, para salir del fondo / con un ramo de agua secreta y de verdades sumergidas» (2003: 51). Este texto y «El gran océano», parte de «Canto XIV», constituyen creaciones en las que mar es página y praxis histórica para el poeta. En el ensayo *Pablo*

Neruda, poeta del mar (2017), Beatriz de Ancos Morales parte de «Canto XIV» para analizar sus claves como «sinfonía marítima» que magnifica y diviniza al mar sin descuidar lo terrenal, representado en los puertos y sus hombres, en la desigualdad y el sufrimiento, siempre presentes en la obra nerudiana (2017: 13).

En el caso de Mármol, ese mar maestro y aleccionador es ente comunicante incluso en los afanes del corazón: «El mar, eso sí, el de tu mirada de ámbar en la tarde de ayer, / el de la voz que dijo, mi niña, / no te vayas a mover del horizonte, quieta, ahí no más» (2012c: 13). Voz hablante, si se quiere, que traza sendas y destinos con sirenas de testigos: «Otra vez el mar, otra vez, / me asusta con su idioma de penas y de formas» (2012c: 58), consumándolo en silencio sigiloso bajo la tempestad: «Aunque no puedan tus labios, esta noche, / pronunciar sus vocales, / el idioma de las olas del mar te cuenta historias» (2012c: 26).

En los textos del dominicano relativos al mar se encontrarán resonancias con ideas de Neruda en poemas como «El reloj caído en el mar»: pienso aquí en la referencia al tiempo que nos define, a la marca de su paso como culpable de la fugacidad existencial y de su opuesto, la eterna soledad madre de nuestras angustias: «El reloj que en el campo se tendió sobre el musgo / y golpeó una cadera con su eléctrica forma / corre desvencijado y herido bajo el agua temible / que ondula palpitando de corrientes centrales» (1976: 141). De Ancos Morales sostiene que para Neruda aquel mar viene a significar también la muerte, escenario «contemplado como un lugar donde todo confluye, lugar de depósito y defunción. Elemento devorador, en este caso, del tiempo en su devenir» (2017: 11).

La contraposición del tiempo y el mar en desasosiego permanente aparece también en Mármol, quien asume su inmensidad como destino irrevocable del tiempo y receptáculo de todo lo que arrastra consigo: «El mar, de muerte súbita, se aleja sin retorno. / Mare Nostrum. Basurero Nostrum. / Cementerio de todas las vidas y las muertes» (2019a: 33). Estos versos, del poema «El mar, naturaleza muerta», recuerdan la idea nerudiana del océano-refugio que guarda en sus profundidades toda la materia, un concepto que recurre en varios textos del épico «Canto XIV» (2003: 374).

En los versos de Mármol el mar es también continuidad de todo lo que vive, a un tiempo duda y respuesta ontológica:

> Morir, que será. / Si la pregunta cabe, montada entre tus fuelles, / la inquietud atenta de quien lo extraño ansía / y a los ojos se mira, sin ayuda de un espejo, / el corazón escucha, agradecida, muda, / sintiendo como un pez resbalado del asombro / el músculo que manda seguir a la existencia. / Pero, si, / ni afirmara, ni negara, ni dudara siquiera, / si ninguna pregunta se subiera / sobre un mar acezante dibujado por un niño. / Entonces, / vivir o morir, en andas o en volandas, / podrían ser dos pájaros amarrados a un vuelo / en procura incansable del verbo amanecer. (2012c: 44)

Nacer muriendo, y morir para nacer, tal vez.

De Ancos Morales establece cómo Neruda «descubre» que en el océano, en efecto, acontece una antagónica dialéctica de contrarios (permanencia/movimiento; vida/muerte), espejo de la innata perpetuidad otorgada por el movimiento (2017: 13). El poeta la define como «la inmóvil soledad llena de vidas», en una oposición donde lo estático se acompaña de dinamismo, como ilustran los siguientes versos: «La ola que desprendes / arco de identidad, pluma estrellada / cuando se despeñó fue solo espuma, / y regresó a nacer sin consumirse» (2003: 374). En el poema «Naturaleza viva», por su parte, Mármol hace referencia a aquella inagotable inmensidad del mar, a la vez deseoso de interrumpir su ciclo interminable pero convencido de lo impensable de tal fatuidad: «Si se detuviera el mar, si se quedara quieto, / como se aleja en la tormenta la luz de los destinos. / Pero, no reposa, nunca descansa el mar» (2012c: 62).

Los muchos mares de José Mármol aparecen esparcidos en las páginas de *Lenguaje del mar*, importante obra que le mereció el XII Premio Casa de América de Poesía Americana 2012: el mar mirado y temido por unos ojos, el mar que es arrebol magenta mientras transcurre un amor con propietaria entre quejidos y vaivenes que asesinan el deseo; mar cuerpo y memoria para ser descubiertos en el horizonte, que sobre él ha dibujado la voz de una niña-mujer, hirviente en la furia de un amante que se reconoce derrotado junto a Eros. Mar olor de mujer desnuda y olor del Atlántico, de caña y ron de juerga; olor de muelles y arrecifes que ocultan en sí endiablados amores. Mar que lleva a cuestas barcas con semblante y cuerpos náufragos perdidos en el delirio (2012c: 25); mar, otra vez, erguido «con su idioma de penas y de formas» (2012c: 58).

En este poemario el autor regresa a sus orígenes: al símbolo del hogar y sus enseres, a los ya idos y a la muerte; a las ráfagas políticas del escritor maduro que dialoga con una voz, *leitmotiv* de mujer-eco, quizás interlocutora. Esta atrevida fiesta nerudiana, como se ha dicho, hace del mar hogar de la belleza y la ensoñación; de la furia, la injusticia y el poder; gran metáfora y frontera última de una insularidad hirviente e insatisfecha. En los versos contenidos en este viaje Mármol parece reconocer que no solo el pensamiento, como experiencia de búsqueda, ha de permear el texto. Que de no recurrir a los sentidos y al asombro estético habría de negar el clímax expresivo del sujeto poético, que en esta obra, a nuestro modo de ver, roza la épica del maestro chileno.

El mar como pincel creativo en Mármol es también un universo simultáneamente disfrazado de catarsis y refugio, como puede observarse en «Mar del sur»: «En tu agitado estriado mar del sur, mi religión, tus abluciones limpian frustraciones y miedos» (2007a: 62). Para Mármol ha sido metáfora de vida y muerte, símbolo del poder de la naturaleza en tragedias en las que el hombre es víctima de las aguas, de sus propias aventuras y, sobre todo, de las maldades ajenas.

En su más reciente poemario, *Yo, la isla dividida*, colocado por la geografía en el trayecto mismo del mar (Mir), atrapado entre isla y agua, Mármol solloza, y nostálgico e introspectivo se reconoce parte de un espacio donde «ella» está y no está. Véase en el poema homónimo, introito de la obra: «Yo, como la isla, / rodeado de ti por todas partes, dividido... Yo, como la isla siempre, / rodeado de mi propio animal por todas partes» (2019a: 11). Fracturado el existir en el contexto isleño, irremediablemente debatido entre costas y tierra firme, el poeta se asume animal hijo de las aguas y el entorno. Entregado a la conciencia del mar como génesis y de su carácter originario, que lo presupone aislado frente al mundo, solo, detenido en el eterno transcurrir del tiempo, procura regresar a una relación simbólica con el imaginario caribeño bajo la luz del trópico con los densos flujos del mar en alegórico trasfondo, como ha dicho Plinio Chahín (2019).

En Neruda, la comunión con la naturaleza en búsqueda de su propio yo estuvo ya patente en textos muy tempranos, quizás como reflejo de su sed de juventud o de la profundidad de sus disquisiciones sobre la verdad de la condición humana. Neruda, que algo más tarde también existió atrapado entre islas y grandes océanos, experimentó la cercanía del mar en sus largas estancias en Capri, Isla Negra y Reunión. Vivir absorto ante las aguas del Pacífico originario al parecer no le había sido suficiente, y en su travesía vital y simbólica abrazó después el Báltico, el Atlántico, el Mediterráneo y el Índico para volverse, finalmente, océano sintiente y comunicante, como acontece en los versos finales de «La noche marina», el poema que cierra el «Canto XIV», según ha observado de Ancos Morales (2017: 28): «estoy encadenado a tu garganta / y a los labios que rompes en la arena» (Neruda 2003: 410). Mármol, por su parte, parecería hacer lo propio en «Tempestad»: «Aunque no puedan tus labios, esta noche, / pronunciar sus vocales, / el idioma de las olas del mar te cuenta historias» (2012c: 26), y también en «Cuentos de sirenas»: «y el mar, que se solaza, gime apenas, / trae vocales sucias presagiando leyendas» (2012c: 58).

Cabe anotar que el mar no es únicamente lugar estático donde solo retornar, espacio donde solo yacer; para Neruda será también el mundo por llevar a cuestas en los caminos citadinos y en las aventuras urbanas del existir. En el caso del dominicano bastaría observar los sugestivos títulos de los poemas incluidos en *Lenguaje del mar* para confirmarlo: En los versos de «Casuchas», «Cíclopes y lestrigones», «Candado de Aristóteles» o «Rue Saint Honoré», por solo citar algunos ejemplos, Mármol trasciende simbologías marítimas para arribar a las acuciantes preocupaciones del pensador contemporáneo.

Neruda, anota de Ancos Morales, «[...] presenta al lector una unidad total, una línea de lo general a lo particular, un itinerario de viaje de progresivo descubrimiento de los secretos marinos hasta la fusión en el mismo océano; una atracción irrefrenable por la eternidad» (2017: 23): «Pero entonces / entraré en la ciudad con tantos ojos / como los tuyos, y sostendré la vestidura / con que me visitaste, y que me toquen / hasta el agua total que no se mide: / pureza y destrucción contra toda la muerte» (Neruda 2003: 411-412). Ambos poetas, como hemos pretendido mostrar, han arrancado el mar de sus raíces para entregarlo al mundo y a sus semejantes.

El agua, principio (ἀρχή) de todas las cosas, fue para la filosofía centro originario de la materia y su renovación; quizás por ello Nietzsche amó el mar a pesar de sus peligros. Para el poeta, agua y mar serán siempre todo aquello: experiencia para Mármol, enseñanza para Neruda; sentir y vida para uno, meditación para ambos. Al fin y al cabo, por decirlo en palabras de Paz, «el agua es fuego y en su tránsito, / nosotros solo somos llamaradas» (1975: 32).

Pensamiento y lengua: Poiesis versus conocimiento

Mucho, quizás en demasía, se ha escrito en las últimas décadas sobre la convivencia o, mejor aún, sobre el diálogo que en términos reales, o en el plano de la consideración teórica, viene aconteciendo entre la concepción filosófica, el poema, y el ejercicio poético propiamente dicho. Pionero en la modernidad en afirmar que poesía y pensamiento pertenecen al mismo orden aun cuando acontezcan en dimensiones distintas a la razón, a la razón científica para ser más claros, Heidegger ha constituido la referencia fundamental de esta discusión. No solo llegó a sugerir que creadores y filósofos necesitaran el uno del otro, sino que resumió en una sola frase lo que para muchos teóricos constituye el sostén de semejante interrelación: «El pensamiento es la poesía original que precede todo arte poético» (1962: 268). Aquellas disquisiciones hicieron de la poesía caldo de cultivo del pensar, como fuente creativa y como hecho depositado en el texto; Heidegger lo estableció partiendo de que «la poesía que piensa es en verdad la topología del ser», y en esa medida, constituye por sobre todo la más alta expresión humana (1966: 29).

Jean Bucher ha abordado esta cuestión a partir de dos propuestas esenciales, que facilitarán el abordaje a lo referente a lengua y pensamiento en la obra de Mármol. La primera establece que poesía y pensar están destinados al servicio del lenguaje en una simbiosis en la que se acepta el riesgo de encontrarnos con «un pensamiento que no es útil para nada sino para enseñarnos su fidelidad consigo mismo y con su propio decir» (Bucher 2002: 113). El lenguaje, por supuesto, se entiende aquí no solo como entidad comunicante, sino más que nada como último hecho humano que constituye y sostiene a ese ser, y el pensamiento como tótem ante el cual la filosofía debe rendirse. La segunda consideración de Bucher sostiene que «La tesis de la afinidad esencial del pensamiento y de la poesía no puede ponerse en duda a menos que se esté prisionero del prejuicio que concibe el pensar únicamente como un asunto de la *ratio*, de la razón calculadora, y mientras se tenga desconfianza de todo lo que no se someta a su jurisdicción» (2002: 113).

En otras palabras, no habremos de desconfiar del nexo pensamiento-poesía mientras el primero se tome no como un instrumento de conocimiento, sino de entendimiento del poema original que precede a toda poesía, y del dictado de la verdad del ser que defiende Bucher, en referencia directa a la idea de Heidegger.

El poema será, entonces, no la enunciación de verdades razonadas sobre la cosa o las cosas, sean estas de índole sentimental, mística, cotidiana o metafísica; no será tampoco estamento de hecho establecido alguno. Será, eso sí, torrente de significaciones. Cartografía de lo humano, construcción que en el mejor de los casos no responderá a verdad alguna que no sea la impostergable obligación del poeta contraída con el lenguaje. Y con su consecuencia misma; es decir, con el texto creado. Ya lo había dicho Heidegger: a pesar de que poetizar y pensar pertenecen a un mismo orden, son modos bien diferentes de hacerse cargo de lo real.

La relación entre razón (filosofía), pensar (conocimiento), y poesía (representación), pautada desde los textos del Platón de *La República* como antagonista por naturaleza, en tanto que disciplinas intrínsicamente incompatibles, no podría estar más alejada de la verdad. Al contrario: el mismo acto creativo que nace del lenguaje es hijo de la razón; constituye un fenómeno que no puede ser más que humano. Y el lenguaje, ante todo, es la esencia del ser, según consideraba Heidegger. El discurso poético así surgido no constituirá otra cosa que la representación de la realidad, imaginada, por supuesto, pero realidad al fin y al cabo. Sirva entonces el obligado periplo de los párrafos anteriores como punto de reflexión a tener en cuenta en la lectura de la obra de Mármol que propongo a continuación.

La crítica

Eduardo Moga ha comentado sobre lo que considera la «singular puntuación» de los poemas de Mármol, en particular aquellos incluidos en *La invención del día*. A través de sintagmas peculiarmente yuxtapuestos, de puntos que «como hormigas implacables incendian la lógica, puntos que enarenan el pensamiento», hay en esos textos una estructura escritural en la que las formas parecen sustituir a la materia y al peso hueco del ser, que vence así, sentencia Moga (2005: 76), la racionalidad inane de las cosas.

Lo mismo ocurre con las palabras luxadas: ellas hacen del lenguaje animal trasgresor que se pasea por el mundo hasta culminar en un punto donde la idea «alcanza sus límites [...] empujada por lo que niega», para así desembocar al ser recurrente del autor, a la vida o a la muerte (Moga

2005: 77). En los poemas contenidos en el volumen mencionado, el pensamiento se hace sensorial; Moga concluye que «articulan silogismos [...] en un *continuum* lingüístico donde todas las anomalías se resuelven, gozosamente, en creación» (2005: 78). En acto pensado para crear, podría decirse.

Aquel poetizar-pensar de Mármol, como argumenta Maricécili Mora Ramis, proviene no solo de su preparación académica en la filosofía o de su intención de ruptura con la generación precedente, sino más bien de una preocupación por «romper, sobre todo, consigo mismo, en un afán autocrítico y de renovación implacable...» (2005: 97). De vomitar en la página, de una vez por todas, la carga de ideas, preguntas y temores que atormentaban y atormentarán al poeta a través de su trayectoria creativa, en tanto pasajero de una travesía de la cual nunca más le será posible alejarse; ni de su entorno, ni de sus sacudidas interiores.

Al repasar las temáticas que recorren la poesía de Mármol una y otra vez encontraremos todo aquello que ocupa su naturaleza de sujeto sensible y preocupado; las vicisitudes del poeta que, liberado de sus demonios, como confesó en una ocasión, cabalga sobre la página abrazado de la imaginación y el corazón. Lo hace, según Mora Ramis, cargado de «nostalgias, lamentos, suspiros, desafíos, y quejidos [...]»; como narrador solitario en un viaje «que nos devela infiernos neurálgicos, glorias colindantes a la locura. El ser bifurcando fronteras [...] Demonios azuzados, otredades perdidas y ahora recuperadas» (2005: 98). Revelaciones, pues, que no retratan otra cosa que no sea la convicción del que escribe para buscar y encontrar, del poeta que desea ser reflejo del asombro y prisionero de dos cosas, y de dos cosas nada más: la pasión y el deseo. Es eso lo que para Mármol representa lo mismo que el espejo del pensar y de las ansias, inevitables paradigmas del sujeto cuestionador.

Cabe destacar que, en adición a la poesía y el ensayo, Mármol ha explorado con éxito el aforismo, esa forma de literatura paremiológica que hoy parece renacer gracias no solo a la inmediatez y rapidez del existir posmoderno, sino quizás también por la imposición tecnológica que reduce la comunicación a un número limitado de caracteres –pensemos en Twitter– mientras se pretende mantener el sentido de lo comunicado. Curiosamente, el aforismo se origina en la Grecia antigua a manos de conocedores de la medicina como Hipócrates; pensamientos estrangulados, como los consideraba Cioran, conservan una relación de naturaleza histórico-cultural con su versión más difundida y carente de autor –el refrán, proverbio o adagio–, con el eco de voces otrora reconocidas –el apotegma–, y con el epigrama, creación de naturaleza burlesca.

«Aforista irreverente», como lo llama Plinio Chahín, Mármol utiliza de manera brillante los recursos que ofrece el género; la concisión, el animismo o el extrañamiento, y a través de ellos «habla desde lo más urgente, maravilloso y cotidiano», dedicando particular atención al cuestionamiento del lenguaje, a los valores y sistemas de pensamiento judeocristianos, a la dualidad intuición-duda (Chahín 2005: 142). Sus aforismos son la práctica de una perplejidad que «el autor escribe para salir del desasosiego y llegar a ideas, frases e imágenes que solo le pertenecen parcialmente. O como él mismo dice, para existir por un capricho bajo *la planicie arrasada de un tal vez*», sentencia Chahín (2005: 143; énfasis mío).

Pensamiento e intuición, por supuesto, como misterios que transitan en el universo del tiempo: «Porque es el sablazo de la inteligencia oblicua, un aforismo burla, pero, no reemplaza la complejidad de un pensamiento» (Mármol 2012b: 9); como espacios de la razón que desafía: «La intuición es el punto de apoyo de la razón. Su profunda diferencia las concilia» (2012b: 18), o la que inquieta, da la bienvenida al cuestionamiento: «He incitado a la razón hasta volverme loco. La cordura es metáfora del desasosiego» (2012b: 98).

Los aforismos de Mármol, inicialmente en *Premisas para morir* (1999) y posteriormente en *Estación de perplejos* (2012), ilustran lo que Chahín afirma ha sido la tarea del autor: «el desmenuzamiento y análisis del pensamiento que lleva implícito el amor, el dolor, el miedo, la soledad, la alegría, el suicidio, la muerte, lo sagrado y lo profano [...]» (2005: 143). Una bitácora del sentimiento, podría afirmarse, en la cual reina el amor como padecimiento: «El amor es la perseverancia en el desgaste. Degenera, con los años, en apenas un mérito, sin dejo alguno de pasión, sin la fuerza del deseo» (Mármol 2012b: 17). Mármol logra todo aquello en la brevedad y a la vez, en la infinitud del aforismo, angustias de por medio; lo hace «a través de unos fragmentos de deconstrucción, cuyo resultado último es dejar al descubierto la hipocresía y la plenitud del vacío», según Chahín (2005: 143). El poeta, en suma, empoderado por la palabra, hace del acto escritural revelado en sus aforismos huella indeleble de la idea como estela del existir; en tránsito hacia la realidad e irrealidad del texto, reinventa las armas del lenguaje: «Cada sílaba germina como angustia. Cada frase es el despojo final. Escribir es la aventura de morir en el acto, para, inútilmente, renacer después» (Mármol 2012b: 10).

Una revisión de los comentarios sobre el más reciente ensayo de Mármol, *Posmodernidad, identidad y poder digital* (2019) revelaría con facilidad cómo las preocupaciones del poeta han trasmutado durante su trayectoria creativa en otras, no nuevas, sino de índole más compleja: apremios, angustias y dudas de decidida naturaleza global. Porque meditar sobre el Ser, virtual o real, habitante de la líquida contemporaneidad de Bauman –referencia del autor–, nos traslada a las preguntas primigenias que llenaron muchas páginas de *El ojo del arúspice*. Dice Antonio Ramos sobre este último libro de Mármol:

> José Mármol blande, texto tras texto, una antorcha de anticuario, en la que arden palabras embadurnadas de feraces ungüentos, danzantes entre los riscos de la llama, palabras que sin embargo conservan en el sacrificio su orgullo, tales como *humanismo, razón, razonable, razonar, esperanza social.* Confiando aún en ellas, Mármol incluso se atreve a pronosticar futuras *humanidades digitales.* (2019: en línea)

He aquí media docena de vocablos con los que el poeta construye, párrafo por párrafo, los ochenta y cuatro textos en los que dibuja el mapa de la vapuleada posmodernidad que nos ha venido a definir. Continúa Ramos:

> Mármol viviseccìona con la mirada aquello que contempla: desde la naturalización del hombre, el vaciamiento de las vocaciones antropocéntricas, el declive de la democracia, o las transformadoras mascaradas del capitalismo, hasta la imperiosidad de la ecología, el deber de la educación como *paideia*, o incluso la vindicación del paso del mito al raciocinio en la cultura occidental [...]. (2019: en línea)

Mármol insiste en abrazar aquel arúspice que casi cuatro décadas atrás había surgido de su pluma y que hoy, con la paz que regalan los peldaños del camino, otea, ya no el futuro –que se encuentra aquí, presente entre nosotros–, sino las pautas que a su modo de ver nos regalarán nuevas y necesarias estrategias para la supervivencia.

Pensando en el futuro, como reza la dedicatoria del autor a sus nietos en el introito de *Posmodernidad, identidad y poder digital*, Mármol nos anima a continuar con empeño la batalla a favor del humanismo, hoy amenazado, a su juicio, por el egocentrismo, la ceguera consumista, la injusticia y la agonía de la ética. Nos recuerda que la victoria de la instantaneidad, la degradación de la figura corporal como objeto y propósito financiero, y el vapuleo al que la posmodernidad ha sometido el conocimiento son la faz identitaria de la contemporaneidad que nos ha tocado vivir, y deberán ser, por ende, el blanco de toda iniciativa que pretenda retornar aquella humanidad al *homo sapiens* del siglo XXI.

Antonio Ramos nos recuerda que los textos que componen el libro son una selección de las columnas en prensa que, bajo la genérica admonición *Carpe diem,* publicó Mármol entre 2014 y 2018. Ese título, comenta, podría parecer paradójicamente ligero o, peor aún, derrotista: «expresión coloquial de un aferramiento despreocupado, cueste lo que cueste, al placer efímero». Pero, continúa Ramos, «el autor vuela más alto, y la exhortación horaciana, divisa del epicureísmo, debe ser entendida justamente como un homenaje a esa escuela, proclive a un culto a la vida práctica y al conocimiento como medio para ser feliz y alcanzar, al mismo tiempo, el ideal de la sabiduría» (2019: en línea). Es decir, la aspiración que siempre ha motivado al poeta Mármol a lanzarse al ruedo de las ideas con el ímpetu del cuestionamiento y la pasión del sentimiento que busca el sentido y el propósito de existir.

Colofón

Estas páginas han pretendido abarcar la obra de José Mármol teniendo en consideración la rica y compleja hechura de su propuesta literaria; la tarea ha resultado en un fajo de anotaciones que confiamos constituyan al menos un modesto punto de partida para un estudio más abarcador. Tal propuesta pudiese partir, a título de ejemplo, del análisis del poeta dominicano como representante de su generación en el contexto de la literatura hispanohablante del resto del Caribe.

En la escritura de Mármol destacan rasgos lingüísticos y creativos que lo hacen merecedor de su actual posicionamiento dentro de las letras dominicanas, y en cierta medida también, de España, donde se han publicado al menos cuatro títulos suyos. Debe destacarse además la original perspectiva temática evidente en el corpus literario de Mármol, y su ya madura madeja creativa, evidenciada en la particular artesanía con que emplea y reinventa la palabra, así como su visión misma de pensador consumado que se pregunta para qué escribir, por qué hacerlo, y sobre todo, cómo escribir.

Con relación a esas cuestiones Mármol ha sido enfático y diáfano al afirmar que, ante todo, el ejercicio del escritor parte, como toda expresión artística, de la que él considera la más absoluta y radical voluntad de libertad individual; en este fenómeno creativo que constituye la literatura para el poeta, «[en vez de reflejar, la palabra, en tanto que entidad simbólica, es un recurso que me permite recrear, reinventar, trascender, desvelar o transgredir la realidad que me rodea» (Mármol 2012a: 65). Obsérvese cómo en estas aseveraciones la realidad no ha sido negada ni tampoco develada; ha sido más bien el instrumento esencial del acto creativo que, a manos del lenguaje, facilitará el autodescubrimiento del poeta.

Escribir para Mármol constituye una forma de existir en la que pensamiento y palabra son ejes sostenedores; escribir es, en este contexto, resistir y rechazar empoderado por ambas cosas en acto último de ejercicio intelectual, donde la ética del escritor no sea el carácter moral o de propósito que para muchos ella significa, sino más bien una voluntad de búsqueda que prefigure lo que el autor considera conforma la compleja estructura humana: la búsqueda del *homo aesteticus*, síntesis de pasión, razón y creación.

Cómo escribir ha representado para Mármol, simultáneamente, preocupación estética y filosófica, y un *modus vivendi*: sentir el pensamiento y pensar el sentimiento. Después de todo, ya había confesado que hace mucho tiempo decidió, justamente frente al mar Caribe, vivir permanentemente en «estado poético». A ello solo cabe añadir que lo ha hecho a manos del asombro y la preocupación ante lo acontecido en los tiempos que nos ha tocado vivir:

> Las promesas incumplidas de la modernidad, empezando por la presunción de dominio de un pensamiento racional e ilustrado y por la emancipación y el trabajo como principio de libertad, orden y progreso, además del bienestar común sustentado por un estado providencial y la igualdad de derechos y credos contrastan severamente con una sociedad moderna tardía o actual, o un escenario moderno líquido que se caracteriza por la dictadura de la mano invisible del mercado y la tendencia al desorden de que se nutre la globalización; por el divorcio entre el poder, que es global y la política, que es local, como también como el predominio de la emocionalidad sobre la racionalidad, del dogmatismo integrista, singularista y violento por sobre la diversidad, la tolerancia y la convivencia y por la angustia y la depresión como patologías

> sociales propias de un individuo que ha tenido que construirse a sí mismo y construir o elegir sus identidades en medio de una aplastante incertidumbre, ambivalencia, pobreza, migración e inseguridad, cuando se le había prometido certidumbre, propiedad de la tierra, seguridad y libertad. (Mármol 2019b: 9-10)

Bibliografía

Álvarez, Soledad (1991): «A propósito de un diálogo sobre las generaciones». En *El debate sobre las generaciones*. Santo Domingo: Editora Taller / Fundación Cultural Dominicana, 101-105.

Ancos Morales, Beatriz de (2017): «Pablo Neruda, poeta del mar». En *Hesperia. Anuario de Filología Hispánica* 22 (2): 7-31.

Andújar, Rey E. & Herrera, Jochy (2011): «Hacia la deconstrucción de un nuevo Caribe». En *Contratiempo* 83: <https://issuu.com/contratiempo/docs/contratiempo_83_032011/4>.

Ardavín, Carlos X. (2005): *Anatomía de un poeta. Aproximaciones críticas a José Mármol.* Santo Domingo: Librería La Trinitaria.

Arredondo Grisales, Jhonattan (2019): «José Mármol: "Me siento ser un instrumento del lenguaje"». En *El Espectador*, 6 de septiembre,: <https://www.elespectador.com/noticias/cultura/jose-marmol-me-siento-ser-un-instrumento-del-lenguaje/>.

Belliard, Basilio (2005): *El búho y la luna. Entrevistas a José Mármol.* Santo Domingo: Librería La Trinitaria.

Bucher, Jean (2002): «Lenguaje y poesía en Heidegger». En *Revista de Estudios Sociales* 12: 113-120.

Chahín, Plinio (2005): «Un aforista irreverente». En Ardavín, Carlos X. (ed.): *Anatomía de un poeta. Aproximaciones críticas a José Mármol.* Santo Domingo: Librería La Trinitaria, 139-145.

— (2007): «La poesía ochentista y el riesgo de vivir». En Mármol, José (ed.): *La poética del pensar y la Generación de los Ochenta.* Santo Domingo: Colección Egro de Literatura Dominicana Contemporánea, 9-14.

— (2019): «Los trópicos ardientes de José Mármol». En *Acento*: <https://acento.com.do/opinion/los-tropicos-ardientes-de-jose-marmol-8700288.html>.

Heidegger, Martin (1962): «La parole d'Anaximandre». En *Chemins qui ne mènent nulle part.* Paris: Gallimard, 268-299.

— (1966): *Experience de pensée, Questions III.* Paris: Gallimard.

Mármol, José (2007a): *Torrente sanguíneo.* Santo Domingo: Colección Egro de Literatura Dominicana Contemporánea.

— (2007b): *La poética del pensar y la Generación de los Ochenta*. Santo Domingo: Colección Egro de Literatura Dominicana Contemporánea.

— (2012a): *Defensa de la poesía: defensa de la vida*. Santo Domingo: Colección Egro de Literatura Dominicana Contemporánea.

— (2012b): *Estación de perplejos. Aforismos, sentencias y fragmentos*. Santo Domingo: Colección Egro de Literatura Dominicana Contemporánea.

— (2012c): *Lenguaje del mar*. Madrid: Visor.

— (2016): *El ojo del arúspice. Una mirada reflexiva*. Santo Domingo: Colección Egro de Literatura Dominicana Contemporánea.

— (2019a): *Yo, la isla dividida*. Madrid: Visor.

— (2019b): *Posmodernidad, identidad y poder digital*. Madrid: Bartleby.

Mena, Miguel D. (1985): *Reunión de poesía. Poetas de la crisis*. Santo Domingo: Almario Urbano.

Moga, Eduardo (2005): «La poesía de José Mármol». En Ardavín, Carlos X. (ed.): *Anatomía de un poeta. Aproximaciones críticas a José Mármol*. Santo Domingo: Librería La Trinitaria, 75-78.

Mora Ramis, Maricécili (2005): «Deus ex machina o los demonios azuzados de José Mármol». En Ardavín, Carlos X. (ed.): *Anatomía de un poeta. Aproximaciones críticas a José Mármol*. Santo Domingo: Librería La Trinitaria, 93-101.

Neruda, Pablo (2003): *Canto General*. Madrid: Random House Mondadori.

— (1964): *Memorial de Isla Negra III: el fuego cruel*. Buenos Aires: Losada.

— (1976): «El reloj caído en el mar». En *Residencia en la tierra II*. Barcelona: Seix-Barral, 141.

Paz, Octavio (1975): *Pasado en claro*. Ciudad de México: Fondo de Cultura Económica.

Perry, Anderson (2000): *Los orígenes de la posmodernidad*. Barcelona: Anagrama.

Ramos, Antonio (2019): «Sobre Posmodernidad, identidad y poder digital». En *Plenamar*: <https://plenamar.do/2019/07/sobre-posmodernidad-identidad-y--poder-digital/>.

Rodríguez, Néstor E. (1998): «Entrevista con José Mármol. Una poética del pensar». En *Última Hora, Biblioteca*, 15 de marzo: 37-38.

Serrano Segura, José A. (2015): «Archivo de etiqueta: Huizinga». <http://www.jserrano.me/tag/huizinga/>.

Serrata, Médar (2005): «Cómo dibujar un pájaro que sea su propio vuelo (Apuntes sobre la poesía de José Mármol)». En Ardavín, Carlos X. (ed.): *Anatomía de un poeta. Aproximaciones críticas a José Mármol*. Santo Domingo: Librería La Trinitaria, 233-236.

«Aquí en el Ni e' se reescribe la novela»
Celebración de la comunidad y la escritura diaspórica en voces de mujeres con conciencia mestiza, en *Levente no. Yolayorkdominicanyork* (2010), de Josefina Báez[1]

Fernanda Bustamante Escalona
Universidad de Alcalá

> Las historias importan. Muchas historias importan. Las historias se han utilizado para desposeer y calumniar, pero también pueden usarse para facultar y humanizar. Pueden quebrar la dignidad de un pueblo, pero también pueden restaurarla.
>
> Chimamanda Ngozi Adiche

«*I am* a woman, *I am* black, *I am* a Dominican inmigrant, and *I am* from the working class. Todo esto me hace, determina mi trabajo, mi forma de mirar» (Báez en Victoriano Martínez 2010: en línea; énfasis mío). Josefina Báez no duda en presentarse a sí misma atendiendo a cuatro aspectos fundamentales que no solo atraviesan su cuerpo, sino también su escritura y producción artística: el género, la raza, la diáspora y la clase. Ante esto, parto de la base de que aproximarse a la obra de la artista –como a la artista en sí– implica encontrarse con una voz-cuerpo consciente de su lugar de enunciación y creación. Una voz *situada*, siguiendo a Haraway (1995), que rechaza todo impulso de des-encarnación, así como de unificación; que habita con autodeterminación esa(s) marginalidad(es) y espacios fronterizos,

[1] Este texto se inscribe en el proyecto Carto(corpo)grafías: narradoras hispanoamericanas del siglo xxi (Fondecyt-Chile Regular 1180522) de la Comisión Nacional de Investigación Científica y Tecnológica (CONICYT) del Gobierno de Chile, del cual soy co-investigadora.

plasmando así en su propuesta artística esa *conciencia mestiza*[2] que propone Anzaldúa (2016), en la que la identidad se articula desde los fragmentos, la heterogeneidad, el intersticio, y que implica contradicción y ambigüedad.

La artista Josefina Báez (La Romana, 1960) –escritora, *storyteller*, arte-Sana, performera, directora de teatro, actriz, bailarina, *joy devotee*, educadora– migró durante su infancia en los años setenta a Estados Unidos, y desde entonces, como «dominicana ausente», se ha identificado como *dominicanyork*, inscribiendo en toda su obra artística la problematización y la celebración de dicha identidad[3]. Tal es el caso de sus libros-textos performáticos *Dominicanish* (2000), *Comrade. Bliss Ain't Playing* (2008) y *Levente no. Yolayorkdominicanyork* (2010), donde aborda los conflictos, dilemas, contradicciones y negociaciones identitarias, socioculturales, afectivo-emocionales, políticas, económicas, ideológicas, etcétera, a las que se enfrenta el inmigrante dominicano en Estados Unidos, particularmente en Nueva York.

Una de las principales características que la crítica le ha atribuido a la literatura de la diáspora, escrita por autores de origen dominicano pero fuera de las fronteras geográficas insulares –como Julia Álvarez, Junot Díaz, Loida Maritza Pérez, Angie Cruz, Nelly Rosario, Ana-Maurine Lara y la propia Josefina Báez, entre otros– es el hecho de que en «United States Dominicans find a political language from which to articulate their own experience of racialization, oppression, disenfranchisement, and silencing –a process that allows them to build alliances with other oppressed communities around the world» (García-Peña 2016: 191). Así, la diáspora se configura en el espacio apropiado para poder articular un relato otro –llámese alternativo,

---

[2] Si bien Gloria Anzaldúa acuñó el concepto para referirse a las subjetividades chicanas, en esta ocasión me sirvo de este ante las similitudes de esas identidades con otras que también habitan en zonas geopolíticas fronterizas, por lo que comparten esas experiencias socio-psicológicas-emocionales, como es el caso de los migrantes del Caribe en los Estados Unidos, entre otros.

[3] Cabe señalar que Báez es fundadora y directora de la Compañía de Teatro Ay Ombe, y que también ha creado una metodología escénica que ha titulado Autología del Performance. Para más información sobre sus proyectos artísticos, véase su web (<https://www.josefinabaez.com>) y el archivo digitalizado por CUNY Dominican Studies Institute de The City College of New York: «Dominican Artists in the United States: Josefina Báez»: <https://library.artstor.org/#/collection/87731260>.

contradiscursivo, disidente– en torno a la dominicanidad[4]; ya que, liberados de las ataduras del discurso hegemónico nacional (tanto de República Dominicana como de Estados Unidos), la escritura de la diáspora rompe «con la visión monológica, institucionalizada, de la identidad cultural que pervive en el imaginario isleño» (Rodríguez 2007: 147); rechaza los esencialismos y fundamentalismos identitarios y nacionales, y busca «proponer formas de mirar el *aquí* y el *allá* de la experiencia dominicana como polos igualmente marcados por nuestra historia de desigualdades que aportan oportunidades de resistencia marcadas por las particularidades de cada polo» (Torres-Saillant 2019: 342-343), en donde el polo dominante, el de «aquí», el de dentro de la isla, responde a un relato centrado en la hispanofilia y en la negación del componente africano y el diaspórico.

Partiendo de estas ideas, en estas páginas presentaré una aproximación al texto *Levente no. Yolayorkdominicanyork* (2010) de Josefina Báez atendiendo a diferentes mecanismos estilísticos, temáticos y formales que emplea la autora tanto para legitimar –y en cierta medida, recuperar– las voces de los ausentes, de los de allá/aquí, de los *dominicanyorks.* Para ello me centraré en el edificio del Ni e', visto como alegoría de la comunidad de la diáspora y espacio contradiscursivo de la dominicanidad; en la sororidad (Lagarde) plasmada en el relato de las vecinas, como experiencia de resistencia y lucha contra el patriarcado; y en cómo el servirse de una lengua salvaje (Anzaldúa) y de una escritura postautónoma (Ludmer) le permite a la autora materializar esa conciencia/escritura mestiza-diaspórica.

---

4 Aclaro que inscribo a la propia autora, así como a sus textos, dentro de la *diáspora* dominicana, siguiendo los postulados de Silvio Torres-Saillant, quien en *El retorno de las yolas. Ensayos sobre diáspora, democracia y dominicanidad* plantea que la migración dominicana responde a una expatriación, por lo que el desplazamiento de su población cabe identificarlo como diáspora en la medida en que se ha debido al estado de indefensión en la que se ha visto la comunidad dominicana por parte del Estado. No se trata de un desplazamiento voluntario, sino que ha respondido a una expulsión: «Sépase que la gente normalmente no abandona su tierra de manera voluntaria. Se desgaja de su cálido terruño, sus paisajes familiares, su lengua, su cultura y sus amores compelida por la urgencia material. Emigra quien no puede quedarse. Se van aquellos a quienes la economía nacional les ha cerrado las puertas. [...] los que se van realmente son expulsados. Nuestra emigración es una expatriación» (Torres-Saillant 2019: 33); «En su definición más cruda, una diáspora no es más que una masa humana cuya Estado original le ha fallado» (2019: 41).

Dos colectivos históricamente marginados de la narrativa nacional protagonizan las páginas de *Levente no. Yolayorkdominicanyork*: la comunidad de dominicanos migrantes en Estados Unidos, común –y peyorativamente– identificados como *dominicanyorks*, y las mujeres. Es a partir de estas últimas que se articula este relato coral de la cotidianeidad y la intimidad, donde la enunciación de cada experiencia relatada, opiniones planteadas, reflexiones compartidas, transcurre dentro de una edificación en Nueva York llamada el Ni e'. De cierta forma, la lectura del texto se transforma en un recorrido por este espacio, por sus pasillos, habitaciones, escaleras, patios... en el que vamos «escuchando» diálogos o monólogos de varias mujeres, en su mayoría inconclusos y discontinuos, que pasan de un tema a otro, abordando una amplia diversidad de asuntos sociopolíticos, económicos, culturales, afectivos-emocionales, ideológicos: dilemas y contradicciones de la migración, inserción cultural y laboral en Nueva York, racismo y discriminación, nacionalismo(s), colonialismo, crítica medioambiental, corrupción política, machismo y patriarcado, educación, etcétera. Y todo ello articulado sin responder a un orden causal o lógica narrativa puntual, sino más bien dando cabida a la inmediatez, a la fugacidad o incluso a la simultaneidad.

Fortaleciendo aún más esta poética escritural del exceso o sobreabundancia –así la concibo en estas páginas–, son múltiples las voces de las mujeres enunciadoras, quienes no siempre tienen nombre, y por lo tanto no siempre es posible identificar quién habla. Todas ellas comparten, además de cuerpos atravesados por la raza, el género, la pertenencia a la clase trabajadora y la condición de inmigrantes, el hecho de ser personajes del día a día, alejados de caracterizaciones que las determinen como heroína o villana –porque en cierta medida son las dos–: la chismosa, la discreta, la ilegal, la religiosa; la que vive con su madre, la viuda, la que es madre soltera; la que tiene trabajo, la desempleada, la que se dedica a la prostitución; la que sufre infidelidades, la que abraza la masculinidad dominante, la que lucha contra el patriarcado, la que se somete a cirugías, la que se hace fecundación in vitro; la que añora Erre De[5], la que no piensa volver a la isla; la que habla inglés, la que lo chapurrea; la orgullosa de su «afro», la

[5] «Erre De» corresponde a la pronunciación de RD, siglas de República Dominicana. A lo largo del texto es esta la forma más común usada por los

que se lo alisa... Todas ellas conforman lo que en el texto es presentado, siguiendo la modalidad de un texto dramático, como «Ellas-el-Pueblo(s)».

«¿Quién en verdad dominicanea más? ¿Los de allá o los de aquí?»: El Ni e' como espacio geopolítico de irrupción de una contranarrativa de la dominicanidad

Como primer punto cabe detenerse en qué es, o qué se entiende, por el Ni e'. A nivel geográfico-espacial corresponde a un edificio ubicado en Manhattan cuyos habitantes son migrantes: «We all live in the same building. El Ni e'», «Ni e' isla-continente-edificio-apartamento», «un edificio que aparece en cada barrio [...] se podría decir que es un edificio con alas. Que aterriza», «Este país continente-mundo Ni e'» –así nos lo presenta la voz protagonista, la Kay (Báez 2010: s.p.). Esta construcción urbana carga, tanto en su código onomástico como en su connotación alegórica –en tanto funciona como una alegoría de la nación, siguiendo los planteamientos de Jameson (2011)–, un discurso identitario y ético puntual: la celebración de una dominicanidad inclusiva, heteroglósica, dinámica, múltiple y transnacional que funciona como contranarrativa del discurso identitario dominante de la nación dominicana, que ha relegado al margen y al silencio a la comunidad de la diáspora, «denominada ausente», forzada por razones económicas o políticas a abandonar los límites geográficos de la isla[6].

---

personajes para referirse a la isla, además de «Di Ar», en inglés: Dominican Republic.

[6] En torno al significado de este adjetivo «ausente», me remito a la lectura de Lorgia García-Peña: «I opt for the term dominicanos ausentes to refer to diasporic Dominicans for the inclusive, even if still problematic, meanings the term emits. On the one hand, dominicanos ausentes points to the transnational nature of Dominicans who are not living on the island yet still presumed to be part of the nation –perhaps due to the political and economic power they are able to exercise precisely because they are abroad. On the other hand, the word ausente serves as a metaphor for the complex position Dominican migrants occupy within both national territories that define them. They are absent –that is, excluded– from accessing full citizenship and representation in the United States as well as in the Dominican Republic» (2016: 172).

El vocablo «Ni e'» es un neologismo que funciona tanto en inglés como en castellano para referirse a aquello que no es «ni de aquí ni de allá» (*neither*)[7]; es decir, y aplicándolo a la obra en sí, el edificio del Ni e' viene a simbolizar ese espacio fronterizo (Anzaldúa), ese tercer espacio (Bhabha) que *habitan* las subjetividades migrantes. Remito aquí a la lectura que Lorgia García-Peña otorga a este significante:

> El Nié is an uncomfortable place that hurts and makes the subject bleed, creating an open wound of historical rejection: «una herida abierta». Yet this discomfort also offers the possibility of finding a poetics of dominicanidad ausente, from which to interject both US and Dominican histories. It is in El Nié that the contradictions of dominicanidad are embraced and redefined, allowing the Dominican subject to emerge as an agent of his or her own history and identity/ies, finding hope, harmony, and even bliss within this very uncomfortable space of contradiction. (García-Peña 2016: 173)[8]

Sin embargo, Báez no se queda únicamente con el edificio para articular este posicionamiento, eje temático de la obra. Sus personajes enuncian, ya sea de forma fluida o tartamudeada, al tiempo que *corporizan*, *encarnan* este discurso, con todas las contradicciones y paradojas, dolores y libertades que conlleva. Esto lo podemos observar especialmente en el personaje protagónico, Kay, la única de su familia de origen dominicano nacida en Estados Unidos y con papeles, con madre trabajadora, y «no father figure in the household» (Báez 2010: s.p.):

> *I am pure history.* Mira. Seat.
> Seat and listen.
> My name is Quisqueya Amanda
> Taina Anaísa Altagracia Indiga.

---

[7] Cabe señalar que este edificio-concepto la autora lo acuñó en su performance, y posteriormente texto, *Dominicanish*, y que no solo surge de este juego fónico, sino que también, como propio de la autora y su vínculo con la visibilización de la cultura popular, es una forma de articular conceptualmente esta idea, utilizando el propio lenguaje popular. En la jerga dominicana el «nié» es el perineo, es decir, la parte del cuerpo humano que está entre el ano y los genitales externos.

[8] García-Peña alude aquí a la noción de frontera como «herida abierta» planteada por Anzaldúa.

You can call me Kay.
El cocolo, mi timacle, calls me
Chula. [...] And the rest Gorda.
They call me La Gorda. (Báez 2010: s.p.; énfasis mío)

El propio nombre del personaje refleja esa abundancia, al tiempo que remite a la frontera y a la historia nacional. Se nos presenta así una subjetividad consciente de que es «pura historia» en tanto está atravesada por múltiples códigos y legados culturales, étnicos y religiosos que son elementos importantes de la identidad dominicana: el nombre que recibía la isla antes de la colonización española (Quisqueya) junto al gentilicio-adjetivo propio de su población aborigen aniquilada tras la conquista (taína), acompañados de dos referentes religiosos –la deidad del amor familiar en la religión vudú (Anaisa Pye) y la patrona nacional en la religión católica (Virgen de Altagracia)–; nos habla de un cuerpo que se reconoce («I am») desde una herencia racial mixta, en la que participan tanto lo taíno como lo hispánico y lo africano. Es decir, un cuerpo-nombre que –al igual que el Ni e'– se concibe desde el hecho de que acumula, reúne, congrega-sincretiza elementos heterogéneos, rechazando la posibilidad de anular algunas de sus partes, así como de silenciar las violencias y dolores fundaciones de dicha identidad; y es en esta (auto)determinación-(auto)afirmación donde se plasma su *conciencia mestiza* (Anzaldúa).

No obstante, no podemos pasar por alto otro elemento clave en este juego metafórico planteado por Báez en relación a la *síntesis* identitaria (vista como resultado de la suma, al mismo tiempo que como resumen-abreviación). Y es que esta subjetividad, que se asume desde la inclusión y no la exclusión, se reconoce también bajo otra marca de identificación, más vinculada al entorno íntimo y cotidiano, con la que se aleja de los referentes insulares, para inscribirse más en un entramado transnacional y con ello, poner en escena las contradicciones y ambigüedades de esa conciencia mestiza: su apodo Kay. En esta línea, me remito a la lectura de Sharina Maillo-Pozo, quien propone que

> su corto apodo es sintomático de la condición de hibridez del personaje y del proceso de desvinculación con un pasado que no define a su generación. En su nombre de pila quedan resumidos cientos y cientos de años de historia, tradición y conflicto [...] Su apodo, La Kay, denota un intento de auto reinvención

> y adaptación a su realidad y contexto actual. Esta versión reducida cumple dos objetivos: la obliteración metafórica de un largo pasado y la creación de una narrativa nueva, alternativa, que refleje la presente condición de la identidad dominicana en el contexto transnacional. (Maillo-Pozo 2013: en línea)

Junto a lo anterior, en este entramado identitario en torno a la importancia de nombrar y nombrar-*se*, hay que agregar que este personaje no duda en afirmarse como *dominicanyork*. En este punto, destaco el episodio en el que Kay discute con una vecina quien, reproduciendo la negrofobia arraigada en la retórica oficial, niega la relación entre África y República Dominicana, y no solo le pregunta, «¿Y tú? ¿Cómo dices quién eres?», sino que le ofrece, con ironía y burla, una enumeración de gentilicios posibles («eres isleño, de Hispaniola, de Aytí, taíno, africano, españollllllll; Afro-Dominican, Taíno-African-Dominican, Dominican-American»). Ante lo cual Kay le contesta, con firmeza y sin vergüenza ni dubitaciones: «¿Yo? *Yo hoy soy* una York-Dominican-york. / Ya lo sabes» (Báez 2010: s.p.; énfasis mío).

La importancia de esta respuesta radica en que da cuenta de la conciencia mestiza del personaje, la cual va de la mano de su concepción de la identidad como constructo, y, por ende, sujeta al cambio –de ahí su acotación temporal de «hoy»–. Sin embargo, no reside solamente en velar por esa identidad bifurcada, construida a partir de ese juego con el guion copulativo, sino también en que asumirse con orgullo en ese gentilicio, *dominicanyork*, es una muestra de rebeldía y resistencia a la retórica de la oficialidad dominicana, que lo ha usado de forma peyorativa para descalificar a la comunidad de la diáspora.

Los sujetos *dominicanyork* han sido vistos por los «dominicanos presentes» como un ente disociador y desestabilizador de la identidad dominicana, por lo que han sido ubicados al margen y asimilados-estigmatizados a la bestialidad, a la criminalidad, a la delincuencia, a la prostitución... (Torres-Saillant 2019; García Peña 2016; Victoriano Martínez 2014). Torres-Saillant plantea que esta alterización a la que están condenados los *dominicanyork* «conlleva a su exclusión del concierto de voces consideradas legítimas para dialogar sobre lo nacional», ante lo cual «una gran parte de la lucha de la comunidad dominicana en el exterior va dirigida a combatir la distorsión deshumanizante de su imagen pública» (2019: 58, 56). Esta causa política se inscribe precisamente en la respuesta de Kay, y en la obra misma, ya desde el propio subtítulo: *Yolayorkdominicanyork*[9]: una resistencia a que esa colectividad sea expulsada de la narrativa nacional, «un acto de desafío dado el lugar que los migrantes de retorno ocupan en el imaginario de la sociedad dominicana» (Victoriano Martínez 2014: 159), y un llamado a la celebración de dicha identidad como a la búsqueda de su representación[10].

«Yo sola me represento» y «Hablan las vecinas»: cuerpo, sexualidad, erotismo y sororidad en el Ni e'

Si bien son múltiples los aspectos que se abordan en *Levente no...* en torno a la identidad nacional, la dominicanidad, el racismo, la transnacionalidad, no se puede pasar por alto que estos son desarrollados a partir de las voces de unos cuerpos marginados puntuales: mujeres de la diáspora. El/la narrador/a en las últimas páginas del libro señala que «Ella(s) dicen(n) en lo escrito lo que a él (ellos) / usualmente se le(s) oye decir», y párrafos después agrega, «Esta historia es la historia de los que estamos siempre fuera de La Historia» (Báez 2010: s.p.). Ambos enunciados, que remiten a

[9] En esta palabra, acompaña al gentilicio *yorkdominicanyork* un prefijo de lectura múltiple, *yola*: por una parte, alude a la embarcación precaria en la que migran los caribeños hacia Estados Unidos (yola); por otra, el prefijo puede descomponerse en el pronombre personal (yo) más el artículo femenino (la), y con ello pasaría a ser una afirmación identitaria, una autodenominación: yo, la mujer que soy dominicanyork.

[10] En relación con esta resignificación positiva a la que apelarían el personaje y la autora misma, desde la autodeterminación, destaco la propuesta de Victoriano Martínez, quien se sirve de los postulados de Judith Butler en torno al concepto «queer» para explicar el giro que Báez le da al uso de *dominicanyork*. El autor señala que Butler plantea que la repetición constante del insulto hace que este pierda su fuerza peyorativa y no alcance su objetivo de avergonzar al sujeto al cual se dirige, por lo tanto, y aplicándolo al caso de Báez: «la afirmación de Báez "yo soy una Dominican York" solo es posible una vez ha sido interpelada por la sociedad dominicana como una desviación de lo que supuestamente debe ser la dominicanidad [...] pero, una vez el término es apropiado por la insultada y es repetido constantemente con una afirmación radical en primera persona comienza a adquirir una dimensión positiva y deriva entonces en un arma política que podría servir para una reclamación de derechos políticos, económicos y sociales» (2014: 180).

la idea de cuáles son los cuerpos legitimados para hablar en voz alta y para protagonizar la Historia con mayúscula, reúnen otro de los aspectos fundamentales de la poética de Báez: el dar voz a esas subjetividades que –por su condición de raza, residencia geopolítica, clase o género– han sido omitidas de la narrativa nacional dominicana hispanófila, eurocéntrica, negrofóbica y patriarcal, así como del propio campo cultural. De esta forma, «[c]on la inserción de una voz atípica en el repertorio literario dominicano, Báez posibilita la visibilización de una subjetividad que ha quedado relegada a los márgenes de los diálogos identitarios dominicanos (trans)nacionales» (Maillo-Pozo 2018: 9).

La obra se compone como un tejido de experiencias y percepciones de un grupo de diferentes generaciones de mujeres migrantes dominicanas que expresan cómo viven y conciben tanto su dominicanidad extrainsular como sus cuerpos y su feminidad. Así, el Ni e' pasa a ser el espacio desde donde se enuncia tanto la conciencia mestiza como la crítica al orden patriarcal[11]. Es decir, el lugar donde habitan diversos cuerpos femeninos politizados, cuya representación se aleja de esa elaboración tradicional, hecha a partir de la perspectiva masculina, falocentrista, para articularse desde sus propias voces, de manera que «ella(s) sola(s) me/se representan».

Dar voz a las mujeres implica que estas se apropien de la narrativa y del lenguaje para narrar*se* a sí mismas, contribuyendo a desnaturalizar esa violencia contra las mujeres materializada, entre otras maneras, en la imposición de silencios y en condicionarlas al margen y negarles agencia. «¡Hablaron las vecinas!» (Báez 2010: s.p.), se exclama en el texto con un tono que exalta su participación, al tiempo que la festeja y deja constancia de ella. Báez, por una parte, desmonta los estereotipos a los que han quedado reducidas las mujeres migrantes, limitados a una hipersexualización –o la prostituta o la sexy– o a una victimización de estas subjetividades –o débiles y pasivas, engañadas o explotadas–, para en su lugar ofrecernos una variedad de personajes, reflejándose una vez más la premisa del rechazo a la unificación y

[11] Ante la relación entre diáspora y género, Torres-Saillant plantea que las mujeres «no solo preceden aquí a los hombres en el movimiento migratorio, sino que en muchas áreas se incorporan al mercado de trabajo más fácilmente que los hombres. Esto trae como resultado que a ellas se les haga materialmente más difícil someterse a una relación abiertamente patriarcal» (2019: 146).

esencialismo de las subjetividades. Y, por otra parte, legitima al cuerpo y las experiencias de las mujeres como material literario y artístico, situación que se plasma al hacer que las inquilinas «hablen» todo tipo de asuntos, sin autocensurarse y sin temor a la discrepancia, poniendo sobre la mesa esos temas «femeninos», íntimos y privados, que tradicionalmente han sido susurrados, enunciados en voz baja o simplemente omitidos o considerados tabúes. Entre ellas se conversa sobre la menstruación y sus malestares, los desagrados de las citologías y mamografías; los gustos sexuales y la «gozadera», sus orgasmos y celos; sus emociones ante las infidelidades de los tígueres o al aceptar que sus maridos/parejas solo acuden a ellas «pa' vaciase» o para la «cocinadera, la fregadera»; el amor-odio a las labores domésticas y, relacionado con esto, la maternidad –en su mayoría enfrentada en solitario–, junto a los conflictos de sus relaciones materno-filiales...

Las vecinas del Ni e' se caracterizan, por tanto, por representar subjetividades femeninas con agencia y autoconciencia, que no están dispuestas a perder el control sobre sus propios cuerpos y que no reprimirán su enunciación, aunque esta sea social, moral o políticamente inaceptable. Además, hay que agregar que en su mayoría son la cabeza de la familia en condición de madres que han asumido la crianza y los cuidados de los hijos sin una pareja, situación que se reitera y problematiza en varias ocasiones a lo largo del texto: «mi building es hecho de women as heads of the households»; «This building is full of strong, sometimes sad, lonely women and fatherless children», «Ella ha sido mai y pai» (Báez 2010: s.p.). Con ello, en palabras de Durán Almarza, «Báez pone de manifiesto su rechazo a la concepción modernista del "hogar" como una institución al servicio de las relaciones de poder [...] y revela su rechazo a la institución familiar patriarcal heterosexista y eurocéntrica» (2010: 75).

Vinculado a lo anterior, otro de los aspectos que une a estas mujeres que *habitan* el Ni e' –como espacio urbano y como concepto identitario– es el pacto de solidaridad y colaboración que se establece entre ellas, ya sea en lo relativo a asuntos económicos o afectivos, a la migración o a su situación de género. Y es aquí donde se observa la *sororidad* del Ni e'. Marcela Lagarde (2006) plantea que la sororidad, vista como alianza feminista entre las mujeres, emerge como una alternativa ética y política para, desde el apoyo mutuo, hacerle frente a las violencias y formas de opresión patriarcales y empoderar a las mujeres. Si bien en el Ni e' de Báez los vínculos y pactos de solidaridad y colaboración entre las vecinas implican también dinámicas vinculadas a la red de apoyo propia de la migración, en esta ocasión puntualizo en el llamado a la sororidad que la autora plasma en aquellos episodios vinculados a las violencias de género. Ante los golpes que recibe Carmen una vecina señala: «Voy a subir a recordarle a ese José que *aquí no aceptamos maltrato* ni mucho menos la muerte de la Carmen. Que arranque en fa'. Pero *la violencia no va*. Aquí *en el Ni e' se reescribe la novela*» (2010: s.p.; énfasis mío). Similares son las palabras de otra inquilina que aclara:

> *Ley absoluta en el Ni e'*. Podemos oir [*sic*] ruidos de chulería. [...] De tres buenas nalgadas a los muchachos jodones. Pero al oír hombre dándole a una mujer... *la ley dicta* que suba*mos* a las áreas designadas a buscar las llaves maestras. Y resolver con los bates que cada una tiene en su casa. [...] *We*'re bad when there is no good. (2010: s.p.; énfasis mío)

En ambos episodios se articula esa sororidad entre las mujeres, «Ellas-El Pueblo(s)», al enunciar mediante el inclusivo esa regla acordada en el Ni e', ese compromiso del colectivo de no solo luchar en conjunto contra el patriarcado, protegiendo a las pares, sino también de velar por una agenda política de intervención para evitar la naturalización y perpetuación de esas violencias. Este es quizás uno de los aspectos en los que más empoderadas se presentan. De ahí a que el Ni e' sea reconocido por ser un edificio «cundío de mujeres goberná» (2010: s.p.).

Al darle protagonismo a mujeres, es decir, a sujetos situados al margen de la historia y fuera de toda agencia, que paradójicamente se ha concebido como soporte simbólico de la nación, pero a los que se «ha negado la posibilidad de participar activamente en ella» (Guerra 2008: 112), y al otorgarle a los apartamentos, hogares –esos espacios asociados a lo íntimo y lo privado, a lo doméstico y femenino– la facultad de ser espacio de acción política, el Ni e', visto como alegoría de la nación dominicana diaspórica, es una propuesta de rearticulación y reformulación de la identidad-nación (dominicana), en cuanto a que se funda en el rechazo a que la mujer esté despolitizada y atada a lo biológico (la reproducción) y en la negación a perpetuar esa narrativa tradicional en la que la mujer es «carente de agencia histórica con respecto al progreso de la nación» (Guerra 2008: 115).

Las vecinas del Ni e', «[l]as quisqueyanas valientes» (Báez 2010: s.p.), cargan todas con historias complejas y saben que sus vidas están lejos de ser un cuento de hadas, que «the Cinderella shit ain't happening» (2010: s.p.). Pero, pese a ello, la seguidilla discontinua –y en ocasiones delirante– de sus interpelaciones nos da cuenta de que entre ellas no hay autocompasión ni victimización: «aquí en el Ni e' lo mejor que tenemos es que nos decimos las cosas en la cara y con el corazón. Sí. Es posible que seamos bien atrevía y metía, pero puedes contar con que somos así de honestas» (2010: s.p.). Aquí hay que destacar que para la representación de esta comunidad diaspórica de voces femeninas Baéz no acude en absoluto a una idealización de la mujer. No pretende únicamente mostrar «lo buenas» que son, ni mucho menos caracterizar a la comunidad del Ni e' solo a partir de mujeres concienciadas en las diferentes luchas a las cuales hacer frente (raciales, coloniales, de clase, de género), sino al contrario. Algunas están más agenciadas y politizadas que otras, algunas no han logrado (o no quieren) salir del ámbito doméstico, otras se han profesionalizado y velan por su emancipación personal y la de sus propios hijos, y la nostalgia de Erre De no las afecta por igual. De ahí que los contenidos de este relato coral sean tan diversos y complejos, mostrando una resistencia a la idea patriarcal de *la* naturaleza de la subjetividad femenina.

«Las voces crudas. Rotas. Vivas. Despojan lo escrito de cualquier género»: narrar el Ni é' en *dominicanish* y desde una escritura diaspórica, postautónoma

¿Cómo articular esa dominicanidad extrainsular, transnacional y con conciencia mestiza que se celebra en *Levente no...*? ¿Cómo caracterizar a ese heterogéneo *elenco* de personajes, que son uno y muchos a la vez, y desde los cuales se muestran las fisuras de las narrativas oficiales en torno a la dominicanidad? Emilia Durán Almarza (2010) plantea que las performances de Josefina Báez arraigan la enunciación en la *corporeidad*, y precisamente esta corporeidad de sus puestas en escena se desplaza también a la estructura y formato del texto-libro, en la medida en que la autora acude a herramientas y atributos de los propios *cuerpos* para articular –estética e ideológicamente– la obra. Por un lado, dándole voz a esos cuerpos migrantes mediante una consciente selección del idioma y su registro: en *dominicanish*[12] oral y

[12] El neologismo de *dominicanish* ha sido acuñado por la propia autora para definir el lenguaje que usan los migrantes de origen dominicano en Estados Unidos,

cotidiano, entiéndase, popular e informal; y por otro, liberando al *corpus* de la obra de responder tanto a una escritura homogénea y genéricamente clasificable, así como de toda normativa lingüística y de presentación «convencional» del objeto-cuerpo libro.

Como ya he mencionado, *Levente no. Yolayorkdominicanyork* es un texto que se articula temáticamente desde la representación, por qué no decirlo, sobresaturada, de la experiencia cotidiana dentro del Ni e'; de ese día a día que no importa, que carece de grandes momentos relevantes o sorprendentes, porque, tal como lo señala el/la narrador/a –¿omnisciente?, ¿personaje?, ¿la autora misma?– de la última sección del libro, «Todo lo que está aquí, ha sido *dicho* ya por diferentes bocas. Ha sido *escuchado. Visto. Visto* muchas veces» (Báez 2010: s.p.; énfasis mío). Más allá de estos fragmentos autorreferenciales de la obra, a los que me referiré luego, me interesa el énfasis de la autora en transmitir estas experiencias desde los sentidos, es decir, atendiendo al cuerpo. En este caso, a estos cuerpos racializados fronterizos, mestizos, atravesados por tanto por un habla puntual, por sonidos y vocabularios que marcan sus identidades. Ante esto, planteo que Báez compone esa sororidad de la comunidad migrante, y esa sororidad entre las mujeres, desde la *sonoridad*[13].

Sin pretender profundizar en un análisis lingüístico de la obra, no podemos pasar por alto que esta se configura como un caótico y lúdico entrelazado de intermitentes conversaciones de pasillo, monólogos interiores y acotaciones metaliterarias: «Muchas voces. Demasiadas voces. Voces en exceso» (Báez 2010: s.p.). Es decir, como un ruidoso texto polifónico, donde el cruce de múltiples y diversas voces no da paso al silencio. Y es precisamente aquí donde cobra valor la sonoridad, en tanto que la autora no solo busca plasmar materialmente esa legitimación y reclamación de

el cual va más allá del *spanglish,* ya que fusiona, sin normativa alguna, el inglés con el español. Pero no un español «estándar» o «neutro» (¿existe?) sino el propio español dominicano, con sus léxicos y su fonética. Además, el sufijo «ish», aparte de indicar el gentilicio de *spanish,* en inglés remite a la noción de «en cierta medida», pero no del todo, con lo que el concepto *dominicanish* englobaría también la idea de rechazo a la identificación única y totalizante. Véase Báez 2000.

[13] Se entiende por *sonoridad* esa «cualidad de la sensación auditiva que permite apreciar la mayor intensidad de los sonidos» (RAE).

esas voces/sonidos ninguneadas –en las que el adjetivo «ausente» funciona prácticamente como sinónimo de «mutismo»–, rechazando toda posibilidad de hacerlas hablar «en voz baja» y sin temor a que estas sean «deslenguadas» (siguiendo a Anzaldúa), sino que también reclama *sus formas* de hablar, de sonar. Y esto lo logra mediante la oralidad, y el consiguiente empleo de onomatopeyas, y sobre todo, a través del uso de la lengua *dominicanish* que caracteriza todo el escrito, y que se nos advierte desde el quinto verso al inicio del texto: «*A novel in Dominicanish*» (Báez 2010: s.p.; énfasis del original).

Torres-Saillant plantea que «Hablar como *dominican-york* [por ende, en *dominicanish*] presupone una marginalidad intrínseca [e] [i]mplica reconocerse como voz de la alteridad» (2019: 34), situación que se inscribe en toda la obra artística de Báez. Los personajes de *Levente no...*, como los de todos los textos de la autora y la autora en sí, se expresan en *dominicanish*, una lengua que en su propio uso marca a nivel político un rechazo a una normalización, y con ello a la unificación y esencialización de la identidad nacional, así como una aceptación de una identidad fronteriza-mestiza: «Nosotras hablamos como las morenas [...] como las mujeres del Ni e', como nos da la gana. Así hablamos las yorkdominicanyork. En Dominicanish. ¿Tienes problemas con eso?» (Báez 2010: s.p.).

En esta línea, la crítica ha señalado que el vocablo *dominicanish* «sugiere la heterogeneidad como marca definitoria» (Rodríguez 2011: 71), que «emerges from El Nié as a performative lexicon that embraces the multiplicity of experiences of the immigrant who confronts the contradictions and oppression of linguistic terrorism and the historical silences of US- Dominican exclusion» (García-Peña 2016: 201); que «en la hibridez lingüística de sus textos se refleja la conceptualización de una identidad dominicana transnacional» (Maillo-Pozo 2013: 18).

El uso de este lenguaje viene a funcionar, por tanto, como un acto de resistencia a la imposición de una lengua, sea el castellano o el inglés; como un rechazo a la identidad dominicana hegemónica que, envuelta en su hispanofilia, privilegia la lengua castellana y sanciona las lenguas extranjerizantes. De esta forma, el *dominicanish*, como lengua del Ni e', no responde al habla de «ni de *allá* ni de *aquí*», sino que se identifica con esas lenguas de frontera de las que habla Anzaldúa (2016), salvajes y rebeldes (103), deficientes y mutiladoras (105), bifurcadas (106) y huérfanas (109), a las que «no se las puede domesticar, solo se las puede cortar» (2016: 104). Ante esto, vemos cómo Báez, al darle cabida en la representación al *dominicanish,* y con ello al habla coloquial y oral, pone en escena a esos cuerpos ausentes del relato nacional, mediante su autodeterminación y su conciencia mestiza, con lo que enaltece en sus personajes a esa «lengua deslenguada»: las vecinas-Ella-el-Pueblo(s) del Ni e' hablan con desvergüenza y atrevimiento de todo tipo de asuntos, sin eufemismos, y además no temen hablarlos en esa lengua que la oficialidad dominicana considera como una «lengua equivocada». Así, el uso de esta, y en ese registro, viene a funcionar como una marca discursiva que es una «celebración de la cultura popular» (Mena 1999: en línea), al mismo tiempo que una concientización de esos colectivos marginados, racializados, mestizos, y una denuncia de su silenciamiento.

Sin embargo, la propuesta estética de Báez va más allá, ya que se vale, además, de otros artificios discursivos para representar las identidades de estos cuerpos descalificados. En *Levente no...* se privilegia esa oralidad fronteriza, y para dar cuenta de ella, para reproducirla de la manera más verosímil posible en su fonética y ritmos, el texto se desprende de toda norma gramatical de ortografía y puntuación, situación que se explicita en una nota aclaratoria al final del libro: «En este texto cambiamos, frecuentemente, la s por la z, [...] usamos de forma excesiva los pronombres y las conjunciones copulativas. Uso de puntuación solo para ritmo –no siguiendo las reglas. Y muchas palabras no tienen tilde» (Báez 2010: s.p.). A esto se suma que el libro carece intencionalmente de números de páginas[14], y que el argumento de este relato coral, donde la reivindicación identitaria se materializa en una reivindicación idiomática, se articula no solo a partir de conversaciones que saltan de un tema a otro, sin continuidad, de forma fragmentada y sin responder a la secuencia lógica narrativa de introducción-nudo-desenlace, en cuanto a que las experiencias narradas pueden ocurrir en cualquier sección del texto, o incluso simultáneamente; sino que también en la obra se inscriben multiplicidades de registros: verso, prosa ficcional, prosa ensayística, texto dramático, recetario de cocina, chats, mensajes de textos, glosario, son

[14] En entrevista con Ramón Aníbal Ramos la autora aclara que optó por no paginar el libro, según ella porque «el número priva a uno a seguir en lo que le llaman el *flow* de la lectura, el fluir de la lectura, entonces es una invitación» (min. 2:30-2:48); una invitación a liberarse de estructuras y condicionantes de la recepción.

algunos de los formatos escriturales presentes[15]. Aquí es donde vemos cómo «Las voces crudas. Rotas. Vivas. Despojan a lo escrito de cualquier género. Rompen cualquier ritmo comenzado. Ninguna métrica antes fabricada es posible seguir» (Báez 2010: s.p.).

En este sentido, veo oportuno aproximarse a la obra atendiendo a la idea de «literaturas postautónomas» de Ludmer, en la medida en que plantea que este tipo de literaturas, entendidas como «prácticas literarias territoriales de lo cotidiano» (Ludmer 2007: en línea), reformulan la categoría de realidad ficcional, distanciándose de los parámetros tradicionales y modernos, desdiferenciando entre la realidad y la ficción, en cuanto a que «son escrituras diaspóricas [que] no solo atraviesan la frontera de 'la literatura' sino también la de 'la ficción'» (Ludmer 2007: en línea)[16]. Esta transgresión de los géneros tradicionales se observa en la obra de Báez, la cual puede ser tanto un texto performativo, una novela o poema en verso y prosa, un ensayo... o incluso una transcripción de diferentes conversaciones sostenidas en un barrio de migrantes dominicanos en Nueva York. De ahí que *Levente no...* pueda ser leído también como un texto-guion de docuficción[17].

---

15 Más o menos en el centro de la novela hay un glosario de más de seis páginas de siglas de la A a la Z, presentado como el «cyber language del Ni e' para todos» (Báez 2010: s.p.), y que es una invitación a conocerlo, aprenderlo y utilizarlo, al mismo tiempo que un llamado a preservarlo: «Úselos cuando le convenga. La lista es más larga. Por razones de espacio compartimos solo estas. Esto es suyo y mío» (2010: s.p.). Algunos de estos la autora los explica en el video de secuencia fotográfica «Algo no cuadra», en el que acompaña cada sigla de una expresión facial y en voz en off su definición interpretada por ella. Véase Báez 2011.

16 En esta reflexión en torno a la crisis de la *literariedad* Ludmer plantea que estas tecnologías de escritura implican también otra forma de enfrentarse a la lectura, situación que sin duda ocurre en el texto de Báez: «La postautonomía implicaría otro modo de producción del libro, otro modo de escribir y otra tecnología de la escritura, otro modo de leer, otro régimen de realidad o de ficción, y otro régimen de sentido: en síntesis, la postautonomía implica otro objeto y otro campo literario» (Ludmer 2012: en línea).

17 Haciendo uso de otros artificios estéticos, su libro *Blis...* también dialoga con la escritura postautónoma: no solo es un «texto performático», sino que también el propio libro en sus esquinas incluye ilustraciones de un cuerpo realizando

Como es de esperarse en un texto como este, que vela por una escritura heterogénea que se resiste a la clasificación genérica, se da paso también a la metadiscursividad, particularmente en la primera y la última sección, tituladas de forma homónima a la obra: la primera en versos (y que una parte de ella se repite con leves modificaciones a mediados del texto) y la segunda en una prosa verborreica:

> *A performance theatre text / (A text that performs, a text from / Performances or a text to perform) / With character(s). / A novel in Dominicanish. / A poem with grajo. [...] / Bucle interminable. [...] / Documental de todos los días. / Donde si ves algo no se dice algo. / Se dice de más. / Aquí es Manhattan. Allá, Erre De.* (Báez 2010: s.p.; énfasis del original. Inicio del texto)

> Ficción. No ficción. [...]
> Todo tan inmediato como mensaje en celular.
> Todo tan fugaz y altisonante como guagua anunciadora. [...]
> Todos con la herencia de la corriente migratoria a la que pertenecen, negando con hechos cualquier etiqueta flotando para una, definición. [...]. (Báez 2010: s.p.; de las últimas páginas del texto)

De una u otra forma en estas partes la autora sintetiza temática, estética e ideológicamente los lineamientos de la obra: resistirse a las clasificaciones tradicionales y habitar las fronteras (sean geopolíticas, identitarias, escriturales) sin miedo alguno a la enunciación y autodeterminación: «The richness of her artistic and literary production is a perfect example of the poetics of dominicanidad ausente because it rejects all essentialist forms of nationalism while embracing a multiplicity of experiences, locales, and languages as the true nation-self» (García-Peña 2016: 199). Por tanto, mediante una escritura postautónoma y el uso de estos discursos autorreferenciales Báez caracteriza ya no solo a los cuerpos de los personajes desde esa conciencia mestiza, sino que hace que el texto mismo se vuelva autoconsciente y desde ahí difumine la barrera entre ficción y realidad.

---

movimientos de kuchipunto, lo que se puede ver al estar hecho como un folioscopio (flip-book).

A MODO DE CIERRE: «PURO NI E'. QUE PURO NO ES»

Levente no. Yolayorkdominicanyork se presenta como un texto/tejido compuesto por múltiples voces/hebras. Un texto híbrido que habla sobre la hibridez, sirviéndose de un código escritural híbrido, desdiferenciado-diaspórico, y que pone de manifiesto las complejidades de la pluralidad tanto a modo conceptual como estético, haciendo uso de la polifonía, la saturación, la repetición, la fragmentación. Un relato que no le da cabida al silencio. Báez compone un texto abrumador, que emerge de la cotidianeidad, sin temer lo absurda o nimia que esta pueda ser, ni mucho menos que esta se exhiba a partir de una narración delirante que constantemente entra en bucle. Un texto que no deja de ser incómodo, ya que desafía las temáticas que expone y los artificios discursivos y estéticos que emplea. Un texto sin concesiones, del cual quizás una de sus principales provocaciones sea que vela por legitimar el potencial desestabilizador de las identidades fronterizas mestizas, y el de las propias mujeres, celebrando lo múltiple, lo diverso, lo heterogéneo, lo complementario, pero restregándonos que aquello no necesariamente es armonioso.

La obra presenta personajes que se desdoblan en muchas voces, dando cabida en la representación a esas subjetividades ninguneadas en las narrativas nacionales y patriarcales. Historias, muchas historias que se entrelazan, luchando contra esa Historia única, desmontando esos esencialismos identitarios nacionales y transgrediendo las posturas rígidas del quehacer literario. Ese puro Ni e', en exceso, libre y sin condiciones, que de correcto e imperfecto no tiene nada.

BIBLIOGRAFÍA

ANZALDÚA, Gloria (2016): *Borderlands / La frontera. La nueva mestiza*. Madrid: Capitán Swing.

BÁEZ, Josefina (2000): *Dominicanish*. Santo Domingo: Ediciones de A Poco.

— (2010): *Levente no. Yolayorkdominicanyork*. New York: Ay Ombe Theatre.

— (2011): «Algo no cuadra». En *Youtube, canal ayombetheatre*, 29 de abril: <https://www.youtube.com/watch?v=PaLdLGVAeYM>.

BHABHA, Hommi (1994): *El lugar de la cultura*. Buenos Aires: Manantial.

DURÁN-ALMARZA, Emilia María (2010): *Performeras del Dominicanyork: Josefina Báez y Chiqui Vicioso*. Valencia: PUV.

García Peña, Lorgia (2016): «Writing from El Nié: Exile and the poetics of dominicanidad *ausente*». En *The borders of dominicanidad. Race, nation, and archives of contradiction*. Durham: Duke University Press, 170-202.

Guerra, Lucía (2008): *Mujer y escritura: fundamentos teóricos de la crítica feminista*. Santiago de Chile: Cuarto Propio.

Haraway, Donna (1995): «Conocimientos situados: la cuestión científica en el feminismo y el privilegio de la perspectiva parcial». En *Ciencia, cyborgs y mujeres. La reinvención de la naturaleza*. Madrid: Cátedra, 313-346.

Jameson, Fredric (2011): «La literatura del tercer mundo en la era del capitalismo multinacional». En *Revista de Humanidades* 23: 163-193.

Lagarde, Marcela (2006): «Pacto entre mujeres. Sororidad». En CELEM (Coordinadora Española para el Lobby Europeo de Mujeres): <https://e-mujeres.net/wp-content/uploads/2016/08/pacto_entre_mujeres_sororidad.pdf>.

Ludmer, Josefina (2007): «Literaturas postautónomas». En *CiberLetras* 17: <http://www.lehman.edu/faculty/guinazu/ciberletras/v17/ludmer.htm>.

— (2012): «Literaturas postautónomas: otro estado de la escritura». *Revista Dossier* 17. Universidad Diego Portales: <http://www.revistadossier.cl/literaturas-postautonomas-otro-estado-de-la-escritura>.

Maillo-Pozo, Sharina (2013): «Rompiendo las fronteras entre el aquí y el allá. *Levente No. Yolayorkdominicanyork*». En *Revista Contratiempo*, febrero, 18.

— (2018): «Still 'laughing' in dominicanish». En Báez, Josefina: *Dominicanish*. Santo Domingo: Ediciones de A Poco, 7-11.

Mena, Miguel D. (1999): «Y con ustedes, Josefina Báez, de la romana al infinito». En *Cielonaranja*: <http://www.cielonaranja.com/menajosefinabaez.htm>.

Ngozi Adichie, Chimamanda (2018): *El peligro de la historia única*. Barcelona: Random House.

Ramos, Ramón Aníbal (2014): «Josefina Báez, artista Dominicanyork». En *Youtube*: <youtube.com/watch?v=FnbZuFR9qBM&t=253s>.

Rodríguez, Néstor E. (2007): *Escrituras de desencuentro en la República Dominicana*. Santo Domingo: Editora Nacional.

— (2011): «De La Romana a Washington Heights: el azar trashumante de Josefina Báez». En *Revista Surco Sur* 2 (4): 71-74.

Torres-Saillant, Silvio ([1999] 2019): *El retorno de las yolas. Ensayos sobre diáspora, democracia y dominicanidad*. Santo Domingo: Editorial Universitaria Bonó / Ediciones MSC.

Victoriano Martínez, Ramón A. (2010): «"Tienes que conocer tu historia": una entrevista con Josefina Báez». En *Karpa Journal of Theatricalities and Visual*

Culture 3 (2): <http://www.calstatela.edu/misc/karpa/Karpa3.2/Site%20Folder/josefina.html>.

— (2014): «Aquí también los pantis se tienden en el baño: género y transgresión en la obra de Josefina Báez». En *Rayanos y dominicanyorks. La dominicanidad del siglo* XXI. Pittsburgh: Instituto Internacional de Literatura Iberoamericana, 145-188.

Escribir la antillanía bella, terrible, trágica

El hombre triángulo (2005) y las performances literarias de Rey Andújar

Catherine Pélage
Université d'Orléans

Rey Andújar, que nació en 1977 en la República Dominicana y vive actualmente en Chicago, afirma con respecto a su obra literaria y a la de Rita Indiana: «hemos tratado de quitar el color de la postalita al Caribe[1]». La postalita remite a los estereotipos turísticos acerca de una isla que se caracterizaría exclusivamente por la belleza de sus playas, de sus mujeres y la sonrisa inmutable de habitantes que dedican su vida a la fiesta. El escritor expresa también el malestar que experimenta en los Estados Unidos ante anuncios publicitarios en los cuales no reconoce su país de origen. En su obra aparece claramente una voluntad de escribir otra isla.

Esta necesidad de crear una antipostal se hace de forma sumamente dinámica mediante la importancia del cuerpo en movimiento que narra la historia. No es nada sorprendente, ya que la propuesta artística de Andújar no se limita a la literatura; se trata de un artista polifacético, que también realiza performances. Su obra incluye cuentos, novelas, poemas, artículos, entrevistas, pero también grabaciones de performances, como *Ciudadano cero* (2005) o *Saturnalia* (2012). Andújar baila, sugiriendo fugazmente múltiples situaciones. Consideramos que no se puede estudiar su obra escrita haciendo caso omiso de su proyecto global, que va definiendo un concepto del arte basado en el diálogo constante entre diferentes formas artísticas.

---

[1] Rey Andújar pronunció esta frase en una conferencia del 24 de febrero de 2015 en el Centro cultural de España en Santo Domingo. La conferencia está disponible en internet: <https://www.youtube.com/watch?v=mwnZhjfaJdw>.

Nuestra hipótesis es que la poética de Rey Andújar puede definirse como una performance literaria que hace posible la escritura de otra isla. Tras un acercamiento teórico a la noción de performance literaria, y un estudio de la trayectoria de Andújar, marcada por interacciones constantes entre narrativa y performance, analizaremos cómo la novela *El hombre triángulo* (2005) dibuja nuevas geometrías insulares.

Acercamiento teórico a la noción de performance literaria

El diccionario de la Real Academia Española recoge dos acepciones para la palabra performance. La primera: «rendimiento (proporción entre el resultado obtenido y los medios utilizados)». La segunda, muy distinta: «actividad artística que tiene como principio básico la improvisación y el contacto directo con el espectador». La acepción que nos interesa designa una creación artística caracterizada por su instantaneidad y eficacia, su impacto directo e innovador.

Según Anne Cuisset, la performance suele definirse como una forma artística híbrida, a medio camino entre el teatro, la danza y las artes plásticas (Schechner 2008: 23). La obra es por lo general interpretada por el propio artista; el cuerpo está, por lo tanto, en el centro de estas creaciones. Se inscribe en el tiempo breve de la representación, y puede realizarse en diversos lugares; no se limita a las salas de espectáculo. De modo que la performance se caracteriza por su dimensión efímera, su existencia fuera de los sistemas institucionalizados y cierta fragilidad, ligada a la presencia central del cuerpo del artista en movimiento. Esta forma artística ha sido practicada de manera brillante por artistas dominicanas en los Estados Unidos; es el caso, por ejemplo, de Josefina Báez[2], con la que trabajó Andújar, quien se define como performera de la siguiente manera: «yo soy, me estoy haciendo siempre» (Durán 2010: 122). Báez afirma una reinvención constante de sí misma a través de su trabajo sobre el cuerpo y de representaciones que, como cualquier espectáculo en vivo, son únicas.

La performance se caracteriza, pues, por límites difíciles de fijar, por su hibridez y la de los acercamientos académicos que la analizan. Es lo que

---

[2] Sobre Báez, véase el artículo de Fernanda Bustamante Escalona en este mismo volumen (281-301).

Richard Schechner, uno de los creadores de los *Performance Studies* en los Estados Unidos, formula de la siguiente manera: «My specialty is performance theory which for me is rooted in practice and is fundamentally interdisciplinary and intercultural» (Schechner 2008: 23). El estudio de las performances requiere, pues, acercamientos renovados, necesariamente interdisciplinarios, para evitar esquemas de interpretación que reducirían las propuestas que analizan.

La existencia de performances no es nueva. Se afirmó a partir de los años setenta, pero se nota actualmente un renovado entusiasmo por esta forma artística. Diferentes hipótesis se barajan para interpretar este éxito. En una época cada vez más dominada por la realidad virtual, la performance, que estriba en un trabajo sobre el cuerpo, sería, según Joseph Danan, una manera de «répondre à notre désir, désespéré parfois, de nous sentir vivants» (2016: 7), de afirmar una existencia aquí y ahora. En el caso de las performances unipersonales, sería también un arte en primera persona, lo que tendría una innegable dimensión autobiográfica. A través de su trabajo sobre el cuerpo, los intérpretes encarnan temas contemporáneos. Emilia Durán ve en las performances dominicanas en los Estados Unidos un enfoque vinculado a la migración: la expresión de un sujeto que, con su presencia corporal y los riesgos que asume, encarna la transculturación. Con ello se abre un espacio que desafía los cánones de la cultura de origen y del país de acogida. Inscribiéndose en la línea de Beatriz J. Rizk, Durán define las performances de los artistas *dominicanyork* como brechas que generan un tercer espacio que desestabiliza los patrones sociales y culturales. La performance se percibe como un espacio desde el que se cuestionan las convenciones artísticas, un espacio propicio a la ruptura de esquemas (Durán 2010: 43).

Debido a su hibridez y a la relación directa entre el intérprete y el espectador, los estudios acerca de las performances van a menudo más allá del ámbito puramente artístico para desembocar en consideraciones sociales o existenciales. Schechner afirma que todo en la vida puede ser interpretado como una performance: un accidente, una ceremonia religiosa, una defensa de tesis. También los géneros, como sostiene Judith Butler (2005), han sido construidos socialmente; en consecuencia, su elaboración puede ser asimilada a una performance: un cuerpo repite un papel que le ha sido inculcado hasta el punto de dar la ilusión de una identidad sólida e inmutable. Estas reflexiones conducen, por lo tanto, a redefiniciones de género, pero también de identidades individuales y nacionales. Según Médar Serrata:

> Este nuevo cambio de paradigma tiene claras repercusiones para nuestra manera de entender la identidad racial, cultural o nacional. Pues si aceptamos con Butler que el género constituye una construcción social que se lleva a cabo a través del cuerpo, tendremos que admitir que la dominicanidad lejos de ser una esencia preexistente, también se crea mediante la puesta en escena de una serie de actos corporales. De manera que ser dominicano es interpretar el papel de la dominicanidad. Ahora bien, el contenido de ese papel está sujeto a variaciones históricas. (2013: 250)

Serrata percibe todas las identidades (genéricas, nacionales) como construcciones. Hace hincapié en la dimensión artificial de esquemas supuestamente fijos, lo que incita a un cuestionamiento artístico, social y político. Según él, la performance forma parte de una reconsideración de las construcciones sociales e históricas.

Por otro lado, en *La isla que se repite*, Antonio Benítez Rojo establece un vínculo directo entre la escritura caribeña y la performance. Los intentos de definir la cultura caribeña se enfrentan a realidades muy complejas:

> La cultura caribeña, al menos el aspecto de ella que más la diferencia, no es terrestre sino acuática; es una cultura sinuosa donde el tiempo se despliega irregularmente y se resiste a ser capturado por el ciclo del reloj o el del calendario. El Caribe es el reino natural e imprescindible de las corrientes marinas, de las ondas, de los pliegues y repliegues, de la fluidez y de las sinuosidades. Es, a fin de cuentas, una cultura de meta-archipiélago [...]. (Benítez Rojo 2010: 19)

Frente a creaciones movedizas y difíciles de entender, Benítez Rojo habla de la literatura caribeña como de una de las más espectaculares que existen; una literatura que renueva los pactos de lectura. Para él, el autor se convierte en performero en un diálogo, propio del Caribe, con el lector, basado en la oralidad, la relación con el cuerpo y la creación. Así, su visión misma de la performance es representativa de una concepción caribeña del arte en su relación con el Otro y el mundo, un arte que califica de escénico y supersincrético.

Estas concepciones de la performance permiten profundizar en las creaciones de Rey Andújar, ya que se trata de una dimensión fundamental de su obra. De hecho, sus novelas ponen implícitamente en escena performances, y él mismo afirma: «Para mí, la novela es performance también» (en Español 2016: en línea). Definiremos pues la performance literaria como la creación de obras que se basan en una presencia central del cuerpo en movimiento, en un deseo de abrirse al mundo y de borrar fronteras entre géneros artísticos. En otras palabras, se trata de textos caracterizados por el diálogo entre formas artísticas que desafían los cánones vigentes, desestabilizan los discursos oficiales, reconsideran las problemáticas contemporáneas y escriben otra isla.

De la performance a la literatura y de la literatura a la performance: una aproximación a la trayectoria artística de Rey Andújar

La producción de Rey Andújar se caracteriza por su diversidad. Ha publicado cuatro libros de cuentos –*El factor carne* (2005), *Amoricidio* (2007), *Saturnario* (2010), *UGDU y otros relatos* (2011)– y tres novelas: *El hombre triángulo* (2005), *Candela* (2007) y *Los gestos inútiles* (2015). Ganó diversos premios en la República Dominicana, Puerto Rico, Estados Unidos y Cuba, donde recibió en 2015 el Premio Alba Narrativa Latinoamericana y Caribeña. Asimismo, ha escrito y representado performances, entre ellas *Ciudadano cero* (2005), *Antípoda* (2011) y *Saturnalia (Saturnario)* (2012).

Su trayectoria se caracteriza por una gran movilidad geográfica y artística. Vivió en la República Dominicana hasta el año 2000. En 2001 se fue a Nueva York, donde comenzó a escribir poesía y a hacer teatro. Su primer cuento, «El factor carne», ganó el Concurso de cuento del Banco Central, lo que lo animó a seguir por este camino y a escribir *El hombre triángulo*. Los años siguientes estuvieron marcados por viajes de ida y vuelta entre los Estados Unidos y la República Dominicana. Terminó de escribir *Ciudadano cero* antes de regresar a Santo Domingo por un año, para la representación escénica de la obra. Explica: «Eso fue un éxito tremendo y creo que, aunque ya la gente sabía que yo escribía, la puesta en escena de esta performance me dio a conocer como un escritor fuera del contexto cotidiano... algo así como un escritor trans» (en Pujols 2019: en línea). Esta autodefinición pone de relieve los vínculos dinámicos que existen para él entre performance y literatura.

En 2006, Andújar se trasladó a Puerto Rico, lo que le ofreció oportunidades en cuanto a la publicación de sus obras. Esta estancia fue decisiva en su formación y creación:

> La experiencia de Puerto Rico es muy importante en mi escritura, ya que allí me encuentro conmigo mismo como escritor, hago muy buenas relaciones con gente del teatro y del performance, y, además, gracias a lo académico, es cuando de verdad leo literatura dominicana en serio. Conocí la literatura dominicana cuando viví en Puerto Rico. (en Pujols 2019: en línea)

Actualmente Andújar reside en Chicago. Sus producciones llaman la atención por su diversidad. El prefijo «multi» se repite con frecuencia en las declaraciones del escritor: se define a sí mismo como multiinteresado, participa en proyectos multimedia y habla de multigritos de indignación. Estos términos muestran que para él solo la conjunción de diferentes formas artísticas puede permitir una expresión profunda, que refleje la complejidad humana. La porosidad genérica está, por lo tanto, en el centro de su proyecto artístico. La campaña en Kikstarter para recaudar fondos para la edición, tanto en español como en inglés, de *Saturnalia*, realizada por la editorial 7 Vientos en 2013, es representativa de ello: la fotografía de la campaña es una imagen de la performance del autor. Andújar aparece descrito de la siguiente manera:

> For him, if there is a line of distinction between writing, speaking, and movement, it is an extremely blurry one. Andujar's is a body in motion. Constantly. [...] It is a body that experiments and opens itself to all possibilities. It is one in constant search of its destiny in the rythm of a Caribbean Sea that, like the ancient god Saturn, devours its own children.[3]

La descripción resulta precisa por varios motivos: pone de relieve la porosidad entre los géneros artísticos y también la importancia del cuerpo. Además, insiste en la dimensión caribeña de su proyecto, que el autor reivindica constantemente. Sin embargo, el Caribe –a pesar de la distancia geográfica para un residente en los Estados Unidos– no está idealizado, sino que se aborda también con una dimensión crítica. Andújar evoca en sus libros un mar Caribe peligroso, reflejo de la dureza de condiciones de vida que a menudo obligan a la migración. La comparación del mar con el dios Saturno que devora a sus hijos expresa la ambivalencia de Andújar: se siente profundamente hijo del Caribe, pero muestra trayectorias vitales

---

[3] En <https://www.kickstarter.com/projects/7vientos/saturnalia-saturnario>.

maltratadas por contextos inestables. De esta forma, debido a la presentación corporal de la obra, *Saturnalia / Saturnario* se convierte en una performance y un libro; el autor baila, borrando así la frontera entre la palabra escrita y el cuerpo.

Por otro lado, Andújar destaca con frecuencia la importancia, en su formación artística, del laboratorio para la dramaturgia del cuerpo que dirige Lorraine Ferrand en Santo Domingo. Allí participó en la elaboración de la performance *Ciudadano cero* y desarrolló una reflexión sobre la dramaturgia del cuerpo del escritor.

Para Andújar, el cuerpo es un lenguaje; desde sus peculiaridades y aceptación, es posible elaborar auténticas propuestas artísticas. Según él, del cuerpo en movimiento nace la obra de arte, y no del intelecto. Ese es el punto de partida de un concepto del arte que se basa en la corporeidad, los sentidos, la sensualidad. De ahí sus siguientes reflexiones:

> El sentido de nuestras actividades radica en la antropología social, esto es, una reafirmación constante de nuestros orígenes, danzas, músicas, gestos y prácticas espirituales. Si bien nuestro trabajo bebe de la fuente de una variedad de maestros guías, entendemos que la única manera de compartir y conectar de forma global es encontrarnos con nuestro ser mediante la búsqueda de la propia verdad. Esta verdad nos insufla con [*sic*] valor; permite liberarnos de complejos y trabas, tanto en nuestro entrenamiento como en el momento de comprobación ante el espectador. (Andújar 2012: en línea)

La perspectiva propuesta es, por lo tanto, una búsqueda personal, una búsqueda de la propia verdad que hace posible una relación plena, en el sentido artístico y humano, con el Otro. El trabajo sobre sí mismo y la búsqueda de su centro refuerzan la presencia del artista en el escenario. De la energía del cuerpo nace la relación con el espectador: «En este tipo de performance, el texto no queda limitado a la declamación. Lo dicho en el escenario lleva una carga vital de la que el espectador no sale ileso» (Andújar 2012: en línea). Andújar describe este enfoque como artesanal, dotado de un principio estético y poético. Insiste en la dimensión no elitista de esta concepción del arte. De su propio cuerpo, un cuerpo caribeño marcado por la migración y la mutación, emerge la propuesta artística. El objetivo de este organismo caribeño es «susurrar motivaciones a esa memoria; activarla de forma tal que nos permita construir algo mejor para la práctica del mañana»

(Andújar 2012: en línea). Desde el cuerpo, que representa una historia individual y colectiva, se transmite un lenguaje que aspira a representar la República Dominicana y el Caribe en sus tensiones y problemas. Por eso es tan relevante que, a lo largo de su trayectoria artística, sus creaciones han sido simultáneamente performances y textos literarios, estableciendo vínculos indisolubles entre estas dos formas de expresión. Y como era de esperar, si el cuerpo ocupa el centro de las preocupaciones teóricas y de las prácticas artísticas de Rey Andújar, también es el centro de sus escritos. Su primera novela, *El hombre triángulo* (2005), es muy reveladora de esta poética del cuerpo en movimiento.

El hombre triángulo: nuevas geometrías insulares

El hombre triángulo reúne las características de lo que definimos como performances literarias. La estética de esta novela breve, inspirada en las performances, pone en evidencia la construcción artificial de roles sociales, una espectacularidad propia del Caribe, la necesidad de abrir nuevas pistas de representación y, siguiendo la metáfora del título, de dibujar nuevas geometrías insulares. El íncipit es revelador de una obra basada en la escritura del cuerpo:

> El aguacero, de manera impertinente, ha despertado al teniente Pérez. Con sobresalto se recrimina por haber dejado la ventana abierta otra vez. De inmediato justifica la acción pensando en el insoportable calor de la madrugada de hace un rato. Ahora bosteza, resignado, hay que reconectar el círculo. Se hace tarde, tiene que matarse.
>
> Gracias a Dios, dice en voz alta mientras se toca la cara. Ya se había afeitado en el destacamento anoche antes de comenzar el servicio. Decide usar la misma ropa interior: no está sucia, no huele mal. Eso no lo dijo en voz alta, lo pensó muy para sí mismo y muy rápido para no sentirse asqueroso. Pérez podía pasar horas dándole mente a simplezas como esa o como haber bebido café sin lavarse los dientes o no haberse lavado los dientes después de haber comido. (Andújar 2005: 11)

La descripción de la escena es tan precisa que podría permitir fácilmente una adaptación teatral o cinematográfica. El cuerpo del teniente está en el centro de la narración. Las frases son cortas, el ritmo es rápido, los numerosos verbos de los dos primeros párrafos hacen referencia a acciones o pensamientos del protagonista. El vocabulario de los sentidos y las sensaciones desagradables asociadas a ellos contribuye a crear una impresión de malestar, reforzada por la profunda angustia psicológica del teniente, que ha decidido quitarse la vida.

La narración desencantada aborda muchos problemas relacionados con la sociedad dominicana. Sin embargo, todos se evocan a través de cuerpos que sufren: el cuerpo violado del teniente Pérez cuando era niño, el cuerpo muerto del hijo ilegítimo del teniente Pérez, atropellado por una motocicleta, el cuerpo encerrado de la madre del niño que nunca se recuperó de la tragedia, el cuerpo sin vida del soldado pedófilo linchado durante los disturbios de 1984. La historia revela la profunda violencia de una sociedad en la que los cuerpos en movimiento son a menudo víctimas o responsables de la violencia. Esta escritura del cuerpo se refuerza con la estructura de la obra, que es muy fragmentaria y evoca el *workbook* de una performance: páginas dedicadas a la vida del teniente se alternan con sueños, definiciones, comentarios metatextuales o breves textos teatrales.

Entre estos fragmentos, uno llama la atención por su singularidad. Se trata de dos elementos directamente relacionados con el cuerpo: la sangre y las lágrimas. En ambos casos, el autor propone dos definiciones: una inspirada en un diccionario y la otra en relación con una escena vivida por el teniente Pérez en un bar donde otro hombre, Baraka, acaba de besarlo:

> Sangre: tejido-fluido que circula por el sistema vascular de los seres vertebrados. Es bombeado por el corazón. Está cargado de nutrientes y oxígeno. A su paso por el cuerpo, recoge los desperdicios existentes en las venas para ser luego desechados por los canales excretorios.
>
> Sangre: lo que brotaba de la boca de Baraka después de los puñetazos que Pérez le propinó por esta falta de respeto. Coño qué es eso, un hombre besando a un guardia. El primer golpe le llegó a Baraka con tanta sorpresa como a Pérez el beso. La lluvia de furia que vino después fue incontenible. Machismo en toda la extensión de la palabra. Baraka se quedó en el piso del bar hecho trizas. Así también se iba Pérez. (Andújar 2005: 49-50)

La explicación tradicional y biológica de la palabra va acompañada de una redefinición. La sangre que fluye en la segunda acepción está vinculada a una representación fija y violenta de la masculinidad, que, en el caso del teniente Pérez, corresponde a una homosexualidad reprimida. Desde los elementos corporales el autor aborda temas sensibles relacionados con las representaciones de la virilidad. Adopta el mismo procedimiento con la palabra lágrimas. A la definición fisiológica le sigue una descripción de los dos hombres que lloran: Pérez llora por no asumir su homosexualidad, Baraka llora por su dolor físico y su fracaso. En algunos párrafos, Andújar redefine las palabras, las saca de un marco teórico y fijo para adaptarlas a una situación determinada e iniciar una revolución en las representaciones de género.

A estas dobles definiciones sigue otro fragmento que adquiere también relevancia especial en la construcción de la obra por su singularidad. Comienza con una lista de personajes y luego la presentación de una escena o de un escenario, como siguiendo el formato del lenguaje acotacional de un texto dramático:

> Personajes:
> Recepcionista
> La Doña del Café
> San Miguel
> Una de las oficinas, pasadas ya las dos de la tarde. Con las luces apagadas se escucha la voz de una mujer hablando en voz alta. Sube el telón y bajo las luces aparece una recepcionista ocupada cuando entra la Doña del Café hablando voz en cuello, escandalosa. Su conversación es acerca de la lotería nacional. (Andújar 2005: 51)

La teatralidad del fragmento se ve claramente reforzada por el vocabulario utilizado, que se asemeja al de las didascalias y sus artificios: telones, iluminación, los papeles escritos de antemano. La conversación entre las dos mujeres se centra en Matilde, la madre que, a raíz de la muerte de su hijo, fue encerrada en un hospital psiquiátrico. Después de meses de silencio, acaba de hablar. Las palabras que pronuncia son: «Mi hijo, ¡se me muere mi hijo!». San Miguel pronuncia la última frase: «San Miguel (Tocándose el pecho. Encogiéndose de alas) Mi Matilde, mi pobre Matilde» (Andújar 2005: 51).

Lo que por la organización del fragmento y el interés de las dos mujeres podría asemejarse a un milagro –la mujer muda ha vuelto a hablar– solo repite el drama de forma dolorosa. San Miguel no realiza ninguna intervención milagrosa: solo puede constatar la tragedia y compadecerse de Matilde. Esta escena, escrita como una performance, retoma una historia ya contada. La repetición, bajo una forma teatral, enfatiza la dimensión artificial y construida de este drama. En la lógica de la obra, parece que los roles fijos han construido esta tragedia que puede repetirse hasta el infinito.

Desde una poética inspirada en la performance en su dimensión espectacular basada en la improvisación, el cuerpo, la porosidad genérica, la brevedad y la urgencia, el autor elabora gestos de resistencia y deconstruye representaciones fijas que frenan el movimiento. De hecho, los personajes se sienten presos en el espacio insular. La lluvia y el calor configuran un lugar sofocante tanto en sentido literal como figurado. Los desplazamientos de los protagonistas están condicionados por la naturaleza, en particular por los huracanes que son muy presentes en su obra: al tiempo cíclico de los huracanes corresponde otra circularidad representativa de un encierro insular. El motivo del encierro se presenta de diferentes formas. El teniente Pérez apunta: «Es abril, qué se le va a hacer. Aquí estamos varados en esta media isla y condenados al Caribe, destinados a hacernos preguntas» (Andújar 2005: 29). El espacio insular se asocia a un inmovilismo que genera una profunda depresión, y las marcas de la oralidad y el uso de la primera persona del plural generalizan estas impresiones e incluyen al lector. Los espacios cerrados se suceden: celdas, prostíbulos, bares. El protagonista parece desplazarse por la ciudad de un recinto cerrado a otro, sin salida posible.

Sin embargo, el misterioso hombre triángulo perturba los órdenes simbólicos establecidos. Leyendo un informe policial, el teniente Pérez descubre, en las primeras páginas de la novela, la existencia de este hombre. El informe menciona a un individuo que estaba corriendo desnudo por un parque, que fue perseguido por la policía y perdió el conocimiento tan pronto como apareció la luz del día. La desnudez del personaje puede ser interpretada en oposición al ocultamiento que caracteriza a la sociedad representada. Está en movimiento y en busca de espacios abiertos, en oposición a los espacios cerrados que marcan la novela. Cabe destacar también la teatralidad de la escena evocada, que podría ser interpretada una vez más como una performance y que ha cumplido su función: irrumpir en el espacio, realizar un espectáculo efímero que desdibuja las fronteras entre actor y espectador, entregar urgentemente un mensaje.

El lenguaje de Baraka es misterioso, al igual que su identidad: «Mi nombre es Baraka y soy el Hombre triángulo» (Andújar 2005: 23). El nombre que se da a sí mismo es simbólico: en el islam, la baraka designa la influencia beneficiosa de ciertos personajes u objetos sagrados. Este personaje parece, en efecto, revelar a otros lo que estaban ocultando y proponer nuevas perspectivas. De ahí las figuras geométricas que están muy presentes en la novela: el cuadrado marca el encarcelamiento, el círculo evoca situaciones que parecen no tener salida. Se impone entonces otra figura, encarnada por Baraka: el triángulo, que representa simbólicamente una forma de elevación espiritual. En un sistema social y de género que solo puede conducir a la destrucción de los demás y de uno mismo, el hombre triángulo sale de lo binario para abrir nuevos caminos. Él mismo constituye un movimiento permanente que trata de extenderse a los demás. El triángulo puede, cuando gira, como el protagonista que da la vuelta al mundo, convertirse en un cono de revolución. El hombre triángulo estaría así destinado a sembrar las semillas del cambio. El autor sugiere, con referencias al mes de abril –que puede remitir a la revolución de 1965 o a los disturbios de 1984[4]– y al triángulo, la representación de un aliento revolucionario. Los personajes, después de haber realizado a lo largo de las páginas del libro sus performances, encuentran su centro, su «verdad», lo que les permite acceder a nuevos comienzos y nuevas historias que escribirán libremente.

Otros gestos performativos de la obra de Andújar

También en la última novela del autor es posible identificar rasgos de sus performances literarias. Uno de los narradores de *Los gestos inútiles*

[4] La revolución del 65 se conoce también como la «Guerra de abril». El golpe de Estado de 1963 contra Juan Bosch, presidente elegido democráticamente, y la toma de poder por un triunvirato provocó la revolución de abril de 1965, que tenía como objetivo restablecer el gobierno constitucional de Bosch. El mes de abril remite también a «la poblada de abril de 1984», un estallido social que se produjo a raíz del alza de los precios, la corrupción y en protesta por la firma de un acuerdo entre la República Dominicana y el Fondo Monetario Internacional. El Presidente, Salvador Jorge Blanco, ordenó la represión del movimiento, lo que provocó la muerte de unas 125 personas.

reflexiona, en el íncipit, sobre la imagen exótica del Caribe que se percibe desde Europa: «Estoy en el Caribe y debería estar radiante. Así nos imaginan en Europa: una comparsa a la deriva, jardín sedoso negando ancla; ron y mujeres y merengue y estupefacientes» (Andújar 2016: 12).

Desde las primeras páginas del libro se sugiere una voluntad de reapropiarse de la representación de la República Dominicana, escrita con demasiada frecuencia por las potencias económicas del pasado y del presente. Las voces narrativas y los personajes configuran un negativo fotográfico desde el que se sugiere un sistema marcado por un encierro insular y social. La performance literaria insufla vitalidad a estos paisajes, que podrían parecer desesperados, y abre nuevos caminos dentro de las obras del autor y en las creaciones dominicanas.

Andújar ha influido en otros artistas: su obra *Candela* inspiró al director de cine Andrés Farías un cortometraje, *Tiznao* (2015). La lectura de esta novela fue para Farías reveladora de una visión del Caribe actual:

> Encontré mi propio Santo Domingo, una ciudad oscura y llena de desesperanza, pero con un espacio para la poesía y la belleza. [...] *Tiznao* es una aproximación a *Candela*, un paraíso flotante acechado por un huracán; mucha camisa estampada, mucha piel brillante, Mamasijayas y un amante que pareciera estar inconsciente de la vida política y social que lo rodea, pero que sin embargo está dominado por ella. (Farías en Mesones 2018: en línea)

Este cortometraje se centra en Lubrini, personaje de *Candela* y de *Los gestos inútiles*: el protagonista, que aparece solo, maltratado, disfrazado, actúa en espectáculos para los turistas. El *show* con el cual se cierra el cortometraje deconstruye con un humor corrosivo los estereotipos acerca de los habitantes del Caribe; son tan simpáticos, declama Lubrini, tan alegres, que el huracán se va a enamorar de ellos, va a quedarse con ellos y destruir el país. Farías se inspiró en la visión desencantada de una sociedad en la que domina el espectáculo. Sus declaraciones sobre este tema son representativas de un proyecto artístico muy cercano al de Andújar:

> Mi idea fundamental es jugar con cómo entendemos el Caribe, habitualmente interpretado a través de una mirada foránea y lejana que habla de estereotipos que pueden ser reinterpretados. La jinetera existe, la puta existe. Pero debemos encontrar una nueva configuración para plasmarla en la pan-

> talla. La visión de afuera es que en el Caribe se baila. Es cierto: se baila. Pero se baila porque viene un huracán. Nosotros tenemos derecho a decir por qué bailamos. (Farías en Mesones 2018: en línea)

En sus entrevistas, el director habla de una identidad dominicana que no encuentra su lugar entre los esquemas coloniales que ha heredado y la atracción hacia los Estados Unidos. De ahí las necesarias reformulaciones a través de las manifestaciones culturales. Afirma: «Desde este punto de vista creo que debemos, como caribeños, emprender una búsqueda a algo, aunque la palabra sea ingenua, más revolucionario» (Farías en Mesones 2018: en línea). Esta búsqueda de una voz auténtica equivale a la afirmación de una identidad caribeña que se encuentra bajo diversas formas en las declaraciones de los creadores y en el manifiesto *Caribe pop* (2016), redactado por otro artista visual, Nicolás Gerardi, que concluye su manifiesto afirmando:

> Andrés Farías hizo el ritual de iniciación, me mostró «el universo performático y literario de Rey Andújar» de donde nace *Tiznao* y hablamos sobre los narco estados, y sobre la tormenta eterna que va a dividir la isla de los hombres en dos. Compartimos la fiel creencia en el huracán y nuestra inocencia tropical nos persuade porque somos Caribe Pop y el desastre se va a enamorar de nosotros. (2016: en línea)

El manifiesto, inspirado por Andújar y Farías, corresponde a una visión del Caribe contemporáneo con sus realidades, carencias, sueños y producciones. Andújar considera que «El Caribe pop es sobre todo un tono de luz, una coloración alternativa que hace que el futuro parezca un pasado muy cercano. Su resplandor es tenue pero sólido, baila con fuerza tras la melancolía» (en Mesones 2018: en línea). La formulación, muy poética, de Andújar define su obra: sus reflexiones sobre el pasado se abren al presente y son otros tantos gestos de subversión para que en el futuro se rompan individual y colectivamente los círculos viciosos que, según él, impiden toda evolución. La metáfora de una danza que se difunde como gesto de resistencia y apertura es representativa de su deseo de reapropiarse de la historia del Caribe, de expresarla. Es para él una manera de abrir nuevos caminos en compañía de otros artistas y de crear, como lo dice tan bien en *Los gestos inútiles*, este espacio artístico caribeño, lleno de vida y libre de estereotipos capaz de revelar «la Antillanía, bella, terrible, trágica» (2016: 182).

Bibliografía

Andújar, Rey (2005): *El hombre triángulo*. San Juan: Isla Negra.

— (2005): *El factor carne*. San Juan: Isla Negra.

— (2007): *Candela*. Santo Domingo: Alfaguara.

— (2010): *Saturnario*. Santo Domingo: Editorial Nacional.

— (2012): «Caligrafía y dramaturgia del cuerpo». En *Contratiempo* 91, febrero: <https://www.issuu.com/contratiempo/docs/contratiempo91>

— (2016): *Los gestos inútiles*. Santo Domingo: Cielonaranja.

Benítez Rojo, Antonio (2010): *La isla que se repite. El Caribe y la perspectiva posmoderna*. Guaynabo: Plaza Mayor.

Butler, Judith (2005): *Trouble dans le genre, pour un féminisme de la subversion*. Paris: La Découverte.

Danan, Joseph (2016): *Entre théâtre et performance*. Paris: Actes Sud-Papiers.

Durán, Emilia María (2010): *Performeras del dominicanyork, Josefina Baez y Chiqui Vicioso*. Valencia: Biblioteca Javier Coy d'estudis nord-americans, Universitat de València.

Español, Denisse (2016): «Algunas preguntas a Rey Andújar». En *Acento*, 13 de agosto: <https://acento.com.do/cultura/algunas-preguntas-rey-andujar-8372558.html>.

Gerardi, Nicolás (2016): «Caribe Pop». En *Mediático*, 22 de febrero: <http://reframe.sussex.ac.uk/mediatico/2016/02/22/caribe-pop-starter-pack>.

Mesones, Gabriela (2016): «Andrés Farías Cintrón: el arte surge de la contradicción». En *Viceversa Magazine*, noviembre: <https://www.viceversa-mag.com/andres-farias-cintron-arte-surge-la-contradiccion>.

Pujols, Daniela (2019): «Rey Andújar: "Más que en la dominicanidad, estoy interesado en el power antillano"». En *Diario Libre*: <https://www.diariolibre.com/revista/cultura/rey-andujar-mas-que-en-la-dominicanidad-estoy-interesado-en-el-power-antillano-IC12458725>.

Schechner, Robert (2008): *Performance, expérimentation et théorie du théâtre aux USA*. Montreuil: Éditions théâtrales.

Serrata, Médar (2012): *El sonido de la música en la narrativa dominicana. Ensayos sobre identidad, nación y performance*. Santo Domingo: Instituto de Estudios Caribeños.

— (2013): «Literatura, discurso y performance: cambios de paradigma en la crítica contemporánea». En Belliard, Basilio (ed.): *Masa crítica. Memorias del primer seminario internacional de la crítica literaria en República Dominicana*. Santo Domingo: Editora Nacional, 245-253.

«El rastro de su fragancia como una firma asfixiante en el aire»

Una exploración de los sentidos en «Los trajes 1975» (2017), de Rita Indiana

Rita De Maeseneer | Marie Schoups
Universiteit Antwerpen

La cantante-performera-escritora- guionista-artista gráfica Rita Indiana recurre a un abanico de sentidos tanto en sus performances y grabaciones como en sus textos escritos. Basta con pensar en los íncipit de sus novelas. *La estrategia de Chochueca* (2001) se inicia evocando los ruidos de un aparatoso accidente que escucha la protagonista Silvia. *Papi* (2005) es comparado con una figura de la cultura visual, Jason de *Viernes Trece*, cuya llegada es anunciada por una musiquita de terror. *Hecho en Saturno* (2018), su última novela hasta la fecha, no solo establece un diálogo con el cuadro de Goya *Saturno devorando a sus hijos*. Abre (y casi cierra) con una sinfonía visual concentrada en la luz, este contexto luminoso del Caribe también muy apreciado por Carpentier, uno de los grandes ejemplos de Rita Indiana: «Luz de oficina, de consultorio. Luz aguada en una capota de nubes pareja que hundía los hombros del horizonte. Luz blanda, como los zapatos ortopédicos del doctor Bengoa» (Rita Indiana 2018: 9). Y los ejemplos se podrían multiplicar.

Hasta la fecha la crítica solo ha abordado el impacto de los diferentes recursos sensoriales en sus vertientes más obvias. Lorna Torrado (2012) y Sharina Maillo-Pozo (2012) han recalcado la importancia de lo auditivo analizando el *soundtrack* de *La estrategia de Chochueca*. Carlos Garrido Castellano (2017) ha investigado el diálogo de Rita Indiana con las artes visuales contemporáneas en la República Dominicana, concentrándose más en el aspecto contextual que sensorial. Por su parte, Celiany Rivera-

Velázquez (2007) ha comentado algunos efectos visuales y auditivos en el video «La última vez que vi a Linda» (2004) y la canción «Platanito» (2005). No obstante, queda mucho por hacer.

En 2017 Rita Indiana publicó el cuento «Los trajes 1975» en *Letras Libres*. La breve historia se centra en un adolescente de un barrio pobre. Luigi, apodado La Fragancia, cursa clases de noche en las que se codea con jóvenes revolucionarios. Cada semana el sastre Loudón le hace otro traje para salir a la discoteca. Con el fin de recibir plata por su ropa nueva, el único servicio que Luigi tiene que prestar es pasar el nombre de un comunista a Arsenio, un sargento-escolta al servicio de Balaguer. Este cuento sobre un colaborador de a pie, una figura relativamente poco tratada en las recreaciones del sistema dictatorial dominicano (Maeseneer 2011: 34), es un festín de los sentidos. Como contribución a la exploración del *sensorium* en Rita Indiana nos proponemos reflexionar sobre la riqueza de la imaginería sensorial en este texto corto, analizando cómo funcionan los sentidos y qué connotaciones se desprenden de ellas. Argüimos que los sentidos inciden tanto en el nivel público como en el privado. Sirven como un instrumento muy potente para expresar las estructuras de poder, a la vez que problematizan al sujeto en lo sexual y lo ontológico. Primero, esbozaremos algunas ideas clave en relación con los *sensory studies*, luego comentaremos el impacto de los diferentes sentidos en este texto para desembocar a partir del análisis de los trajes en una reflexión que pone en tela de juicio las bases epistemológicas occidentales.

El giro sensorial

Desde Aristóteles se suelen distinguir (al menos) cinco sentidos. La mayoría de los estudiosos (occidentales) sostienen la primacía de lo visual. La vista y el oído son considerados como sentidos superiores a causa de la distancia entre el sujeto y el objeto percibido. Por su parte, el gusto y el tacto suelen ser catalogados como sentidos menores, incluso animales, que involucran contacto con el cuerpo y la materialidad, y el olor es aún más difícil de circunscribir. Como es sabido, los modelos epistemológicos basados en la vista como camino directo a la razón han predominado en el mundo occidental. La misma denominación de Siglo de las Luces no hizo sino enfatizar el ocularcentrismo, el dominio por la representación visual. Kant relacionó la vista con el control, una idea retomada después por Foucault al subrayar la importancia del ojo panóptico en la sociedad vigilada. Hasta hoy la vista continúa ocupando un lugar central, incluso en las conversaciones (San Roque 2015).

Cada vez más estudiosos prestan atención a los demás sentidos. En las ciencias humanas asistimos a un «giro sensorial» desde finales del milenio anterior[1]. Son las áreas históricas y antropológicas las que dieron un nuevo impulso al enfoque, hasta entonces aplicado sobre todo en la neuropsicología. Historiadores como Corbin orientaron su interés por la cultura material hacia el olor. El antropólogo Howes fomentó en gran medida los estudios sensoriales al fundar el Centre for Sensory Studies en la Concordia University de Montréal. En el ámbito filosófico se rescató *La phénomenologie de la perception* de Merleau-Ponty. Las ideas de Georg Simmel, de inicios del siglo pasado, sirvieron de renovada fuente de inspiración a sociólogos que, como Bourdieu, se enfocaron en lo cotidiano también desde los sentidos. Por supuesto, lo sensorial interviene en otros campos relacionados con el cuerpo como los *Fashion Studies* o *Food Studies,* al igual que los *Embodiment, Disability y Affect Studies.*

En el área literaria va creciendo paulatinamente el aparato crítico en el campo. Lo ilustran dos libros de 2018 cuyo objeto de estudio es el mundo ibérico. El volumen *Beyond Sight. Engaging the senses in Iberian literatures and cultures. 1200-1750* presenta aproximaciones innovadoras sobre textos como *El Quijote* o *Guzmán de Alfarache*, al establecer un diálogo entre tratados sobre lo sensorial y las obras. En *Democracy of Senses*, Francine Masiello arguye que la literatura latinoamericana se ha enfrentado a lo sensorial desde sus inicios, ya que, en el mismo tropo fundacional de la cultura latinoamericana, la civilización (que tendría que implicar la razón basada en el ojo y el oído) es yuxtapuesta y opuesta a la barbarie (que tendría que enfatizar los otros sentidos). La autora revisita desde este ángulo varios textos latinoamericanos fundacionales como «El matadero» de Esteban Echevarría o *Aves sin nido* de Clorinda Matto de Turner. Teniendo como trasfondo estos estudios, pasemos a investigar cómo «Los trajes 1975» incorpora el mundo de los sentidos.

---

[1] Véase Howes 2013.

Un festín de los sentidos

Un rastreo de las referencias sensoriales en el cuento no lleva a ningún resultado sorprendente, al menos a primera «vista». Después de un primer párrafo introductorio centrado en un recuerdo olfativo a lo Proust, que evoca el primer contacto con el perfume preferido de Luigi, se suceden fragmentos en los que impera lo visual. Se describe con lujo de detalles la casucha de Luigi, su preparación para salir a la discoteca, el taller del sastre Loudón[2], y la performance en la discoteca. Son muy sugerentes estas descripciones, por ejemplo:

> Colgado en una percha de alambre del palo de escoba que Luigi había dispuesto a modo de armario entre dos clavos en un rincón de la pieza, el nuevo traje de pantalón acampanado y chaqueta de generosas solapas de poliéster amarillo contrastaba con el fondo de madera sin pintar de la pared. (Indiana 2017: 41)

Así el lector se puede imaginar el entorno, el «escenario». Uso esta palabra porque lo que anhela Luigi es ser visto como si estuviese subido en una tarima. Las repetidas caracterizaciones de los chicos del barrio como «público», que son sus «fanáticos», elevan a Luigi al papel de una estrella local. Luigi reúne una serie de características que encontramos en los estudios sobre *Stardom*. En su introducción a un número especial sobre celebridades, Joseph A. Boone y Nancy J. Vickers insisten en la importancia de la mirada, la «scopofilia» del público, y en el aspecto performativo. Los admiradores de Luigi son jóvenes, él sabe que está en el punto de mira, exhibe su cuerpo remedando los gestos de los bailes exitosos de la época, reparte los frascos vacíos de su fragancia como si fuesen autógrafos o parafernalia. Incluso ostenta su intimidad al «público» al exhibir el ritual de vestirse ante sus ojos, como si fuese una parodia del *lever du roi*[3]. Está

[2] La descripción del taller de Loudón recuerda la del maestro Uribe en el primer capítulo de la segunda parte de *Cecilia Valdés* de Cirilo Villaverde. Como se ve, queda mucha tela para cortar en cuanto a la intertextualidad en la obra de Rita Indiana.

[3] Nos inspiramos en Roach, que comenta la importancia del vestir para las estrellas, remitiendo a la *levée* real: «Nothing intensifies interest in clothes –or in

separado de sus «espectadores», que lo están espiando desde fuera y de esta forma se elabora una relación asimétrica entre público y *star*. Luigi solo existe por y para su «público», importa su imagen, es puro reflejo de lo que se espera de él (Dyer 2006). Por eso, los espejos están presentes tanto en la humilde casucha como en la discoteca, donde se mira al espejo dando volumen al «afro de su reflejo» (Indiana 2017: 41).

No obstante, el aprendizaje para convertirse en estrella del barrio es lento. Al principio todavía desconoce los códigos y no llega a portarse de modo apropiado. Cuando Loudón le hace gratis su primer traje, este atuendo parece acercarlo más al tíguere del barrio. Lauren Derby define esta figura muy dominicana de la siguiente manera: «The tíguere is the classic dissimulator, someone who gains access to a station above his own through dressing for the part, through the appropriate style, but also through being bold, a smooth talker, and having a «predatory masculine» presence» (2009: 186). Al inicio, no ha llegado a la performance que se requiere de él, el hábito aún no hace al monje. Por eso se ensucia el primer traje en una pelea, como el típico tíguere machista y violento. Solo después va a apropiarse el rol de chico gentil y bien vestido que baila en las discotecas.

Por tanto, las imágenes visuales responden a propósitos de «representación», tanto del entorno como del personaje. A pesar de la preponderancia del campo semántico visual, llama la atención que el tacto, el olor y el oído aparecen de modo más a menos igual, cuantitativamente hablando. En cambio, el gusto no está presente directamente en el cuento. Las únicas referencias a sabores son sugeridas por la mención de algunas bebidas: Johnnie Walker de don Emilio como marcador social, cubalibres de Luigi como guiño político, como veremos más adelante, y leche condensada con refresco como remedio popular local contra la resaca.

En cuanto a lo auditivo, en todas sus obras Rita Indiana aplica su poética de «escribir en dominicano» otorgando un papel central a la oralidad y los sonidos (Indiana 2019: en línea)[4]. Como no hay espacio para comentar la musicalidad estilística en todos sus aspectos, nos limitamos a las referencias

---

the person wearing them quite like putting them on or taking them off» (2007: 93).

[4] Al recurrir a esta expresión, Rita Indiana se alinea con el «escribir en puertorriqueño» acuñado por Efraín Barradas para definir la obra de Luis Rafael Sánchez y el «escribir en cubano» de *Tres tristes tigres* de Guillermo Cabrera Infante, los dos

auditivas explícitas. Algunos ruidos están en función del show de Luigi. Así, «[l]os niños comenzaron a llegar con el ruido de la cubeta de agua» (2017: 40), como si se tratara de un anuncio comercial. Otros sonidos son más aterradores. En cierto momento, la atención del público es desviada del espectáculo de Luigi por los «súbitos alaridos y juramentos, una muerte violenta, cosa común los fines de semana» (2017: 41). La violencia convive con la cotidianidad y es evocada con cierta indiferencia por la instancia narradora.

En cuanto a las canciones, siempre presentes en la obra de Rita Indiana, lo advertido por Maillo-Pozo, quien estudió los sonidos en *La estrategia de Chochueca,* vale asimismo para «Los trajes 1975»: «Con la recreación de espacios cargados de sonidos, ritmos e iconos populares locales y extranjeros se concretiza en el plano literario la recreación de un espacio y un momento determinado» (2012: 138). Así, suena en la discoteca el éxito de 1975 de la cantante Donna Summer, «Love to love me baby». «Receta de una bruja» (1976), del merenguero Cuco Valoy, le sirve a Luigi para ensayar un gesto de Kung-fu fighting con el que quiere lucirse al bailar[5]. La mezcla de influencias musicales nacionales y extranjeras, que empezaron a manifestarse a partir de los setenta, es ilustrada también por el hecho de que el escolta Arsenio busca en la radio las canciones del puertorriqueño transnacional, Cheo Feliciano.

Los gemidos sexy de Donna Summer y la consulta de una bruja para amarrar a un esposo mujeriego, evocada de modo cómico, presentan cierta frivolidad. Menos superficial es la implicación del tiempo de la historia en que fueron exitosas estas canciones: se trata de los setenta, cuando estaba en

---

padres fundacionales de la poética de la oralidad en las dos otras islas caribeñas de habla hispana.

[5] Parece que en la enciclopedia musical de Rita Indiana, nacida en 1977, la época de los setenta ha sido muy importante. Donna Summer está incluida en la novela futurista *La mucama de Ominculé* mediante la mención de «I feel love» (1977), en un juego virtual de retroceso en el tiempo. Se alude a «Receta de un brujo» de Cuco Valoy en *Papi*: «A papi Cuco Valoy le gusta mucho, a mí no tanto, sobre todo cuando saca su campanita y dice: y ahora es que vamos a hacer brujería!» (Indiana 2005: 42). En «Receta de una bruja» suena una campanita para espantar al diablo y entrar en contacto con los espíritus y se produce una risa siniestra.

el poder Joaquín Balaguer, el sucesor «democrático» del dictador Trujillo. Pertenece a lo que se conoce como los doce años de Balaguer (1966-1978), que entraron en la historia como un período de mucha represión de intelectuales y revolucionarios de izquierda, que según Luigi huelen mal. Y así pasamos a lo olfativo, que por el apodo de Luigi cobra una relevancia bien particular.

En la escuela nocturna Luigi se encuentra con comunistas que define de la siguiente manera: «uno de esos bajo a mierda que querían cerrar las discotecas y poner a todo el mundo a cortar caña como haitianos» (2017: 41). Luigi, que por supuesto solo toma cubalibres, parece hacerse eco de críticas-clichés al comunismo, miles de veces repetidas respecto al sistema cubano, el ejemplo por excelencia de la izquierda latinoamericana. Condena la cruzada contra la vida nocturna, tema tratado por muchos opositores del gobierno cubano, empezando con Cabrera Infante en *Tres tristes tigres*. La ideología de la izquierda equivale a trabajo colectivo al servicio del Estado. La alusión a la zafra de los diez millones de 1970 en Cuba es en este caso dominicanizada gracias a la comparación con el «otro primitivo» en el contexto de Quisqueya, el haitiano. El compromiso de Luigi con el régimen de Balaguer no se sustenta en una sólida base ideológica, sino que va inspirado por sueños personales (vestirse bien, es decir, con trajes), existenciales (pasarla bien) y sensoriales (oler bien). Luigi solo ve coartada su libertad individual por la ideología comunista y no participa del sueño comunitario de esos «chicos que repetían hasta el cansancio las palabras pueblo, proletariado y revolución, amanerados que se ufanaban de un extraño interés por los libros» (2017: 41).

Cabe observar que el desengaño en cuanto al heroísmo de los revolucionarios, inspirados por los ideales de la izquierda, recorre toda la obra de Rita Indiana desde *La estrategia de Chochueca* hasta *Hecho en Saturno*. En *La estrategia de Chochueca* la narradora Silvia hace *tabula rasa* de todos los ideales que sustentaron a las generaciones anteriores. Habla de «esta gelatina absurda que nos han dejado nuestros padres, después de tanto que *queremos*, tanto *we want the world and we want it*, tanta carcajada histórica, tanto Marx y compañero para esto [...]» (Indiana 2003: 73). Y su compañero Salim se distancia de su padre, encarcelado durante un tiempo por Balaguer, pero después recuperado por el sistema político: es «un pesao el viejo, un héroe» (Indiana 2003: 63). *Hecho en Saturno* es una radiografía de los escombros de la revolución de inspiración izquierdista, tanto la cubana como la dominicana. En una entrevista Rita Indiana advierte:

> Somos una generación que ha sido como el sándwich, entre el heroísmo de los «baby boomers», que se creen que lo inventaron todo, y ahora el *empresarismo* maravilloso de los «millennials». Somos un poco como la galletita Oreo, entre esos dos «landmarks» tan fuertes hay una generación un poco perdida. (en Martín Rodrigo 2019: en línea)

Participa por tanto de cierta narrativa del fracaso, recurrente en nuestra época contemporánea pospolítica[6].

Como ya hemos dicho, Luigi «La Fragancia» no quiere saber nada de estos comunistas que apestan. El que Luigi escoja un perfume que viene de París tiene la obvia connotación de ser indicador de mejora social y se relaciona con lo positivo, ya que una fragancia es «un olor suave y delicioso» (DRAE). Además, la fragancia es su esencia, en ambas acepciones. Es un «extracto líquido concentrado de una sustancia generalmente aromática», y por este olor lo reconocen. A la vez, es su esencia, «aquello que constituye la naturaleza de las cosas, lo permanente e invariable de ellas» (DRAE). De ahí que sea su «firma» (2017: 42), el símil que cierra el cuento. Su esencia, lo más efímero, un perfume que desaparece como el humo, se convierte en la base de su existencia, articula su subjetividad. La fragancia forma parte del ritual para ponerse en el papel del joven seductor y amable. Se forja una

---

[6] La desilusión sobre la militancia izquierdista de los sesenta/setenta caracteriza asimismo al personaje de Camilo, el ex-revolucionario que recoge botellas en el Parque Duarte en el cuento «Parquecito» de Aurora Arias: «me convertí en un payaso, dizque luchando por un ideal, pero aquí nadie, ningún gobierno, ha sabido apreciar ni respetar tanto sacrificio, tanta lucha, anjá, sí, queriendo defender, ¿pero defender qué?, la patria, ¿cuál qué patria?, la de Duarte… ¿pero a quién le puede importar ahora lo que yo pasé? Toda mi juventud la perdí dizque defendiendo la Patria de Duarte» (2007: 32). De este modo, tanto Rita Indiana como Arias se inscriben en un tema recurrente en la literatura latinoamericana contemporánea. La desmitificación del gran relato revolucionario se produce no solo en la literatura cubana –por ejemplo, *La sombra del caminante* de Portela–, sino también en la mexicana –*El cuerpo en que nací* de Nettel–, o la argentina –*Los topos* de Bruzzone, y mucha literatura de los «hijos»–.

identidad, su esencia es una pose. Luigi «La Fragancia» es un artificio, ya que una fragancia es un remedo de olores que suplanta y/u oculta cualquier olor natural. Implicaría que podría camuflar su negritud, si se aplicaran los estereotipos olfativos discriminatorios asociadas a la raza a la que pertenece Luigi (Smith). A pesar de que nunca se especifica que no es blanco, dos detalles sobre su pelo son suficientes para determinar su fenotipo: el sastre advierte que «a pesar de su pelo crespo con ese porte se echaría al mundo en un bolsillo» y se menciona el detalle de que tiene un «afro» (2017: 41).

Importa asimismo detenerse en el posible nombre del perfume de Paco Rabanne. El estilista de origen español que hizo furor en Francia empezó a fabricar perfumes hacia los setenta. Su primera fragancia para hombres fue lanzada en 1973 y se llamaba «Pour homme»[7]. Si aceptamos que el cuento se ubica hacia 1975, cuando Luigi es adolescente, difícilmente Luigi puede haber olido ese perfume de niño. A pesar de este ligero anacronismo, la pista de la identificación con «Pour homme» ofrece asociaciones sugerentes. «Pour homme» puede atañer a la hombría de Luigi: es una fragancia que expresa virilidad. En este sentido se podría comprender lo dicho por don Emilio: «ahora hueles a hombre» (2017: 40). Luigi parece cumplir con el contrato social de la masculinidad. No obstante, «Pour homme» puede ser comprendido como un perfume destinado a seducir a otros hombres. Efectivamente, se puede percibir cierta ambigüedad en el personaje de Luigi. Por un lado, se ufana de sus reiteradas hazañas con el sexo femenino: «Muchos totos y un solo perfume» (2017: 40). Hace una breve alusión a una ex-novia, Niurka, que le impidió comerse las uñas. Su actitud de supuesto macho heterosexual se deduce asimismo del detalle de «la puerta en la que había clavado la foto de una mujer que apretaba sus dos tetas de tiesos pezones como levantan contra la cámara fotográfica aguacates, piñas o berenjenas sus vendedores en las postales turísticas del trópico» (2017: 41). En los tres casos se trata de alusiones vagas y negativas a la mujer: queda reducida a la parte del cuerpo que permite excitar o satisfacer las necesidades sexuales del hombre (toto, pezones); es equiparada a una mercancía o como mucho restringe la libertad del hombre imponiéndole prohibiciones (no comerse las uñas). A la vez, esta masculinidad construida es menguada: «Su pene relajado y violeta arrancaba risas y silbidos de chicos y chicas», y tiene una «palomita muerta» (2017: 41)

[7] Véase <https://perfu-style.es.tl/Historia-Paco-Rabanne.htm>.

entre las piernas cuando acaba de vestirse. Además, se producen roces con hombres, de modo que se agrega una dimensión háptica a la olfativa y se establece una relación con la materialidad y el cuerpo. Don Emilio le toca la tetilla, cuando busca el frasco, eleva la barbilla cuando le echa el perfume, acerca «la cara grande de mejillas afeitadas para olerlo mejor» (2017: 40). El sastre Loudón alaba las medidas perfectas de su cuerpo, y lo vuelve a medir, es decir, le toca el cuerpo, bajo el pretexto de que aún está creciendo. En cambio, Loudón se niega a tocar el dinero por lo sucio, a la vez jugando con el paralelismo conocido entre dinero y excremento, lo asqueroso que no se toca. Por tanto, el comportamiento *straight* de Luigi se desestabiliza. Podría explicarse por la adolescencia, esa edad de indecisión y de búsqueda a tantos niveles. Al mismo tiempo, responde a una preocupación fundamental en la poética de Rita Indiana, quien cuestiona constantemente las categorías tradicionales del patriarcado y de la heteronormatividad.

Incluso se podría sugerir que las dudas sobre la masculinidad de Luigi «castran» la base del sistema dictatorial del cual Luigi es la metonimia. La superioridad masculina siempre ha sido un tropo central en este contexto. Más específicamente, ha marcado el balaguerato, como explica Maja Horn en «One Phallus for Another: Post Dictatorship and Literary Canon», el segundo capítulo de *Masculinity after Trujillo* (2014). Por tanto, si desligamos lo olfativo del personaje de Luigi «La Fragancia», este énfasis en el olor nos incita a reflexionar sobre maneras de ejercer el poder. Desde la publicación de *El perfume* de Patrick Süskind sabemos cuán potente puede ser este sentido. Su novela ha sido leída como una alegoría del fascismo, ya que el protagonista Grenouille puede embaucar a todos por su olor: «The novel has been read variously as an indictment of Enlightenment rationality, as an allegory of the fascist mind, or simply as a cynical postmodern pastiche that serves the reader titillating but derivative kitsch» (Adams 2000: 260). En consecuencia, el olor, visto como sinécdoque de un gobierno totalitario, es una forma de dominar mucho más eficaz que la vista, porque no se puede escapar de él, lo invade todo, aunque sea de modo efímero y pasajero. Uno puede cerrar los ojos, pero solo es posible taparse la nariz momentáneamente, porque no se puede dejar de respirar. Gray observa que «[b]ecause scents enter into the very being of anyone who perceives them (Kant 1977: 452), they represent an ideal means of colonizing the emotions of others by establishing control from within» (2006:

239). Por eso, es significativo que todo el ritual del baño, en su función de acto de purificación, culmine en el rocío con el perfume. Da el toque final a la limpieza de Luigi, como imagen de la higiene del mundo que tantas dictaduras se fijan como objetivo.

También Mark Graham comenta las diferencias entre la vista y el olor:

> Sight has been described as the modernist sense par excellence (Levin 1993). It is the sense that discriminates, divides and orders the world into mutually exclusive categories. Smell, by contrast, has been dubbed the sense of the postmodern (Classen, Howes and Synott 1994: 203-205), the sense that confuses categories and challenges boundaries. It is difficult to localize, hard to contain and has the character of flux and transitoriness. (2006: 305)

De esta cita, tal vez demasiado tajante en su contraste entre modernidad y posmodernidad, nos interesa destacar la manera como se distinguen ambos sentidos. A diferencia del ojo panóptico que discrimina, el dominio por la fragancia es mucho más sutil e inaprensible. Rita Indiana textualiza este contraste de la siguiente manera: «Si la fragancia hubiese sido pintura su técnica para aplicarla habría creado una obra de arte abstracta, en la que chorros y chiguetes compondrían patrones de hermosa y accidentada regularidad» (2017: 41). Lo visual racionaliza los movimientos erráticos del perfume.

El olor es incluso más potente en cuanto a que no se le puede definir. Plantea un problema (meta)literario, ya que este compuesto de muchos elementos es muy difícil de describir y no se presta a un mapeo: «Smells are notoriously difficult to capture or record, each odor being a complex mixture of hundreds of volatile chemicals. Moreover, there seems to be a contradiction between «smelling» and «mapping»: maps are made of permanent features, while smell is evanescent, temporary and transitory» (Margolies 2006: 110). Si no se establece una relación directa entre un olor y un objeto (por ejemplo, la comparación entre un olor y una naranja), no se lo puede activar en la mente (véase Stevenson 2007). La fragancia (Luigi) solo resulta definida por oposición. Es contrarrestada por la palabra muy dominicana sicote, el mal olor en los pies, el grajo, y se opone al olor a alcantarilla del aliento de don Emilio: «el tufillo a alcantarilla que el Johnnie Walker diario deja en los estómagos de los hombres» (2017: 40). De hecho, el lector no se entera de las cualidades sensoriales de la fragancia, de modo que no puede estimular su imaginería.

Por todo lo comentado anteriormente, queda claro que lo olfativo va mucho más allá del típico «smell-generated flashback technique» (Porteous 2006: 101), e incide de modo profundo en lo personal y lo político.

A modo de conclusión: una combinación de sentidos en los trajes

Concluyamos enfocándonos en los trajes, que combinan varios sentidos. Los trajes sirven para ser vistos, pero también importa la textura, la tactilidad, y al rociarlos con la fragancia se intensifica aún más la multisensorialidad. Por supuesto, al igual que lo observado sobre la fragancia, la connotación más obvia es la social. Finkelstein advierte: «[f]ashion appearances are interpreted as literalizations of the wearer's character, economic success and educational attainment» (1999: 376)[8]. Luigi adquiere un capital simbólico que le es impuesto desde fuera sobre su cuerpo. Por tanto, en el envoltorio de su cuerpo se manifiesta una forma de biopolítica, ya que la sociedad regula su vida e impone sus leyes.

De la misma manera que discutimos la ambigüedad sexual de Luigi a partir del perfume «Pour homme», su desmesurado interés por los trajes exhibe su lado femenino, ya que el interés por la moda (al igual que por los olores delicados) solía ser asociado a las mujeres, o como mucho a dandies u hombres gays. Los trajes también propician la confusión entre el ser y el estar. Ni siquiera las telas son lo que aparentan: «La camisa crema con ramas de verde bambú, también de poliéster y que fingía ser de seda» (2017: 41). Al esparcir la fragancia sobre el traje y no sobre la piel, el traje se convierte en su segunda piel, es una piel postiza.

---

[8] Rita Indiana volverá sobre esta función de mejora social por el traje en *Hecho en Saturno*. El gran trauma del protagonista Argenis es que su padre prefirió usar su dinero para hacerse un traje con el sastre Orestes Loudón antes que regalar zapatillas a su hijo para su Santa Claus. El traje permitirá al padre, un ex-revolucionario, subir en la escala social y convertirse en un oficial del gobierno. En un gesto de exorcismo, al final de la novela, Argenis manda hacer también un traje a Loudón, de modo que se convierte en el espejo de su padre. Con este traje puesto sale para Cuba, esperando empezar una nueva vida. El traje parece simbolizar, por tanto, una conformidad con las normas, una aceptación de las reglas del juego.

Más allá de estas connotaciones a nivel personal, el traje desempeña, asimismo, un papel dentro del sistema coercitivo. La función de Luigi como delator-colaborador es la causa directa de que se pueda permitir el lujo de mandar a hacer trajes: la escritura de un nombre en un papel es remunerada con dinero. De hecho, se efectúa un trueque macabro: Luigi se puede permitir un envoltorio de cuerpo (una apariencia) a cambio del cuerpo de un comunista (un ser). Cada nuevo traje que embellece su cuerpo y que puede rociar con Paco Rabanne se convierte, por tanto, en la prueba visible y olfativa de la desaparición de otro cuerpo que probablemente será maltratado. El que en la narración heterodiegética muy distanciada al final se agregue como juicio de valor (¿o de sentido?) la palabra asfixiante en «el rastro de su fragancia como forma asfixiante en el aire», provoca una ruptura y una clave de lectura para todo el cuento. Se sugiere que el olor puede ser violento por contigüidad. Por tanto, se explicita la violencia soterrada, desplazada y diferida que planea sobre todo el texto.

En *Le partage du sensible* Rancière recuerda que el estado vigila los sentidos y otorga un papel a cada uno de ellos. Rita Indiana distribuye lo sensible de otra forma. El olor (y el tacto) son menos fáciles de captar y resisten el logos, que se expresa en lo visual (y lo auditivo). La autora opta por lo inestable, lo inclasificable, sembrando ambigüedad a nivel privado y público. En este sentido, rompe con las epistemologías de Occidente. Estas contradicciones y ambigüedades se sintetizan en la última imagen del cuento, cuando Luigi deja «el rastro de su fragancia como una firma asfixiante en el aire» (2017: 42). Lo visual, lo olfativo y lo táctil se juntan en un símil oximorónico.

Bibliografía

Adams, Jeffrey (2000): «Narcissism and Creativity in the Postmodern Era. The Case of Patrick Suskind's *Das Parfum*». En *The Germanic Review* 75 (4): 259-279.

Arias, Aurora (2007): *Emoticons*. San Juan: Terranova.

Boone, Joseph A. & Vickers, Nancy E. (2011): «Introduction-Celebrity Rites». En *PMLA* 126 (4): 900-911.

Bourdieu, Pierre (1979). *La distinction*. Paris: Editions du Minuit.

Carlisle, Janice (2004): *Common scents. Comparative encounters in high-Victorian fiction*. Oxford: Oxford University Press.

Classen, Constance & Howes, David & Synnott, Anthony (eds.) (2002): *The cultural history of smell*. New York: Routledge.

Corbin, Alain (1982): *Le miasme et la jonquille. L'odorat et l'imaginaire social, XVIIIe-XIXe siècles*. Paris: Flammarion.

Derby, Lauren (2009): *The dictator's seduction. Politics and the popular imagination in the era of Trujillo*. Durham / London: Duke University Press.

Dyer, Richard (2006): *Heavenly bodies. Film stars and society*. New York: Routledge.

Engen, Trygg (1982): *The perception of odors*. Reading: Addison-Wesley.

Finkelstein, Joanne (1999): «Chic-A Look that's Hard to See». En *Fashion Theory* 3 (3): 363-385.

Foucault, Michel (1975): *Surveiller et punir. Naissance de la prison*. Paris: Gallimard.

Garrido Castellano, Carlos (2017): «"La elocuencia que su entrenamiento como artista plástico le permitía". Subalternidad, cultura e instituciones en *La Mucama de Omicunlé* de Rita Indiana Hernández». En *Hispanic Research Journal* 18 (4): 352-364.

Giles, Ryan D. & Wagschal, Steven (2018): *Beyond sight. Engaging the senses in Iberian literatures and cultures. 1200-1750*. Toronto: University of Toronto Press.

Graham, Mark (2006): «Queer Smells. Fragances of Late Capitalism or Scents of Subversion». En Drobnick, Jim (ed.): *The smell culture reader*. Oxford / New York: Berg, 305-319.

Gray, Richard T. (2006): «The Dialectic of "Enscentment". Patrick Süskind's *Perfume* as a Critical History of Enlightment Culture». En Drobnick, Jim (ed.): *The smell culture reader*. Oxford / New York: Berg, 235-253.

Horn, Maja (2014): *Masculinity after Trujillo: The Politics of gender in Dominican Literature*. Gainesville: University Press of Florida.

Howes, David (2013): «The Expanding Field of Sensory Studies». En *Sensory Studies*: <http://www.sensorystudies.org/sensorial-investigations/the-expanding-field-of-sensory-studies>.

Indiana, Rita (2003): *La estrategia de Chochueca*. San Juan: Isla Negra.

— (2005): *Papi*. San Juan: Vértigo.

— (2015): *La mucama de Ominculé*. Cáceres: Periférica.

— (2017): «Los trajes 1975». En *Letras Libres*, 13 de marzo: <https://www.letraslibres.com/espana-mexico/revista/los-trajes-1975>.

— (2018): *Hecho en Saturno*. Cáceres: Periférica.

— (2019): «Escribir en dominicano». En *El País*: <https://elpais.com/cultura/2019/05/31/babelia/1559316070_072959.html>.

Kant, Immanuel (1977): *Anthropologie in pragmatischer Hinsicht*. En Weischedel, W. (ed.). *Immanuel Kant Werkausgabe*. Frankfurt: Suhrkamp.

LEVIN, David (ed.) (1993): *Modernity and the hegemony of vision*. Berkeley: University of California Press.

MAESENEER, Rita De (2011): *Seis ensayos sobre narrativa dominicana contemporánea*. Santo Domingo: Banco Central de la República Dominicana.

MAILLO-POZO, Sharina (2014): «Entre dos islas: diálogos músico-literarios entre Manhattan y Quisqueya. El rol de la música popular en la literatura dominicana contemporánea». Tesis doctoral, Graduate Center, City University of New York.

MARGOLIES, Eleanor (2006): «Vagueness gridlocked. A Map of the smells of New York». En Drobnick, J. (ed.): *The smell culture reader*. Oxford-New York: Berg, 107-117.

MARTÍN RODRIGO, Inés (2018): «El Che Guevara no era Mick Jagger». En *ABC*: <https://www.abc.es/cultura/libros/abci-guevara-no-mick-jagger-201807080202_noticia.html>.

MASIELLO, Francine (2018): *The senses of democracy. Perception, politics, and culture in Latin America*. Austin: University of Texas Press.

MERLEAU-PONTY, Maurice (1976): *Phénoménologie de la perception*. Paris: Gallimard.

PORTEOUS, J. Douglas (2006): «Smellscape». En Drobnick, Jim (ed.): *The smell culture reader*. Oxford / New York: Berg, 89-106.

RANCIÈRE, Jacques (2000): *Le partage du sensible*. Paris: La Fabrique.

RIVERA-VELÁZQUEZ, Celiany (2007): «The Importance of Being Rita Indiana-Hernández: Women-Centered Video, Sound and Performance Interventions within Spanish Caribbean Cultural Studies». En McCarthy, C. *et al.* (eds.): *Globalizing cultural studies. Ethnographic interventions in theory, method, and policy*. New York: Peter Lang, 205-227.

ROACH, Joseph (2007): *It*. Ann Arbor: The University of Michigan Press.

SAN ROQUE, Lila *et al.* (2015): «Vision verbs dominate in conversation across cultures, but the ranking of non-visual verbs varies». En *Cognitive Linguistics* 26 (1): 31-60.

SIMMEL, Georg (2009): *Sociology: inquiries into the construction of social forms*. Leiden: Brill.

SMITH, Mark (2006): *How race is made. Slavery, segregation, and the senses*. Chapel Hill: The University of North Carolina Press.

STEVENSON, Richard J.; Case Trevor I., and Mahmut Mehmet K. (2007): «Difficulty in evoking odor images. The role of odor naming». En *Memory & Cognition* 35 (3): 578-589.

TORRADO, Lorna (2012): «Sinfonía del desencanto: La destrucción de Ciudad Trujillo en Rita Indiana Hernández». En Serrata, Médar (ed.): *El sonido de la música en la narrativa dominicana: ensayos sobre identidad, nación y performance*. Santo Domingo: Instituto de Estudios Caribeños, 235-258.

De los autores

Sandra Alvarado Bordas. Profesora y coordinadora de la carrera de Lengua Española y Literatura del Instituto Superior de Formación Docente Salomé Ureña. Es miembro del Consejo Académico del Instituto Superior Pedro Francisco Bonó y colaboradora de la revista *Estudios Sociales* en la República Dominicana. Obtuvo su doctorado en Letras por la Vanderbilt University con la tesis *Autofagia: consumo, escritura y autodestrucción en la narrativa de escritoras latinoamericanas y caribeñas* (2018). Sus intereses incluyen autobiografía, escritura femenina, representación y violencia.

Alain B. Atouba Edjeba. Obtuvo su doctorado en la Universidad de Salamanca con la tesis *Representaciones de la cultura negra en la poesía dominicana* (2015). En 2018, invitado por la Cátedra Pedro Henríquez Ureña de Estudios Literarios Dominicanos de la Universidad de Salamanca, impartió las conferencias «Raza y nación en República Dominicana» y «Alteridad y estética transfronteriza en *El hombre del acordeón* de Marcio Veloz Maggiolo». En la actualidad desempeña labores docentes en el Cambridge Institute de Madrid.

Fernanda Bustamante Escalona. Doctora en Teoría de la Literatura y Literatura Comparada, actualmente profesora Ayudante Doctora en la Universidad de Alcalá. Sus líneas de investigación se centran en la narrativa y cultura reciente del Caribe insular hispano y continental y en el estudio de las estéticas y poéticas de las narradoras latinoamericanas contemporáneas. Es autora de *A ritmo desenfadado. Narrativa dominicana del nuevo milenio* (2014), y editora de *Rita Indiana. Archivos* (2017). También realizó la edición comentada de *El asmático insigne, monstruo de Trocadero. José Lezama Lima y José Agustín Goytisolo. Correspondencia y otros textos* (2017) y la coedición de *Éste que ves, engaño colorido… literatura, cultura y sujetos alternos en América Latina* (2012). Es codirectora de *Mitologías hoy. Revista de pensamiento, crítica y estudios literarios latinoamericanos*. Ha sido profesora invitada en la Pontificia Universidad Católica de Chile, Sapienza Università di Roma, Università della Calabria, Leiden University y Universidad Iberoamericana de México. Actualmente es co-investigadora del proyecto «Carto(corpo)grafías: narradoras hispanoamericanas del siglo xxi» (Fondecyt-Chile Regular 1180522) y miembro de GILCO

(Grupo de Investigación de Literatura Contemporánea de la Universidad de Alcalá).

Rita De Maeseneer. Catedrática de literatura latinoamericana en la Universidad de Amberes. Especialista en literatura caribeña, es autora de *El festín de Alejo Carpentier. Una lectura culinario-intertextual* (2003), *Encuentro con la narrativa dominicana contemporánea* (2006), *Seis ensayos sobre narrativa dominicana contemporánea* (2011) y *Devorando a lo cubano. Una lectura gastrocrítica de textos relacionados con el Siglo XIX y el Período Especial* (2012). Escribió *Ocho veces Luis Rafael Sánchez* (2008) en colaboración con Salvador Mercado Rodríguez. Su investigación se centra en la cultura popular, la gastrocrítica, la intertextualidad, historia y ficción, la formación del canon, *Sensory Studies* y *Stardom*.

Eva Guerrero. Profesora Titular de Literatura Hispanoamericana en la Universidad de Salamanca. Su actividad investigadora ha estado centrada en la obra de Pedro Henríquez Ureña y en las relaciones de Hispanoamérica con España, y es coordinadora de la Cátedra Pedro Henríquez Ureña de Estudios Literarios Dominicanos de la Universidad de Salamanca. Es autora de *Pedro Henríquez Ureña. Abordajes críticos* (2014) y editora del volumen colectivo *Pedro Henríquez Ureña y los estudios latinoamericanos* (2010). Además, ha realizado la edición y el estudio introductorio de dos ediciones del Premio de Poesía Iberoamericana: *Blanca Varela. Aunque cueste la noche* (2007) y *Claribel Alegría. Aunque dure un instante* (2017).

Jochy Herrera. Ensayista y cardiólogo; autor de *Estrictamente corpóreo* (2018). Durante tres décadas residió en Chicago, donde compartió periodismo, ensayística y docencia con el ejercicio médico. Es miembro y gestor de la organización cultural y literaria Contratiempo, de Chicago, y miembro del consejo editorial de las revistas *País Cultural* y *Plenamar* de la República Dominicana.

Violeta Lorenzo Feliciano. Catedrática auxiliar en la Universidad de Arkansas. Obtuvo su doctorado en literatura latinoamericana de la Universidad de Toronto. Se especializa en literaturas y culturas del Caribe insular hispano y sus diásporas. Varios de sus trabajos han aparecido en revistas arbitradas como *Chasqui, Cincinnati Romance Review* y *La Habana Elegante*. Ha coeditado y publicado *El malestar del posconflicto. Aportes de la crítica literaria y cultural* (2018). Actualmente prepara un libro donde problematiza los discursos de identidad nacional en la novela de formación puertorriqueña.

Sharina Maillo-Pozo. Profesora de estudios latinx y español en la Universidad de Georgia. Es especialista en literatura y cultura latinx y caribeña, con especial atención a la producción cultural de la República Dominicana y su diáspora en Nueva York. Algunos de sus trabajos de investigación han aparecido en los volúmenes colectivos *El sonido de la música en la narrativa dominicana.Ensayos sobre identidad, nación y performance* (2012) y *Nuestro Caribe: Poder, raza y postnacionalismos desde los límites del mapa LGBTQ* (2016), y en las revistas *Cuadernos de literatura*, *Small Axe*, *Chasqui*, *Letral*, *Ciberletras*, *Centro Journal* y *The Black Scholar*. Se desempeñó como secretaria-tesorera del Latino Studies Section de Latin American Studies Association (LASA) entre 2018 y 2020.

Danilo Manera. Escritor, traductor y crítico italiano, es catedrático de Literatura española en la Universidad de Milán, donde es director de la Cátedra de estudios dominicanos Marcio Veloz Maggiolo. Autor de decenas de artículos y ensayos, ha preparado ediciones italianas de numerosos autores españoles e hispanoamericanos, así como antologías de cuentos y poemas dominicanos, cubanos, canarios, vascos, gallegos, colombianos, chilenos, haitianos y guineoecuatorianos. Es coordinador del manual *Letteratura spagnola contemporanea* (2019), director de la colección de narrativa hispánica Rotte a ponente y director de la revista digital de estudios ibéricos *Tintas*.

Olga Nedvyga. Profesora del Departamento de Literaturas y Lenguas del Mundo de la Universidad de Montreal. Obtuvo su doctorado en Estudios hispánicos en la Universidad de Toronto. Ha enseñado en las Universidades Brock y Memorial. Trabaja en el cruce entre los estudios culturales y poscoloniales, discursos científicos y teoría estética, sobre todo en la literatura caribeña. Actualmente investiga historias intelectuales del Caribe hispano y la emancipación de género en relación a los «nuevos» medicamentos, ritos afroindígenas y la farmacia a finales del siglo xix y la primera mitad del xx.

María del Rocío Oviedo y Pérez de Tudela. Doctora en Literatura hispánica (1981) y en Periodismo (2004). Catedrática de la Universidad Complutense de Madrid y Presidenta de la Asociación Española de Estudios Literarios Hispanoamericanos desde 2018. Ha investigado especialmente las crónicas de Indias y la obra de Sor Juana Inés de la Cruz, Fernández de Lizardi, Juan Bosch, Rubén Darío, José Asunción Silva, Amado Nervo, Juana de Ibarbourou, Delmira Agustini, Cesar Vallejo, Pablo Neruda, Octavio Paz, María Luisa Bombal, Elena Poniatowska, entre otros autores. Su investigación se ha centrado en la literatura modernista, la literatura de vanguardia, el cuento hispanoamericano del siglo xx y actualmente en las revistas de principios de siglo xx. Entre sus publicaciones destacan, entre las más recientes, las coordinaciones y ediciones de *¿Por qué Tina? y otros estudios. Retratos a pie de calle* (2016) y *Rubén Darío en su laberinto* (2014), y las ediciones de *El cuaderno de hule* de Rubén Darío (2016) y *La amada inmóvil* de Amado Nervo (2014).

Catherine Pélage. Profesora titular en literatura e historia de América Latina en la Universidad de Orléans. Se doctoró en la Sorbona con la tesis *Marginación y transgresión en las obras de escritoras chilenas del siglo* xx (1999). Obtuvo en 2018 el diploma de Habilitación para dirigir investigaciones en la Universidad de Orléans con un dossier titulado «Recepción y transmisión de escrituras en movimiento: nuevas cartografías literarias en Chile y República Dominicana». Es autora de *Diamela Eltit, les déplacements du féminin ou la poétique en mouvement au Chili* (2011) y ha coeditado cuatro volúmenes colectivos. Actualmente sus trabajos se centran en la literatura dominicana: las escrituras migrantes de autores de la diáspora como Junot Díaz y Julia Álvarez, la insularidad en la poesía contemporánea y las performances literarias de Rita Indiana y Rey Andújar. Ha publicado una antología poética bilingüe de Basilio Belliard, *Sueños isleños / Rêves insulaires* (2015), y *Littérature dominicaine en mouvement: les performances littéraires de Rita Indiana et Rey Andújar* (2020).

Guillermo Piña-Contreras. Escritor, diplomático de carrera, periodista y traductor. Embajador de la República Dominicana en el Reino de los Países Bajos desde marzo 2015, en Argentina (2009-2015), en Francia (1996-2000 y 2004-2009) y, concurrente, en Marruecos y Mónaco (2005-2009). Comendador de la Legión de Honor de Francia y Gran Cruz de la Orden del Libertador San Martín de Argentina y Miembro de número de la Academia Dominicana de la Lengua, correspondiente de la Real Academia española. Ha sido articulista de *El Caribe* (2002-2004), jefe de Edición de *Diario Libre* y *Rumbo* (2001-2002), y director del Departamento de Español de la Universidad Apec (2002-2005). Entre sus publicaciones destacan *Enriquillo: el texto y la historia* (1985), *Juan Bosch: un hombre de siempre* (1989), *Cronología de Juan Bosch* (1995), *Juan Bosch: imagen, trayectoria y escritura* (2000), *En primera persona, entrevistas con Juan Bosch* (2000), *Los intelectuales y el poder* (2005), *Juan Bosch, político a su pesar y otros ensayos literarios y de poética* (2017); la novela *La reina de Santomé* (2018); y los documentales, *Juan Bosch, un hombre de siempre* (1999 y 2007), *El naufragio de la esperanza y Asalto a la paz de Trujillo* (2002), y *Pedro Mir: los ojos en la patria* (2013).

Néstor E. Rodríguez. Profesor de literatura latinoamericana en la Universidad de Toronto. Ha publicado *Escrituras de desencuentro en la República Dominicana* (2005); *La isla y su envés* (2003), *Crítica para tiempos de poco fervor* (2009) e *Interposiciones* (2019). Ha compilado dos volúmenes con textos de Pedro Henríquez Ureña: *Ciudad de México: el hermano definidor* (2013) y *Versos* (2010). Asimismo, se ha desempeñado como editor de *Isla escrita: antología de la poesía de Cuba, Puerto Rico y República Dominicana* (2018).

Fari Rosario. Doctor en Estudios Lingüísticos y Literarios por la Pontificia Universidad Católica Madre y Maestra (PUCMM). Cuenta con media docena de títulos publicados, el más reciente *Los espejos asesinos y otras minificciones* (2017). Sus líneas de investigación son la narrativa caribeña y sus imaginarios, lo real maravilloso en Veloz Maggiolo y Alejo Carpentier, y el discurso científico y la escritura académica.

Catherine Sawyer. Estudiante doctoral en el Departamento de Español y Portugués de la Universidad de Toronto. Su proyecto de tesis, avalado por la beca del Social Sciences and Humanities Research Council (SSHRC) de Canadá, aborda las representaciones de género, indigeneidad y el imaginario geográfico en la poesía y el teatro de vanguardia en el Perú, incluyendo obras escritas en lengua quechua.

Marie Schoups. Estudió letras hispánicas y anglófonas en la Universidad de Amberes y en la Iberoamericana de Puebla. Actualmente prepara su tesis doctoral, orientada hacia los *Sensory Studies* en la literatura contemporánea de autoras latinoamericanas.

Eva Valcárcel. Profesora titular de Literatura Hispanoamericana de la Universidad de A Coruña. Ha dirigido varios proyectos de I+D sobre vanguardia europea y americana. Es autora de *La introducción de las vanguardias en la poesía hispánica* (1998), *El fulgor o la palabra encarnada,* (1989), *Las revistas literarias* (1999), y ha editado *El cuento hispanoamericano del siglo XX* (1998), *Huidobro Homenaje* (1995), *Los convidados de piedra* (1999), *Ensayos de literatura hispanoamericana* (2005) y *El surrealismo y sus derivas* (2014). En el año 1996 recibió la Medalla Gabriela Mistral del Gobierno de Chile.

Ramón Antonio Victoriano Martínez. Se doctoró en 2010 en la Universidad de Toronto y es profesor en el Departamento de Estudios Franceses, Hispánicos e Italianos de la Universidad de British Columbia. Es autor de *Rayanos y Dominicanyorks: la dominicanidad del siglo XXI* (2014) y tradujo al español *La lucha por la democracia política en la República Dominicana* (2008), de Jonathan Hartlyn, y *Bordes de la dominicanidad* (2020), de Lorgia García Peña.

Catálogo Almenara

Aguilar, Paula & Basile, Teresa (eds.) (2015): *Bolaño en sus cuentos*. Leiden: Almenara.

Aguilera, Carlos A. (2016): *La Patria Albina. Exilio, escritura y conversación en Lorenzo García Vega*. Leiden: Almenara.

Amar Sánchez, Ana María (2017): *Juegos de seducción y traición. Literatura y cultura de masas*. Leiden: Almenara.

Arroyo, Jossianna (2020): *Travestismos culturales. Literatura y etnografía en Cuba y el Brasil*. Leiden: Almenara.

Barrón Rosas, León Felipe & Pacheco Chávez, Víctor Hugo (eds.) (2017): *Confluencias barrocas. Los pliegues de la modernidad en América Latina*. Leiden: Almenara.

Blanco, María Elena (2016): *Devoraciones. Ensayos de periodo especial*. Leiden: Almenara.

Burneo Salazar, Cristina (2017): *Acrobacia del cuerpo bilingüe. La poesía de Alfredo Gangotena*. Leiden: Almenara

Caballero Vázquez, Miguel & Rodríguez Carranza, Luz & Soto van der Plas, Christina (eds.) (2014): *Imágenes y realismos en América Latina*. Leiden: Almenara.

Calomarde, Nancy (2015): *El diálogo oblicuo: Orígenes y Sur, fragmentos de una escena de lectura latinoamericana, 1944-1956*. Leiden: Almenara.

Camacho, Jorge (2019): *La angustia de Eros. Sexualidad y violencia en la literatura cubana*. Leiden: Almenara.

Campuzano, Luisa (2016): *Las muchachas de La Habana no tienen temor de dios. Escritoras cubanas (siglos xviii-xxi)*. Leiden: Almenara.

Casal, Julián del (2017): *Epistolario. Edición y notas de Leonardo Sarría*. Leiden: Almenara.

Castro, Juan Cristóbal (2020): *El sacrificio de la página. José Antonio Ramos Sucre y el arkhé republicano*. Leiden: Almenara.

Cuesta, Mabel & Sklodowska, Elzbieta (eds.) (2019): *Lecturas atentas. Una visita desde la ficción y la crítica a las narradoras cubanas contemporáneas*. Leiden: Almenara.

Churampi Ramírez, Adriana (2014): *Heraldos del Pachakuti. La Pentalogía de Manuel Scorza*. Leiden: Almenara.

Deymonnaz, Santiago (2015): *Lacan en el cuarto contiguo. Usos de la teoría en la literatura argentina de los años setenta*. Leiden: Almenara.

Díaz Infante, Duanel (2014): *Días de fuego, años de humo. Ensayos sobre la Revolución cubana*. Leiden: Almenara.

Echemendía, Ambrosio (2019): *Poesía completa. Edición, estudio introductorio y apéndices documentales de Amauri Gutiérrez Coto*. Leiden: Almenara.

Fielbaum, Alejandro (2017): *Los bordes de la letra. Ensayos sobre teoría literaria latinoamericana en clave cosmopolita*. Leiden: Almenara.

García Vega, Lorenzo (2018): *Rabo de anti-nube. Diarios 2002-2009. Edición y prólogo de Carlos A. Aguilera*. Leiden: Almenara.

Garrandés, Alberto (2015): *El concierto de las fábulas. Discursos, historia e imaginación en la narrativa cubana de los años sesenta*. Leiden: Almenara.

Giller, Diego & Ouviña, Hernán (eds.) (2018): *Reinventar a los clásicos. Las aventuras de René Zavaleta Mercado en los marxismos latinoamericanos*. Leiden: Almenara.

Greiner, Clemens & Hernández, Henry Eric (eds.) (2019): *Pan fresco. Textos críticos en torno al arte cubano*. Leiden: Almenara.

González Echevarría, Roberto (2017): *La ruta de Severo Sarduy*. Leiden: Almenara.

Gotera, Johan (2016): *Deslindes del barroco. Erosión y archivo en Octavio Armand y Severo Sarduy*. Leiden: Almenara.

Hernández, Henry Eric (2017): *Mártir, líder y pachanga. El cine de peregrinaje político hacia la Revolución cubana*. Leiden: Almenara.

Inzaurralde, Gabriel (2016): *La escritura y la furia. Ensayos sobre la imaginación latinoamericana*. Leiden: Almenara.

Kraus, Anna (2018): *sin título. operaciones de lo visual en 2666 de Roberto Bolaño*. Leiden: Almenara.

Loss, Jacqueline (2019): *Soñar en ruso. El imaginario cubano-soviético*. Leiden: Almenara.

Lupi, Juan Pablo & Salgado, César A. (eds.) (2019): *La futuridad del naufragio. Orígenes, estelas y derivas*. Leiden: Almenara.

Machado, Mailyn (2016): *Fuera de revoluciones. Dos décadas de arte en Cuba*. Leiden: Almenara.

— (2018): *El circuito del arte cubano. Open Studio I*. Leiden: Almenara.

— (2018): *Los años del participacionismo. Open Studio II*. Leiden: Almenara.

— (2018): *La institución emergente. Entrevistas. Open Studio III*. Leiden: Almenara.

Montero, Oscar J. (2019): *Erotismo y representación en Julián del Casal*. Leiden: Almenara.

Morejón Arnaiz, Idalia (2017): *Política y polémica en América Latina. Las revistas* Casa de las Américas *y* Mundo Nuevo. Leiden: Almenara.

Pérez-Hernández, Reinier (2014): *Indisciplinas críticas. La estrategia poscrítica en Margarita Mateo Palmer y Julio Ramos*. Leiden: Almenara.

Pérez Cano, Tania (2016): *Imposibilidad del* beatus ille. *Representaciones de la crisis ecológica en España y América Latina*. Leiden: Almenara.

Pérez Cino, Waldo (2014): *El tiempo contraído. Canon, discurso y circunstancia de la narrativa cubana (1959-2000)*. Leiden: Almenara.

Popovic Karic, Pol (2020): *Confluencias del contraste y la ironía en la narrativa y el teatro hispánicos*. Leiden: Almenara.

Puñales Alpízar, Damaris (2020): *La maldita circunstancia. Ensayos sobre literatura cubana*. Leiden: Almenara.

Quintero Herencia, Juan Carlos (2016): *La hoja de mar (:) Efecto archipiélago I*. Leiden: Almenara.

Ramos, Julio & Robbins, Dylon (eds.) (2019): *Guillén Landrián o los límites del cine documental*. Leiden: Almenara.

Robyn, Ingrid (2020): *Márgenes del reverso. José Lezama Lima en la encrucijada vanguardista*. Leiden: Almenara.

Rojas, Rafael (2018): *Viajes del saber. Ensayos sobre lectura y traducción en Cuba*. Leiden: Almenara.

Selimov, Alexander (2018): *Derroteros de la memoria.* Pelayo *y* Egilona *en el teatro ilustrado y romántico*. Leiden: Almenara.

Timmer, Nanne (ed.) (2016): *Ciudad y escritura. Imaginario de la ciudad latinoamericana a las puertas del siglo XXI*. Leiden: Almenara.

— (2018): *Cuerpos ilegales. Sujeto, poder y escritura en América Latina*. Leiden: Almenara.

Tolentino, Adriana & Tomé, Patricia (eds.) (2017): *La gran pantalla dominicana. Miradas críticas al cine actual*. Leiden: Almenara.

Vizcarra, Héctor Fernando (2015): *El enigma del texto ausente. Policial y metaficción en Latinoamérica*. Leiden: Almenara.

CPSIA information can be obtained
at www.ICGtesting.com
Printed in the USA
LVHW091713041221
705285LV00006B/227

9 789492 260512